国家社会科学基金项目（17BRK015）成果

山东省社科理论重点研究基地（"新时代社会治理与政策创新"研究基地）成果

山东省高等学校"青创科技计划"团队（"人口老龄化
与医养健康社会服务"）成果

山东省高等学校"青创人才引育计划"科研团队（"新时代社会治理
与社会政策创新团队"）成果

济南大学出版基金成果

济大社会学丛书

失能老年人长期护理
保险制度的地方实践

LOCAL PRACTICE OF LONG-TERM CARE
INSURANCE SYSTEM FOR THE DISABLED ELDERLY

李伟峰／著

社会科学文献出版社
SOCIAL SCIENCES ACADEMIC PRESS (CHINA)

目录

CONTENTS

绪　论

伴随着经济社会的发展、医疗卫生水平的提高、社会保障能力的增强，世界人口老龄化业已演变为不可逆转的趋势。老年人步入人生最后一个阶段，生理机能与自理能力下降，失能发生率居高不下，"长寿不健康"状况堪忧。如何护理规模日益庞大的失能老年人群，已成为世界各国政府、社会以及学界持续关注的焦点议题。绪论部分主要包括研究背景与意义、研究综述、研究设计、理论框架与核心概念等内容，是实施后续研究的逻辑起点。

第一节　研究背景与意义

一　研究背景

随着我国人口老龄化的不断加深，老年人"长寿不健康"现象堪忧，突出反映为失能老年人口规模日渐庞大。2010 年我国失能老年人口约 3300 万人，占老年人口的比重为 19%；2015 年我国失能老年人口达 4000 万人，占老年人口的比重上升到 19.5%（中国老龄科学研究中心，2011）。预计到 21 世纪中叶，我国部分失能和完全失能老年人口还将不断增长（杜鹏，2011）。与此同时，伴随着经济社会的转型发展，工业化、城镇化的深入推进，人们的生活方式和思想观念发生了转变，持续走低的生育率、少子化、空巢化已然成为我国当前及未来相当长时间的人口常态。老年人口照料供需关系失衡日渐严重，老年群体特别是失能老年人群的照料早已超越个体家庭的职责及能力，外溢成为社会风险，亟须寻求制度化破解之道。建立正式稳定可持续的失能老年人群的照料和护理制度，已成为当前我国老龄工作的严峻挑战，也是完善社会保障制度体系的重点任务。

长期护理①（Long-Term Care）体系是有效应对和化解老年人失能风险的密钥，与养老、医疗并称为老年社会保障的三大支柱。长期护理保险（Long-Term Care Insurance）是老年人长期护理体系的核心，对现行社会养老保险、社会医疗保险起着积极的补充和支撑作用。长期护理保险在失能老年人护理实践中业已显示出其优势和生命力，不但有效提升了失能老年人群的生活质量，维护了该群体的尊严与自主，减轻了失能人员及其家庭的经济负担和精神压力，而且优化了养老服务资源配置，促进了养老服务业的发展，促进了就业。

我国对建立长期护理保险制度有着迫切的现实需求，也具备了制定和实行该制度的基本条件。我国长期护理保险制度的发展整体经历了"探索""推进""建立"等不同阶段，体现出"党委领导，政府推动，政策引导，市场先行，试点探索，稳步推进"的鲜明特点。早在21世纪初期，中国政府便提出建立长期护理保险社会化服务制度。2006年12月，中共中央、国务院印发《关于全面加强人口和计划生育工作统筹解决人口问题的决定》（中发〔2006〕22号），首次在国家层面明确

---

① 在一般意义上，"长期照护"与"长期护理"二者并无本质差异，尽管有部分研究者试图在二者之间进行区分。考虑到国内习惯，特别是2016年人力资源和社会保障部办公厅印发的《关于开展长期护理保险制度试点的指导意见》，2020年国家医保局和财政部印发的《关于扩大长期护理保险制度试点的指导意见》这两个里程碑式的文件均使用"长期护理"一词，本研究尊重这一习惯用法，无意在"长期护理"与"长期照护"之间进行区分。

提出探索建立老年长期护理保险等社会化服务制度。在党和国家的规划指导下，我国长期护理保险进入实质性实践阶段。2012 年青岛市率先在全国探索长期护理保险制度，此后，上海、长春、南通也逐步自行探索长期护理保险制度。2016 年 6 月，人力资源和社会保障部办公厅印发《关于开展长期护理保险制度试点的指导意见》（人社厅发〔2016〕80 号），宣布在全国 15 个城市和 2 个国家试点的重点联系省份启动长期护理保险制度试点，为试点城市出台长期护理保险相关政策提供了相关参考，实现了我国长期护理保险制度建设的重大突破。2020 年 9 月，国家医保局、财政部联合印发《关于扩大长期护理保险制度试点的指导意见》（医保发〔2020〕37 号），新增 14 个长护险①试点城市，借此深入推进长护险试点工作。截至 2022 年，我国长护险试点工作实施已超过 6 年，前后两批共计 29 个试点城市、2 个重点联系省份参加试点工作。依据工作安排，国家医保局会对前两批长护险试点工作开展综合评估（朱宁宁，2022）。

当前我国长护险正处于朝全国统一的标准化、制度化定型方向发展的关键时期。前述《关于扩大长期护理保险制度试点的指导意见》要求，力争在"十四五"期间，基本形成适应我国经济发展水平和老龄化发展趋势的长期护理保险制度政策框架，推动建立健全满足群众多元需求的多层次长期护理保险制度。因此，开展长护险本土实践研究，及时总结两次长期护理保险试点实践经验，分析个中存在的困境及难题，探索并构建符合国情的长期护理保险制度恰逢其时且具有重要意义。

二　研究意义

当下正值长护险由分散、碎片式局部试点向统一、整合的制度化定

---

① 为叙述简便，本书中有地方将"长期护理保险"简称为"长护险"。

型转变的关键时期。探索失能老年人长期护理保险制度本土实践具有重要的学术与应用价值。

（一）学术价值

研究失能老年人长期护理保险制度的本土实践，探索适合国情的长期护理保险制度，加强长期护理保险动态、过程和整体研究，改变现有静态、共时、个别化的研究局面，完善长期护理保险制度研究，形成具有本土特色的长期护理保险理论，可为社会化养老体系建设、社会保障制度改革提供学理依据。

（二）应用价值

研究失能老年人长期护理保险制度的本土实践，可加强和完善失能老年人长期护理保险制度设计，推进医疗护理与社会服务资源的优化整合，补充和支撑现行社会养老保险与社会医疗保险，夯实共享改革发展成果的民生工程，保障失能老年人生活权益，弘扬传统美德，促进社会公平正义，推动养老社会化护理体系建设，为养老和保险服务业发展提供实践指导。

第二节　研究综述

一　国外相关研究现状

长期护理保险是国际社会应对人口老龄化和解决失能老年人护理问题的重要制度。国外学界对长期护理保险的研究开始较早，逐渐形成了相对系统、成熟的理论和方法。

（一）长期护理保险需求研究

国外学者分别从需求者的个体特征，如年龄、性别、受教育程度、收入状况等微观层面探讨了长期护理保险需求的影响因素。

Pauly（1990）指出，民众长期护理风险意识淡薄及部分家庭提供护理的替代作用削弱了长护险的需求。Zhou-Richter（2010）的研究也发现，风险意识会影响长期护理保险需求。而 Lakdawalla（2002）的研究则支持健康老人替代雇佣专业人员为配偶提供护理，从而抑制长护险需求。Truett 和 Truett（1990）在对墨西哥与美国消费者的研究中发现，年长者所感受到的风险较年轻人高，对长护险的态度也更为积极。Cubeddu（1995）的研究也发现，年龄对长期护理保险的态度存在显著影响，而且指出投保意愿存在性别差异，认为女性较男性投保寿险的意愿更为强烈。Mccall（1998）以电话访问方式调查民众购买长期护理保险的主要因素，发现受教育程度及经济状况会对投保意愿产生影响。Zweifel（1996）等通过委托代理模型发现，道德风险极大抑制了长期护理保险需求。Theisen（2006）对美国 2002 年以来的数据进行回归分析，认为保险产品价格、消费者受教育程度以及收入水平对长护险有显著影响。

（二）长期护理保险服务供给研究

关于正式护理与非正式护理之间的关系，学界存在一定的争论。部分研究发现二者之间是负相关的替代关系。Margaret（1997）和 Davey（1999）的研究表明，正式护理与非正式护理服务在日常生活领域存在明显的负相关。与此同时，也有越来越多的学者认为正式护理与非正式护理二者是互相补充的关系。Eisen（1996）、Wilson（1999）的研究表明，家庭护理者利用正式服务来帮助自己，正式护理系统与非正式支持

系统是伙伴式的责任分担与功能互补关系。Yoo（2010）利用 1970～
2000 年 OECD 国家的相关数据进行比较分析，发现大多数 OECD 国家
的长期护理支出在增长，并指出了非正式护理者尤其是配偶护理者可获
得性的重要性。

研究人员还认可政府、非营利组织在长期护理保险服务中的重要
性。Swane（1999）强调国家对于非正式护理者的期望和非正式支持的
重要性。Bihan（2006）比较分析了德国、西班牙、法国、意大利、英
国和瑞典的失能老年人长期护理系统，指出地方政府在长期护理保险体
系中扮演重要角色。Sanjay（2002）进一步指出政府和财政之间的关系
在长期护理政策中已经有了很大发展。Graefe（2010）指出志愿组织的
责任一直遭到忽视。Kwon（2005）通过分析 1990～2001 年韩国福利提
供主体在福利支出分配中的变化，指出非营利组织在福利供给系统中的
重要性。Andersen 等（2005）分析发现，非营利组织和地方政府在瑞
典老年人长期护理保险供给中形成了互补关系。

（三）长期护理保险设计研究

关于长期护理保险的销售及产品开发，Anonymous（2013）指出，
长期护理保险经营者逐渐把目标客户聚焦于 50 岁以上、已婚、中产阶
层妇女群体，并重视长期护理保险的网上销售和通过银行与理财顾问销
售形式。Murtaugh（2001）等发现，即期年金与长期护理保险的联合产
品可大大降低单个产品成本，带来远超现有水平的潜在客户群，并据此
认为长期护理保险需不断识别、开发和细分人群，加强新产品开发，并
运用不同的渠道销售产品。

关于长期护理保险的购买人群，调查表明，美国大多数购买者是
55～75 岁的中老年人；Meier（1999）则通过对工作期和退休期模型的
分析指出，晚年购买长期护理保险更为合理，并据此给出了合理解释。

（四）长期护理保险风险研究

研究者还探讨了长期护理保险运营过程中出现的诸多问题。Wager 和 Creelman（2004）指出，因长期护理机构疏忽导致被护理者受到伤害，公众因此形成了对长期护理的负面印象，老年人及其家庭也因之不愿选择和入住长期护理机构，从而影响了长期护理保险的发展。Arrow（1963）、Sloan 和 Norton（1997）、Edwards（2004）则分析了长期护理保险市场中的逆向选择、道德风险和挤出效应等问题，认为被保险人过度利用医护服务致使保险有效供给不足，引发商业长期护理保险市场"失灵"，最终限制了长期护理保险的发展。

（五）长期护理保险政策的跨国比较研究

学者力图通过跨国比较揭示各国长期护理保险差异背后的深层次原因。Levande（2000）从价值观视角比较了美国和韩国长期护理保险政策的差异性，发现不同的家庭价值观导致了美韩两国长期护理保险计划、目的等方面的不同。Campbella（2005）有关德国和美国长期护理保险的比较研究则揭示了政治体制对长期护理保险政策的影响，认为不同的政治体制导致了美德两国长期护理保险改革的不同命运。

二　国内相关研究现状

我国学术界从 20 世纪 90 年代开始涉足长期护理保险研究（周芳，1998）。进入到 21 世纪特别是从 2006 年开始，长期护理保险研究的规模不断扩大，研究水平稳步提升，出现了一批有影响力的学者，如裴晓梅、吕学静、施巍巍、荆涛、戴卫东等。整体言之，我国学界关于长期护理保险的研究大体可分为两个阶段。早期阶段的研究侧重于长护险的必要性及可行性、需求、模式及我国长护险制度的建立。随着全国长护险试点的实施，学界对长护险的研究进入了以长护险试点本土实践为主题的新时期。在这一阶段，长护险本土实践研究规模远超早期阶段。

（一）早期阶段相关研究

1. 长期护理保险的必要性及可行性研究

学界基于人口结构、家庭结构、人口流动、疾病类型、女性就业、价值观念等交织叠加的社会文化全面转型背景，指出老年群体的失能逐渐外溢成为新的社会风险（施巍巍，2012a），而现行社会保障体系无法满足失能老年群体的长护需求，难以化解失能社会风险（王东进，2015）。学者高度认可长期护理保险的必要性，视其为有效应对和化解长期护理社会风险问题的密钥，认为长期护理保险是社会保障体系的重要组成部分，对现行社会养老保险、社会医疗保险起着积极的补充和支撑作用，建立长期护理保险制度有明显和巨大的现实需求（陈鹤，2014）。研究人员还认为，我国具备了实行长期护理保险的理论、实践、经济、制度等可行性条件（裴晓梅，2010）。

2. 长期护理保险需求研究

众多研究者从不同视角开展了长期护理保险需求研究。孟昶、戴卫东、曹信邦和张强等采取抽样调查方式开展了长期护理保险需求实证研究。

孟昶（2007）对苏州、扬州和淮安抽样调查数据的分析显示，民众对长期护理保险的认知度很高，但未来购买长期护理保险的意愿存在较大差异。戴卫东（2011）对安徽和江苏两省的分层抽样调查表明，地区变量、老年人个体属性、家庭护理的缺失等对长期护理保险需求有明显影响。曹信邦、张强（2014）对 27 个省份调查数据的分析表明，西部地区的居民，年轻人和低龄老人，身体健康、在政府机关和股份制企业工作、家庭收入高、对长期护理服务质量认可程度高的居民的参保意愿明显高于其他调查对象。此外，戴卫东和陶秀彬（2012）还对青年人的长期护理保险需求进行了分析，认为担心年老患病和无人照料、不了解该制度、担心未来经济不宽裕和受教育程度等对青年人长期护理保险需求意愿产生了显著性影响。

王维（2011）则从宏观层面开展了长护险需求相关定性研究，认为预期寿命、疾病谱、收入水平、替代制度、认知能力和家庭结构是影响长期护理保险需求至关重要的全局性因素，而人口老龄化程度、护理费用、家庭结构等对长期护理保险需求的影响最为直接。

3. 长期护理保险模式研究

学者基于不同的标准把长期护理保险划分为不同的类型。筹资来源是其中最常见的分类标准，基于艾斯平－安德森福利国家模式演化的三分法和四分法则是学界常用的长期护理保险聚类依据，不过三分法与四分法彼此间的差异并不大。

李冬梅、陈鹤是主张长期护理保险三分法的主要代表。前者把长期护理保险划分为普享模式、基本安全网模式、社会保险模式（李冬梅、王先益、戴小青，2013），后者则将长护险划分为单制度全覆盖模式、混合模式、资产审查型社会安全网模式（陈鹤，2014）。施巍巍、中国医疗保险研究会则是长期护理保险四分法的主要代表。施巍巍（2013）将长期护理保险划分为社会保险模式、救助模式、普惠模式、市场模式等类型，中国医疗保险研究会则将其归类为津贴模式、社会保险模式、商业保险模式、社会医疗保险支付模式（中国医疗保险研究会，2016）。此外，学者们还从文化传统、价值理念、资金来源、支付方式、覆盖对象、受益资格、审查机构、等级认定、风险控制、质量监管等诸多维度比较分析了不同类型的长期护理保险（施巍巍，2012a）。

研究人员普遍认为，不同类型长期护理保险各有其优劣，各自面临不同层次和程度的困难与挑战，不存在普遍适用的、完美的模式类型

（陈鹤，2014），各国需要根据自己的国情构建长期护理保险模式（李冬梅、王先益、戴小青，2013）。各国长期护理保险制度均呈现"一种模式为主、多种模式并存"的趋势（中国医疗保险研究会，2016）。

4. 长期护理保险制度研究

多数研究者比较赞同我国选择和实行长期护理社会保险制度。施巍巍（2012b）分析了这种制度的比较优势：护理覆盖范围广泛，相对经济成本比较低，权利与义务对等，风险共担，能有效调动社会资源，基本可解决老年人长期护理问题。胡玉娟和熊俊超（2015）、中国医疗保险研究会（2016）则基于经费角度认为，我国无法完全依赖财政支付长期护理费用，也无法效仿美国的商业保险模式，更不能重蹈法国覆辙，长期护理社会保险是最优选择。

也有部分研究者提出了不同的制度选择。王玉环、刘素香（2012）认为我国经济发展水平较低，城乡和地区间差异较大，建立统一的长期护理社会保险制度并不可行，而长期护理商业保险则存在巨大市场空间，可效仿美国建立以商业保险为主导的长期护理保险体系。

部分学者还提出了分阶段发展不同的长期护理保险制度的见解。荆涛（2005）提出了长期护理保险分三步走的设想：第一步，采取商业长期护理保险的模式；第二步，由国家、企业、个人共同参与的社会基本长期护理保险和商业长期护理保险（补充）相结合；第三步，实行政府强制的全民长期护理保险模式。林艳等（2009）也认为，我国长期护理保险应从商业保险逐渐过渡到社会保险。具体言之，商业长期护理保险首先选择经济效益较好、职工收入水平较高的行业，重点发展团体长期护理保险，在此基础上不断开发适合不同层次需要的长期护理保险产品；而社会长期护理保险则宜先在公务员、企事业单位的正式职工中强制执行，条件成熟时再将长期护理保险纳入社会保险的范畴。

研究人员还探讨了我国建立长期护理保险制度的困难。责任主体、资源整合是其中较为集中的研讨内容。

关于责任主体，学界的认识存在一定差异。施巍巍等认为需强化政府在长期护理保险的主体责任（施巍巍，2013、2015；张云英、王薇，2012；陈鹤，2014）。王东进（2015）则指出社会才是解决长期护理问题、化解长期护理社会风险的主体，政府只承担托底性和补充性的有限责任，而不是大包大揽。关于资源整合，学者的意见则相对统一。孙建娥、王慧（2013）分析指出，目前我国长期护理服务资源条块分割，不能有效满足失能老年人的长期护理服务需求，突出表现为长期护理服务资源分散、人力资源尚未有效利用、集中统一管理的跨部门协调机制缺失。

在此基础上，学界还进一步探讨了我国建立长期护理保险制度的具体策略和发展举措。主要聚焦在深化认识（王东进，2015）、加强前期工作（吕学静，2015）、明晰制度设计（陈鹤，2014）、完善法律法规（周春山、李一璇，2015）、强化人才队伍建设等方面（孙建娥、王慧，2013；徐新鹏、王瑞腾、肖云，2014）。

（二）试点阶段相关研究

随着长护险制度在全国试点的陆续展开，试点实践研究成为学界新宠，主题涉及长护险覆盖范围、筹资主体、筹资水平、给付待遇、评估鉴定、经办机构、服务方式、服务项目与服务内容、监督管理等诸多方面。

1. 覆盖范围

长护险制度建设首先需面对和解决参保人群及覆盖范围问题，参保人群和覆盖范围的确定关系到制度的公平性和承受力，长护险参保人群与覆盖范围因之成为学界探讨的焦点问题之一。

长护险参保对象的界定通常需厘清三个核心问题：面向老年人群还

是所有人群、针对失能群体还是也同时容纳失智群体、瞄准重度失能失智群体还是普惠中度失能失智群体。研究显示，我国长护险试点城市通常从需求大、人数多、社会关切的老年人群入手，优先重点解决长期失能老年人护理问题（黄志诚、金辉、李成志，2021），参保人群普遍明确为重度失能老年人（姚虹，2020）。学者总结概括出当前我国长护险试点城市参保对象的整体特点：大多面向失能参保者，不包括失智参保人员；通常要求达到重度失能等级；一般没有年龄限制（姚虹，2020）。

研究显示，试点城市均已确立"长护险跟随医疗保险"的原则，不同试点城市设置了不同的门槛条件并覆盖了不同人群。研究人员直接依据不同的医保类型把长护险参保对象划分为不同人群：职工医保参保、职工医保参保+城镇居民医保参保、职工医保参保+城镇居民医保参保+农村居民医保参保（姚虹，2020）。因医保类型与户籍身份有着密切的关联，有研究者依据城乡户籍身份划分参保人群：城镇职工（城镇职工医保参保人）、城镇居民（职工医保、城镇居民医保参保人）、城乡居民（职工医保、城乡居民医保参保人）（徐银波，2021）。鉴于医保类型与城乡户籍之间存在的较强关联，研究人员据此比较各试点城市长护险覆盖范围的大小：覆盖医保参保人群>覆盖城镇职工和城镇居民医保参保人群>覆盖城镇职工医保参保人群（李运华、姜腊，2020）。此外，部分试点城市还设置了年龄、治疗时间、参保年限等其他参保条件，学者们也予以了分析（杨玉秀，2018）。

研究者认为不同覆盖范围的长护险各有其优缺点：城镇职工覆盖方式的主要优点是经济压力小、管理难度小，缺点在于受益面狭窄，难以满足非城镇职工医保参保者需求；城乡居民覆盖方式的优点在于扩大了受益面，缺点在于受制于诸多条件，非主城区参保人群长护险需求难以得到满足，参保者对长护险不信任，阻碍了长护险的进一步推广实施（王璐、何梅，2021）。

　　参保对象的限定条件还引发了学界的质疑。针对户籍限定条件，桂世勋（2017）探讨了非本地户籍职工与参保范围局限于本地户籍人员政策间的张力与矛盾，认为长护险的资金筹集划转部分非本地户籍职工缴纳的医保统筹基金结余，而待遇支付却把非本地户籍职工排除在外，有失公平。姚虹（2020）认为，目前多数长护险试点城市把农村居民医保者排除在长护险保障对象之外，这与我国城乡倒挂的人口老龄化结构相违背，损害了长护险制度的公平性，不利于农村老龄危机的解决。赵海平（2021）同样认为有条件的覆盖范围使得高收入者获得待遇支付，而低收入者反而无法同等享受，从而引发社会不公平。整体言之，学者们普遍认为长护险参保要件缩小了长护险受众面，加剧了社会保险二次分配的不公平。

　　也有学者对当前我国长护险覆盖人群的局限性予以了辩解。有研究认为，初期各试点城市长护险覆盖人群较为有限，基本局限在城镇职工医保参与者，部分城市居民和广大农村居民被排除在外，此法有利于制度建立初期实现制度目标及财务的可持续性（姚虹，2020）。另有研究则基于资金来源视角认为，城乡居民医保参保者被排除在外是因为当前长护险资金来源于职工基本医疗保险基金结余（赵海平，2021）。

　　研究人员相信，随着长护险试点实践的深入推进，覆盖范围逐步扩大，越来越多的试点城市把新型农村合作医疗保险和居民医疗保险参保人群纳入进来，基本实现全人群的广覆盖（李运华、姜腊，2022；肖冰、郝英华，2022；杨杰，2019；王文韬、尚浩，2020）。

　　学者分析认为，我国城市长护险制度建设宜采取由窄到宽再到全覆盖的循序渐进推进方式，从初期的仅覆盖职工医保参保人，再扩大到城乡居民医保参保人，最终实现全民覆盖（胡文韬，2022）。进一步的研究发现，全民覆盖方式有利于扩大长护险资金筹措范围，打通不同类型医保之间的基金池，借助社保大数法则缓解筹资压力，实现更大范围的互助共济（赵斌、陈曼莉，2017），破解高低收入人群的福利倒挂问题（陈诚诚，2020a），促进社会公平，有效防范制度的碎片化。

2. 筹资主体

筹资主体是长护险资金筹集的另一个重要问题。当前长护险试点城市实践显示，个人、单位、政府、医保统筹基金是常见的长护险资金筹措主体。受经济发展水平、财政收入状况、人口老龄化程度等综合因素的影响，目前不同长护险试点城市的筹资来源存在差异，缺乏统一性。[①]

研究显示，长春、广州、宁波和上海仅采取医保统筹基金划转单一筹资方式，其他试点城市均建立了医保统筹基金划转、个人缴费、单位缴费、政府财政补助、福彩公益金相结合的多元筹资机制（雷晓康、冯雅茹，2016），表现出不同的筹资方式（李运华、姜腊，2022）。学界依据对不同主体的资金筹集依赖将长护险划分为不同的筹资模式。

郑秉文（2019）总结了长护险的三种筹资方式：以南通、上海为代表的个人缴费、从职工或居民医保统筹基金或个人账户结余中划转、财政补助相结合；以青岛为代表的从职工社会医疗保险统筹基金划拨，或通过调整基本医疗保险统筹基金和个人账户结构进行筹集，单位和个人无须缴费；以北京市海淀区为代表的由个人缴费、政府补贴和护理服务机构缴纳互助基金三部分构成。

邵文娟、奚伟东（2022）归纳出长护险的四种筹资方式：一元化渠道（上海、宁波、广州），由医疗保险统筹基金划转构成；二元化渠道（苏州、长春、安庆、重庆、齐齐哈尔），由政府补贴/个人缴费/医保个人账户＋医疗保险统筹账户划拨构成；三元化渠道（荆门、石河子、南通、上饶、承德），由医疗保险统筹账户划拨＋政府补贴＋福彩公益金/个人账户构成；四元化渠道（青岛和成都），由医保统筹基金＋医

---

① 试点城市的长期护理保险筹资主体处于变化调整中，在不同时期有着不同的规定。

保个人账户基金+政府补贴+医保基金结余一次性/年度固定划转构成。

姚虹（2020）则概括为五种类型的长护险筹资方式：医保统筹基金划拨（青岛、上海、广州、宁波），医保统筹基金划拨+个人缴费（安庆、齐齐哈尔、重庆），医保统筹基金划拨+个人缴费+政府财政补助（南通、荆门、苏州、承德、石河子），医保统筹基金划拨+个人缴费+单位缴费（长春），医保统筹基金划拨+个人缴费+单位缴费+政府财政补贴（上饶、成都）。

第二批试点城市的长护险资金筹措方式发生了一定改变。长护险资金均有两种及以上来源，基本是由单位+个人、单位+个人+财政补贴构成，单一的医保基金结余划转来源现象未再出现（张升亮、张一玮，2022）。

对长护险筹资方式的进一步研究表明，试点城市长护险中个人缴费部分基本是从其个人医保账户、医保统筹基金划拨，或由政府财政补贴，少数试点城市实行参保者个人缴费，但其缴费标准普遍偏低。试点城市所谓的单位缴费也基本是从医保统筹基金划转（姚虹，2020）。因此，学界认为当前试点城市长护险资金筹措方式呈现多元模式，但现实却是资金筹措主体的单一化。

学界探讨了当前我国试点城市长护险筹资模式的优势与不足。我国现行试点城市长护险筹资主要实行"跟从基本医疗保险制度"，即优化职工医保统账结构、划转职工医保统筹基金结余的方式。此方式能充分发挥社会保险"互助共济、责任共担"的功能，为长护险的实施提供资金支持，既能调动单位、个人的参保积极性（姚虹，2020），也有助于解决市场失灵、逆向选择、道德风险等问题（周磊、王静曦，2019），助力长护险制度的顺利建立（孙敬华，2020）。

与此同时，有研究者指出，我国现阶段"以医保划转为主，财政划拨为辅，个人和社会适度参与"的长护险筹资机制缺乏可持续性

（何世英等，2019），多数长护险试点城市的个人、单位缴费并未做到真正缴费，基本还是依赖医保个人账户、医保统筹基金划转或政府补贴（姚虹，2020）。这种"跟从基本医疗保险制度"的筹资方式比较单一，缺乏独立的筹资机制（周磊、王静曦，2019），其实质乃是医保基金与长期护理保险在结构方面的调整，属于存量资金而非增量资金，存在明显的局限性，在给医保基金带来巨大风险的同时又影响到长护险自身的安全性和稳定运行（荆涛等，2020），因而并非长久之计。而且，伴随人口老龄化的持续加深，非独立筹资机制的可持续性发展问题将变得更为严重。

为此，学者们普遍认为我国长护险需要稳定筹资来源、建立公平且可持续的多元筹资机制，逐步降低甚至取消基本医保统筹基金平移划转额度（程煜、沈亦骏，2017），避免长护险对医保单一主体的过度依赖，明晰政府、单位和个人等相关主体的各自职责（唐珊珊，2022），建立独立运行的险种（王琦，2022；周磊、王静曦，2019；孙洁、谢建朝，2018；何世英等，2019）；实行长护险基金级管理、单独核算以及专款专用（陈谦谦、郝勇，2020；黄志诚、金辉、李成志，2021）；提升长护险统筹层次（周磊、王静曦，2019），深化财政体制改革，优化财政支出结构，加大福利民生领域的财政支出（杨杰，2019）。有研究进一步建议应提高个人缴费比重（孙洁、谢建朝，2018），强化个人与单位责任（程煜、沈亦骏，2017），建立以参保人缴费为主体、政府承担补充性筹资义务的基金筹集机制。有学者则持相反意见，认为考虑到我国经济面临的下行压力和企业现有负担，不应为企业新增缴费义务（孙洁、谢建朝，2018），政府应承担补充性筹资义务；对未成年人、在校学生、低保人群等无收入者或低收入者，以及无稳定收入的城乡居民给予财政补贴；建立长期护理保险调剂基金，以平衡不同地区的缴费负担及给付水平；当自行筹资模式面临困难时，承担共同筹资义务，维持个人缴费率的相对稳定，避免代际负担失衡（徐银波，2021）。

　　3. 筹资水平

　　筹资水平被认为是长护险的核心内容。学者认为筹资水平与试点城市人口结构、经济发展、长护需求及其成本、保障范围与水平密切相关。人口结构、经济水平、长护需求及其成本直接决定着长护险融资水平，长护险筹资水平间接影响着城市经济发展。

　　学者指出，应遵循以收定支、收支平衡、略有结余的原则，结合当地经济发展、人口结构、护理需求及成本与保障范围和水平等因素，合理确定长护险筹资水平。依据经济社会发展变化，及时调整经济发展、人口结构与长护险筹资水平相关政策，确保三者之间协调发展（刘文、王若颖，2020），建立与经济社会发展和社会保障整体水平相适应的动态筹资机制（世新，2016）。

　　关于筹资标准，学者概括为三种方式（杨玉秀，2018；王璐、何梅，2021；周文静、张慧，2022）：定额筹资，每年每人筹资标准固定，每人每年30元到150元不等；定比筹资，依据医保缴费基数的一定比例筹资，筹资比例从0.4%到1.5%不等；混合筹资，定额与定比的结合，缴费基数以社保缴费基数、职工平均工资、居民可支配收入为标准（郑秉文，2019）。有研究还从可操作性、稳定性、灵活性、社会互助共济性、推广难易程度、可持续性、制度统一性等多维度深入比较了不同筹资方式的优缺点（周文静、张慧，2022）。相比之下，学者认为混合筹资方式兼顾了定额、定比模式各自的优点，有效弥补了两者的缺陷，具有更强的可操作性、推广性、稳定性和灵活性，是我国长护险筹资的优先选择（谭睿，2017；吴海波等，2017；杨菊华、杜声红，2018；周文静、张慧，2022）。也有部分研究者持不同意见，认为定比筹资更容易形成统一的筹资制度（孙洁、谢建朝，2018）。

4. 给付待遇

学者讨论了当前我国长护险试点城市实行的待遇支付统一补偿与差别化补偿两种方式，认为这两种待遇支付方式各有其优缺点：统一补偿简单方便，易控制支出，降低风险；差别化补偿则为参保者提供了更多的选择权，具有政策引导作用，可促进护理行业发展（周磊、王静曦，2019）。

学界主要从支付方式、支付手段、支付标准等方面探讨了长护险支付的差异化问题。

在支付方式方面，研究表明需针对不同的长护服务实行不同的支付方式。入住护理机构、医疗机构、养老机构的长护服务通常实行按床日定额支付方式（余巧萍，2020；王文韬、尚浩，2020；高忻，2018），全日-非全日、上门-不上门的居家长护服务实行按床日定额支付（陈晓晨等，2020；杨杰，2019；高忻，2018），社区巡护服务则实行按月定额支付方式（日社宣，2016）。研究还显示，各试点城市普遍实行居家护理优先、向居家护理倾斜的长护支付政策，除个别城市外，现行试点城市的居家护理费用报销比例普遍高于机构护理（李运华、姜腊，2022）。

在给付手段方面，研究显示绝大多数试点城市采用的是服务给付而非现金给付形式，长护险仅提供护理服务而不支付现金。学者们认为，此举能够有效防范由现金给付带来的骗保等保险欺诈、资金挪用等道德风险问题，可提高长护资金的使用效益（原彰、李雅诗、李建国，2021）。也有研究者认可现金给付方式（荆涛等，2020），认为此举可以更灵活地满足参保人及其家庭的现实需求，确保在长护资源短缺时，子女可短暂回归家庭提供护理（徐银波，2021）。

在给付标准方面，研究揭示不同试点城市的长护险给付标准差异较大。长春、广州、上海和青岛等地给付水平相对较高，南通、安庆、齐齐哈尔等地给付水平相对较低（李运华、姜腊，2022）。同一长护服务方式内部的支付标准也有差异，譬如不同级别的医疗机构，长护险给付标准亦存在差别（王文韬、尚浩，2020）。学界讨论了当前试点城市的身体状况评估测量。参保人身体状况是长护险不同给付标准的主要参考指标，需依据身体状况确定护理等级，进而提供不同的给付待遇。学界普遍认为当前我国长护保险给付水平整体偏低（姚虹，2020），保障水平有限，影响了公众的获得感（盛政、何蓓、朱蕾艳，2020；姚虹，2020；王璐、何梅，2021）。此外，学界也围绕参保年限与长护险给付待遇之间的关联进行了相关研究，部分地区实行参保激励机制，对连续参保者、中断参保者分别实行相应的奖惩（罗伟允、余意、原彰，2022；杨玉秀，2018；陈晓晨等，2020；周磊、王静曦，2019），以提高公众的参保积极性，引导大众积极参保，助推长护险的可持续发展。

学者认为，长护险的差异化待遇支付既能有效满足多元失能者的多样化长护需求，又能以此为杠杆，调节不同长护服务方式，引导理性选择护理方式，优化配置医疗卫生资源（陈晓晨等，2020）。

由于兑现长护险给付待遇需要满足一定的条件，即给付条件，因此，学界还围绕待遇申请与评估等核心议题对长护险给付条件进行了介绍和分析。

关于申请门槛，研究人员指出，各试点城市待遇支付通常需要满足身体条件（重度失能、生活完全不能自理）、治疗条件（不少于 6 个月的治疗且病情稳定，医疗机构开具失能证明）、参保条件（如参保人连续缴费 15 年）、年龄条件（不同试点地区不同，如年满 60 周岁或年满 65 周岁）和参考条件（如病史和医疗消费史）等申请门槛（杨杰，2019；余巧萍，2020；郑秉文，2019；高忻，2018；杨玉秀，2018）。

关于评估程序，学者分析了评估专家（专家的来源、构成与遴选）、评估量表（《日常生活活动能力评定量表》《上海市老年照护统一需求评估标准（试行）》）、评估要求（巴氏量表评分不高于 40 分即重度失能）、参考评估（邻里、社区走访调查）（杨杰，2019；余巧萍，2020；郑秉文，2019；高忻，2018；杨玉秀，2018）等相关内容。

5. 失能评估

失能评估是长护险制度的入口和关键，直接关系着长护险参保人的待遇给付，影响着长护险的给付资金与服务供给，成为学术界探讨的热点话题。

（1）评估工具。研究显示，当前我国长护险试点城市采用的评估工具主要有三种——单一维度评估工具、组合评估工具和综合评估工具（冯鹏程、阎建军，2022a）。常见的评估工具则包括自行研发的失能评估量表、《日常生活活动能力评定量表》（巴氏量表）、商业健康保险的 ADL 量表（郑秉文，2019）。学者比较了不同试点城市评估量表在日常生活能力、认知、感知觉和沟通、精神、疾病等维度的评估内容，认为不同评估标准差异较大（周四娟、原彰，2021）。

（2）评估等级。学界围绕被证实具有良好的信效度和较高的灵敏度并在试点城市得到广泛应用的巴氏量表讨论了评估等级等内容。有研究认为，使用本地化量表的试点城市的失能等级划分较为细化且各具特点，而使用巴氏量表的试点城市的失能等级划分则相对简单（周四娟、原彰，2021）。

（3）评估机构。学者总结了目前长护险试点常见的失能等级评估机构类型：政府机构、第三方评估机构、政府机构+第三方评估机构、政府机构+委托的商业保险公司、第三方评估机构+委托的商业保险公司（周四娟、原彰，2021）。在失能评估合作模式中，医保经办机构负责长护险失能等级评估的组织管理与实施，第三方负责具体经办实施（冯鹏程、阎建军，2022a）。常见的第三方包括护理服务机构、专业医疗机构、劳动能力鉴定机构、商业保险公司等（周磊、王静曦，

2019）。评定费用大多由基金支付，少数实行财政拨款（冯鹏程、阎建军，2022a）。

学界研究指出，长护险失能评估在评估标准、量表评定、评估内容、评估技术、评估机构等方面还存在以下方面的问题。

（1）评估标准比较粗糙。众多学者指出，主流评估标准具有粗放性，失能、半失能、失智级别之间的界限模糊，未能具体细化等级（徐银波，2021）；量表敏感度亦不足，不利于失能等级评估分级（马晶、杨天红，2020）；容易出现评估片面问题，评估结果具有不准确性，不能完全反映失能人员真实状态（李凤芹，2021）；造成保险待遇与评估等级不匹配现象，容易产生异议（高忻，2018）。有学者甚至认为巴氏量表在中国"水土不服"（高忻，2018）。

（2）量表评估比较主观。熊鹰等、袁文艺（2019）认为，失能评估高度依赖于测评人的专业性和参保人的诚信，容易受人为因素的影响。一方面，量表评估以问卷访问形式为主，基本依靠参保人的主观表述予以认定，容易产生参保人"伪装假象""蒙混过关"等道德风险（高忻，2018）；另一方面，量表评估易受评估员专业水平影响，量表涉及的不同选项之间的差异缺乏客观标准而易造成因评估员认知理解的不同而影响评级（杨杰，2019），导致评估结果具有不稳定性。

（3）评估内容比较狭窄。研究者认为，试点城市评估量表是针对身体失能缺损的评估，未能考虑认知、情感、精神、社会参与等层面的评估，不利于精神障碍、失智的老年人获得长护险服务（林坚等，2016）；评估结果具有片面性（周四娟、原彰，2021）。失能等级动态管理机制尚未建立（孙洁、孙跃跃，2020）。

（4）评估技术比较单一。有研究指出，当前长护险试点城市的主流评估技术采用的是"他评法"或"他评法+自评法"。其中，"自评法"由参保人自我填写巴氏量表开展自我评估，"他评法"则是由专门评估人员以直接（居家探访）、间接方式（社区走访）对申请人开展评估（周四娟、原彰，2021）。而且，评定通常采用一次性评估，缺少认定委员会的再次认定环节（陈谦谦、郝勇，2020）。无论是哪种方式，评估结果均可能因人而异，具有一定弹性。鉴定初评与专家复核之间具有一定差距，容易造成参保人反复提请复核现象（熊鹰、袁文艺，2019），浪费公共资源。

（5）评估机构客观性与专业性不足。研究人员指出，试点城市的失能评估中政府介入程度偏高，社会参与力量薄弱（孙洁、孙跃跃，2020）。而且评估主要依靠医保办或劳动能力鉴定委员会等政府或准政府部门，它们兼具运动员和裁判员身份，缺乏客观性和专业性（周四娟、原彰，2021）。部分评估机构还因运转机制而缺乏持续性和激励性的工作机制（陈谦谦、郝勇，2020）。

针对上述不足，学界呼吁制定失能等级评估"中国标准"（高忻，2018），并提出相应建议：完善失能评估量表，制定本土化、科学化、可操作化的失能评估量表（李雨轩、李洪峰，2019；原彰、李雅诗、李建国，2021）；细化认定标准（徐银波，2021），综合考察失智、精神状态、基础疾病等因素，增加认知、感知和沟通能力方面的相关内容指标（陈晓晨等，2020）；积极发挥第三方评估的作用，完善评估机构的协议管理，制定评估机构及其人员的准入、退出与管理机制（朱宁宁，2022）；优化评估流程（陈谦谦、郝勇，2020），改进评估技术，采用人工智能辅助（肖冰、郝英华，2022），减少道德风险；建立完善失能等级动态管理机制（孙洁、孙跃跃，2020）；推动评估结果跨部门互认机制和评估效果的评价机制（朱宁宁，2022）。

6. 经办机构

经办机构关联着长护险服务的供需两端，直接影响着长护险服务的质量，是长护险制度建设的关键环节。经办机构的模式、优势、角色、机制、管理是学界探讨较多的话题。

试点城市长护险的运营管理主要包括政府管理、政府经办和政府监督管理、购买商保公司服务两种模式。实践研究显示，目前试点地区长护险普遍采用政府购买服务方式，经公开招投标，把长护险具体经办业务以服务外包形式委托具备资质的第三方（李运华、姜腊，2022），商业保险公司是试点城市最常采用的第三方。

目前，试点城市主要采用社商合作模式，"社保经办+商保承办+行政监督"是其中的主流模式（王文韬、尚浩，2020）。社商合作因双方合作程度、风险共担的不同而存在不同的差异。学者依据合作程度的不同把试点城市的社商合作模式划分为不同的类型：将具体的业务委托给具有资质的商保公司，商保公司抽调人员与社保人员合署办公，以及把区域内的部分长护险业务委托给具有资质的商保公司（杨玉秀，2018）。依据风险承担的不同，社商合作还被进一步细化为两种模式。一是承办型。商保公司全程参与长护险业务，实行事务共办，风险共担。设置（成本+利润）上限（基金的 3%~7%），一定限额上限（基金的 3%~7%）内的由商保公司与医保部门共同承担，超过一定范围的则为政策性亏损，政府进行回补及政策调整。二是经办型。政府以购买服务的方式委托商保公司经办长护险业务，商保公司不承担超赔风险，根据协议及年终考核表现，按比例或固定金额收取服务费用（冯鹏程、阎建军，2022b）。进一步的研究还显示，商保公司参与长护险活动也存在参与规模及区域分布不同的内部差异，主要有三种方式：一家商保公司独立经办、多家商保公司按份额共保、多家商保公司分片区平行独立经办（冯鹏程、阎建军，2022b）。

在社商合作中，学者普遍认同商业保险的优势，指出商业保险公司在经营网络、服务平台、技术人员、承保理赔、风险控制、基金投资和管理等方面具有自身优势（孙正成、兰虹，2016；佘晓晨、朱娜姝，

2019）。有研究指出，商保公司的参与为长护险的建设发展注入了活力（佘晓晨、朱娜殊，2019），推动了多方共赢，可实现长护服务社会效益和经济效益双丰收（王文韬、尚浩，2020）。保险公司的深度参与既能充分利用商业保险公司在经营网络、服务平台、技术人员、承保理赔、风险控制、基金投资和管理等方面的优势，降低长护险的道德风险（孙正成、兰虹，2016），提高基金收益和使用效率，又能减少政府重复投入，节省政府资源，提高公共资源的使用效率，降低运营成本（钟玉英、程静，2018），还可有效避免养老服务资源的浪费，优化长护险资源配置（佘晓晨、朱娜殊，2019）。商保公司积极参与长护险的同时也促进了自身的发展（肖冰、郝英华，2022）。

相关研究表明，目前商业保险公司业已深度参与长护险制度建设。从长护险的受理评估、资格核查、等级评估、费用审核、结算支付，到风险系统性排查、对定点机构评估（吴炳义等，2017），再到信息系统建设与维护工作（刘德浩，2023），商业保险公司均有参与甚至还间接参与服务业务，自负盈亏（原彰、李雅诗、李建国，2021）。

学者分析指出，商保公司与医疗保障部门双方密切合作，在长护险活动中各自扮演着不同的角色：经办机构（商保公司）负责经办管理长护险具体业务，包括资格评估、失能评估、受理申请、待遇发放、与相关服务机构订立服务协议等工作，而医疗保障部门牵头负责长护险的制度设计和政策制定，诸如覆盖范围、基金筹措、待遇支付标准、等级拟定以及对经办机构的监管等均由医疗保障部门确定（余巧萍，2020）。

各试点城市结合各自实际积极开展了经办管理创新，实践探索了不同的长护险经办服务机制。学者介绍分析较多的长护险经办机制主要包括：苏州的"两个经办片区、三方共同推进、四类机构合作"机制（盛政、何蓓、朱蕾艳，2020），江苏的"政府主导、商保公司经办、护理机构服务"的协同发展机制（周英，2021），承德的"社保经办＋商保承办＋行政监督"机制（王文韬、尚浩，2020），南通的"四家共保、首席统筹、联管办运作"机制（何婷婷，2016）。其中，何婷婷（2016）详细介绍了南通市数家商业保险公司联合经办工作机制的创新做法：组建长护险联合管理办公室，实行"多家共保、首席统筹、联管办运作"的商保经办模式。长护险日常业务工作交由"联管办"负责，"联管办"接受长护险主管部门的指导和监督，负责长护险经办具体业务，向政府主管部门定期报告，下设受理评估、审核调查、共同资源三个小组，开展受理评估、居家上门服务、费用审核、结算支付、稽核调查等工作（何婷婷，2016）。

此外，学界还讨论了商保公司的管理及服务费用问题。研究显示，试点城市政府职能部门对商保公司的管理基本采用协议管理方式。各方签订合作协议书，以书面形式约定各方的角色、定位、权利、义务及违约惩处。医保行政部门以审计、定期检查、日常抽查、设立投诉举报渠道等多种方式开展监督检查，及时处理不合规行为（王文韬、尚浩，2020）。商保公司经办管理费用主要来自人力成本和运营成本，实行费率、定额两种形式，而费用多来源于长护险基金，费率标准一般为长护险基金收入的2%~7%，也有部分试点城市的费用来源于地方财政（冯鹏程、阎建军，2022b）。

学界认为，长护险的经办管理需坚持市场主体地位，引导多元主体积极参与，积极整合社保经办机构、商保机构、评估机构、护理服务机构资源，推动跨机构合作与优势互补，充分发挥协议管理的约束激励作用，创新长护险经办管理机制与服务体系，推进长护险服务专业化、标准化与规范化建设（盛政、何蓓、朱蕾艳，2020），促进"政府主导、商保公司经办、护理机构服务"协同发展（周英，2021）。

7. 服务方式

当前我国已初步建立了多层次长护险服务体系，参保人员及家庭可结合各自不同的身体状况及需求选择相应的长护服务方式。学界分析了长护险服务体系的建设现状，重点探讨了覆盖大部分试点城市的常见长护险服务方式：医疗机构护理、养老机构护理、上门护理、居家护理（肖冰、郝英华，2022）。部分学者还研究了具有地方特色的青岛的巡护、成都的个人服务、北京市海淀区的老年社区照料，以及志愿者服务的"时间银行"、社区嵌入式小微连锁护理服务机构等长护险服务形式。学界高度评价多层次长护服务体系的意义，认为长护服务体系建设有效盘活了医疗卫生资源，分流了住院人群，减轻了三甲医院的就医护理压力，助力不同医院分级诊疗（苑耀明等，2016）。同时，学界也认可居家护理的重要性，认为居家护理最受长护险参保人员欢迎、需求大（陈晓晨等，2020；何婷婷，2016；苑耀明等，2016）。

学界也指出，护理服务体系建设滞后是目前长护险制度实施的短板（孙洁，2021），并从不同方面分析了长护险服务体系建设发展存在的问题。樊卫东（2017）主要从宏观层面分析了长护险在服务提供、服务质量和行为规范、服务供给均衡性等方面存在的问题。孙洁（2021）从中观方面探讨了长护险在养老机构、家护服务机构、社区卫生服务机构等机构护理服务中的缺陷表现。吴海波等（2020）则从微观层面分析了农村护理机构的服务能力与服务水平的不足之处，认为农村地区是长护服务的痛点和堵点。概括言之，学者提及较多的问题主要包括护理机构数量有限且质量不高（杨文生、刘慧敏、刘思棠，2019）、资源总体有限且分布不均衡（樊卫东，2017）、农村护理机构可及性差（吴海波等，2020）、民营长护机构融资难（孙敬华，2020）、保障形式单一等（赵海平，2021）。

研究人员纷纷提出了完善长护险服务体系的相应举措建议：加强农

村地区的养老基础设施建设和完善农村地区的养老服务体系，提升农村长护服务的可及性（王璐、何梅，2021）；提升长护机构精细化管理水平（罗伟允、余意、原彰，2022），完善服务机构准入机制，加强对服务机构的监管（陈云晴，2019；余巧萍，2020）；促进长期护理金融支持体系发展（孙敬华，2020）；坚持居家护理的基础地位（荆涛、陈秦宇，2018）。

8. 服务项目与服务内容

长护险制度建设发展的基石是长护服务体系，而长护服务项目及其质量又是长护服务体系建设的重中之重。

研究显示，各试点城市均已建立比较齐全的长护服务项目。各地的长护服务项目涵盖基本生活护理、医疗护理、康复护理和心理护理等诸多方面，囊括了日常生活起居、护理、康复、心理等项目（王琦，2022），并不时依据市场供给、需求强度、服务时长等优化长护服务内容（肖冰、郝英华，2022），总体覆盖了失能老年人日常生活所需的基础服务（郑秉文，2019；原彰、李雅诗、李建国，2021）。王群、汤未、曹慧媛（2018）对我国长期护理保险试点方案服务项目的详细比较是其中的代表性研究。

已有研究还表明试点城市重视长护服务的多元化、标准化建设（余巧萍，2020；王文韬、尚浩，2020）。各试点城市结合实际进一步细化服务内容、工时、收费、标准、操作、评价、考核（盛政、何蓓、朱蕾艳，2020），针对不同长护形式整合长护清单（黄志诚、金辉、李成志，2021），建立统一的长护险基本服务项目目录清单以及基金支付的基础费用清单（肖冰、郝英华，2022），提供一揽子服务，以更好地满足参保人员的多元需求。

与此同时，学者们也指出了当前长护试点服务项目及其质量存在的诸多局限与不足，以下方面是学者指陈较多的问题。

（1）服务内容整体有限（王群、汤未、曹慧媛，2018；杨桂彬、谢宏忠，2020）。试点城市长护服务所覆盖的生活、医疗护理的种类比较有限，服务偏重于生活、护理、康复等层面的内容，认知、行为、心理层面的护理内容较少，长护服务基本还是面向失能后的服务供给，针对失能前的预防性服务较少（陈晓晨等，2020）。

（2）标准体系建设整体相对滞后（樊卫东，2017）。各地实施自定标准与规范的长护服务，体系杂糅（高忻，2018）；区域之间和区域内部的长护服务水平参差不齐，护理服务随意性大，操作约束性不强，不同护理服务方式差异化不明显，部分长护服务项目清单及其细化标准流于形式，难以落实和监督，等等（高忻，2018；熊鹰、袁文艺，2019）。

（3）长护服务项目与当事人实际需求存在差距（陈谦谦、郝勇，2020），服务错位、失位、缺位现象明显。轻度、中度失能老年人缺乏所需的生活护理服务，针对重度失能老年人的服务内容断层、服务过程不连续（杨桂彬、谢宏忠，2020），孤寡独居的重度失能老年人难以解决日常生活护理问题。

（4）医疗护理服务衔接不足。陈谦谦、郝勇（2020）指出，由于医嘱通道的不畅通、护理中的医疗风险、成本控制等原因，众多长护服务机构多聚焦生活照料，尚未开展医疗护理服务项目。

（5）服务时间、频次与失能等级联动不灵活。研究表明，试点城市的社区居家长护服务通常在上门服务方面有限制，规定了不同评估等级的服务时间和服务频率。这一制度设置对需要连续护理的重度失能老年人并不友好，不利于该群体获得连续性和有效性的长护服务。长护服务时间、频率与参保人失能等级之间未能建立起灵活有效的联动机制（陈谦谦、郝勇，2020）。

（6）长护服务的均等化水平亟待提高。研究显示，受制于区域长护服务体系建设的不平衡，试点城市的长护服务存在较为显著的非均等化现象（孙敬华，2020），学者着重从职工与居民、城市与农村两个方面予以论述。首先，相较于职工，居民的长护服务的待遇支付水平更低、服务形式更少；其次，相比于城镇参保人，农村参保人可选择的长护服务形式及服务方式较为有限，农村老年人获得长护服务的比例较低（冯广刚、米红，2018）。学者们认为长护服务的非均等化导致无法面向全社会供给同等质量的长护服务，损害了社会公平，加剧了有些地区及其人群的失能风险（朱铭来、申宇鹏，2021）。

（7）长护服务可及性较差。研究证实，当前长护服务的可及性是被忽视的重要问题，政策多关注"谁应该受益"而忽视"谁能获得福利"（孙敬华，2020）。

鉴于上述问题与不足，学者们认为统一制定国家层面的长期护理服务标准体系迫在眉睫，应建设完善从护理服务项目、操作规范、护理服务质量考核标准到保险欺诈及违规处理办法全过程的服务标准与规范（熊鹰、袁文艺，2019；余巧萍，2020；王文韬、尚浩，2020；樊卫东，2017；朱铭来、申宇鹏，2021；王群、汤未、曹慧媛，2018；马骁，2017）。注重从长护服务享受转向长护服务可及性（孙敬华，2020），加强农村地区长护服务建设，提升长护服务的公平性，缩减职工与居民、城镇与农村之间的长护服务建设差距（孙敬华，2020）。依托社区养老平台，大力建设发展预防服务体系（赵海平，2021），面向不同等级状况的失能老年人，设置不同层次的服务类别和内容，增强长护服务时间、频率与失能等级的灵活联动（陈谦谦、郝勇，2020），加强养老、护理、医疗资源的整合，推进相关服务组织、机构部门之间的协同，增强服务供给能力，提升长护服务的持续性与完整性（杨桂彬、谢宏忠，2020）。

9. 监督管理

监督管理是失能老年人长期护理保险体系中的重要环节，直接关系到失能老年人的长期护理质量和长期护理保险制度的发展。

学者们指出了试点城市长护险服务供给、待遇享受两端暴露出的种种问题及现象。在服务供给方面,服务不到位、待遇发放"跑冒滴漏"(高忻,2018;熊鹰、袁文艺,2019);基本依靠第三方的定期巡查,偏远地区尤其是农村地区的长护险稽核监管困难;存在人工审核长护险机构费用、报表的设计较为简单等现象(胡文韬,2022)。参保人员、护理服务机构、护理服务人员均不同程度存在违规现象(盛政、何蓓、朱蕾艳,2020);服务使用者实际生活能力与评估结论不符,亲属护理名不副实,部分失能人员身体状况有所恢复后未能及时上报并调整相应待遇支付等保险欺诈及道德风险(高忻,2018)。究其原因,研究人员分析认为这与全国统一的社保监管大数据平台缺失、"法治社保"不健全、财政投入不足等因素密不可分(高忻,2018)。

学者认为,此类问题增加了对长期护理的相关社会服务、医疗需求,影响了长护保资源的有效配置,败坏了社会风气(熊鹰、袁文艺,2019),因此,健全完善长护险监督稽查体系已迫在眉睫。研究人员介绍了各试点城市在长护险实践中形成的监督与管理的手段和方法,如,荆州实行线下人工稽核、线上网络监控、社会监督举报等"组合拳"监管方式(高忻,2018);成都实行由医疗保险机构主导、统筹各方力量、运用科技手段指导的监督方式(朱国龙、洪巍,2020);上海实行以《上海市基本医疗保险监督管理办法》为制度保障、以"行业监管+基金监管"为基础、以"互联网+移动应用"为创新手段的监管方式(黄志诚、金辉、李成志,2021);苏州推行健全关键环节、攻克监管难点、增强监管威慑力、引导公众监督的监管方式(盛政、何蓓、朱蕾艳,2020);广州则加强对长护定点机构的监督管理、日常巡查、综合考核(原彰、李雅诗、李建国,2021)。

尽管如此,长护险的监督稽查依然存在诸多问题,亟待进一步加强

（高忻，2018）。学者结合各自研究，提出了相应的建议：建立完善个人信用评级制度、建立经营信息公示制度、完善法规制度（熊鹰、袁文艺，2019）；建立架构统一的长护保险信息系统，共建共享长护保险大数据分析系统（高忻，2018），建设发展智能服务平台（姜春力、张瑾，2021）。

10. 域外长期护理保险

最后一点但同样重要的是，无论是在早期还是在试点阶段，域外长护险始终吸引着国内学界的兴趣。

一些国家和地区率先开展了长期护理保险制度实践，这为我国摸着石头过河的长期护理保险实践提供了重要的参考，引介域外长护险成为学界重要的研究内容。鉴于我国社会福利制度性质，学者们主要围绕域外长护险的社会保险模式展开研究，德国、日本作为该模式代表性的国家自然成为研究热点。

（1）德国长期护理保险相关研究

德国是长护险制度的最早创建者，奠定了长护险的基本框架，是世界长护险的典范，自然成为学界引介的焦点。

一是关于德国长护险的整体框架研究。早在21世纪初，学界便开展了德国长期护理保险的相关介绍和分析研究。何林广、陈滔（2006）较早介绍了德国长护险的筹资安排、评估护理服务等级、责任范围，认为德国长护险的实施大大减轻了保险基金、社会团体和州政府的财政压力，使更多长期护理需要者获得了更好的护理，并认为德国长护险的基金筹集、基金管理等对构建我国长护险有所启示。刘涛（2021）介绍了德国长期护理保险制度的历史缘起、经办与运营、覆盖群体、整合机制与财务状况，以及德国长期护理保险制度所实施的主要分级制度改革。在此基础上，强调德国长护险在依靠国家的总体政治意志而非经济与财政，纯粹依靠社会保险费用、国家财政并不额外介入的筹资方式备受挑战质疑，认为实行广覆盖、宽准入、中低水准的待遇给付和责任主体多元化，大幅增加认知障碍、失智及精神、心理和社会因素在长期护理评估、分类及分级中的权重，以及不采取地方试点而直接在联邦层面立法建制推进改革等方面值得我国参考借鉴。

二是关于德国长护险微观专题研究，主要涉及以下议题。

首先，德国长护险建设发展动力研究。刘芳（2022）基于历史制度主义的分析框架探讨了德国长期护理保险制度自 20 世纪 70 年代以来的历史变迁演进，从中总结分析了德国长护险制度持续发展的动力来源：起点——现代性的长期护理需求与传统的供给模式间的矛盾；政治社会诱因——民众焦虑和福利国家合法性需要；关键节点——德国统一、民主选举和政权合法性与权威性的需要；政治传统——德国福利国家的保守主义特征。在此基础上，刘芳（2022）总结探讨了德国长期护理保险制度对我国长护险的建立和发展具有的以下启示：一是寻求经济发展和社会政策的平衡；二是构建稳定和可持续的筹资机制；三是制度供给与传统文化相适应；四是把握制度建设的"机会之窗"。

其次，德国长护险制度建设原因及其特点研究。研究人员认为长期护理风险从家庭向社会溢出、"社会国家"（德语"Sozialstaat"，对应英语的"welfare state"）原则和强大的国家主义传统分别是德国长期护理保险制度建设的直接原因和根本原因。德国长期护理保险制度遵循国家集权与地方分权治理相结合的理念，制度覆盖遵循以护理需求评估为基础的普遍性原则，制度给付注重预算原则和费用控制原则，制度筹资体现了福利多元主义理念（刘芳，2018）。

再次，德国长护险的去商品化研究。仲利娟（2018）探讨了德国长期护理保险制度去商品化思维的主要表现：参保机制的广覆盖性、资金运行的互助共济性、护理需求状况的合理评估、保险支付服务的充分保障性、辅助政策促进家庭团结。而且，仲利娟（2018）总结认为，长护险制度是应对老年人失能半失能风险的关键机制，应把全体国民纳入覆盖对象范围，采取社会统筹方式，增强公平性，并从被服务者需求出发，细化指标体系，采用分层多样化支付手段，支持家庭成员向老年人提供有偿居家服务。

又次，德国长护险筹资机制研究。许敏敏、段娜（2019）总结了德国长期护理保险筹资机制在覆盖范围、参保对象、筹资水平、筹资模式、费用结构等方面的主要做法与经验，指出德国长护险的全员参保、受益对象扩展、受益人数增加、现收现付方式、三方共担筹资责任、调剂金制度和差异化的财政补贴政策对我国具有的参考价值。

最后，德国长护险改革研究。苏健（2020）以三版《长期护理保险加强法案》为主线，剖析德国《长期护理保险加强法案》出台的背景，从护理需求性概念、护理等级评估体系、保险给付、缴费率、地方市政作用等方面分析了三版《长期护理保险加强法案》的主要内容，认为《长期护理保险加强法案》的实施对长护险产生了显著影响，突出表现在保险给付受益人数、给付方式以及护理模式、服务供给方、基金财务状况等方面。它使更多长护需求者获得了护理资格，而且强化了居家护理，提升了机构护理服务质量，提高了保险给付待遇。德国长护险在立法、独立的筹资体系、统一的护理需求评估体系、可负担性与保险给付优化等方面对我国长护险具有借鉴价值。和红（2016）分别从宏观、微观福利治理视角研究了德国长护险制度改革。在宏观福利治理方面，德国长护险顶层制度设计的首要目标是确保长护服务的有效供给，包括缴费率、给付水平、给付类型、给付覆盖等内容在内的德国长护险制度实行普遍主义和成本控制的基本政策。在微观福利治理方面，德国长护险实行重构福利多元组合的策略：强化非正式的家庭护理责任、发展护理服务供给市场、规范护理工作者队伍。德国长护险的建设发展为我国长护险的顶层设计、基本政策、实施策略提供了重要的启示和借鉴。我国长护险要建立责任共担的多渠道筹资机制，科学的失能等级认定体系，确定合理的给付类型及给付水平，建立一体化护理服务管理机制，鼓励和促进服务平台和服务机构发展，加强护理服务从业人员队伍建设。

（2）日本长期护理保险相关研究

日本的长护险制度框架深受德国的影响，实行的也是长期护理社会保险模式。加之，日本和中国同属东亚地区，两国在文化价值理念方面具有一定的亲缘性，尊老敬老孝老和家庭赡养传统观念占据主流，其长护险实践及经验相比其他国家更具借鉴和参考性。学界因此非常重视引介分析日本的长期护理保险。

一是日本长护险韧始发展背景研究。莫骄和李新平（2014）、海龙（2013）等从重视老年福利保障传统、人口结构转变、家庭护理功能弱化、医疗费用高涨、公共财政压力等多维度剖析了日本长护险建立发展的背景。

二是日本长护险特点研究。单奕（2014）总结认为日本长护险具有保额承担者多元化、赔付方式多样性、全民覆盖、监管机制完善等特点，认为我国建立长护险存在模式选择、资金筹措、待遇给付、运行体制等难题，可借鉴日本经验，在可持续性全面长护体系建设、大力发展商业长护险、重视预防、法律保障等方面予以加强。吕学静（2014）认为日本长护险特点表现为个人与政府共同承担义务的普惠制服务、整合老年福利制度和老年保健医疗制度、社会团体和企业养老护理良性竞争、"医疗、护理、生活照料"相互衔接与分级管理服务体系、重视居家护理和社区照顾、专业服务队伍建设等，并指出我国要建立符合国情的长期护理保险制度，需加强制度安排，发挥制度设计中的规范管理和政策引导作用，完善配套措施。海龙（2013）则将日本长护险特征概括为政府主导、立法先行、项目多样、公平性、权利与义务对等。张建、雷丽华（2017）从采用市场化原则改革长期护理服务市场、强调老年人自身赡养责任的运营理念、相对稳健的社会保险财政运营机制、构建以居家护理为核心的社会养老服务保障体系方面分析了日本长护险的特点。

三是日本长护险资格认证研究。张洪源、包胜勇（2017）探讨了学界较少关注却非常核心的日本长护险资格认证问题，指出日本建立了以需求为导向，创新了由资格认证系统、资格认证流程管理和护理资源供需匹配机制组成的参保用户护理资格认证制度，且大规模、精细化、长周期的数据为这一制度奠定了坚实的基础，认为未来日本长护险资格认证制度应朝多维化的资格认证维度、充分反映申请人失能程度的等级划分、全面体现申请人个案特殊病历的认证指标分类以及完善护理资源指向性供给与需求匹配机制等方向发展，并认为我国可借鉴日本经验，建立健全护理资源供给配置型标准化、护理资源需求服务型标准化和高效的资格认证系统。

四是日本长护险筹资机制研究。研究人员总结出日本长护险筹资机制的主要内容及特点：高风险人群全面覆盖下的分层投保模式，筹资渠道多元化下各方合理分摊，凸显地区差异下缴费比例的动态化调整，以及改革控费提高制度可持续性，进而总结日本长护险筹资机制对我国的启示：扩大并统一覆盖范围，建立两级政府责任制；按年龄、收入划分人群进行筹资；强调退休者缴费责任，平衡各方经济负担；动态筹资，提高基金可持续性（吕园园，2020）。

五是日本长护险建设发展短板研究。研究人员普遍指出日本长护险建设发展亦面临困境与不足。张建、雷丽华（2017）指出日本长护险存在现收现付制的固有缺陷、市场化运作短板、地区间赡养水平不一、忽视医养结合作用等不足。李运华、姜腊（2020）等分析了日本长护险制度面临的挑战：保险费用支出上升，政府财政负担加重；参保人尤其是低收入者负担加重；区域差距很大。甘雨粒（2001）则特别指出日本长护险面临不被公众接受的困境。

六是日本长护险制度改革研究。赵春江、孙金霞（2018）指出日本长护险受护理费用可持续性差、制度公平性缺失、专业护理人员短缺等因素的冲击，先后进行了四个阶段的改革，改革减轻了政府财政负担，推动了老年护理产业发展，有效缓解了护理机构不足的压力，转变了护理理念，同时指出日本长护险依然面临制度固有局限、低收入者负担加重、服务资源地区差异大、护理人员不足等诸多问题。赵春江、孙金霞（2018）研究认为，预防观念、人才培养、统一等级评估、调动社会力量等经验对我国长护险建设具有借鉴意义。周加艳、沈勤（2017a、b）等也探讨了日本长护险自2000年以来的历次改革，认为改革在覆盖面、受益规模、护理产业发展等方面收效良好，但也面临人口快速老龄化、保险支出成本上升、护理人才短缺等挑战，认为应完善社区综合护理服务体系，加强医卫服务与长护服务的结合，并进一步指出日本长护险高效便捷的服务供给体系、医疗卫生服务和长期护理服务的结合以及对服务质量和保险成本控制的兼顾对我国长护险建设具有启示。李运华、姜腊（2020）等基于福利治理视角，讨论了日本长护险制度的数次改革，认为通过改革，日本长护险的护理理念更加重视老年人个体责任和回归家庭，制度覆盖范围持续扩大，护理预防服务体系得以构建、多元服务供给主体形成良性竞争机制。陈璐、刘绘如（2016）则从"开源"与"节流"视角审视了日本长护险在资金供给、护理需求方面的改革，认为我国长护险建设可借鉴日本的失能评估、护理预防、医疗和护理服务相结合、坚持家庭和社区养老共同发展的经验。

此外，学者们还整体讨论了日本长护险的筹资、资格认定、服务内容、服务主体、准入与监管等相关问题（姬鹏程、王皓田，2020；尹成远、田伶、李浩然，2006；莫骄、李新平，2014；孔银焕、王华丽，

2018；张建、雷丽华，2017）。其中，姬鹏程、王皓田（2020）的研究最具代表性。他们分析了日本长护险的具体措施：①筹资情况，税收补贴与社会保险相结合；②资格认定，定级标准规范化与层级清晰；③服务内容，四项计划与七种服务；④服务主体，非营利与营利性机构共同发展；⑤准入与监管，地方政府具有准入与监管权。他们还从受益人群的针对性、推动医疗服务和养老服务的有机结合、动态调整确保制度的可持续性三方面讨论了日本长护险的实施效果，在此基础上指出日本的长护险建设经验对我国具有一定的启发意义，认为我国长护险应实现资金全覆盖，促进养老服务事业和产业整体发展，明确长期护理的公共服务性质，建立地区综合护理体系，强化社区服务递送载体功能，赋予地方主体责任，提升服务质量（姬鹏程、王皓田，2020）。

三 研究评价

如上所述，比较而言，域外学界重视社会学、人口学、保险学和政治学等多学科理论与方法的交叉融合，强调运用科学研究方法，注重对长期护理保险参保对象、筹资来源、保障范围、给付资格、待遇给付、服务内容、责任主体、监督管理、风险防范等实践议题的实证研究，并通过国别比较研究揭示了长期护理保险与政治体系、经济水平、意识形态、福利制度、文化观念之间的相互嵌入。国内学界的长期护理保险研究起步较晚，发展较快。伴随着长期护理保险制度的落地实施，国内相关探讨已进入实证研究的新阶段，发展呈方兴未艾之势。

同时还应看到，受主客观条件的限制，当前国内长期护理保险制度研究呈现"两头大、中间小"的哑铃型结构。"两头大"是指关于长期护理保险制度的"头"（必要性、重要性、可行性、大众需求）、"尾"（制度选择、制度构建、制度发展）研究较多，"中间小"则是指以长期护理保险制度本土实践为核心的"中间"研究较为薄弱。

在哑铃型研究结构作用下，已有长期护理保险制度本土实践研究呈现以下两个特点。①静态性。从时间维度而言，研究者多对特定时间节点（通常选择先后两次试点时间 2016 年或 2020 年）试点城市长护险实践开展共时性研究，缺乏历时性的动态过程视角研究。②局部性。从空间维度而言，研究多是对特定试点城市的长护险实践展开局部个案研究，缺乏对试点城市的整体视角研究。当前哑铃型的研究结构将不可避免地影响长期护理保险制度连续谱研究，容易造成研究碎片化和以偏概全，难以回应社会现实关切。

第三节　研究设计

一　研究内容

我国长期护理保险制度研究亟须理论与实践的双重推进。长期护理保险制度的本土实践将为国内相关研究带来重要研究转向。本研究将紧密结合社会、经济、文化全面转型背景，从我国社会经济发展、文化传统和社会保障制度发展实际出发，以行动研究为取向，遵循"理论框架→实证研究→域外经验→制度建设"的逻辑思路，以比较视野来统摄动态性和整体性，运用不同比较维度全面系统探讨失能老年人长期护理保险制度的本土实践。

具体言之，本研究主要包括以下方面的主要内容。

（一）我国长期护理保险制度建设概况

梳理我国长期护理保险制度探索、推进、建立的发展历程，并围绕地区分布、经济发展水平、人口老龄化程度等维度整体分析 29 个试点城市的长护险建设发展概况，构建由基本政策工具（X 维度）、长期护理保险发展（Y 维度）、组织试点城市发展（Z 维度）组成的三维政策工具分析框架，对 56 份长护险政策文件进行文本分析，探讨试点城市政策工具的应用及分布。

（二）试点城市长期护理保险筹资机制

围绕覆盖范围、保障对象、筹资渠道、筹资方式与筹资标准全面探讨试点城市长期护理保险筹资机制，重点从地区分布、经济发展、人口老龄化等维度展开试点城市长期护理保险筹资机制比较研究。

（三）试点城市长期护理保险待遇给付

重点从试点城市长护险待遇享受条件、失能评估标准、失能评估主体及评估流程三方面分析长护险给付条件，围绕长护险服务给付范围，基金支付范围、支付比例与限额探讨长护险给付标准。

（四）试点城市长期护理保险服务体系与经办监管

结合试点批次、地区分布、经济发展、人口老龄化等维度，全面分析由服务方式、服务项目、服务队伍构成的长护险服务体系，以及长期护理保险的经办监管。

（五）长期护理保险实证分析

实证分析失能对老年人生活满意度的影响；以山东省为长护险试点实践个案，综合区域、人口老龄化、经济发展、长护险试点实践等因素，判断选取济南、青岛、枣庄作为山东省代表性长期护理保险试点类型，实证分析济南、青岛、枣庄长护险发展历程、制度框架及实践。

（六）失能老年人长期护理保险域外实践

判断选取德国、日本作为长期护理保险制度建设发展的典范，介绍德国、日本长期护理保险发展概况，围绕参保对象、保费筹措、运行要素全面探讨德国、日本长期护理保险制度架构，总结德国、日本的长护险制度建设发展经验及其对我国长护险制度建设的启示。

（七）我国失能老年人长期护理保险制度的建设发展

系统分析我国失能老年人长期护理保险制度建设发展成效及其存在的问题；在此基础上，探讨我国失能老年人长期护理保险制度建设发展原则，并结合实际寻求我国失能老年人长期护理保险制度建设发展重点。

二　研究思路

结合上述研究内容，本研究的思路设计如图 0-1 所示。

三　研究方法

1. 资料收集方法

（1）文献研究：收集与老年人长期护理保险主题密切相关的国内外文献，包含国内外书籍、期刊与会议论文及长护险相关政策法规、规章制度，并且加以分析与归纳。

（2）个案研究：以山东省为代表性长护试点，结合地理区域、经济发展水平、人口老龄化程度、长护险建设发展现状，从山东省判断抽取青岛、济南、枣庄 3 个不同类型的长期护理保险试点作为代表性个案，深入探讨其长护险制度实践，透过个案将微观实践与宏观社会结构相互连接，充分发挥个案研究的描述探索和解释功能。

2. 资料分析方法

对上述方法收集的文献资料，主要运用内容分析、统计分析予以研究。

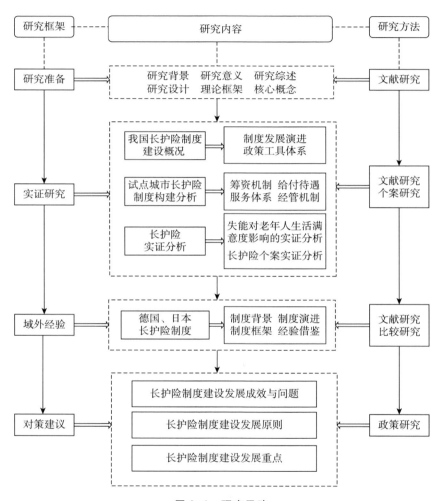

图 0-1 研究思路

第四节 理论框架与核心概念

一 理论框架

福利多元主义（Welfare Pluralism）理论亦称"混合福利经济"（Mixed Economy of Welfare）理论，是资本主义社会为应对 20 世纪 70 年代出现的"福利国家危机"而产生的社会福利理论。福利多元主义理论主张实现社会福利来源多样化，既不能完全依赖市场，也不能完全依赖国家，通过多部门的不同组合实现福利供给。"分权/分散化"（decentralization）与"参与"（participation）是福利多元主义的两个关键概念。福利多元主义理论的诞生，与福利国家角色的历史演进息息相关。并且，随着社会福利实践的深入，该理论也在不断拓展，具有一定的积极意义与自身局限性。

（一）福利多元主义理论的缘起

19 世纪 80 年代之前为传统福利社会阶段，在此阶段愚笨、懒惰等个人品质被认为是引发贫困的主要因素，福利理论完全建立于古典自由主义的逻辑之上。民众自身、家庭为社会福利责任的主要承担者，邻里或宗族、民间慈善机构则在必要时加以辅助，只有当家庭与民间力量供给不足时，政府才施加帮助。在此阶段福利提供总体呈现以家庭及互助为主、慈善组织为辅，政府低度介入社会福利的特征。

福利国家的发端可以追溯到 1883 年，德国颁布《疾病保险法》等一系列法律，首次以立法形式实施社会保障制度，为工业革命、城市化过程中遭遇贫困、工伤、疾病等风险的民众提供保障。大多数西欧国家也于"二战"前后实施失业、工伤等保险计划，政府开始在福利规范、福利提供中扮演主要角色，家庭、民间慈善组织等传统福利提供者的重要性也随之下降，福利供给功能逐渐被国家取代，现代福利国家初步形成。20世纪中期是福利国家的成长阶段，在此阶段社会保险的保障范围扩大、保障水平提升，凯恩斯主义盛行。"二战"后经济的迅猛发展为福利国家的成长奠定了坚实的物质基础，从最初的保障对象为特定人群拓宽至全民，保障最低生存需求的标准也得以提高，中产阶级被纳入福利国家的框架中，政府的福利提供角色愈加重要。20世纪60年代至70年代中期，福利国家进入成熟阶段，欧洲资本主义国家基本全部建立起福利国家制度，并继续扩张福利计划。福利国家通过完善职业培训、工作法规等配套措施来援助失业、未充分就业人员，使经济持续繁荣发展，人民生活水平稳步提高。20世纪70年代中后期是福利国家的收缩阶段，凯恩斯主义带来的财政赤字、通货膨胀等弊端凸显，公共财政难以维持高水平的福利开支。经济滞胀、严重失业等社会与经济问题为福利国家带来严重的政治后果，福利国家制度内在矛盾与问题凸显，政府部门的福利服务角色亟待转变。个人福利依赖的道德问题、因社会政策领域扩展而出现的政府扩张问题受到众多学者批判。在对福利国家进行反思与批判的背景下，福利多元主义兴起，并成为20世纪70年代后期社会政策的核心议题之一，成为继古典自由主义、凯恩斯主义之后的新型社会福利理论范式。

福利多元主义既不同于以经济个人主义和自由企业为基础，强调需求主要通过市场或家庭来满足的"补缺型"（residual）福利，也不同于以安全、平等和人道主义为基础，强调社会服务是工业社会正常的和第一线功能的"制度型"（institutional）福利，而是一种介于剩余型福利与制度型福利形态之间的中间路线（林闽钢，2002）。福利多元主义理论不仅可以解释福利国家危机，而且为福利国家体制转型提供了参考方向和政策路径，福利多元主义理论在得到众多学者认同、传播的同时，也在多个国家福利改革中得以应用。哥斯塔·艾斯平-安德森（Esping-Andersen，1990）曾根据不同意识形态划分出西方国家福利改革的模式类别，认为自由福利国家模式主张发挥市场作用，采取相对消极的最低保障或积极的补贴私人社会福利方案；保守主义的福利国家模式主张强调家庭价值，只有当家庭能量枯竭时国家才被允许介入；而社会民主主义福利国家模式强调国家对福利的承诺与责任，公民享有高水平福利。福利多元主义理论、福利混合经济理论观点在日渐兴盛的同时，也不断在实践中得到扩展和深化，相关研究内容也持续丰富。

（二）福利多元主义理论的扩展

社会福利实践推动了福利多元主义理论研究的持续深入发展。福利多元主义理论整体可归纳为横向与纵向两个维度的扩展（丁学娜、李凤琴，2013）：横向维度，福利供给主体的来源呈现三元论、四元论、五元论的讨论；纵向维度，基于福利多元主义的政策研究从最初的单维框架发展为全面复杂的三维框架。

1. 福利供给主体横向扩展

蒂特姆斯（Titmuss，1956）在《福利的社会分工》中最早提出多元化的福利提供者观点，认为一个国家或地区的社会整体福利如果由法定福利（social welfare）、财税福利（fiscal welfare）和职业福利（occupational welfare）三种供给体系相互配合、共同运作，将能达到最大的福利效应。1978年，英国《志愿组织的未来：沃尔芬登委员会的报告》创造性提出并使用福利多元主义的概念，并首次将志愿组织列入社会福利供给者名单，提出政府、市场之外的其他主体在社会福利供给制度中的功能（Wolfenden，1978），具有开拓性意义。1984年，欧洲中心举办的"社会工作培训与研究"会议，提出社区中有社会工作者介入的助人组织、志愿组织、自助组织、互助组织等新生社会力量，应进行大范围的社会参与，这反映出理论界与决策层对混合福利体系的共识与展望，以及当时社会对于多元混合福利的乐观态度（韩央迪，2012）。福利多元主义在这一时期通常缺乏精确界定，常以混合福利经济形式出现。

（1）福利多元主义的三分法。罗斯（Rose，1986）对"福利多元主义"概念进行了明确的界定与分析，认为福利是各种社会制度综合的产物，主张打破国家垄断福利提供的原则。罗斯将社会福利来源分解成家庭、市场、国家三个部门，认为三者供给的福利总和构成社会的整体福利，用代表社会总福利的 TWS＝H＋M＋S 公式表示，其中 H 为家庭提供的福利，M 为市场提供的福利，S 为国家提供的福利，即福利的总量等于家庭中生产的福利，加上通过市场购买获得的福利及国家提供的福利。罗斯同时还认为三者的地位并非平等，国家始终是福利最主要的生产者与提供者，从而打破了福利国家体系的理论桎梏，建立起多元福利供给的基本分析框架。在罗斯的福利多元主义思想启示下，学者们不断根据现实情况，对福利来源的主体予以拓展或修正。欧尔森等（Olsson, Hansen, & Erikson, 1993）从国家、市场、民间社会的三分框架对福利国家的福利分散化、私有化进行了探讨，并进一步将民间社会划分为家庭、邻里、志愿组织，认为福利提供组织向民间社会的发展是可预见的。德国学者伊瓦斯（Evers，1988）进一步发展了罗斯的理论，提出福利三角的研究范式。他把福利三角分析框架置于文化、社会经济、政治情境中，并将三者具体解构为对应的组织、价值和社会成员关系，从而为福利多元主义的发展注入了人文主义色彩。总体而言，伊瓦斯使福利三角研究延展至经验领域，有效提升了福利三角理论的解释力，为西方国家解构自身的福利体系和制度架构提供了理论框架支持。

（2）福利多元主义的四分法。随着全球结社革命的兴起，民间社会组织在保障人权、促进社会公正等方面的影响力与作用日益扩展。前述德国学者伊瓦斯（Evers，1988）进一步将自己的"福利三角"研究拓展为四元结构，即国家、市场、社区、民间社会。伊瓦斯认为，民间社会在社会福利提供中具有重要功能，民间社会的非营利部门、中介机构是福利生产部门，民间社会组织将志愿性作为行动协调原则，采取说理、交流等形式使市民与协会成员的各种福利需求得到满足，并成为国家与市场、社区之间进行沟通联系的纽带，有利于调节局部与整体，实现社会团结。约翰逊（Johnson，1987）在此基础上进一步明确了社会福利的四个供给主体及其责任分工。在《转变中的社会福利：福利多元主义的理论与实践》一书中，约翰逊提出社会福利来源于政府、家庭（社区）、民间社会、市场，分别对应公共部门（Public Sector）、非正式部门（Informal Sector）、志愿部门（Voluntary Sector）、商业部门（Commercial Sector），并对不同部门福利提供的来源、特征、供给渠道进行了详细说明，还探讨了不同部门在社会福利多元供给结构中的联结、整合、协同的基本原则，认为分权和参与是实现福利多元化的基本途径。美国学者吉尔伯特和蒂尔（Gilbert、Teeer，2003）与约翰逊所提社会福利来源于四个部门的观点一致，并进一步区分了经济市场与社会市场，认为经济市场以生产率、利润等为基础，通过市场对商品与服务进行分配，而社会市场根据福利权利、公共保障责任等要素，对商品与服务进行分配。经济市场与社会市场共同提供社会福利体现了社会福利供给与资本主义经济政策的兼容与补充。

此外，还有学者进一步发展出社会福利五边形学说。克雷斯·德·纽伯格（2003）认为市场、家庭、社会网络、会员组织、政府五个构成要素可用于满足人的需要和控制风险。虽然不同学者对社会福利的来源提出不同的划分方式及相应类型，但无论是福利三角、福利四边形或是福利五边形并无本质区别，整体均是对社会福利来源的不同角度的探索，核心仍然是力图超越传统国家与社会的二分法，突出福利供给主体的多元化，重视福利供给不同部门的互补力量，强调不同社会部门在社会福利供给方面的重要作用（王家峰，2009）。对于福利提供主体数量与具体类型的分析，仍需跟随时代发展不断深入研究拓展，以更符合时代特征与现实需求，更符合社会福利改革发展的方向。

2. 福利供给分析维度纵向扩展

学界除了对福利供给主体来源、类型、特征、功能及彼此间的关系展开讨论，还基于福利多元主义的规范性政策视角展开相关分析，丰富了福利多元主义的相关研究。具体而言，福利供给分析维度大体经历了单维度、双维度，再到多维度的过程。

早期福利多元主义仅关注单维度的福利供给（supply）议题，即资源供给责任在国家、志愿部门、市场、非正式部门之间的划分问题。由于仅依靠单一"供给"维度难以对政府支持的志愿服务行为、企业捐助的志愿行为等众多福利供给行为进行明确区分，"融资"（finance）维度因此被引入，双维度分析框架由此得到建立。双维度分析框架既支持传统的纯公共（all-public）和纯私人（all-private）部门，也允许国家购买私人服务和私人购买公共服务（Burchardt，1997），并主张通过以下方式来实现多元化的路径：将免费的社会服务变为付费服务、通过内部市场的方式增强公共部门之间的竞争意识、通过政府补贴公民购买市场服务。尽管如此，双维度分析框架在区分同样供给和融资但不同主导服务方面仍存有缺陷。基于此，学者们进一步将"决策"（decision）维度或"规制"（regulation）维度纳入其中，三维分析框架得以建立。三维分析框架包含供给-融资-决策的三维度框架与供给-融资-规制的三维度框架两种分析路径，二者的分歧在于"决策"与"规制"谁应为第三维度。供给-融资-决策三维度框架认为，在服务输送终点上，公民个体与公共部门谁拥有决定权是具有价值的区分维度（陈静，2016），希尔（Hills，2002）、伯查特（Burchardt，1997）等学者赞同

"决策"作为第三个维度。希尔（2006）采用此框架对公共福利私有化进行了分析，伯查特（Burchardt，1997）虽承认规制对福利服务的重要影响，但认为规制维度的取值范围不是"公与私"，而是"多与少"，规制本身已有公共性，伯查特认为因对供给者的划分取决于独立于政府的归属和控制程度，故规制维度已被供给维度所涵盖。供给-融资-规制三维度框架则认为，规制的主体和客体具有重要区分意义，并得到许多学者的支持。格兰特（Graud，1997）认为规制也是福利传递的方法，不同于通过财税措施实现再分配，而是通过法律措施对收入再分配式福利予以直接干预，约翰逊（Johnson，1999）借助供给-融资-规制三维度框架对福利供给四部门之间的平衡关系变化进行了分析，并划分出四种福利供给模式。

综上所述，福利多元主义的政策研究经历了从供给单维度框架到供给-融资双维度框架再到供给-融资-决策/规制三维度框架的发展过程，增强了福利多元主义理论的政策适用性。与对福利供给的主体研究相同，福利多元主义的政策研究也应更加深入，继续提升福利多元主义理论的政策适用性。

二 核心概念

（一）长期护理

世界卫生组织（WHO）将长期护理（Long-Term Care）定义为：由非正规照料者（家人、朋友、邻居）和专业人员（卫生、社会工作者或其他）进行的活动体系，以保证缺乏完全自理能力的人能够根据个人的优先选择，保持较高的生活质量，并享有最大可能的独立、自主、参与、个人充实和个人尊严（赵怀娟，2012）。有研究将老年人长期护理定义为专门针对老年人这一特定的人群，主要是针对由衰老和疾病导致的心理、生理和社会功能障碍引起的生活自理能力不全所提出的心理呵护、慢性病康复、生活照料和社会服务，以满足失能或部分失能老年人对健康保健和日常生活的需求（高和，2012）。

综合以往学者的定义，本研究将老年人长期护理定义为：由家庭、社区、机构等不同护理者、组织、机构提供的，针对半自理和不能自理的失能老年人或患有长期慢性病的老年人提供的为期 6 个月以上的生活照料、医疗康复和精神慰藉等护理服务，其目标是满足老年人尤其是失能老年人的生理和生活需求，提高老年人的生活质量。

相比于通常的照顾，长期护理具有以下特征。

第一，护理时间的长期性。需要长期护理的老年人通常是处于残疾和失能状况的老年人，这种残疾或失能一般会持续较长的时间，因此，为他们提供的长期护理服务也是长期性的。

第二，护理主体的专业性。由于失能老年人群体的特殊性，老年人所需要的长期护理服务需在专业的机构由专业的人员来提供。老年人如果要在家庭中接受长期护理服务，则需要有经过专业培训的居家护理服务人员提供服务，因为传统的家庭非专业护理已不能满足失能老年人的长期护理需求。

第三，护理资源的整合性。长期护理是长期性的服务，也是一项连续性的服务。当老年人患病住进了医院，在医院接受手术治疗后，需要在医院、社区、机构或者家庭中进行一定的康复干预才能逐步恢复健康。这是一项连续性的护理服务，需要充分调动和整合机构、社区或家庭等护理场所、护理设施以及护理人员等各方面的护理资源。

需要特别交代的是，在一般意义上，"长期照护"与"长期护理"二者并无本质差异，尽管有部分研究者试图在二者之间进行区别。考虑到国内政府、大众使用的习惯，特别是 2016 年人社部办公厅印发的《关于开展长期护理保险制度试点的指导意见》和 2020 年国家医保局、财政部印发的《关于扩大长期护理保险制度试点的指导意见》这两个里程碑式的文件均使用"长期护理"一词,本研究尊重这一习惯,无意在"长期照护"与"长期护理"之间强行区分,分析论证时更多使用"长期护理"一词。

(二) 长期护理保险

简言之,长期护理保险属于健康保险范畴,指的是对丧失日常活动能力的被保险人提供相应医疗护理保障或资金补偿的制度安排。整体言之,世界各国关于长期护理保险的定义大致相同。综合国内外相关界定,本研究认为长期护理保险指的是一种对被保险人因为年老、疾病、意外等因素导致体能、智能受损或丧失,生活无法自理,需要入住护理机构或在家庭接受长期护理服务,支付相关费用而给予一定补偿的健康保险。长期护理保险又称"第六险",其目的在于降低被保险人及其家庭的风险与损失,尽可能维持被保险人的体能与智能,改善其社会功能。长期护理的周期性、针对性和特殊性使得长期护理保险有别于传统寿险、健康险,具有自身的显著特点 (荆涛,2005)。

第一章
我国长期护理保险制度建设概况

长期护理保险制度是我国积极应对人口老龄化、健全社会保障体系的重要部署，建立并完善长期护理保险制度是满足人民日益增长的美好生活需要和增强人民群众获得感、幸福感、安全感的必然要求。伴随人口老龄化不断加深加速，个别城市在全国率先自行开展长护险制度探索实践，同时，2016年、2020年我国先后实行了两轮29个城市和山东（15个城市）、吉林（5个城市）两个重点联系省份的国家层面的长期护理保险试点，由此掀开了社会保险建设史上试点规模最大、试点时间最长的长期护理保险建设发展序幕。

本章梳理了我国长期护理保险制度探索、推进、建立的发展历程，并围绕地区分布、经济发展水平、人口老龄化程度等维度整体分析了29个试点城市的长期护理保险建设与发展概况。在此基础上，运用政策工具分析方法，构建由基本政策工具（X维度）、长期护理保险发展（Y维度）、组织试点城市发展（Z维度）组成的三维政策工具分析框架，对纳入文本库的56份长期护理保险政策文件开展文本分析，探讨试点城市政策工具的应用及分布。

第一节　我国长期护理保险制度发展演进

我国在 2000 年进入老龄化社会，目前已整体步入中度老龄化社会。伴随人口老龄化、高龄化与失能化的交织叠加，失能老年人长期护理已经成为经济社会发展亟待解决的重大社会问题。长期护理保险是国际社会为应对失能社会风险挑战普遍采用的重要制度措施。从应对失能社会风险、缓解长期照护压力和完善社会保障体系的长远发展看，探索并建立适合我国国情的长期护理保险制度成为必然选择。

一　我国长期护理保险制度发展历程

长期护理保险是我国继基本养老保险、基本医疗保险、失业保险、工伤保险、生育保险之后要探索建立的崭新社会保险制度，即所谓的"第六险"。作为一项全新的社会制度，长期护理保险制度涉及面甚广，其建立健全需协同联动多元主体、统筹整合多方资源予以共同推进。

我国长期护理保险制度建设发展的总原则可概括为"党委领导，政府推动，政策引导，市场先行，试点探索，稳步推进"。其中，"党委领导"具体表现为党中央根据人口结构、社会经济发展、人民群众需求等综合变化，通过决定、规划、集体学习等方式，对长期护理保险相关安排进行全面构思与设计，党中央整体谋划、部署，地方党委则深入贯彻党中央的长期护理保险制度建设发展相关要求，并结合地方实际，制定并执行相应规划与措施。"政府推动"是指各级政府深刻领会并认真落实各级党委制定的长期护理相关规划，相关部门分工合作，统筹协调推动长期护理保险制度的建设发展。"政策引导"是指各级党委、政府颁布相应政策文件。党中央、国务院及相关部门颁布的关于长期护理保险的重要政策、会议与文件如表 1-1 所示。所谓"市场先行"，即充分利用市场与生俱来的需求满足的敏感性特点，鼓励商业保险公司结合各自实际，积极开拓发展长期护理商业保险相关产品，同时支持商业保险公司发挥所长参与长期护理保险制度建设。"试点探索"则是指我国长护险制度的建设发展沿袭社会政策建设发展的常用路径，选择部分省、市、县/区作为长护险试点，在一定的政策支持下先行探索长护险，积极总结长护险试点做法及经验，以便后续对长护险的评估与在全国的推广。"稳步推进"是指积极稳妥推进长护险试点建设，支持试点城市大胆创新实践，时机成熟面向全国推广实施长护险制度，以确保长护险制度的健康发展。我国于 2016 年、2020 年先后实行了两轮试点，截至 2022 年，我国长护险已开展了长达 6 年的试点。长护险先后实施两轮全国较大规模试点，且试点持续时间之长均超过以往历次重要的社会保险制度，足见长护险制度建设的重要性及其复杂性。

表 1-1　我国长期护理保险相关的重要政策、会议与文件

序号	时间	政策/会议/文件名称	颁发机关	与长期护理保险相关内容
1	2006.12	《关于全面加强人口和计划生育工作统筹解决人口问题的决定》（中发〔2006〕22 号）	中共中央、国务院	在政府文件中首次明确提出探索建立老年长期护理保险等社会化服务制度
2	2013.09	《关于加快发展养老服务业的若干意见》（国发〔2013〕35 号）	国务院	鼓励老年人投保长期护理保险，鼓励和引导商业保险公司开展相关业务
3	2013.09	《关于促进健康服务业发展的若干意见》（国发〔2013〕40 号）	国务院	推动发展专业、规范的护理服务，积极开发长期护理商业险
4	2015.10	《中共中央关于制定国民经济和社会发展第十三个五年规划的建议》	党的十八届五中全会	提出并将推动"医疗卫生和养老服务相结合，探索建立长期护理保险制度"作为"十三五"规划的重要内容
5	2016.05	中共中央政治局就我国人口老龄化的形势和对策举行第三十二次集体学习	中共中央政治局	建立相关保险和福利及救助相衔接的长期护理保障制度

续表

序号	时间	政策/会议/文件名称	颁发机关	与长期护理保险相关内容
6	2016.06	《关于开展长期护理保险制度试点的指导意见》（人社厅发〔2016〕80号）	人力资源和社会保障部办公厅	在15个城市和2个重点联系省份开展长期护理保险制度试点，成为国家层面第一个长期护理保险专门政策，实现了我国长期护理保险制度建设的重大突破，为试点城市出台长护险相关政策制度文件提供了参考
7	2019.03	《政府工作报告》	国务院	提出"扩大长期护理保险制度试点"
8	2019.11	《国家积极应对人口老龄化中长期规划》	中共中央、国务院	到21世纪中叶我国积极应对人口老龄化的战略性、综合性、指导性文件，要求"建立多层次长期护理保障制度，实施兜底性长期护理服务保障行动计划"
9	2020.09	《关于扩大长期护理保险制度试点的指导意见》（医保发〔2020〕37号）	国家医保局、财政部	在前期试点城市/省份的基础上，进一步深入推进试点工作，新增14个试点城市
10	2021.03	《政府工作报告》	国务院	提出"稳步推进长期护理保险制度试点"
11	2021.03	《中华人民共和国国民经济和社会发展第十四个五年规划和2035年远景目标纲要》	国务院	要求"稳步建立长期护理保险制度"
12	2021.06	《医疗保障法（征求意见稿）》	国家医疗保障局	把"国家建立和发展长期护理保险，解决失能人员的基本护理保障需求"写进法案中，明确"长期护理保险覆盖全民，缴费合理分担，保障均衡适度，筹资和待遇水平动态调整。制定完善与长期护理保险制度运行相适应的失能评估和需求认定等标准、基本保障项目范围以及管理办法等。健全符合长期护理保险特点的经办服务体系。支持社会力量参与制度体系建设，鼓励建立多元综合保障格局"
13	2021.07	《长期护理失能等级评估标准（试行）》	国家医疗保障局办公室、民政部办公厅	迈出长护险全国统一标准化建设的关键一步，助力长护险试点的全国推广

续表

序号	时间	政策/会议/文件名称	颁发机关	与长期护理保险相关内容
14	2022.03	《政府工作报告》	国务院	提出"稳步推进长期护理保险制度试点"

资料来源：根据国家相关政策文件汇总整理。

整体言之，当前我国长期护理保险制度建设经历了探索、推进、加速建立三个发展阶段。

（一）探索阶段（2016 年之前）

21 世纪初期，我国政府已提出建立长期护理保险社会化服务制度，旨在减轻失能人群的家庭负担。中共中央、国务院于 2006 年 12 月印发了《关于全面加强人口和计划生育工作统筹解决人口问题的决定》（中发〔2006〕22 号），首次在政府文件中明确提出探索建立老年人长期护理保险等社会化服务制度。在现实实践中，2012 年，山东省青岛市率先迈出我国长期护理保险制度建设的实质性步伐，此后青岛成为我国长护险制度深化发展的先行者与引领者。随后，上海、长春、南通也积极响应国家政策号召，逐步自行探索并稳步推进长期护理保险制度的发展。在这一初步探索阶段，我国长护险制度的建设呈现部分城市自发、零散和摸着石头过河的特点。

同一时间，伴随国家政策的出台和引导，我国商业性长护险呈现迅速发展的态势。2005 年，国泰人寿保险率先推出了中国第一款长期护理保险——康宁长期护理保险，从此打开了我国商业长护险的大门；随后在 2006 年，中国人保健康推出首个具有全面保障功能的长期护理保险——全无忧长期护理保险，从而填补了国内保险市场的空白，自此，商业性长期护理保险迈出了具有重要意义的实质性步伐；2007 年，国泰人寿保险推出国泰康顺长期护理保险；2008 年，瑞福康健康保险公司推出我国第一款具有纯粹意义的长期护理保险，深入扩充了我国健康护理保险市场。在此后的两三年时间内，中国人寿、中国人民健康、瑞福德健康、太平人寿等保险公司也相继推出了各自的与长期护理保险有关的商业保险，进一步促进了我国高品质养老服务体系的构建与完善。

为鼓励老年人投保长期护理保险，鼓励和引导商业保险公司积极开展长期护理商业险相关业务，国务院于 2013 年 9 月先后印发了《关于加快发展养老服务业的若干意见》（国发〔2013〕35 号）和《关于促进健康服务业发展的若干意见》（国发〔2013〕40 号）两个文件。

这一阶段，我国长期护理保险的建设发展主要表现为市场驱动、商业主导和地方先行、自下而上的发展特点。

（二）推进阶段（2016～2024 年）

鉴于长护险对我国积极应对人口老龄化具有特殊意义，中共中央、国务院对长护险的建设发展给予了高度重视。2015 年 10 月，党的十八届五中全会通过了《中共中央关于制定国民经济和社会发展第十三个五年规划的建议》，该建议提出"医疗卫生和养老服务相结合，探索建立长期护理保险制度"，确定将长期护理保险制度的建立安排作为"十三五"期间的重点任务。2016 年 5 月，中共中央政治局第三十二次集体学习的主题是我国人口老龄化的形势和对策，习近平总书记在会议中指出，要建立健全应对老龄化的保险制度，建立福利与救助相衔接的长期健康护理保障制度。[1] 为积极应对人口老龄化，2019 年 11 月，中共中央、国务院印发了《国家积极应对人口老龄化中长期规划》。这是我国在 21 世纪为应对人口老龄化而制定的综合性、战略性、指导性文件，此文件提出"建立多层次长期照护保障制度，实施兜底性长期照护服

---

[1] 《习近平在中共中央政治局第三十二次集体学习时强调 党委领导政府主导社会参与全民行动 推动老龄事业全面协调可持续发展》，共产党员网，https://news.12371.cn/2016/05/28/VIDE1464436205928109.shtml，发布时间：2016 年 5 月 28 日。

务保障行动计划"。

在党中央及中央政府的高度重视和规划指导下，我国长护险制度建设取得显著进展并顺利迈入实质性试点阶段。人力资源和社会保障部办公厅于 2016 年 6 月出台了《关于开展长期护理保险制度试点的指导意见》（人社厅发〔2016〕80 号），这一指导意见的出台不仅标志着国家层面首个长护险专门政策的诞生，也标志着我国长护险制度的发展取得了关键性突破，为后续其他试点城市相关政策的制定与出台提供了重要指导和参考。该文件明确提出，由 15 个指定城市与 2 个重点联系省份率先开展长期护理保险制度的试点工作，为我国长护险制度的发展完善打下了坚实基础。

为确保长护险制度积极稳妥推进，国家在前期开展的 15 个试点城市及 2 个重点联系省份的试点探索基础上进一步扩大试点范围，长护险制度由此步入增点扩面阶段。2019 年 3 月，国务院政府工作报告首次提出"扩大长期护理保险制度试点"。次年 9 月，国家医保局、财政部发布的《关于扩大长期护理保险制度试点的指导意见》提出，继续深入推进长护险试点工作，在前期基础上新增 14 个试点城市。

随着试点城市的探索工作不断深入推进，长期护理保险制度的规范化工作也逐步展开。2021 年 7 月，国家医保局办公室、民政部办公厅印发了《长期护理失能等级评估标准（试行）》，此举标志着我国迈出了全国范围内长护险规范化建设的重要步伐，为下一阶段长护险在全国范围内的推广与建设奠定了坚实基础。

鉴于长期护理保险制度涉及多元主体和多个维度，国家对该制度的稳健发展给予高度重视。2021 年 3 月发布的《中华人民共和国国民经济和社会发展第十四个五年规划和 2035 年远景目标纲要》提出了"稳步建立长期护理保险制度"的要求。除此之外，2021 年、2022 年连续两年的政府工作报告均提出"稳步推进长期护理保险制度试点"。到目前为止，我国实行长护险试点工作约 6 年之久，其间共计 29 个试点城市及 2 个重点联系省份投入试点工作，无论是试点持续时间还是试点规模范围都超职工医保制度改革，开辟了我国社会保障制度发展深化的全新领域。

除此之外，长护险制度的法制化建设也逐渐被提上日程，并朝这一方向大步迈进。2021 年 6 月，国家医疗保障局起草了《医疗保障法（征求意见稿）》，其中明确将"国家建立和发展长期护理保险，解决失能人员的基本护理保障需求"纳入该征求意见稿，具体阐述如下："长期护理保险覆盖全民，缴费合理分担，保障均衡适度，筹资和待遇水平动态调整。制定完善与长期护理保险制度运行相适应的失能评估和需求认定等标准、基本保障项目范围以及管理办法等。健全符合长期护理保险特点的经办服务体系。支持社会力量参与制度体系建设，鼓励建立多元综合保障格局。"

在以往工作的基础上，依照整体规划安排，国家医保局将积极开展综合评估与分析，深入探究前两批试点工作成效，并适时推进后续的试点扩围工作（原定于 2022 年）（朱宁宁，2022）。在此期间，我国长期护理保险制度建设展现出鲜明的政府主导特征，遵循制度规划先行的原则，采取自上而下、全面铺开的试点模式，体现了该领域发展的独特路径。

（三）加速建立阶段（预计 2025 年左右）

根据 2020 年国家医保局、财政部印发的《关于扩大长期护理保险制度试点的指导意见》（医保发〔2020〕37 号）要求，我国将力争在"十四五"（2021~2025 年）期间，基本建成适应我国经济发展水平和老龄化发展趋势的长期护理保险制度政策框架，推动多层次长期护理保险制度的建立，以满足民众对长期护理保险的多元需求。目前，我国已进入建立长期护理社会保险制度的最后冲刺阶段，有望在未来一两年建立起全国统一、覆盖城乡的长护险制度。

二　我国长期护理保险试点情况

2016 年 6 月，人力资源和社会保障部办公厅印发了《关于开展长期护理保险制度试点的指导意见》，宣布在 15 个城市和 2 个重点联系省份开展长护险制度试点工作，标志着我国在国家层面上正式拉开了长护险制度长时间、大规模试点的大幕。

前期试点地区积极开展长期护理保险制度地方实践，在制度、筹资、服务、给付和管理等诸多方面进行实践探索，并取得了一定成效。在此基础上，为深入贯彻落实中共中央、国务院关于长期护理保险制度试点的相关决策部署，国家医保局、财政部于 2020 年 9 月联合下发《关于扩大长期护理保险制度试点的指导意见》，决定进一步增点扩面，新增 14 个试点城市，持续深入推进长护险试点工作。

（一）长护险试点城市地区分布情况

从长护险试点城市区域分布规模来看，如表 1-2 所示，2016 年长护险首批试点的 15 个城市中，东部（7 市）、中部（5 市）、西部（3 市）地区的试点城市占比分别为 46.7%、33.3%、20.0%[①]。东部地区入选的试点城市数量最多，占比也最高；西部地区入选的试点城市数量最少，占比也最低。究其原因，长护险作为我国全新尝试的重要社会保障制度，出于稳妥起见，优先选择财政、医疗保险等基础条件相对较好

---

① 本研究的东中西部划分主要依据统计部门的统计口径。东部地区包括北京、天津、辽宁、河北、上海、江苏、浙江、福建、山东、广东和海南 11 省（市）；中部地区包括吉林、黑龙江、山西、安徽、江西、河南、湖北和湖南 8 省；西部地区包括内蒙古、广西、重庆、四川、贵州、云南、西藏、陕西、甘肃、青海、宁夏、新疆 12 省（区、市）。此外，首批试点地区还包括两个作为国家试点的重点联系省份吉林、山东。为便于讨论，此处分析暂不把除青岛、长春之外的山东、吉林两省其他城市纳入统计。

的东部地区城市作为试点。随着试点工作的稳步推进，特别是试点经验的积累，长护险试点区域的分布得到优化，突出表现为更多西部地区城市被纳入试点范围，长护险试点的东中西部区域结构更加均衡，体现出财政经济、医疗保险、实践方式的丰富性和多样性，为长护险在全国全面铺开推广和实施创造了条件。在 2020 年长护险扩大试点的 14 个城市中，东部（4 市）、中部（3 市）、西部（7 市）地区的试点城市占比分别为 28.6%、21.4%、50.0%，西部地区入选试点城市的数量增加，而且有更多的民族地区被纳入试点。

总体而言，目前已确定的两批共计 29 个试点城市，东中西部的地域分布大致均衡，其比例分别为 37.9%、27.6%、34.5%。两批试点城市基本涵盖全国除海南、西藏、宁夏、青海 4 省（自治区）外的所有其他 27 个内陆省级行政区（不含港澳台），覆盖率为 87.1%。其中山东、吉林作为长护险国家试点的重点联系省份，入选长护险试点城市的数量更多，山东省全部 16 个城市进入试点，吉林省则有 6 个城市入选。长护险试点城市的范围之广实属罕见，足见国家对长护险的重视和稳步推进的策略。

表 1-2　两批长护险试点城市的地区分布

批次	东部（11 个）	中部（8 个）	西部（10 个）
第一批	河北省承德市、上海市、江苏省南通市与苏州市、浙江省宁波市、山东省青岛市、广东省广州市、（山东省）	吉林省长春市、黑龙江省齐齐哈尔市、安徽省安庆市、江西省上饶市、湖北省荆门市、（吉林省）	重庆市、四川省成都市、新疆生产建设兵团石河子市
第二批	北京石景山区①、天津市、辽宁省盘锦市、福建省福州市	山西省晋城市、河南省开封市、湖南省湘潭市	贵州省黔西南布依族苗族自治州、云南省昆明市、内蒙古呼和浩特市、广西壮族自治区南宁市、陕西省汉中市、甘肃省甘南藏族自治州、新疆维吾尔自治区乌鲁木齐市

续表

批次	东部（11 个）	中部（8 个）	西部（10 个）
未入选	海南		西藏、宁夏、青海

注：两批试点城市中涉及北京石景山区、黔西南布依族苗族自治州、甘南藏族自治州等地，为叙述方便，下文将两批试点地区统称为试点城市。

资料来源：笔者自制。

（二）长护险试点城市经济发展情况

为便于讨论，本研究以同期全国人均 GDP[①] 作为衡量长护险试点城市经济发展水平的依据，高于同期人均 GDP 的城市视为经济发达城市，低于同期人均 GDP 的城市则视为经济欠发达城市。从试点城市人均 GDP 来看，2016 年全国人均 GDP 为 5.39 万元[②]，在首批 15 个长护险试点城市中，除承德市、齐齐哈尔市、安庆市、上饶市以及荆门市 5 个城市（占比 33.3%）外，其他 10 个城市（占比 66.7%）人均 GDP 均高于全国平均水平（见表 1-3），经济发达试点城市占比较高。由此可以看出，经济发展水平是遴选第一批试点城市的重要考量，约 2/3 的试点城市的经济发展水平高于全国平均水平，这也显示出我国开展长期护理保险试点的谨慎性。

随着试点经验的积累，长护险试点稳步向前推进，越来越多不同经济发展水平的城市开始被纳入试点。2020 年新增的 14 个第二批试点城市中，有 7 个试点城市（50.0%）人均 GDP 低于全国平均水平（2020 年全国人均 GDP 约为 7.24 万元），[③] 经济欠发达试点城市占比有所提高。

综观前后两批 29 个长护险试点城市，长护险试点由经济发展水平

[①]　下文简称"同期人均 GDP"。

[②]　《中华人民共和国 2016 年国民经济和社会发展统计公报》，国家统计局，https://www.stats.gov.cn/sj/zxfb/202302/t20230203_1899428.html，2017 年 2 月 28 日。

[③]　《中华人民共和国 2020 年国民经济和社会发展统计公报》，国家统计局，https://www.stats.gov.cn/xxgk/sjfb/tjgb2020/202102/t20210228_1814159.html，2021 年 2 月。

较高的地区向经济发展水平一般的地区及经济欠发达地区扩展①，充分考虑到了不同地区经济发展水平的异质性。长护险试点城市的布点在经济发展水平方面呈现包容性特点，从而有助于更好地把握长期护理保险在全国地区的适用性。

表 1-3 长护险试点城市区域分布、人均 GDP 及人口老龄化水平一览

单位：万元，%

区域	2016 年首批试点城市			2020 年扩大试点城市		
	城市	同期人均GDP	同期人口老龄化率	城市	同期人均GDP	同期人口老龄化率
东部	河北承德市	4.06	18.2	北京市石景山区	7.87	24.3
	上海市	12.14	31.6	天津市	9.01	21.7
	江苏苏州市	12.43	25.2	辽宁盘锦市	9.35	22.2
	江苏南通市	9.32	27.5	福建福州市	12.1	19.4
	浙江宁波市	10.37	21.0			
	山东青岛市	9.74	20.6			
	广东广州市	11.34	17.8			
中部	吉林长春市	6.68	17.3	山西晋城市	6.07	20.3
	黑龙江齐齐哈尔市	2.21	19.4	河南开封市	5.20	19.3
	安徽安庆市	3.90	17.6	湖南湘潭市	8.18	21.9
	江西上饶市	2.70	17.7			
	湖北荆门市	5.22	17.2			
西部	重庆市	5.83	20.8	内蒙古呼和浩特市	8.12	21.3
	四川成都市	6.51	21.4	广西南宁市	6.44	14.8
	新疆石河子市	7.82	22.1	贵州黔西南布依族苗族自治州	4.84	14.7

---

① 超过同期人均 GDP 的经济发达试点城市共计 17 个：重庆、湘潭、天津、盘锦、福州、成都、长春、石河子、北京石景山区、呼和浩特、乌鲁木齐、南通、青岛、宁波、广州、上海、苏州；低于同期人均 GDP 的经济欠发达试点城市共计 12 个：齐齐哈尔、甘南藏族自治州、安庆、承德、黔西南布依族苗族自治州、汉中、昆明、晋城、南宁、上饶、开封、荆门。

续表

区域	2016 年首批试点城市			2020 年扩大试点城市		
	城市	同期人均GDP	同期人口老龄化率	城市	同期人均GDP	同期人口老龄化率
西部				云南昆明市	5.99	19.4
				陕西汉中市	4.96	24.3
				甘肃甘南藏族自治州	3.17	12.5
				新疆乌鲁木齐市	9.30	18.7
全国	5.39	16.7			7.24	18.7

资料来源：根据国家和各试点城市国民经济和社会发展统计公报数据整理。

（三）长护险试点城市人口老龄化状况

从试点城市的人口老龄化状况来看，2016 年全国 60 岁及以上老年人口占总人口的比例为 16.7%，同期确定的 15 个首批长期护理保险试点城市，其人口老龄化率均高于全国平均水平（见表 1-3）。其中，有 4 个试点城市的人口老龄化率与同期全国人口老龄化率[1]大体持平（试点城市人口老龄化率不高于同期人口老龄化率 1 个百分点），这 4 个试点城市全部来自中部地区（长春、安庆、上饶、荆门）；有 8 个试点城市的人口老龄化率达到中度人口老龄化率（60 岁及以上人口占总人口的比重在 20% 到 30% 之间），来自东部（上海、苏州、南通、宁波、青岛）和西部（重庆、成都、石河子）地区。

2020 年，全国 60 岁及以上统计口径的人口老龄化率是 18.7%，长护险扩大试点的第二批 14 个城市中，有 3 个城市的人口老龄化率低于同期人口老龄化率，为来自西部地区的南宁市、黔西南布依族苗族自治州、甘南藏族自治州；与同期人口老龄化率持平的试点城市有福州、昆明、乌鲁木齐、开封 4 个城市；达到中度人口老龄化率的城市有 7 个，

---

[1]　下文简称"同期人口老龄化率"。

分布在东部（北京石景山区、天津、盘锦）、中部（晋城、湘潭）和西部（呼和浩特、汉中）地区。

整体言之，先后两批长护险试点城市的遴选与分布，在城市人口老龄化程度层面，符合我国东、中、西部地区人口老龄化水平依次递减的区域特点。[①]

（四）长护险试点城市民族区域分布情况

我国作为一个多民族国家，在应对人口老龄化及失能老年人照顾需求的过程中，必须考虑民族差异（杜鹏、罗叶圣，2023）。2016年第一批长护险试点城市中，位于西北地区的新疆石河子市是唯一入选首批试点的民族聚居区城市；2020年第二批长护险试点城市中，则有更多的民族地区城市被纳入其中，包括西北地区的内蒙古呼和浩特市、甘肃甘南藏族自治州、新疆乌鲁木齐市，以及西南地区的广西南宁市、贵州黔西南布依族苗族自治州等5个城市。相较于第一批试点城市而言，第二批试点城市明显增加了民族地区试点城市的数量，并扩大了区域分布。

第二节　我国长期护理保险试点政策工具体系

探索建立长期护理保险制度，是应对人口老龄化、促进社会经济发展的战略举措和重大民生工程，也是健全社会保障体系的重要制度安

---

① 严格意义上，上海（时年人口老龄化率为31.6%）已达到重度人口老龄化水平。为便于讨论，本研究把上海视为中度老龄化城市。低于同期人口老龄化率的试点城市共计3个：甘南藏族自治州、黔西南布依族苗族自治州、南宁。与同期人口老龄化率持平（不超过同期人口老龄化率一个百分点）的试点城市共计8个：安庆、福州、昆明、荆门、长春、上饶、乌鲁木齐、开封。高于同期人口老龄化率的试点城市共计18个：承德、齐齐哈尔、重庆、晋城、天津、湘潭、盘锦、汉中、广州、青岛、宁波、成都、石河子、苏州、南通、上海、呼和浩特、北京石景山区。

排。本节以国家和前后两批长护险试点城市发布的 56 份长护险政策文件内容为基础，基于基本政策工具、长期护理保险发展、组织试点城市发展构建三维分析框架，进行试点城市的政策工具应用分析。通过考察长护险试点政策体系，分析长护险相关政策结构的分布特征以及政策制定特点，进而理解长护险政策体系的发展趋势。

一　资料来源

本研究选取 2012~2022 年国家及长护险试点城市出台的 56 份长期护理保险政策文本作为研究对象。通过百度搜索某试点城市"长期护理保险"、从相关省医疗保障局及人民政府官网查询"长期护理"、在中国知网（CNKI）以关键词"长期护理保险""长期照护保险""长护险"进行搜索，得到相关政策、论文、新闻资料共计 656 份，剔除政策、论文、新闻、实施细则等配套措施，经筛选最终选取 56 份政策文件纳入政策文本库。选取的 56 份政策文件基本信息如表 1-4 所示。

表 1-4　我国长期护理保险相关政策文本内容一览

编号	政策文件名称	发文机关	发文年份
1	《关于安庆市城镇职工长期护理保险试点的实施意见》	安庆市人民政府办公室	2017 年 1 月
2	《安庆市城镇职工长期护理保险实施办法》	安庆市人民政府办公室	2020 年 1 月
3	《关于印发〈广州市长期护理保险试行办法〉的通知》	广州市人力资源和社会保障局等	2017 年 7 月
4	《关于印发〈广州市长期护理保险试行办法〉的通知》	广州市医疗保障局等	2019 年 7 月
5	《关于开展长期护理保险试点工作的补充通知》	广州市医疗保障局等	2020 年 4 月
6	《广州市长期护理保险试行办法》	广州市医疗保障局等	2020 年 12 月
7	《承德市人民政府关于建立城镇职工长期护理保险制度的实施意见（试行）》	承德市人民政府	2016 年 11 月

续表

编号	政策文件名称	发文机关	发文年份
8	《关于印发〈承德市城镇职工长期护理保险管理办法〉的通知》	承德市医疗保障局、财政局	2021 年 6 月
9	《齐齐哈尔市人民政府办公室关于印发〈齐齐哈尔市长期护理保险实施方案（试行）〉的通知》	齐齐哈尔市人民政府办公室	2017 年 7 月
10	《齐齐哈尔市人民政府办公室关于印发〈齐齐哈尔市深化长期护理保险制度试点实施方案（试行）〉的通知》	齐齐哈尔市人民政府办公室	2021 年 2 月
11	《荆门市人民政府关于印发〈荆门市长期护理保险办法（试行）〉的通知》	荆门市人民政府办公室	2016 年 11 月
12	《荆门市长期护理保险办法（试行）》	荆门市医疗保障局	2019 年 10 月
13	《长春市人民政府办公厅关于建立失能人员医疗照护保险制度的意见》	长春市人民政府办公厅	2015 年 2 月
14	《关于印发〈吉林省深入推进长期护理保险制度试点工作实施方案〉的通知》	吉林省医疗保障局等	2021 年 3 月
15	《南通市人民政府印发〈关于建立基本照护保险制度的意见（试行）〉的通知》	南通市人民政府办公室	2015 年 10 月
16	《南通市医疗保障局关于完善长期照护保险相关规定的通知》	南通市医疗保障局	2019 年 8 月
17	《市政府印发〈关于开展长期护理保险试点的实施意见〉的通知》	苏州市人民政府办公室	2017 年 6 月
18	《市政府印发〈关于开展长期护理保险试点第二阶段工作的实施意见〉的通知》	苏州市人民政府办公室	2020 年 1 月
19	《上饶市人民政府办公厅关于印发〈开展长期护理保险试点工作实施方案〉的通知》	上饶市人民政府办公室	2016 年 12 月
20	《上饶市人民政府印发〈关于全面开展长期护理保险制度试点实施方案〉的通知》	上饶市人民政府办公室	2019 年 7 月
21	《关于建立长期医疗护理保险制度的意见（试行）》	青岛市人力资源和社会保障局等	2012 年 7 月
22	《关于印发〈青岛市长期医疗护理保险管理办法〉的通知》	青岛市人力资源和社会保障局	2014 年 12 月
23	《青岛市长期护理保险暂行办法》	青岛市人民政府办公厅	2018 年 2 月
24	《青岛市人民政府关于印发〈青岛市长期护理保险办法〉的通知》	青岛市人民政府办公厅	2021 年 3 月

续表

编号	政策文件名称	发文机关	发文年份
25	《上海市人民政府关于印发〈上海市长期护理保险试点办法〉的通知》	上海市人民政府办公厅	2016 年 12 月
26	《上海市人民政府关于印发修订后的〈上海市长期护理保险试点办法〉的通知》	上海市人民政府办公厅	2017 年 12 月
27	《上海市长期护理保险试点办法》	上海市人民政府办公厅	2022 年 1 月
28	《成都市人民政府关于印发〈成都市长期照护保险制度试点方案〉的通知》	成都市人民政府办公厅	2017 年 2 月
29	《成都市人民政府关于深化长期护理保险制度试点的实施意见》	成都市人民政府办公厅	2020 年 5 月
30	《成都市人民政府关于开展新一轮长期护理保险改革的实施意见》	成都市人民政府办公厅	2022 年 5 月
31	《关于建立长期护理保险制度的意见（试行）》	石河子市人民政府办公室	2017 年 3 月
32	《宁波市人民政府办公厅关于印发〈宁波市长期护理保险制度试点方案〉的通知》	宁波市人民政府办公厅	2017 年 9 月
33	《宁波市人民政府办公厅关于深化长期护理保险制度试点的指导意见》	宁波市人民政府办公厅	2022 年 8 月
34	《重庆市人力资源和社会保障局 重庆市财政局关于印发〈重庆市长期护理保险制度试点意见〉的通知》	重庆市人力资源和社会保障局等	2017 年 12 月
35	《重庆市医疗保障局 重庆市财政局关于扩大长期护理保险制度试点的实施意见》	重庆市医疗保障局等	2021 年 11 月
36	《北京市石景山区人民政府办公室关于印发〈石景山区长期护理保险制度试点方案（试行）〉的通知》	北京市石景山区人民政府办公室	2018 年 3 月
37	《北京市石景山区医疗保障局 北京市石景山区财政局关于印发〈北京市石景山区扩大长期护理保险制度试点实施方案〉的通知》	北京市石景山区医疗保障局等	2020 年 11 月
38	《福州市人民政府印发关于开展长期护理保险制度试点实施方案的通知》	福州市人民政府办公厅	2020 年 12 月
39	《甘南州长期照护保险制度试点方案（试行）》	甘南州人力资源和社会保障局等	2018 年 10 月
40	《甘南州职工长期护理保险制度试点方案（试行）》	甘南州人力资源和社会保障局等	2020 年 7 月
41	《南宁市人民政府关于南宁市长期护理保险制度试点的实施意见》	南宁市人民政府办公室	2021 年 1 月

续表

编号	政策文件名称	发文机关	发文年份
42	《州人民政府办公室关于印发〈黔西南州长期护理保险制度试点实施方案〉的通知》	黔西南州人民政府办公室	2020 年 11 月
43	《开封市人民政府关于印发〈开封市长期护理保险制度试行办法〉的通知》	开封市人民政府办公室	2020 年 12 月
44	《开封市人民政府关于修订印发〈开封市长期护理保险制度试行办法〉的通知》	开封市人民政府办公室	2021 年 11 月
45	《湘潭市人民政府办公室关于印发〈湘潭市长期护理保险制度试点实施方案〉的通知》	湘潭市人民政府办公室	2020 年 12 月
46	《盘锦市人民政府办公室关于印发〈盘锦市开展全国长期护理保险制度试点工作实施方案〉的通知》	盘锦市人民政府办公室	2020 年 12 月
47	《呼和浩特市人民政府办公室关于印发〈呼和浩特市长期护理保险制度试点实施方案〉的通知》	呼和浩特市人民政府办公室	2020 年 12 月
48	《呼和浩特市长期护理保险（试行）》	呼和浩特市医疗保障局	2021 年 5 月
49	《晋城市人民政府关于建立长期护理保险制度的实施意见》	晋城市人民政府办公室	2020 年 11 月
50	《汉中市长期护理保险实施办法（试行）》	汉中市人民政府办公室	2021 年 1 月
51	《天津市人民政府办公厅关于印发〈天津市长期护理保险制度试点实施方案〉的通知》	天津市人民政府办公厅	2020 年 12 月
52	《乌鲁木齐市人民政府关于印发〈乌鲁木齐市长期护理保险办法（试行）〉的通知》	乌鲁木齐市人民政府办公室	2018 年 11 月
53	《乌鲁木齐市人民政府关于印发〈乌鲁木齐市长期护理保险办法〉的通知》	乌鲁木齐市人民政府办公室	2021 年 11 月
54	《昆明市人民政府印发〈关于全面开展长期护理保险制度试点工作方案〉的通知》	昆明市人民政府办公室	2020 年 12 月
55	《人力资源社会保障部办公厅关于开展长期护理保险制度试点的指导意见》	人力资源和社会保障部办公厅	2016 年 6 月
56	《国家医保局 财政部关于扩大长期护理保险制度试点的指导意见》	国家医疗保障局 财政部	2020 年 9 月

资料来源：根据国家及各长护险试点城市相关政策文件汇总整理（时间截至 2022 年 12 月 30 日）。

二　政策工具分析框架

本研究主要利用政策工具进行分析。利用政策工具进行分析的核心目的在于揭示相关政策结构的分布特征，以求深入把握政策体系的发展趋势及制定特点（俞修言等，2017）。按照不同划分依据，学界对政策工具进行了多种分类研究，其中，罗思韦尔（Rothwell）与泽格菲尔德（Zegveld）根据影响维度的差异将政策工具具体划分为三类：供给型政策工具、需求型政策工具与环境型政策工具（Rothwell and Zegveld，1985：83-104）。对于这种分类方式，耿爱生（2018）在分析我国医养政策时指出，政策工具的三分类型有助于凸显政府由强制性控制与干预的角色向环境营造者角色的转变，这与行政管理体制改革的基本目标和价值追求不谋而合，是一种新型的政策分析方法。除此之外，李运华、姜腊（2022）基于政策工具视角分析我国长期护理保险试点政策时提到，利用此三分法所得出的次级政策工具也会更具体且利于操作，更具现实可行性。因此，本研究选取该分类方式作为政策文本分析的基本维度。

本研究对纳入政策文本库的 56 份相关政策进行编码，以基本政策工具为 X 维度、长期护理保险发展为 Y 维度、组织试点城市发展为 Z 维度，建构三维政策工具分析框架，并利用描述性统计分析与内容分析相结合的方式进行文本量化分析，旨在客观分析长期护理保险相关政策，探讨其内部结构的平衡性与合理性，以期为我国长护险相关政策的发展提供参考方向。

三　政策文本编码

本研究根据"统一编码"[①] 与"不可细分"[②] 的原则，按照"政策

---

① 若一段话表达同一意思则统一编码。
② 若一段话能细分成多层意思则细分为多个编码，直到不可细分为止。

文件编号——一级标题序号——二级标题序号——三级标题序号——四级标题序号——段落内部编号"的政策文本编码规则，对纳入分析的 56 份有关长期护理保险的政策文件的每条具体政策内容进行编码。

以安庆市人民政府办公室发布的《关于安庆市城镇职工长期护理保险试点的实施意见》^① 政策文本为例，针对该政策文本内容进行的编码过程详见表 1-5。

表 1-5　《关于安庆市城镇职工长期护理保险试点的实施意见》
政策文本内容分析单元编码

政策框架	政策条目	内容分析单元	编码
一、指导思想和基本原则	（一）指导思想	深入贯彻落实党的十八大以来各项路线方针政策，坚持"以人为本，统筹安排"	1-1-1
	（二）基本原则	长期护理保险的建立和实施要与经济社会发展水平和各方承受能力相适应	1-1-2
二、覆盖范围、基金筹集标准及管理方式	（一）覆盖范围	市区范围内参加城镇职工基本医疗保险的人员	1-2-1
	（二）基金筹集	长护保险基金主要通过个人缴费、城镇职工基本医疗保险统筹基金结余划转、财政补助等途径解决	1-2-2
	（三）基金管理模式	按照以收定支、收支平衡、略有结余的原则筹集和使用	1-2-3
三、保险待遇	（一）享受保险待遇条件	参保人员享受长期护理保险待遇需同时符合规定的条件	1-3-1
	（二）待遇保障范围	参保人员接受协议服务机构的长期护理服务，发生的符合规定的床位费、护理服务费、护理设备使用费纳入长护保险支付范围，由保险基金按标准支付	1-3-2
	（三）待遇保障标准	经长护保险经办机构评定，符合享受待遇条件的人员，属于长护保险支付范围及支付标准以内的费用，不设起付线，由长护保险基金按比例支付	1-3-3

① 《安庆市人民政府办公室关于安庆市城镇职工长期护理保险试点的实施意见》，https://ylbzj. anqing. gov. cn/zcwj/zcfg/75656752. html，2017 年 1 月 12 日。

续表

政策框架	政策条目	内容分析单元	编码
四、结算办法	（一）结算流程	参保人员到协议护理服务机构接受机构护理、医疗专护或居家护理，应凭本人身份证和社保卡办理联网手续	1-4-1
	（二）预留保证金	长护保险经办机构与协议护理服务机构结算实行预留保证金制度。	1-4-2
五、协议护理服务机构管理	（一）协议护理服务机构资格准入	市人力资源社会保障部门参照基本医疗保险协议管理相关规定，制定协议护理服务机构评审办法	1-5-1
	（二）协议护理服务协议	长护保险经办机构要通过与协议护理服务机构订立服务协议，明确双方权利与义务	1-5-2
	（三）协议护理服务机构违规处理	协议护理服务机构违反服务协议有关规定的，按协议有关规定处理	1-5-3
六、工作要求	（一）加强领导，明确职责分工	各部门要加强沟通协作，强化长护保险工作的指导和检查，及时总结、评估试行过程中遇到的问题并及时向市政府报告	1-6-1
	（二）强化监督，确保运行规范	建立长护保险经办服务信息系统，建立评定复审机制，加强监督管理，防范基金欺诈等	1-6-2
	（三）加大扶持，培育长护市场	积极推进护理服务体系建设，充分利用促进就业创业扶持政策和资金，加强长护服务从业人员队伍建设	1-6-3

资料来源：笔者自制。

四　三维政策工具构建

本研究运用政策工具分析方法，构建由基本政策工具（X维度）、长期护理保险发展（Y维度）、组织试点城市发展（Z维度）组成的三维政策工具分析框架，并对纳入文本库的56份政策文件进行文本分析，研究政策工具在长护险试点城市实践中的具体分布及应用状况。

（一）X维度：基本政策工具

通过参考多位学者对基本政策工具的研究结果，本研究选取罗思韦尔（Rothwell）与泽格菲尔德（Zegveld）根据影响维度差异所提出的三分类方法，将我国长护险政策的基本政策工具划分为供给型政策工具、需求型政策工具与环境型政策工具。

首先，供给型政策工具，是指可以直接推动相关政策的发展，能够为政策进一步深化提供支持与保障（黄萃等，2011），具体可包括资金支持、人才培养、基础设施建设、信息支持等，通过提供此类外部供给来促进长护险制度的完善。

其次，需求型政策工具，是指能够拉动长护险的深化发展，减少或缓冲相关政策在发展过程中的不确定性因素，开拓长护险市场以保证相关制度健康持续运行（孙梦婷、孙思萌、王高玲，2019），具体可细分为政府购买、政府补贴、社会激励等。

最后，环境型政策工具，是指政府为长期护理保险的进一步开展营造良好的市场环境，以此来间接推动长护险政策的完善（马悠然、张新花、张毓辉，2022），具体可细分为目标规划、规范标准、策略性措施、金融服务、舆论宣传等。

长期护理保险三类基本政策工具之间的关系，如图 1-1 所示。

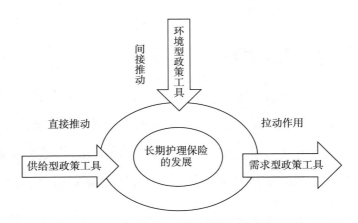

图 1-1　长期护理保险基本政策工具关系示意

供给型政策工具、需求型政策工具与环境型政策工具是我国长护险政策三类基本政策工具，在每一类基本政策工具之下，都包含着若干次级政策工具。三类基本政策工具所包含的次级政策工具的分类，以及每一项次级政策工具的具体含义如表 1-6 所示。

表 1-6　长期护理保险次级政策工具分类及具体含义一览

工具类型	次级政策工具	具体含义
供给型政策工具	资金支持	政府为养老机构、经办机构、机构服务人员提供补助或经费等财力支持
	人才培养	完善人才培养机制，加强人才队伍建设，为长护险从业人员提供专业技能培训机会等
	基础设施建设	重视对公共服务设施的建设，如日间照料中心、养老院等，为长期护理保险的发展提供基本条件
	信息支持	完成通信链路联通、长期护理保险信息管理系统安装使用等工作，配备相关技术人员开展信息系统与网络运维工作
需求型政策工具	政府购买	委托第三方经办长护险服务，引进有资质的商业保险机构参与护理保险经办
	政府补贴	政府给予困难群众、困难企业等补贴扶持
	社会激励	引导社会力量、社会组织投入长护险的建设与深化，鼓励专业护理服务机构发展，促进长期护理服务产业发展
环境型政策工具	目标规划	政府制定长期护理保险发展的总体目标与规划，促进长期护理保险制度合理有序发展
	规范标准	对覆盖人群、支付标准、筹资标准、等级认定、申报及经办流程、费用结算等标准进行规定
	策略性措施	政府通过统筹协调、部门协作、评估分析、完善配套政策等统筹方式促进长护险发展
	金融服务	政府通过对定点机构融资、贷款等金融支持手段，营造良好的金融环境以促进长期护理保险的深入发展
	舆论宣传	向社会大众宣传长护险的重要意义

资料来源：笔者自制。

（二）Y 维度：长期护理保险发展

前文已经指出，我国长期护理保险制度整体经历了探索、推进、加速建立三个时期。为全面考察不同时期长期护理保险政策的文本内涵及其政策工具的变化，本研究依据长期护理保险制度的实质性建设关键节点，把长护险的具体发展进一步聚焦细化为自行探索、组织试点、增点扩面三个阶段，以此作为政策文本分析框架的 Y 维度。

其一，自行探索阶段。为积极应对人口老龄化带来的挑战，我国不断促进"医养康护"相结合的新型社会服务模式的形成与发展，确保社会保障体系与经济发展阶段相匹配。青岛市人力资源和社会保障局于2012 年起草了《关于建立长期医疗护理保险制度的意见（试行）》，该政策的出台意味着我国首个进行长护险探索的城市出现，也为其他试点城市的实践工作提供了参考。我国也由此开始了长期护理保险制度的不断深化与完善。其二，组织试点阶段。2016 年 6 月，为贯彻党的十八届五中全会精神和落实"十三五"规划纲要任务部署，人力资源和社会保障部办公厅印发《关于开展长期护理保险制度试点的指导意见》，提出我国将在 15 个城市及 2 个省份开展长护险试点工作。此后，各个试点城市陆续积极开展长护险的相关试点工作并取得了显著成效。其三，增点扩面阶段。为进一步推动我国长护险制度试点工作的深入开展，国家医疗保障局、财政部于 2020 年 9 月印发了《关于扩大长期护理保险制度试点的指导意见》，提出进一步增点扩面的要求，并新增 14个长护险试点城市。

（三）Z 维度：组织试点城市发展

2016 年、2020 年先后开展两次长护险制度试点，试点城市覆盖面广泛，已经覆盖了 49 个城市、1.8 亿人。在前期组织试点及后期增点扩面的探索发展过程中，各地对长护险覆盖人群、支付标准等相关政策不断进行调整，因此，制度建设呈现碎片化特点，难以总结归纳出明晰的制度框架，这对长护险制度的成熟定性造成一定难度（关博、朱小玉，2019）。本研究基于政策工具分析视角，将 15 个首批长护险试点城市作为政策文本分析框架的 Z 维度，探究 15 个试点城市在不同时期开展的长护险制度修改调整的过程。

基于三维视角政策工具建构的长护险政策文本分析框架如图 1-2 所示。

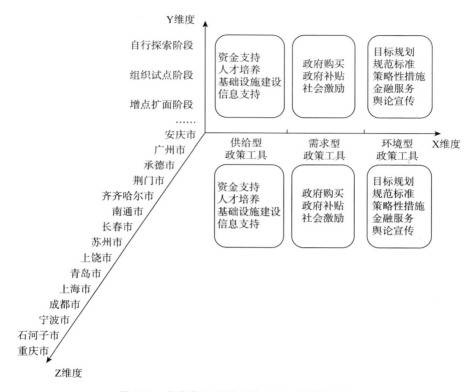

图 1-2　长期护理保险政策文本三维分析框架

五　长护险政策工具统计分析结果

依据上述研究方法及分析框架，将编码后的政策分析单元依据次级政策工具分类并汇总，总计有 1281 条政策工具，本研究将依次对 X 维度、X-Y 维度与 X-Z 维度分别展开综合分析。

（一）X 维度统计结果分析

1. 长护险试点城市使用政策工具总体情况分析

我国长期护理保险政策工具使用总体分布如表 1-7 所示。统计结果显示，各试点城市在推进长期护理保险制度的过程中，均涉及供给型政策工具、需求型政策工具和环境型政策工具的运用，体现了各试点城市对全面且多元化政策工具组合的重视。然而，试点城市所使用的三类政策工具占比有失均衡。其中，试点城市使用的环境型政策工具相对于其他两种政策工具出现次数最多，共计 972 条，占政策工具总数的 75.9%；其次是供给型政策工具，共计 170 条，占政策工具总数的 13.2%；使用最少的是需求型政策工具，共计 139 条，占比仅为 10.9%。

表 1-7　X 维度政策工具使用总体分布一览

单位：条，%

工具类型	频数	占比
供给型政策工具	170	13.2
资金支持	78	6.1
人才培养	40	3.1
基础设施建设	13	1.0
信息支持	39	3.0
需求型政策工具	139	10.9
政府购买	42	3.3
政府补贴	55	4.3
社会激励	42	3.3
环境型政策工具	972	75.9
目标规划	168	13.1
规范标准	524	40.9
策略性措施	255	19.9
金融服务	2	0.2
舆论宣传	23	1.8
总计	1281	100

资料来源：笔者自制。

表 1-8 是依据试点城市的地理位置、经济发展水平、老龄化程度等状况，对试点城市进行的政策工具分类分析。在地理位置方面，中部地区试点城市（$N = 59$）使用的供给型政策工具比重最高，占中部地区试点城市使用全部政策工具总数的 15.4%，其次为西部地区试点城市（$N = 47$），占比为 13.1%，东部地区试点城市（$N = 64$）使用该类型政策工具的比重最低，占比为 11.9%，这说明相比较而言，中部地区试点城市更注重对长护险政策发展的外部供给。在运用需求型政策工具方面，西部地区试点城市（$N = 39$）与东部地区试点城市（$N = 53$）的需求型政策工具占比分别为 10.9% 与 9.9%，而中部地区试点城市（$N = 47$）占比为 12.2%，表明东部、西部地区试点城市对于开拓长护险市场相对有所弱化。在运用环境型政策工具方面，相比于其他两种政策工具，东、中、西部三个地区试点城市使用环境型政策工具的比例在所有类型政策工具中都是最高的，东部地区试点城市（$N = 421$）、中部地区试点城市（$N = 278$）、西部地区试点城市（$N = 273$）所使用的环境型政策工具的比例分别为 78.2%、72.5%、76.0%，说明长护险试点城市均高度注重长期护理保险建设发展环境的营造。

不同经济发展水平的试点城市使用三种政策工具的比例也有差别。在供给型政策工具方面，经济发达试点城市（$N = 96$）使用该类型政策工具的占比较低，占经济发达试点城市使用全部政策工具总数的 12.1%，经济欠发达试点城市（$N = 74$）占比为 15.2%，表明经济欠发达试点城市相对更注重通过直接推动的方式促进长护险发展。在需求型政策工具方面，同样是经济发达试点城市（$N = 82$）占比低，为 10.3%，经济欠发达试点城市（$N = 57$）占比为 11.7%，说明经济欠发达试点城市更善于运用拉动的方式实施长护险制度试点。环境型政策工具依然是不同经济发展水平试点城市运用最多的政策工具，其中经济发达试点城市（$N = 617$）占比为 77.6%，经济欠发达试点城市（$N = 355$）占比为

73.0%，相比之下，经济发达试点城市更加注重营造长护险发展环境。

不同试点城市的人口老龄化程度存在差别，所使用的政策工具相应也有所不同。在供给型政策工具方面，低于同期人口老龄化率的试点城市（$N=17$）对该类型政策工具的使用率更高，占该地区使用全部政策工具总数的 16.3%，与同期人口老龄化率持平的试点城市（$N=53$）使用该类政策工具的占比为 14.9%，高于同期人口老龄化率的试点城市（$N=100$）使用率最低，占比为 12.2%。在需求型政策工具方面，依然是低于同期人口老龄化率的试点城市（$N=13$）占比最高，为 12.5%，高于同期人口老龄化率的试点城市（$N=85$）占比为 10.3%，与同期人口老龄化率持平的试点城市（$N=41$）占比为 11.5%。在环境型政策工具方面，高于同期人口老龄化率的试点城市（$N=637$）使用率最高，占比为 77.5%，低于同期人口老龄化率的试点城市（$N=74$）占比为 71.2%，与同期人口老龄化率持平的试点城市（$N=261$）占比为 73.5%。

表 1-8 长护险试点城市使用政策工具的分类分析一览

单位：条，%

	供给型政策工具		需求型政策工具		环境型政策工具		合计	
	频数	占比	频数	占比	频数	占比	频数	占比
地理位置								
东部地区试点城市	64	11.9	53	9.9	421	78.3	538	100
中部地区试点城市	59	15.4	47	12.2	278	72.4	384	100
西部地区试点城市	47	13.1	39	10.9	273	76.0	359	100
经济发展水平								
经济发达试点城市	96	12.1	82	10.3	617	77.6	795	100
经济欠发达试点城市	74	15.2	57	11.7	355	73.0	486	100
老龄化程度								
低于同期人口老龄化率的试点城市	17	16.3	13	12.5	74	71.2	104	100
与同期人口老龄化持平的试点城市	53	14.9	41	11.5	261	73.5	355	100

	供给型政策工具		需求型政策工具		环境型政策工具		合计	
	频数	占比	频数	占比	频数	占比	频数	占比
高于同期人口老龄化率的试点城市	100	12.2	85	10.3	637	77.5	822	100

资料来源：笔者自制。

2. 长护险试点城市次级政策工具的运用分析

如前所述，在供给型、需求型、环境型三类政策工具下，每一类政策工具都包含若干类别的次级政策工具（见表1-6）。在分析了试点城市的三类基本政策工具使用的总体情况后，还需对试点城市基本政策工具所包含的次级政策工具的使用状况进行进一步分析，以全面了解试点城市长护险政策的构成及其结构特征，为后续探讨长护险政策体系的完善奠定基础。

（1）供给型次级政策工具

供给型政策工具包含资金支持、人才培养、基础设施建设、信息支持四类次级政策工具。通过整体分析可知，试点城市运用资金支持次级政策工具的比重最高，占供给型政策工具（$N=170$）的比例为45.9%，主要是为养老机构、经办机构、机构服务人员提供补助或经费。其次为人才培养（$N=40$）、信息支持（$N=39$）次级政策工具，占比分别为23.5%和22.9%。基础设施建设次级政策工具占比最低，仅为7.6%，主要表现为对养老服务机构硬件设施的建设，工作重心是审核批准具有许可资质的定点护理服务机构。

如表1-9所示，不同地理位置的试点城市中，在资金支持次级政策工具方面，东部地区试点城市使用资金支持次级政策工具的占比最高，占东部地区试点城市供给型政策工具的一半，西部地区使用的此次级工具的占比（48.9%）仅次于东部地区试点城市，中部地区运用此次级政策工具的比例相对最低，占比为39.0%。在人才培养次级政策工具方面，中部地区试点城市相对重视运用此次级政策工具，其运用的此次级政策工具的占比最高（28.8%），西部地区试点城市次之（23.4%），东部地区试点城市的占比最低（18.8%）。在基础设施建设次级政策工具方面，中部、西部地区试点城市运用此次级政策工具的比例最高（均为8.5%），东部地区试点城市的这一比例则最低，仅占东部地区试点城市供给型政策工具的6.3%。在信息支持次级政策工具方面，东部、中部、西部地区试点城市运用此次级政策工具的占比依次递减，分别为25.0%、23.7%和19.2%。

不同经济发展水平的试点城市中，在资金支持次级政策工具方面，经济发达试点城市与经济欠发达试点城市都很重视运用此政策工具，二者的占比均超过四成，经济发达试点城市使用此次级政策工具的比例（47.9%）高于经济欠发达试点城市（43.2%），这一定程度上表明经济发达试点城市善于利用自身经济禀赋直接推动长护险的发展。在信息支持次级政策工具方面，经济发达试点城市运用信息支持次级政策工具的比例（26.0%）高于经济欠发达试点城市（18.9%），究其原因，这与信息管理系统的建设与维护通常依赖于经济发展水平有关。在人才培养、基础设施建设次级政策工具方面，经济欠发达试点城市使用这两个次级政策工具的比例均高于经济发达试点城市。其中，人才培养次级政策工具的占比在供给型政策工具中均较高，说明试点城市不论经济发展水平如何均注重长护服务的人才培养。而经济发达试点城市与经济欠发达试点城市运用基础设施建设次级政策工具的比例是供给型政策工具中最低的，说明经过数十年的建设发展，长护服务基础设施已相对完善。相比之下，经济欠发达试点城市受制于经济条件，涉老服务硬件建设落后于经济发达试点城市，因此更加重视运用此政策工具予以加强，其运用基础设施建设次级政策工具的占比（10.8%）是经济发达试点城市（5.2%）的两倍多。

不同人口老龄化程度的试点城市中，在资金支持次级政策工具方面，低于同期人口老龄化率的试点城市的使用率最高，占其供给型政策工具的52.9%，高于同期人口老龄化率的试点城市次之（51.0%），与同期人口老龄化率持平的试点城市的使用率最低（34.0%）。这可能是由于低于同期人口老龄化率的试点城市的人口老龄化程度正处于快速增长阶段，需要运用更多的资金支持次级政策工具来刺激长护险发展，以应对老龄化的挑战。在人才培养次级政策工具方面，不同老龄化程度的试点城市运用此政策工具的比例较为均衡，三者的比重均超过20%，与同期人口老龄化率持平的试点城市运用此政策工具的比例最高（28.3%）。在基础设施建设、信息支持次级政策工具方面，与同期人口老龄化率持平的试点城市运用二者的比例皆为最高，分别为9.4%和28.3%。

表1-9 供给型次级政策工具分布一览

单位：条，%

	资金支持		人才培养		基础设施建设		信息支持		合计	
	频数	占比	频数	占比	频数	占比	频数	占比	频数	占比
地理位置										
东部地区试点城市	32	50.0	12	18.8	4	6.3	16	25.0	64	100
中部地区试点城市	23	39.0	17	28.8	5	8.5	14	23.7	59	100
西部地区试点城市	23	48.9	11	23.4	4	8.5	9	19.2	47	100
经济发展水平										
经济发达试点城市	46	47.9	20	20.8	5	5.2	25	26.0	96	100
经济欠发达试点城市	32	43.2	20	27.0	8	10.8	14	18.9	74	100
人口老龄化程度										
低于同期人口老龄化率的试点城市	9	52.9	4	23.5	1	5.9	3	17.6	17	100
与同期人口老龄化率持平的试点城市	18	34.0	15	28.3	5	9.4	15	28.3	53	100
高于同期人口老龄化的试点城市	51	51.0	21	21.0	7	7.0	21	21.0	100	100

资料来源：笔者自制。

（2）需求型次级政策工具

需求型政策工具包括政府购买、政府补贴、社会激励三类次级政策工具。通过整体分析可知，在需求型政策工具中，政府补贴次级政策工具的运用比例最高，占需求型政策工具总数（$N=139$）的39.6%。近四成试点城市重视对参保单位、个人的财政补贴表明，作为社会保险制度，长护险的建设发展很大程度上依靠国家、政府的资金支持。社会激励与政府购买次级政策工具的运用比例相同，均为三成左右（30.2%）。这表明试点城市注重激发相关社会组织、商业机构、第三方参与长护险的建设发展，此类主体的积极参与既能充实长护险发展基金，提高保险的保障水平，又能扩大保障范围，夯实长护险基础。

如表1-10所示，不同地理位置的试点城市中，在政府购买次级政策工具方面，东部地区试点城市运用此次级政策工具的比重最高（32.1%），其次是西部地区试点城市（30.8%）和中部地区试点城市（27.7%）。政府购买次级政策工具运用占比的区域差异是需求型政策工具内部次级政策工具中的最低者。在政府补贴次级政策工具方面，西部地区试点城市运用此政策工具的比重最高（51.3%），中部地区试点城市次之（46.8%），东部地区试点城市的占比最低（24.5%），这表明西部、中部地区试点城市更注重对长护险相关主体的补贴。在社会激励次级政策工具方面，东部、中部、西部地区试点城市的运用比例依次递减，分别为43.4%、25.5%和17.9%，这表明东部、中部地区试点城市更加注重激励引导社会力量参与长护险制度的建设。

不同经济发展水平的试点城市中，在政府购买次级政策工具方面，经济发达试点城市与经济欠发达试点城市运用此类次级政策工具的比重差距很小，前者（30.5%）超过后者（29.8%）不到一个百分点，说明二者都重视第三方、商业机构参与长护险经办。在社会激励次级政策工具方面，经济发达试点城市对此政策工具的运用比例（34.1%）同样高于经济欠发达试点城市（24.6%），二者差距接近一成，反映出经济发达试点城市更加重视对社会力量、社会组织的刺激引导。在政府补贴次级政策工具方面，经济欠发达试点城市运用此政策工具的比重（45.6%）则超过了经济发达试点城市（35.4%），二者差距超过一成，此次级政策工具是不同经济发展水平试点城市差距最大的需求型次级政策工具，说明经济欠发达试点城市高度重视对参保主体的补贴支持，同时也反映出经济欠发达试点城市更需要通过政府补贴的方式推进长护险。

不同人口老龄化程度的试点城市中，在政府购买次级政策工具方面，高于同期人口老龄化率的试点城市运用此次级政策工具的比重最高（31.8%），低于同期人口老龄化率的试点城市（30.8%）与之大体接近，与同期人口老龄化率持平的试点城市的这一比例（26.8%）最低。在政府补贴次级政策工具方面，低于同期人口老龄化率的试点城市、与同期人口老龄化率持平的试点城市运用此政策工具的比重均超过50.0%，高于同期人口老龄化率的试点城市的比重为31.8%。在社会激励次级政策工具方面，不同老龄化程度的试点城市也体现出较大差异。低于同期人口老龄化率的试点城市运用此次级政策工具的比例仅为15.4%，低于高于同期人口老龄化率的试点城市（36.4%）21个百分点，与同期人口老龄化率持平的试点城市运用社会激励次级政策工具的比例（22.0%）介于二者之间，表明高于同期人口老龄化率的试点城市更重视引导和鼓励社会组织参与长护险制度建设。

表 1-10 需求型次级政策工具分布一览

单位：条，%

次级政策工具类别	政府购买		政府补贴		社会激励		合计	
	频数	占比	频数	占比	频数	占比	频数	占比
地理位置								
东部地区试点城市	17	32.1	13	24.5	23	43.4	53	100

续表

次级政策工具类别	政府购买		政府补贴		社会激励		合计	
	频数	占比	频数	占比	频数	占比	频数	占比
中部地区试点城市	13	27.7	22	46.8	12	25.5	47	100
西部地区试点城市	12	30.8	20	51.3	7	17.9	39	100
经济发展水平								
经济发达试点城市	25	30.5	29	35.4	28	34.1	82	100
经济欠发达试点城市	17	29.8	26	45.6	14	24.6	57	100
老龄化程度								
低于同期人口老龄化率的试点城市	4	30.8	7	53.8	2	15.4	13	100
与同期人口老龄化率持平的试点城市	11	26.8	21	51.2	9	22.0	41	100
高于同期人口老龄化率的试点城市	27	31.8	27	31.8	31	36.4	85	100

资料来源：笔者自制。

（3）环境型次级政策工具

环境型政策工具是政府推动长护险建设发展的重要手段，主要包括目标规划、规范标准、策略性措施、金融服务和舆论宣传五类次级政策工具。环境型政策工具内部存在显著差异。通过整体分析可知，在环境型政策工具中，规范标准次级政策工具的运用比例最高，占环境型政策工具总数（$N=972$）的53.9%，显示出试点城市高度重视长护险的标准化建设。策略性措施、目标规划两类次级政策工具运用比例次之，其占比分别为26.2%、17.3%，舆论宣传、金融服务次级政策工具运用占比则相对较低，分别为2.6%、0.2%。

如表1-11所示，不同地理位置的试点城市中，在规范标准次级政策工具方面，东部、中部、西部地区试点城市运用此次级政策工具的比例全部超过50%，依次为54.3%、55.8%、51.5%，三者之间差距不大，说明不同地理位置的试点城市都十分重视长护险的标准化与规范化建设。在策略性措施次级政策工具方面，东部、西部、中部地区试点城市运用此次级政策工具的比例依次递减，分别为 27.6%、26.3%、24.1%，三者之间差距同样不大。在目标规划次级政策工具方面，西部地区试点城市运用此次级政策工具的比例最高（19.3%），中部地区试点城市（16.5%）与东部地区试点城市（16.4%）占比则较为接近。在舆论宣传与金融服务次级政策工具方面，不同地理位置的试点城市运用的比例均比较低。中部与西部地区试点城市运用舆论宣传次级政策工具的比例相同，均为 2.9%，东部地区试点城市的占比更低，为 1.7%；仅中部地区试点城市运用了金融服务次级政策工具，其占比只有 0.7%，东部地区和西部地区试点城市均未使用金融服务次级政策工具。

不同经济发展水平的试点城市中，在规范标准次级政策工具方面，经济发达试点城市与经济欠发达试点城市运用此次级政策工具的占比均很高，后者（58.0%）高出前者（51.5%）6.5 个百分点。在策略性措施次级政策工具方面，经济发达试点城市的运用比重（28.2%）超过经济欠发达试点城市（22.8%），说明经济发达试点城市更加重视政府相关部门的统筹协调。在目标规划次级政策工具方面，同样是经济发达试点城市的运用比例（18.2%）高于经济欠发达试点城市（15.8%）。在舆论宣传次级政策工具方面，经济发达试点城市、经济欠发达试点城市的运用占比整体偏低，分别只有 2.1% 和 2.8%。在金融服务次级政策工具方面，只有经济欠发达试点城市运用了该类次级政策工具，且比例较低（0.5%）。

不同老龄化程度的试点城市中，在目标规划次级政策工具方面，相较于高于同期人口老龄化率的试点城市（17.7%）、与同期人口老龄化率持平的试点城市（14.2%），低于同期人口老龄化率的试点城市（24.3%）运用了更多的此次级政策工具。在规范标准次级政策工具方面，与同期人口老龄化率持平的试点城市的使用率最高，占比接近六成（59.8%），高于同期人口老龄化率的试点城市、低于同期人口老龄化率的试点城市运用此次级政策工具的比例同样较高，分别为 52.7%、43.2%。在金融服务次级政策工具方面，与同期人口老龄化率持平的试点城市运用的比例为 0.7%，而高于同期人口老龄化率的试点城市、低于同期人口老龄化率的试点城市均未使用此次级政策工具。在舆论宣传次级政策工具方面，低于同期人口老龄化率的试点城市运用的比例（6.8%）高于与同期人口老龄化率持平的试点城市（1.9%）以及高于同期人口老龄化率的试点城市（2.1%）。

表 1-11　环境型次级政策工具分布一览

单位：条，%

次级政策 工具类别	目标规划		规范标准		策略性措施		金融服务		舆论宣传		合计	
	频数	占比	频数	占比	频数	占比	频数	占比	频数	占比	频数	占比
地理位置												
东部地区试点城市	69	16.4	228	54.3	116	27.6	0	0	7	1.7	420	100
中部地区试点城市	46	16.5	155	55.8	67	24.1	2	0.7	8	2.9	278	100
西部地区试点城市	53	19.3	141	51.5	72	26.3	0	0	8	2.9	274	100
经济发展水平												
经济发达试点城市	112	18.2	318	51.5	174	28.2	0	0	13	2.1	617	100
经济欠发达试点城市	56	15.8	206	58.0	81	22.8	2	0.5	10	2.8	355	100
老龄化程度												
低于同期人口老龄化率的试点城市	18	24.3	32	43.2	19	25.7	0	0	5	6.8	74	100
与同期人口老龄化率持平的试点城市	37	14.2	156	59.8	61	23.4	2	0.7	5	1.9	261	100
高于同期人口老龄化率的试点城市	113	17.7	336	52.7	175	27.5	0	0	13	2.1	637	100

资料来源：笔者自制。

（二）X-Y 维度统计结果分析

在本研究构建的三维视角政策工具分析框架中，X 维度为基本政策工具维度，Y 维度为长期护理保险发展阶段维度，X-Y 维度即长期护理保险发展不同阶段中政策工具使用情况（见表 1-12）。

首先，从供给型政策工具来看，在长护险的自行探索阶段，该类政策工具占该阶段所有政策工具总数的 14.6%（$N = 6$），在组织试点阶段的占比为 12.1%（$N = 92$），在增点扩面阶段的占比为 15.1%（$N = 72$），由以上数据可知，试点城市在不同发展阶段对供给型政策工具的使用体现出先下降后小幅上升的趋势。

在供给型次级政策工具中，在长护险自行探索阶段试点城市对资金支持次级政策工具的使用率最高，占该阶段运用三类政策工具总数的 7.3%（$N = 3$）。这主要是因为，在制度初期探索阶段，政府给予的直接资金支持对于推动长护险制度的迅速推广能够起到至关重要的作用。同时，优秀人才供给也是快速推进长护险建设的关键因素，人才培养类政策工具在自行探索阶段的占比为 4.9%（$N = 2$），但随着长护险建设发展的持续深入，后期对这两类次级政策工具的使用强度有所减弱。基础设施建设在供给型政策工具中的占比虽然经历了先降后升的趋势，但总体而言占比仍然较低。尽管如此，基础设施建设对长期护理保险的发展仍然是必不可少的重要一环，因此也引起了各试点城市的高度重视；信息支持类政策工具在长护险发展过程中一直处于增长趋势，说明各试点城市对信息网络建设给予了较高关注，这也体现出当下信息产生价值的时代特点。

其次，就需求型政策工具的使用状况来看，在长护险自行探索阶段该类政策的使用占比为 12.2%（$N = 5$），在组织试点阶段的占比为 11.3%（$N = 86$），在增点扩面阶段占比为 10.1%（$N = 48$），由此可见，需求型政策工具的使用总体经历了持续下降的过程。

具体分析需求型政策工具所包含的三类次级政策工具使用状况可知，在长护险从自行探索到增点扩面的发展历程中，政府购买类政策工具所占比例一直处于缓慢增长趋势，表明试点城市在制定长护险相关政策时高度重视市场机制作用，积极将长护险公共服务交由具备条件的社会力量承担，以实现政府财政效率的最大化；政府补贴类政策工具的运用比例在长护险不同发展时期均得到持续增长。组织试点阶段较自行探索阶段增长了 1.5 个百分点，增点扩面阶段相较于组织试点阶段也增长了 1.1 个百分点。然而社会激励类政策工具却呈不断下降趋势，从自行探索阶段到组织试点阶段，社会激励类政策工具所占比例由 7.3% 下降至 4.1%，在增点扩面阶段更是大幅下降至 1.7%，这可能与试点城市经过自行探索和组织试点阶段后，社会激励类政策工具的有效释放有关。随着社会力量参与长护险政策建设的积极性得到激发，一定程度上满足了社会的长期护理保险需求，因此对社会激励类政策工具的需求有所减少。

最后，在环境型政策工具的使用方面，试点城市在长护险制度不同发展时期运用该政策工具占总体的比例最高，在自行探索阶段、组织试点阶段、增点扩面阶段对该类政策的使用占比始终维持在七成以上，分别为 73.2%（$N=30$）、76.7%（$N=585$）和 74.8%（$N=357$）。

就环境型政策工具内部次级政策工具的使用而言，目标规划次级政策在三个发展阶段的使用比例呈现先降后升趋势，但总体变化不大。策略性措施类政策工具的使用比例总体处于上升趋势；舆论宣传类政策工具占比保持平衡且呈先下降后上升趋势；规范标准类政策工具虽然在长护险发展阶段中的占比呈现逐步下降趋势，但在三个发展阶段中，该政策工具的占比始终最高；金融服务类政策工具则仅在组织试点阶段有所涉及。这表明，规范标准、策略性措施两类次级政策工具始终是试点城市长护险环境营造的重中之重，以长护险规范、策略性调整为导向配套完善相关政策，成为试点城市积极引导并实践长护险制度建设健康发展的重要方向。

表1-12　X-Y维度长护险不同发展阶段政策工具使用总体分布情况一览

单位：条，%

工具类型	发展阶段					
	自行探索阶段		组织试点阶段		增点扩面阶段	
	频数	占比	频数	占比	频数	占比
供给型政策工具						
资金支持	3	7.3	44	5.8	31	6.5
人才培养	2	4.9	23	3.0	15	3.1
基础设施建设	1	2.4	4	0.5	8	1.7
信息支持	0	0	21	2.8	18	3.8
需求型政策工具						
政府购买	1	2.4	25	3.3	16	3.4
政府补贴	1	2.4	30	3.9	24	5.0
社会激励	3	7.3	31	4.1	8	1.7
环境型政策工具						
目标规划	6	14.6	92	12.1	70	14.7
规范标准	18	43.9	330	43.3	176	36.9
策略性措施	5	12.2	152	19.9	98	20.5
金融服务	0	0	2	0.3	0	0
舆论宣传	1	2.4	9	1.2	13	2.7
合计	41	100	763	100	477	100

资料来源：笔者自制。

（三）X-Z维度统计结果分析

在三维视角政策工具分析框架中，Z维度为15个首批长护险试点城市维度。为更直观地展示长期护理保险制度在不同发展阶段所运用政策工具的调整变化，厘清政策演变脉络，本研究以全国首个实施长护险制度的青岛市为个案，探讨该试点城市在不同时期对于各类政策工具的运用、调整与修改（见表 1-13）。

从供给型政策工具的使用来看，2012~2021 年，青岛市长护险运用的该类政策工具的比例总体较低，并呈现类 N 字形结构。2012 年、2014 年、2018 年与 2021 年青岛市使用供给型政策工具占比分别为8.3%、19.1%、8.3%、13.3%。具体而言，2012~2021 年，青岛市长护险政策的 4 次调整均涉及人才培养次级政策工具，说明青岛对长护险人才培养的持续关注。与此同时，4 次政策调整始终未提及基础设施建设政策工具，这可能与较早进入人口老龄化且人口老龄化程度较严重的青岛市长护险相关的基础设施（养老机构、医养结合设施）较为完备相关。从 2014 年开始，青岛市逐渐重视信息支持这一次级政策工具的运用。

从需求型政策工具的使用来看，2012 年、2014 年、2018 年、2021年，青岛市长护险运用该类政策工具的比例分别为16.7%、4.8%、5.6%、10.0%，总体占比较低，呈现 V 字形态势。需求型政策工具内部包含的政府购买、政府补贴、社会激励类政策工具均缺乏延续性。从表 1-13可以看出，青岛市在自行探索时期主要运用政府购买类政策工具，以此推动长护险发展，纳入正式试点以来却未再运用政府购买类政策工具，取而代之的是政府补贴类政策工具。结合正式试点以来社会激励类政策工具有所强化，不难判断出青岛市长护险发展过程中政府角色的改变，即地方政府在长护险制度建设过程中的主导角色有所撤退，市场的角色逐渐凸显，更多的长护险服务逐步交由市场实施。

在环境型政策工具的使用方面，2012~2021 年，青岛市长护险发展过程中对该类政策工具的使用始终维持在 75.0% 及以上的占比，2012年、2014 年、2018 年、2021 年该类政策的占比分别达到 75.0%、76.1%、86.1%、76.7%，整体表现为倒 V 字形变化。其中，规范标准类政策工具始终是环境型政策工具的主要构成，但其占比逐渐下降，由此可判断长护险规范标准历经数年建设已经逐渐成形，故而比重不断下降。与此相类似的变化也体现在目标规划类政策工具的运用方面，其占比总体上也有所下降；而策略性措施类政策工具的运用总体则呈上升趋势；青岛市在 4 次长护险政策的调整过程中，均未涉及金融服务与舆论宣传类政策。事实上，长护险建设发展过程中的相关组织、机构和企业的金融支持，以及对社会大众的宣传教育，都是其中的重要环节。

表 1-13　X-Z 维度政策工具使用总体分布一览（以青岛市为例）

单位：条，%

工具类型	时间							
	2012 年		2014 年		2018 年		2021 年	
	频数	占比	频数	占比	频数	占比	频数	占比
供给型政策工具	1	8.3	4	19.1	3	8.3	4	13.3
资金支持	0	0	2	9.5	1	2.8	2	6.7
人才培养	1	8.3	1	4.8	1	2.8	1	3.3
基础设施建设	0	0	0	0	0	0	0	0
信息支持	0	0	1	4.8	1	2.8	1	3.3
需求型政策工具	2	16.7	1	4.8	2	5.6	3	10.0
政府购买	1	8.3	1	4.8	0	0	0	0
政府补贴	0	0	0	0	1	2.8	1	3.3
社会激励	1	8.3	0	0	1	2.8	2	6.7
环境型政策工具	9	75.0	16	76.1	31	86.1	23	76.7
目标规划	2	16.7	2	9.5	2	5.6	3	10.0
规范标准	6	50.0	10	47.6	14	38.9	10	33.3
策略性措施	1	8.3	4	19.0	15	41.7	10	33.3
金融服务	0	0	0	0	0	0	0	0
舆论宣传	0	0	0	0	0	0	0	0
合计	12	100	21	100	36	100	30	100

资料来源：笔者自制。

小　结

我国已整体步入中度老龄化社会，如何应对规模庞大的失能老年人的长期护理需求已经成为经济社会可持续发展亟待解决的重大社会问题。被誉为"第六险"的长护险制度建设是我国应对失能社会风险、缓解长期照护压力和完善社会保障体系的必然选择，也是满足人民群众日益增长的美好生活需要和增强群众获得感、幸福感、安全感的必然要求。

我国于2016年、2020年先后组织实施了社会保险建设史上试点规模最大、试点时间最长的长护险试点探索，先后有29个城市和山东、吉林两个重点联系省份纳入国家长护险试点。长护险制度试点改革总体遵循"党委领导，政府推动，政策引导，市场先行，试点探索，稳步推进"的原则，整体历经探索、推进与加速建立三个发展阶段，体现了长护险制度及其建设发展的关键性与复杂性。

我国长护险制度试点由第一批的以东部地区、经济发达、人口老龄化程度高的试点地区为主发展到第二批的以西部地区、经济欠发达、人口老龄化程度相对低的试点地区为主，长护险试点的地区分布、经济发展水平、人口老龄化程度分布更加均衡，充分体现了长护险试点的区域、财政经济、医疗保险等的丰富性和多样性，为长护险制度的后续全面实施推广积累了经验，创造了条件。

对选取2012~2022年国家及各试点城市制定的56份长护险政策文本的三维分析显示，各试点城市均高度重视多元政策工具的组合，综合运用供给型、需求型和环境型政策工具，推进所在城市的长护险制度试点改革。不同试点城市所使用的政策工具的比例并不均衡。其中，环境型政策工具的使用最多，需求型政策工具的使用最少，供给型政策工具的使用则介于两者之间。其中，中部地区试点城市、经济欠发达试点城市、低于同期人口老龄化率的试点城市运用供给型和需求型政策工具的比重最高，而东部地区、经济发达、高于同期人口老龄化率的试点城市则运用了更多的环境型政策工具。

在供给型政策工具中，资金支持类政策工具的使用占比最高，其次为人才培养类、信息支持类，基础设施建设类使用占比最低。这表明，经过多年的建设发展，我国养老服务机构数量不断增加，其基础设施已不断完善，但作为养老服务软件的从业人员相对较为短缺，迫切需要政策刺激引导。就供给型政策工具内部结构言之，东部地区试点城市、经济发达试点城市、低于同期人口老龄化率的试点城市运用了更多的资金支持类政策工具，中部地区试点城市、经济欠发达试点城市区、与同期人口老龄化率持平的试点城市利用了较多的人才培养类政策工具，中部与西部地区试点城市、经济欠发达试点城市、与同期人口老龄化率持平的试点城市使用的基础设施建设类政策工具较多，而东部地区试点城市、经济发达试点城市、与同期人口老龄化率持平的试点城市则应用了更多的信息支持类政策工具。

在需求型政策工具中，政府补贴类政策工具的使用比例最高，试点城市运用此类政策工具以此加强对长护险参保单位、人员的财政补贴，表明作为社会保险制度，长护险的建设发展很大程度上依靠国家、政府的资金支持。社会激励与政府购买类政策工具的运用比例相同，表明社会组织、第三方参与长护险制度的建设发展的重要性。就需求型政策工具内部而言，东部地区试点城市、经济发达试点城市、高于同期人口老龄化率的试点城市运用了更多的政府购买、社会激励类政策工具，而西部地区试点城市、经济欠发达试点城市、低于同期人口老龄化率的试点城市则采用了较多的政府补贴类政策工具。

在环境型政策工具中，使用比例最高的是规范标准类政策工具，说明长护险服务经办实施的标准化和规范化的重要性及政府对其的重视；其次是策略性措施和目标规划类政策工具的使用占比，表明政府努力通过跨部门协同、制定合理目标规划，以提升长护险的治理水平，进而促进长护险发展。舆论宣传和金融服务次级政策工具使用占比最低。就环境型政策工具内部而言，西部地区试点城市、经济发达试点城市、低于同期人口老龄化率的试点城市运用了更多的目标规划类政策工具，中部地区试点城市、经济欠发达试点城市、与同期人口老龄化率持平的试点城市采用了较多的规范标准类政策工具，东部地区试点城市、经济发达试点城市、高于同期人口老龄化率的试点城市使用了较多的策略性措施类政策工具，中部和西部地区试点城市、经济欠发达试点城市、低于同期人口老龄化率的试点城市应用了更多的舆论宣传类政策工具，而只有中部地区试点城市、经济欠发达试点城市、与同期人口老龄化率持平的试点城市利用了金融服务类政策工具。

对青岛市长护险在 2012～2021 年不同发展阶段的政策工具运用分析显示，青岛市长护险运用的供给型政策工具比例总体较小，呈类 N 字形结构。4 次政策调整都涉及人才培养政策工具，说明青岛对长护险人才培养的持续关注；从 2014 年开始，青岛市逐渐重视信息支持类政策工具的运用。需求型政策工具的使用总体占比较小，呈 V 字形态势，其内部的政府购买、政府补贴、社会激励等次级政策工具的运用均缺乏延续性。环境型政策工具的运用始终维持在 75.0% 及以上的高占比，整体表现为倒 V 字形变化。其中，规范标准始终是最主要的次级工具，但其占比逐渐下降；目标规划类政策工具的运用占比总体也在下降，策略性措施类政策工具的运用总体呈上升趋势，金融服务与舆论宣传类政策工具则均未提及。

第二章

试点城市长期护理保险筹资机制

　　长期护理保险制度强调以互助共济方式筹集资金，为功能严重受损的参保人员的基本医疗护理和基础生活照护提供资金保障。筹资机制被视为长护险制度可持续发展的关键环节，是保险管理者在长护险资金筹集活动实施的制度规则与制度安排，其核心属性是长护险资金筹集相关主体及其相互关系。有别于其他社会保险项目，长护险制度建设普遍面临较低的筹资标准与失能者无限期的护理保障之间的矛盾问题。长护险筹资方式必须综合考虑资金来源的稳定性、不同主体负担的可承受性和长护服务水平与质量。长护险遵循社会保险基本原则，实行国家、单位和个人共同负担的资金筹集方式，并明确不同主体的筹资比例。

　　本章从长期护理保险覆盖范围、保障对象、筹资渠道、筹资方式与筹资标准等相关要素，对两批 29 个长期护理保险试点城市的筹资机制等进行比较研究。

第一节　覆盖范围

　　关于长期护理保险的覆盖范围，《关于开展长期护理保险制度试点的指导意见》与《关于扩大长期护理保险制度试点的指导意见》均指出，主要覆盖职工基本医疗保险参保人群，试点城市可根据自身实际逐步扩大参保对象范围。在长期护理保险试点的过程中，许多试点城市已根据自身试点实践进行覆盖范围的调整，扩大了长期护理保险覆盖范围。根据各试点城市的实践，扩大方式可分为两种类型：第一类是在覆盖城镇职工基本医疗保险参保人员的基础上，扩大到城乡居民基本医疗保险参保人员，成都、广州、上饶等 7 个试点城市是此类型的代表；第二类是由最初覆盖城镇职工与城镇居民基本医疗保险参保人员，扩大到城镇职工与城乡居民基本医疗保险参保人员，长春、青岛、南通、石河子 4 个试点城市属于此类（见表 2-1）。

表 2-1   试点城市扩大覆盖范围的方式

扩大方式	试点城市
原：城镇职工基本医疗保险参保人员 后：城镇职工基本医疗保险参保人员+城乡居民基本医疗保险参保人员	7 个：成都、广州、上饶、开封、宁波、荆门、乌鲁木齐
原：城镇职工基本医疗保险参保人员+城镇居民基本医疗保险参保人员 后：城镇职工基本医疗保险参保人员+城乡居民基本医疗保险参保人员	4 个：长春、青岛、南通、石河子

资料来源：根据各试点地区试点方案整理制表。

依据 29 个试点城市的具体实施方案，现行试点城市的覆盖范围分为两种类型。第一类覆盖范围为城镇职工基本医疗保险参保人员，承德、齐齐哈尔、天津、盘锦、福州等 14 个城市是该类型。第二类覆盖范围为同时覆盖城镇职工基本医疗保险与城乡居民基本医疗保险参保人员，苏州、上海（60 岁及以上）、南通、宁波（2023 年开始）、石河子等 15 个城市为该类型。

从试点批次来看，第一批试点城市的覆盖范围普遍更广，更注重在试点过程中动态调整扩大覆盖范围（见表 2-2）。在 15 个第一批试点城市中，上海、苏州、南通等 11 个试点城市将城乡居民基本医疗保险参保人员纳入覆盖范围，实现城镇职工基本医疗保险与城乡居民基本医疗保险两类保险参保人员全覆盖，其中南通、宁波、青岛等 9 个试点城市还在试点过程中动态调整了覆盖范围，将开始试点时的覆盖范围予以扩大。在第二批试点的 14 个城市中，大多数试点城市只覆盖城镇职工基本医疗保险参保人员，只有北京石景山区、开封、呼和浩特、乌鲁木齐 4 个试点地区将城乡居民基本医疗保险参保人员纳入覆盖范围，其中开封、乌鲁木齐 2 个城市在试点过程中逐步扩大了覆盖范围。总体而言，第二批试点城市与第一批试点城市相比，覆盖范围相对有限，动态调整覆盖范围的试点城市较少。

表 2-2 不同批次试点城市覆盖范围比较

覆盖范围	第一批试点城市	第二批试点城市
城镇职工基本医疗保险参保人员	4 个：承德、齐齐哈尔、安庆、重庆	10 个：天津、盘锦、福州、晋城、湘潭、南宁、黔西南布依族苗族自治州、昆明、汉中、甘南藏族自治州
城镇职工基本医疗保险参保人员+城乡居民基本医疗保险参保人员	11 个：上海、苏州、南通*、宁波*、青岛*、广州*、长春、上饶*、荆门*、成都*、石河子*	4 个：北京石景山区、开封*、呼和浩特、乌鲁木齐*

注：表中所示为试点城市现行最新覆盖范围，标有 * 的城市为将试点起步阶段的覆盖范围予以扩大的试点城市。

资料来源：根据各试点地区试点方案整理制表。

从区域分布来看，长期护理保险覆盖范围在东部、中部、西部试点城市中呈现递减趋势，且与中部、西部地区试点城市相比，东部地区城市更倾向于从试点起步阶段就将城乡居民基本医疗保险参保人员纳入覆盖范围（见表 2-3）。在 11 个东部地区试点城市中，上海、南通等 7 个城市将城乡居民基本医疗保险参保人员纳入覆盖范围，实现城镇职工基本医疗保险与城乡居民基本医疗保险两类保险参保人员全覆盖；在 8 个中部地区试点城市中，有一半城市将城乡居民基本医疗保险参保人员纳入覆盖范围；而在 10 个西部地区试点城市中，大多数城市仍只覆盖城镇职工基本医疗保险参保人员，只有石河子、成都、呼和浩特、乌鲁木齐 4 个城市同时覆盖城镇职工基本医疗保险参保人员、城乡居民基本医疗保险参保人员。在实现两类参保人员全覆盖的试点城市中，7 个东部地区的试点城市中有 3 个城市为从试点起步阶段就覆盖城乡居民基本医疗保险参保人员；西部地区 4 个试点城市中只有呼和浩特 1 个城市从试点开始就覆盖城乡居民基本医疗保险参保人员；而中部地区的 4 个试点城市都是在试点过程中，动态调整覆盖范围后才实现城镇职工基本医疗保险与城乡居民基本医疗保险两类保险参保人员全覆盖。可见东部地区试点城市更倾向于从试点起步阶段就覆盖城乡居民基本医疗保险参保人员，中部、西部地区试点城市更多是在试点过程中，调整扩大覆盖范围后才实现对两类参保人员的全覆盖。

表 2-3　不同地区试点城市覆盖范围比较

覆盖范围	东部	中部	西部
城镇职工基本医疗保险参保人员	4 个：承德、盘锦、天津、福州	4 个：齐齐哈尔、安庆、湘潭、晋城	6 个：重庆、南宁、黔西南布依族苗族自治州、甘南藏族自治州、汉中、昆明
城镇职工基本医疗保险参保人员 + 城乡居民基本医疗保险参保人员	7 个：上海、南通*、苏州、宁波*、青岛*、广州*、北京石景山区	4 个：上饶*、长春*、荆门*、开封*	4 个：石河子*、成都*、呼和浩特*、乌鲁木齐*

注：表中所示为试点城市现行最新覆盖范围，标 * 的城市为将试点起步阶段的覆盖范围予以扩大的试点城市。

资料来源：根据各试点地区试点方案整理制表。

从经济发展水平来看，将前后两批试点城市中，将人均 GDP 低于同期人均 GDP（2016 年为 5.39 万元，2020 年为 7.24 万元）的城市视为经济欠发达试点城市，将高于同期人均 GDP 的城市视为经济发达试点城市。与经济欠发达试点城市相比，经济发达试点城市长期护理保险覆盖范围更广，更倾向于从试点起步阶段就将城乡居民医保参保人员纳入覆盖范围（见表 2-4）。在 12 个经济欠发达试点城市中，只有上饶、开封、荆门 3 个城市将城乡居民基本医疗保险参保人员纳入覆盖范围，且这均是试点过程中调整覆盖范围后的结果，而其余 9 个城市仍只覆盖城镇职工基本医疗保险参保人员。在 17 个经济发达试点城市中，成都、长春、广州等 12 个城市都将城乡居民基本医疗保险参保人员纳入覆盖范围，其中北京市石景山区、呼和浩特、上海、苏州 4 个试点城市从试点起步阶段就已覆盖城乡居民基本医疗保险参保人员。

表 2-4　不同经济发展水平试点城市覆盖范围比较

覆盖范围	经济欠发达试点城市	经济发达试点城市
城镇职工基本医疗保险参保人员	9 个：齐齐哈尔、甘南藏族自治州、安庆、承德、黔西南布依族苗族自治州、汉中、昆明、晋城、南宁	5 个：重庆、湘潭、天津、盘锦、福州
城镇职工基本医疗保险参保人员+城乡居民基本医疗保险参保人员	3 个：上饶*、开封*、荆门*	12 个：成都*、长春*、石河子*、北京石景山区、呼和浩特、乌鲁木齐*、南通*、青岛*、宁波*、广州*、上海、苏州

注：表中所示为试点城市现行最新覆盖范围，标有 * 的城市为将试点起步阶段的覆盖范围予以扩大的试点城市。

资料来源：根据各试点地区试点方案整理制表。

从人口老龄化程度来看，将两批试点城市老龄化率与同期人口老龄化率（2016 年为 16.7%，2020 年为 18.7%）相比，可以大致分为低于同期人口老龄化率的试点城市、与同期人口老龄化率持平的试点城市（不超出同期人口老龄化率一个百分点）、高于同期人口老龄化率的试点城市。甘南藏族自治州、黔西南布依族苗族自治州、南宁 3 个低于同期人口老龄化率的试点城市，全部只覆盖城镇职工基本医疗保险参保人员。与低于同期人口老龄化率的试点城市相比，不低于同期人口老龄化水平的试点城市的长期护理保险覆盖范围更广，大部分实现城镇职工基本医疗保险与城乡居民基本医疗保险两类保险参保人员全覆盖，其中高于同期人口老龄化率的试点城市更倾向于从试点起步阶段便将城乡居民纳入覆盖范围（见表2-5）。在8个与同期人口老龄化率持平的试点城市中，超过一半的城市扩大了长期护理保险覆盖范围。18个高于同期人口老龄化率的试点城市中，也有6个扩大了长期护理保险的覆盖范围，尤其是人口老龄化率超25.0%的苏州、南通、上海等老龄化问题较为严重的城市，基本将城乡居民基本医疗保险参保人员纳入覆盖范围。就覆盖范围的动态调整而言，在城镇职工医保与城乡居民医保两类保险参保人员全覆盖的试点地区中，5个与同期人口老龄化率持平的试点城市在试点起步阶段未将城乡居民医保参保人员纳入覆盖范围，在后续动态调整覆盖范围后才实现两类参保人员全覆盖。在10个高于同期人口老龄化率的试点城市中，苏州、上海、呼和浩特、北京石景山区4个试点城市在起步阶段便将城乡居民纳入覆盖范围。

表2-5　不同人口老龄化程度试点城市覆盖范围比较

覆盖范围	试点城市		
	低于同期人口老龄化率	与同期人口老龄化率持平	高于同期人口老龄化率
城镇职工基本医疗保险参保人员	3个：甘南藏族自治州、黔西南布依族苗族自治州、南宁	3个：安庆、福州、昆明	8个：承德、齐齐哈尔、重庆、晋城、天津、湘潭、盘锦、汉中
城镇职工基本医疗保险参保人员＋城乡居民基本医疗保险参保人员		5个：荆门*、长春*、上饶*、乌鲁木齐*、开封*	10个：广州*、青岛*、宁波*、成都*、石河子*、苏州、南通*、上海、呼和浩特、北京市石景山区

注：表中所示为试点城市现行最新覆盖范围，标有*的城市为将试点起步阶段的覆盖范围予以扩大的试点城市。

资料来源：根据各试点地区试点方案整理制表。

综上所述，我国长期护理保险试点城市现行的覆盖范围可分为仅覆盖城镇职工基本医疗保险参保人员与同时覆盖城镇职工基本医疗保险、城乡居民基本医疗保险参保人员两种类型。经比较分析，第一批试点城市的覆盖范围相比于第二批试点城市普遍更广；长期护理保险覆盖范围在东部、中部、西部试点城市中大体呈现递减趋势；经济发达试点城市、老龄化程度更高的试点城市的覆盖范围更广。在覆盖范围调整扩大方面，第一批试点城市、中部与西部地区试点城市、经济欠发达试点城市、与同期人口老龄化率持平的试点城市更注重在试点过程中动态调整扩大覆盖范围。东部地区试点城市、经济发达试点城市、高于同期人口老龄化率的试点城市更倾向于从试点起步阶段就将城乡居民基本医疗保险参保人员纳入覆盖范围。

两种覆盖类型各有利弊。仅覆盖城镇职工基本医疗保险参保人员的类型，给基金带来的压力与管理难度相对较小，但其保障面较为狭窄，不能满足城乡居民对长期护理保险的需求。同时，覆盖城镇职工基本医疗保险参保人员、城乡居民基本医疗保险参保人员的覆盖类型，可以同时满足城镇职工、城乡居民对长期护理保险的需求，但给基金、财政带来较大压力，给服务机构和服务质量带来挑战。

2020年第七次全国人口普查数据显示，我国乡村60岁及以上、65岁及以上老年人口的比重分别为23.81%、17.72%，比城镇分别高出7.99个百分点、6.61个百分点。[①] 我国老龄化水平城乡差异明显，城乡老龄化差距正在不断拉大，乡村老龄化程度更高、更严重。研究还表明，农村老年人的失能率高于城市，失能规模也大于城市（戴卫东，2018）。由此足见，我国广大农村老年人对长期护理保险的需求更为迫切。公平性是长期护理保险的首要原则，城镇和农村居民应享有长期护理保障的同等权益（郑先平等，2022）。各试点城市应结合自身实际，选择符合现阶段的长期护理保险覆盖类型，并在试点过程中积极动态调

---

① 《第七次全国人口普查主要数据结果新闻发布会答记者问》，国家统计局，https://www.stats.gov.cn/xxgk/jd/sjjd2020/202105/t20210511_1817280.html，2021年5月11日。

整，努力缩小城乡差距，以更好地满足农村尤其是农村失能人员的护理需求。

第二节 保障对象

保障对象是指长期护理保险的直接受益人群范围，此范围将直接决定长期护理保险待遇给付的规模。关于长期护理保险的保障对象，《关于开展长期护理保险制度试点的指导意见》与《关于扩大长期护理保险制度试点的指导意见》均指出以重度失能人员为重点保障对象，试点城市可根据基金承受能力，随经济发展逐步调整保障对象范围。在试点过程中，许多试点城市已根据自身实际展开探索，调整试点起步阶段规定的保障对象范围。根据试点城市的实践，可将试点城市的调整方式划分为三种类型（见表 2-6）。

第一类是在原保障重度失能人员的基础上，将中度失能人员纳入保障范围。成都、长春、安庆三个试点城市为此类型。第二类是在原保障重度失能人员的基础上，将中度失能，重度与中度失智人员纳入保障范围。上饶、南通两个试点城市是此种类型。第三类是其他类型。广州、青岛两个试点城市将保障对象范围进行了细化。广州将保障对象范围由重度失能人员扩大至长护 1~3 级失能人员；青岛在 2012 年仅保障失能人员，2017 年将失智人员纳入制度保障范围，2018 年探索实施"全人全责"长期护理保险制度，实现保障三级、四级、五级失能与重度失智人员。

表 2-6　试点城市扩大保障对象范围的方式

对象范围	试点城市
原：重度失能人员 后：重度失能人员+中度失能人员	3 个：成都、长春、安庆
原：重度失能人员 后：重度+中度失能失智人员	2 个：上饶、南通
其他	2 个：广州、青岛

资料来源：根据各试点地区试点方案整理制表。

　　目前两批试点城市长期护理保险的保障对象总体可划分为五种类型。如表 2-7 所示。第一种是仅保障重度失能人员，如石河子、宁波、南宁等 19 个试点城市；第二种是保障重度与中度失能人员，如苏州、成都（含失智导致的重度失能人员）、呼和浩特等 5 个城市；第三种是保障重度、中度、轻度失能人员，上海属于此类型；第四种是保障重度与中度失能失智人员，如南通、上饶 2 个城市；第五种是其他。青岛市长期护理保险保障对象是三级、四级、五级失能与重度失智人员，广州市将保障对象分为长期失能人员、延续护理人员、设备使用人员三种类型，将长护 1~3 级失能人员纳入保障范围。

　　从试点批次来看，第一批试点城市的保障对象范围更广，将中度失能、失智等人员纳入保障范围，且注重在试点过程中，对最初规定的保障对象范围进行调整扩大（见表 2-7）。在首批试点城市中，超过一半的城市均把重度失能之外的不同失能程度人员纳入保障对象范围，苏州、成都、安庆、长春将中度失能人员纳入保障对象范围，上海则同时将中度与轻度失能人员纳入保障对象范围，南通、上饶将保障对象扩展到重度与中度失能失智人员，而青岛在保障三级、四级、五级失能人员的基础上，将重度失智人员也纳入保障对象范围，广州市从长期失能人员、延续护理人员、设备使用人员三个方面扩大了保障对象范围。在第二批试点城市中，仅呼和浩特将中度失能人员纳入保障对象范围，其他城市只保障重度失能人员，且在第二批试点城市中，无一城市将失智人员纳入保障对象范围。由此可见，相比于第一批试点城市，第二批试点城市的保障范围具有较为明显的收紧趋势；在保障对象范围的调整扩大方面，把试点起步阶段所规定的保障对象范围予以扩大的 7 个城市均是第一批试点城市，第二批试点城市在试点过程中均未变更保障对象范围。

表 2-7　不同批次试点城市保障对象

保障对象	第一批	第二批
重度失能人员	6 个：石河子、宁波、重庆、齐齐哈尔、承德、荆门	13 个：南宁、黔西南布依族苗族自治州、甘南藏族自治州、北京石景山区、汉中、盘锦、湘潭、天津、晋城、福州、昆明、开封、乌鲁木齐
重度+中度失能人员	4 个：苏州、成都*、安庆*、长春*	1 个：呼和浩特
重度+中度+轻度失能人员	1 个：上海	
重度+中度失能失智人员	2 个：南通*、上饶*	
其他	2 个：青岛*、广州*	

注：表中所示为试点城市现行最新保障对象范围，标有 * 的城市为在试点过程中调整扩大初期保障范围的试点城市。

资料来源：根据各试点地区试点方案整理制表。

从区域分布来看，整体而言，东部、中部地区试点城市的长期护理保险保障对象范围更广，更注重在试点过程中调整扩大保障对象范围（见表 2-8）。东部地区的 11 个试点城市，近一半的城市将重度失能之外的不同失能程度人员纳入保障对象范围。苏州、上海分别将中度失能人员和中度、轻度失能人员纳入保障对象范围。南通在保障失能人员的基础上，也将失智人员纳入保障对象范围。青岛与广州也在不同程度地保障重度失能之外的人员。中部地区 8 个试点城市中，安庆、长春将中度失能人员纳入保障对象范围，上饶将中度失能失智人员纳入保障对象范围。在西部地区的 10 个试点城市中，只有成都、呼和浩特扩大了保障对象范围，将中度失能人员纳入其中，其他试点城市均重点保障重度失能人员。在保障对象范围的动态调整方面，7 个调整扩大试点起步阶段保障对象范围的试点城市中，仅 1 个来自西部地区，其余均是东部、中部地区，可见相对于西部地区试点城市而言，东部与中部地区试点城市更注重保障对象范围的调整。

表 2-8　不同地区试点城市保障对象比较

保障对象	东部	中部	西部
重度失能人员	6 个：宁波、承德、北京石景山区、盘锦、天津、福州	5 个：齐齐哈尔、荆门、湘潭、晋城、开封	8 个：石河子、重庆、南宁、黔西南布依族苗族自治州、甘南藏族自治州、汉中、昆明、乌鲁木齐
重度+中度失能人员	1 个：苏州	2 个：安庆*、长春*、	2 个：成都*、呼和浩特
重度+中度+轻度失能人员	1 个：上海		
重度+中度失能失智人员	1 个：南通*	1 个：上饶*	
其他	2 个：青岛*、广州*		

注：表中所示为试点城市现行最新保障对象范围，标有 * 的城市为在试点过程中调整扩大初期保障范围的试点城市。

资料来源：根据各试点地区试点方案整理制表。

从经济发展水平来看，经济发达试点城市与经济欠发达试点城市的保障对象都呈现相对集中的特点，二者均以重度失能人员为主要保障对象。相对而言，经济发达试点城市保障对象范围更广，保障层次更多样，更注重在试点起步阶段就将重度失能人员之外的其他失能人员纳入保障对象范围（见表 2-9）。12 个经济欠发达试点城市多以保障重度失能人员为主，仅安庆市将中度失能人员纳入保障对象范围，上饶市则将重度与中度失能失智人员纳入保障对象范围，这均是在试点过程中将保障对象的初始范围予以调整后的结果。在 17 个经济发达试点城市中，近一半的试点城市将重度失能之外的失能人员纳入保障对象范围，且不同试点城市具体保障对象层次不一，覆盖现有保障对象的所有类别。成都、长春、呼和浩特、苏州将中度失能人员纳入保障对象范围，上海将保障对象扩展到中度、轻度失能人员，南通、青岛进一步将失智人员纳入保障对象范围。其中，呼和浩特、苏州、上海在试点起步阶段就已保障重度失能之外的失能人员。

表 2-9　不同经济发展水平试点城市保障对象比较

保障对象	经济欠发达城市	经济发达城市
重度失能人员	10个：齐齐哈尔、甘南藏族自治州、承德、黔西南布依族苗族自治州、汉中、开封、荆门、昆明、晋城、南宁	9个：重庆、石河子、北京石景山区、湘潭、天津、乌鲁木齐、盘锦、宁波、福州
重度+中度失能人员	1个：安庆*	4个：成都*、长春*、呼和浩特、苏州
重度+中度+轻度失能人员		1个：上海
重度+中度失能失智人员	1个：上饶*	1个：南通*
其他		2个：青岛*、广州*

注：表中所示为试点城市现行最新保障对象范围，标有 * 的城市为在试点过程中调整扩大初期保障范围的试点城市。

资料来源：根据各试点地区试点方案整理制表。

从人口老龄化程度来看，试点城市老龄化程度越高，长期护理保险保障对象范围更广，更注重对保障对象范围的调整扩大（见表 2-10）。3 个低于同期人口老龄化率的试点城市都以重度失能人员为保障对象，均未在试点过程中调整扩大保障对象范围；8 个与同期人口老龄化率持平的试点城市中，3 个城市在试点过程中调整扩大了保障对象范围：长春、安庆将中度失能人员纳入保障对象范围，上饶将保障范围扩大到中度失智人员；高于同期人口老龄化率的 18 个试点城市中，有 7 个试点城市将重度失能之外的不同失能程度人员纳入保障对象范围。成都、苏州、呼和浩特将中度失能人员纳入保障对象范围，上海把保障对象范围扩展到中度和轻度失能人员，南通、广州、青岛也将失智人员纳入保障对象范围。其中成都、南通、广州、青岛 4 个试点城市调整扩大了保障对象覆盖范围。

表 2-10　不同人口老龄化程度试点城市保障对象比较

保障对象	试点城市		
	低于同期人口老龄化率	与同期人口老龄化率持平	高于同期人口老龄化率
重度失能人员	3 个：甘南藏族自治州、黔西南布依族苗族自治州、南宁	5 个：荆门、乌鲁木齐、开封、福州、昆明	11 个：承德、齐齐哈尔、重庆、宁波、石河子、晋城、天津、湘潭、盘锦、北京石景山区、汉中
重度＋中度失能人员		2 个：长春*、安庆*	3 个：成都*、苏州、呼和浩特
重度＋中度＋轻度失能人员			1 个：上海
重度＋中度失能失智人员		1 个：上饶*	1 个：南通*
其他			2 个：广州*、青岛*

注：表中所示为试点城市现行最新保障对象范围，标有 * 的城市为在试点过程中调整扩大初期保障范围的试点城市。

资料来源：根据各试点地区试点方案整理制表。

　　由上可见，我国长期护理保险试点城市的保障对象仍以重度失能人员为主，部分试点城市则将中度、轻度失能和失智人员纳入保障对象范围。首批试点城市中、东部与中部地区试点城市，以及经济发达、人口老龄化程度较高的试点城市，其长期护理保险的保障对象范围更广，保障层次亦更加多样。其中，经济发达试点城市注重在试点起步阶段就将重度失能之外的不同程度失能人员纳入保障对象范围，第一批试点城市、东部与中部地区试点城市、老龄化程度较高的试点城市在试点过程中，调整扩大了最初规定的保障对象范围。而第二批、西部地区、经济欠发达、低于同期人口老龄化率的试点城市，其保障对象相对较为狭窄有限，保障对象范围的调整扩大较少。只保障重度失能人员虽然可以减轻基金与财政压力，却将大量的需要长期照护的失智人员、中度与轻度失能人员排除在外，致使该群体的护理需求无法得到满足，结果可能是：一方面，失智、中度与轻度失能人员因保障和护理的缺失可能产生身体、心理状况恶化的风险；另一方面，这将最终给长期护理保险带来潜在的巨大压力。故而，应积极支持和鼓励试点城市结合实际，积极探索保障对象范围的扩大工作。

关于长护险保障对象的身体失能状态，各试点地区的评估标准依据不一。如荆门、安庆、南宁、汉中采用《日常生活活动能力评定量表》单一维度评定工具，上海、开封则采取分类拟合工具（线性判断法和支持向量机法）。评估标准的不统一易引发基金运营的失衡风险。2021年7月，国家医保局办公室、民政部办公厅印发《长期护理失能等级评估标准（试行）》，结束了各地多样化的失能评估标准，为各试点地区提供了统一的评估标准，各试点城市纷纷参照执行国家评估标准，乌鲁木齐、重庆等城市已据此对失能等级评估方法进行了相应的修改，有力地保障了不同地区参保人员享受待遇的公平性。

第三节　筹资渠道

筹资渠道明确了长期护理保险筹资责任的承担者。《关于开展长期护理保险制度试点的指导意见》与《关于扩大长期护理保险制度试点的指导意见》均提出要逐步探索建立互助共济、责任共担的多渠道筹资机制，而且，《关于扩大长期护理保险制度试点的指导意见》还进一步明确了以单位和个人缴费为主的筹资方式。各试点城市也在试点过程中不断摸索调整筹资渠道。根据各试点实践，试点城市的长护险筹资渠道的调整方式可分为三种类型（见表2-11）。

第一类是增加筹资主体数量。安庆、宁波、开封、广州 4 个试点城市扩大了筹资渠道。第二类是减少筹资主体数量。承德、上海、苏州、石河子 4 个试点城市均是此类型。第三类是筹资主体数量不变，但筹资主体有变动。乌鲁木齐、齐齐哈尔 2 个试点城市变更了筹资主体，将单位纳入筹资渠道，但费用实际仍从医保统筹基金中支出。

表 2-11　试点城市调整筹资渠道的方式

调整方式	试点城市	调整内容
增加筹资主体	4 个：安庆、宁波、开封、广州	安庆：原筹资主体为个人、医疗保险基金，后增加财政。 宁波：原筹资主体为基本医疗保险统筹基金，后增加个人、单位（从职工基本医疗保险费中划转）、财政。 开封：原筹资主体为单位（从职工基本医疗保险费中划转）、个人，后增加基本医疗保险统筹基金、财政。 广州：原筹资渠道为职工社会医疗保险统筹基金划转，后增加单位（从职工医保统筹基金划转）、个人、财政
减少筹资主体	4 个：承德、上海、苏州、石河子	承德：原筹资主体为个人、财政、城镇职工基本医疗保险基金，后减去财政、城镇职工基本医疗保险基金，变为单位（从职工基本医疗保险费中划转）、个人。 上海：原筹资主体为用人单位、个人、财政，后减少，主要筹资渠道为医保统筹基金，财政部门根据需要予以补贴。 苏州：原筹资主体为财政、医疗保险统筹基金，后主要依靠基本医疗保险统筹基金结余，长期护理保险基金出现支付不足时，财政给予补助。 石河子：原筹资主体为职工医保统筹基金结余、个人、财政，后减少为主要依靠个人筹资，财政对辖区内上年度 60 岁以上老年人及辖区内上年度重度残疾人予以补助
更换筹资主体	2 个：乌鲁木齐、齐齐哈尔	乌鲁木齐：原筹资主体为财政、医保统筹基金、个人，后将单位纳入筹资渠道，筹资主体变为单位、个人、财政，但单位缴费仍从职工基本医疗保险费中划转。 齐齐哈尔：原筹资主体为个人、医保统筹基金，后将单位纳入筹资渠道，变为单位、个人，但单位缴费仍为从医保统筹基金中划转

注：①"个人"指个人缴费/从医保个人账户扣缴；"财政"指政府财政补贴。
②表中所示为试点城市城镇职工/城镇职工+城乡居民整体的筹资渠道变化。
资料来源：根据各试点地区试点方案整理制表。

目前，各试点城市的筹资渠道虽存在较大差异，但主要仍以个人缴费、单位缴费、财政补贴以及医保统筹基金划转的不同组合来筹集长期护理保险资金。结合各试点城市的具体实践，筹资模式大体分为七种类型。第一种是"医保统筹基金划转"筹资模式，长春（居民）、青岛（居民）是此类型；第二种是"医保统筹基金划转+个人缴费"筹资模式，长春（职工）、湘潭属于此类型；第三种是"财政补贴+个人缴费"筹资模式，宁波（居民）、乌鲁木齐（居民）等是此类型的代表；第四种是"医保统筹基金划转+财政补贴"筹资模式，苏州、上海两个城市便是此类型；第五种是"医保统筹基金划转+个人缴费+政府财政补贴"筹资模式，荆门、开封为此类型；第六种是"医保统筹基金划转+个人缴费+单位缴费+政府财政补贴"筹资模式，上饶（职工）、甘南藏族自治州两个城市是此类型；第七种是"单位+个人"筹资模式，南宁是此类型的代表。

从试点批次来看，相对于第一批试点城市，第二批试点城市长护险筹资渠道更加多样，更加强调单位与个人的筹资责任，但在试点过程中对筹资渠道进行动态调整的试点城市则相对较少（见表2-12）。在第一批试点城市中，长春（居民）、青岛（居民）2个城市只依靠医疗保险统筹基金划转，只有广州（职工）、承德、齐齐哈尔、重庆、宁波（职工）、青岛（职工）、成都（职工）7个城市已规定单位承担筹资责任，但为了不增加单位负担，要求费用从单位缴纳的职工基本医疗保险费中支出。仅上饶（职工）市要求单位单独缴费。第二批试点城市全部将个人缴费或单位缴费纳入筹资渠道，如乌鲁木齐（居民）、北京石景山区（居民）将个人纳入缴费渠道，乌鲁木齐（职工）、福州、天津、黔西南布依族苗族自治州、开封、昆明等12个城市同时将个人与单位纳入筹资渠道，单位缴费从职工基本医疗保险费中划走，甘南藏族自治州（省属事业单位、各类企业单位）、南宁2个城市单位单独缴费。在筹

资渠道的动态调整方面，大部分调整筹资渠道的是首批试点城市，而在
14 个第二批试点城市中，只有乌鲁木齐、开封 2 个试点城市在试点过
程中调整了筹资渠道。

表 2-12 不同批次试点城市筹资渠道比较

筹资渠道	第一批	第二批
医保	2 个：长春（居民）、青岛（居民）	
医保+个人	6 个：长春（职工）、广州（职工）↑*、承德↓*、齐齐哈尔-*、重庆*、宁波（职工）↑*	5 个：乌鲁木齐（职工）-*、福州*、天津*、湘潭*、北京石景山区（职工）*
财政+个人	5 个：广州（居民）↑、宁波（居民）↑、上饶（居民）、成都（居民）、石河子↓	2 个：乌鲁木齐（居民）-、北京石景山区（居民）
医保+财政	2 个：苏州↓、上海↓	
医保+个人+财政	5 个：荆门、安庆↑、南通、青岛（职工）*、成都（职工）*	7 个：黔西南布依族苗族自治州*、开封↑*、昆明*、晋城*、呼和浩特*、盘锦*、汉中*
医保+个人+单位+财政	1 个：上饶（职工）	1 个：甘南藏族自治州
单位+个人		1 个：南宁

注：①"医保"为医保统筹基金，"个人"指个人缴费/从医保个人账户扣缴/从其缴纳的城镇职工大额医疗救助费划支（天津）；"财政"指政府财政补贴。

②因长春、上饶、广州、青岛、宁波、成都、乌鲁木齐、北京石景山区对于城镇职工与城乡居民具有不同筹资渠道规定，因此这些城市职工、居民分别属于不同筹资渠道类型。

③带 * 城市均已规定单位承担筹资责任，但为不增加单位负担，从其缴纳的职工基本医疗保险费中支出。

④标↑的试点城市为扩大筹资渠道的试点城市，标↓的试点城市为缩小筹资渠道的试点城市，标-的试点城市为更换筹资主体但筹资主体数量不变的试点城市。

资料来源：根据各试点地区试点方案整理制表。

从区域分布来看，东部、中部、西部地区试点城市的城镇职工、城乡居民长期护理保险的筹资模式大致相同。与东部、中部地区试点城市相比，西部地区试点城市的长期护理保险的筹资渠道更加多样，更注重单位与个人筹资责任，但在试点过程中动态调整筹资渠道的试点城市较少（见表 2-13）。东部、中部、西部地区试点城市的城镇职工长期护理保险筹资集中于"医保统筹基金划转+个人缴费"与"医保统筹基金划

转+个人缴费+政府财政补贴"两种模式，而城乡居民长期护理保险则集中于"财政补贴+个人缴费"筹资模式。在集资的责任共担方面，西部地区全部试点城市均已实现多渠道筹资机制，摆脱了单纯依靠医保统筹基金的单一筹资渠道的不足；而在东部、中部地区的青岛（居民）、长春（居民）试点城市，医保统筹基金仍是长期护理保险的主要筹资渠道。在单位与个人缴费方面，西部地区所有试点城市将个人缴费纳入城乡居民长期护理保险筹资模式，除石河子外的其他试点城市都把个人与单位缴费纳入城镇职工长期护理保险筹资模式；东部地区的苏州、上海未把单位或个人缴费纳入筹资渠道，中部地区的长春（职工）、荆门未把单位纳入筹资渠道。在筹资渠道的动态调整方面，在东部地区的11个试点城市中，广州、承德、宁波、苏州、上海5个城市在试点过程中调整了筹资渠道；在8个中部地区的试点城市中，齐齐哈尔、安庆、开封3个试点城市进行了筹资渠道的调整；而西部地区的10个试点城市中仅乌鲁木齐、石河子2个城市在试点过程中对筹资渠道进行了调整。由此可见，西部地区调整筹资渠道的试点城市相对较少。

表 2-13　不同地区试点城市筹资渠道比较

筹资渠道	东部	中部	西部
医保	1个：青岛（居民）	1个：长春（居民）	
医保+个人	6个：广州（职工）↑*、承德↓*、宁波（职工）↑*、福州*、天津*、北京石景山区（职工）*	3个：长春（职工）、齐齐哈尔-*、湘潭*	2个：重庆*、乌鲁木齐（职工）-*
财政+个人	3个：广州（居民）↑、宁波（居民）↑、北京石景山区（居民）	1个：上饶（居民）	3个：成都（居民）、石河子↓、乌鲁木齐（居民）-
医保+财政	2个：苏州↓、上海↓		
医保+个人+财政	3个：青岛（职工）*、南通、盘锦*	4个：荆门、安庆↑、开封↑*、晋城*	5个：成都（职工）*、黔西南布依族苗族自治州*、昆明*、呼和浩特*、汉中*

续表

筹资渠道	东部	中部	西部
医保+个人+单位+财政		1个：上饶（职工）	1个：甘南藏族自治州
单位+个人			1个：南宁

注：①"医保"为医保统筹基金，"个人"指个人缴费/从医保个人账户扣缴/从其缴纳的城镇职工大额医疗救助费划支（天津）；"财政"指政府财政补贴。

②因长春、上饶、广州、青岛、宁波、成都、乌鲁木齐、北京石景山区对于城镇职工与城乡居民具有不同筹资渠道规定，因此这些城市职工、居民分别属于不同筹资渠道类型。

③带＊城市均已规定单位承担筹资责任，但为不增加单位负担，从其缴纳的职工基本医疗保险费中支出。

④标↑的试点城市为扩大筹资渠道的试点城市，标↓的试点城市为缩小筹资渠道的试点城市，标-的试点城市为更换筹资主体但筹资主体数量不变的试点城市。

资料来源：根据各试点地区试点方案整理制表。

　　从经济发展水平来看，经济欠发达试点城市比经济发达试点城市更注重筹资渠道的多元化，二者均注重在试点过程中对筹资渠道进行动态调整。在调整方式方面，经济欠发达试点城市多为增加筹资主体，经济发达试点城市多为减少筹资主体（见表2-14）。在个人与单位的筹资分担方面，经济欠发达试点城市均将个人缴费纳入长期护理保险筹资渠道，除安庆、荆门外，所有经济欠发达试点城市强调单位对于长期护理保险的筹资责任；经济发达试点城市中的长春（居民）、青岛（居民）未将个人缴费纳入长期护理保险筹资渠道，长春（职工）、石河子、南通则没有把单位缴费纳入长期护理保险筹资渠道，上海与苏州则未对个人与单位的长期护理保险筹资责任予以规定。在筹资主体数量方面，经济欠发达试点城市的筹资渠道大多由三大筹资主体构成，筹资渠道多集中于"医保统筹基金划转+个人缴费+政府财政补贴"模式；经济发达试点城市的筹资渠道大多只有两大筹资主体，城镇职工、城乡居民长期护理保险筹资分别集中于"医保统筹基金划转+个人缴费"模式、"财政补贴+个人缴费"筹资模式。在筹资渠道的动态调整方面，4个经济欠发达试点城市在试点过程中调整了筹资渠道，其中安庆、开封2个试点城市扩大了筹资渠道；6 个经济发达试点城市调整了筹资渠道，其中除乌鲁木齐、宁波 2 个试点城市外，其他试点城市均减少了筹资主体的数量。

表 2-14 不同经济发展水平试点城市筹资渠道比较

筹资渠道	经济欠发达城市	经济发达城市
医保		2 个：长春（居民）、青岛（居民）
医保+个人	2 个：齐齐哈尔-*、承德↓*	9 个：重庆*、长春（职工）、北京石景山区（职工）*、湘潭*、天津*、乌鲁木齐（职工）-*、宁波（职工）↑*、广州（职工）↑*、福州*
财政+个人	1 个：上饶（居民）	6 个：成都（居民）、石河子↓、北京石景山区（居民）、乌鲁木齐（居民）-、宁波（居民）↑、广州（居民）↑
医保+财政		2 个：上海↓、苏州↓
医保+个人+财政	7 个：安庆↑、黔西南布依族苗族自治州*、汉中*、开封↑*、荆门*、昆明*、晋城*	5 个：成都（职工）*、呼和浩特*、南通、盘锦*、青岛（职工）*
医保+个人+单位+财政	2 个：上饶（职工）、甘南藏族自治州	
单位+个人	1 个：南宁	

注：①"医保"为医保统筹基金，"个人"指个人缴费/从医保个人账户扣缴/从其缴纳的城镇职工大额医疗救助费划支（天津）；"财政"指政府财政补贴。

②因长春、上饶、广州、青岛、宁波、成都、乌鲁木齐、北京石景山区对于城镇职工与城乡居民具有不同筹资渠道规定，因此这些城市职工、居民分别属于不同筹资渠道类型。

③带 * 城市均已规定单位承担筹资责任，但为不增加单位负担，从其缴纳的职工基本医疗保险费中支出。

④标↑的试点城市为扩大筹资渠道的试点城市，标↓的试点城市为缩小筹资渠道的试点城市，标-的试点城市为更换筹资主体但筹资主体数量不变的试点城市。

资料来源：根据各试点地区试点方案整理制表。

从人口老龄化程度来看，高于同期人口老龄化率的试点城市更注重财政在长期护理保险筹资中的作用，不高于同期人口老龄化率的试点城市更强调个人的筹资责任。不低于同期人口老龄化率的试点城市更倾向于在试点过程中动态调整筹资渠道。其中，与同期人口老龄化率持平的试点城市多为增加筹资主体数量，而高于同期人口老龄化率的试点城市增加与减少筹资主体数量则相当（见表2-15）。在高于同期人口老龄化率的试点城市中，实行"政府财政补贴+医保统筹基金划转/个人缴费"或"政府财政补贴+医保统筹基金划转+个人缴费"筹资模式的试点城市占比，高于其他两类试点城市的占比，可见高于同期人口老龄化率的试点城市更倾向于发挥财政补贴在筹资中的作用。除长春（居民）外的其他与同期人口老龄化率持平的试点城市均规定了个人的筹资责任，而低于同期人口老龄化率的3个试点城市均把个人缴费纳入长期护理保险筹资渠道，而在高于同期人口老龄化率的试点城市中，青岛（居民）、上海、苏州未规定个人的缴费责任。可见，试点城市更加注重个人的缴费责任。在筹资渠道的动态调整方面，3个低于同期人口老龄化率的试点城市均未对筹资主体进行调整；4个与同期人口老龄化率持平的试点城市调整了筹资渠道，其中开封、安庆2个试点城市增加了筹资主体数量，乌鲁木齐变更了筹资主体；7个高于同期人口老龄化率的试点城市对筹资主体进行了调整，其中承德、石河子、苏州、上海4个试点城市均减少了筹资主体数量。

表 2-15　不同人口老龄化程度试点城市保障对象比较

筹资渠道	试点城市		
	低于同期人口老龄化率	与同期人口老龄化率持平	高于同期人口老龄化率
医保		1个：长春（居民）	1个：青岛（居民）
医保+个人		3个：长春（职工）、乌鲁木齐（职工）−*、福州*	8个：重庆*、北京石景山区（职工）*、湘潭*、天津*、宁波（职工）↑*、广州（职工）↑*、齐齐哈尔−*、承德↓*
财政+个人		2个：乌鲁木齐（居民）−、上饶（居民）	5个：成都（居民）、石河子↓、北京石景山区（居民）、宁波（居民）↑、广州（居民）↑

续表

筹资渠道	试点城市		
	低于同期人口老龄化率	与同期人口老龄化率持平	高于同期人口老龄化率
医保+财政			2个：上海↓、苏州↓
医保+个人+财政	1个：黔西南布依族苗族自治州*	4个：安庆↑、开封↑*、荆门、昆明*	7个：成都（职工）*、呼和浩特*、南通、盘锦*、青岛（职工）*、汉中*、晋城*
医保+个人+单位+财政	1个：甘南藏族自治州	1个：上饶（职工）	
单位+个人	1个：南宁		

注：①"医保"为医保统筹基金，"个人"指个人缴费/从医保个人账户扣缴/从其缴纳的城镇职工大额医疗救助费划支（天津）；"财政"指政府财政补贴。

②因长春、上饶、广州、青岛、宁波、成都、乌鲁木齐、北京石景山区对于城镇职工与城乡居民具有不同筹资渠道规定，因此这些城市职工、居民分别属于不同筹资渠道类型。

③带*城市均已规定单位承担筹资责任，但为不增加单位负担，从其缴纳的职工基本医疗保险费中支出。

④标↑的试点城市为扩大筹资渠道的试点城市，标↓的试点城市为缩小筹资渠道的试点城市，标−的试点城市为更换筹资主体但筹资主体数量不变的试点城市。

资料来源：根据各试点地区试点方案整理制表。

　　整体言之，第二批试点城市、西部地区试点城市的筹资渠道更加多样，更加强调单位与个人的筹资责任，但在试点过程中对筹资渠道的动态调整较少；经济欠发达试点城市同样注重筹资渠道的多元化；不论经济发达与否，试点城市均注重对筹资渠道的调整，经济欠发达试点城市多为增加筹资主体，经济发达试点城市则多为减少筹资主体；高于同期人口老龄化率的试点城市更注重财政补贴在长期护理保险筹资中的作用，不高于同期人口老龄化率的试点城市则更强调个人的筹资责任。不低于同期人口老龄化率的试点城市更倾向于在试点过程中动态调整筹资渠道，与同期人口老龄化率持平的试点城市多为增加筹资主体数量，高于同期人口老龄化率的试点城市多为减少筹资主体数量。

　　根据各试点地区的实践可知，医保统筹基金是长期护理保险的重要筹资渠道，与此同时，试点城市正在按照《关于扩大长期护理保险制度试点的指导意见》积极探索互助共济的多元筹资渠道，将单位和个人缴费纳入筹资渠道。在个人缴费方面，除长春（居民）、青岛（居民）、上海、苏州外的所有试点城市均已规定了个人的筹资责任，但仍主要以医保个人账户划转为主。在单位缴费方面，29 个试点城市中的22 个试点城市规定了单位的缴费责任，除上饶（职工）、甘南藏族自治州（省属事业单位、各类企业单位）、南宁 3 个城市规定单位单独缴费外，其余试点城市的单位缴费则由医保统筹基金划支。

多元化的资金筹集渠道是长期护理保险制度持续发展的关键（海龙、尹海燕、张晓囡，2018）。随着长期护理保险覆盖范围的扩大与参保人员数量的增加，依靠医保统筹基金作为单一的筹资渠道，不仅为医保统筹基金带来巨大压力，增加其运营风险，也存在合法性问题（曹信邦，2018）。将单位与个人纳入筹资主体，不仅可以强化单位与个人的责任，也有助于使长期护理保险筹资主体更加多元，从而使长期护理保险筹资更加稳定，确保长期护理保险制度试点工作的可持续发展。当然，此举也相应带来筹资管理的复杂与成本增加的挑战。为不增加单位负担，部分试点城市实行单位缴费部分从医保统筹基金中划转的做法具有一定的合理性，但长远来看，此举不利于长期护理保险的独立发展。试点城市应随着试点实践的进行逐步落实个人与单位的筹资责任，逐渐建立健全多渠道筹资机制，积极应对由此带来的管理复杂程度提升与成本增加问题。

第四节 筹资方式与筹资标准

我国试点城市长期护理保险的筹资方式可以分为三种类型（见表2-16）。第一种是定额筹资，即规定人均年/月固定筹资金额。如石河子、南通、青岛（居民）、天津、汉中等试点城市采取的是此类筹资方式。第二种是比例筹资，即以某一数值为基数，按照一定比例筹资。重庆、成都（职工）、南宁、呼和浩特（职工）等试点城市属于此种类型。第三种是混合筹资，即对于同一群体的不同筹资主体有不同筹资方式规定，青岛（职工）是此种类型。

表 2-16　试点城市筹资方式

筹资方式	试点城市
定额筹资	成都（居民）、石河子、南通、青岛（居民）、宁波、苏州、齐齐哈尔、长春（居民）、上饶、安庆、荆门、甘南藏族自治州、黔西南布依族苗族自治州、北京石景山区、呼和浩特（居民）、天津、汉中、乌鲁木齐（居民）、开封
比例筹资	重庆、成都（职工）、广州、上海、承德、长春（职工）、南宁、呼和浩特（职工）、湘潭、盘锦、晋城、乌鲁木齐（职工）、福州、昆明
混合筹资	青岛（职工）

注：因成都、青岛、长春、呼和浩特、乌鲁木齐对于城镇职工与城乡居民有不同筹资方式规定，因此这些城市职工、居民分别属于不同筹资方式类型。

资料来源：根据各试点地区试点方案整理制表。

在试点过程中，有 3 个试点城市对长期护理保险筹资方式进行了调整（见表 2-17）。乌鲁木齐（职工）、广州、重庆 3 个试点城市调整了长护险筹资方式，且调整方式均为由按定额筹资转变为按比例筹资。

表 2-17　试点城市筹资方式变化

变化类型	试点城市	具体变化方式
由按定额筹资转变为按比例筹资	乌鲁木齐（职工）	原按定额筹资：对乌鲁木齐市城镇职工基本医疗保险参保人员按 100 元/（人·年）标准筹集。 后按比例筹资：参加职工基本医疗保险的参保人员（含未满基本医疗保险缴费年限的退休人员），其长护险年度筹资总额按照职工工资总额的 0.2% 进行筹资，用人单位和个人分别承担 0.1%
	广州	原按定额筹资：按照 130 元/（人·年）的筹资标准进行筹资，筹资渠道单一、筹资标准固定。 后按比例筹资：通过单位和个人缴费、财政补贴等途径筹资，根据城镇职工参保人员和城乡居民参保人员来划分缴费基数和缴费费率

续表

变化类型	试点城市	具体变化方式
由按定额筹资转变为按比例筹资	重庆	原按定额筹资：筹集标准为 150 元/（人·年）。 后按比例筹资：职工身份参保，以个人医保缴费基数为基数，按每人每月 0.1% 的费率筹集

资料来源：根据各试点地区试点方案整理制表。

三种筹资方式各具优缺点。按定额筹资计算简便，较为稳定，易于操作与推广，相应减少了基金管理的难度。同时，由于各地筹资水平差距较大，难以实现地区间的统一，社会互助共济性与灵活性较差，需根据经济发展水平与人口结构变化情况实时调整。按比例筹资方式易于建立统一的筹资标准，具有互助共济性，能实现收入再分配，且灵活性较好，可协调筹资水平、经济发展状况与人口结构变化三者间关系（周文静、张慧，2022）。但因其操作问题相应增加了基金管理的成本。混合筹资兼具按定额筹资的稳定性、易推广性，以及按比例筹资的灵活性、社会互助共济性等优点，但与按比例筹资方式相比，其在建立统一制度标准方面的难度更大。

依据《关于开展长期护理保险制度试点的指导意见》，长期护理保险的筹资应按照"以收定支、收支平衡、略有结余"的原则合理确定。《关于开展长期护理保险制度试点的指导意见》与《关于扩大长期护理保险制度试点的指导意见》还指出，建立与经济社会发展和保障水平相适应的动态筹资机制。所有试点城市也在试点过程中根据实际情况动态调整筹资标准，采取定额筹资的试点更倾向于上调筹资标准（见表2-18）。在实行按定额筹资的试点城市中，石河子（居民）、安庆、宁波（居民、职工）、齐齐哈尔、北京石景山区（职工、居民）上调了筹资标准，石河子（职工）、苏州（职工、居民）下调了筹资标准。而实行按比例筹资的试点城市都下调了筹资费率，上海（职工）、承德是此类型。实行混合筹资的试点城市青岛（职工）上调了筹资费率。

表 2-18　试点城市筹资标准变化

筹资方式	标准变化	试点城市	具体变化
定额筹资	上调	石河子 （居民）	原：按 24 元/（人·年）的标准一次性缴纳至居民医保基金内，再从居民医保统筹基金结余中按相应标准划转，列入护理保险基金。 后：按 50 元/（人·年）的标准由个人自行一次性缴纳，居民长期护理保险费和基本医疗保险费进行合并征缴
		安庆	原：长护险基金筹资标准暂定为 30 元/（人·年），其中参保人员个人缴费 10 元。 后：筹资标准为 40 元/（人·年），其中参保个人缴费 20 元，地方财政承担 5 元，医疗保险统筹基金承担 15 元
		宁波 （居民、职工）	原：从市区职工基本医疗保险统筹基金累计结余中先行安排资金作为长护险试点启动资金，纳入长护险基金，个人和单位暂不缴费。 后：按照 90~120 元/（人·年）的标准定额筹资
		齐齐哈尔	原：筹资标准暂定为 60 元/（人·年），其中参保人员个人缴纳 30 元，医保统筹基金筹集 30 元。 后：单位缴费 50 元，个人缴费 50 元
		北京石景山区 （职工、居民）	原：筹资标准暂按 160 元/（人·年）的标准。 后：扩大试点阶段筹资标准暂定为 180 元/（人·年）。个人缴费部分，城镇职工缴费为 90 元/（人·年），由职工基本医疗保险个人账户一次性代扣代缴。城乡居民缴费为 90 元/（人·年），由个人按年度缴纳
	下调	石河子 （职工）	原：按 180 元/（人·年）的标准从职工医保统筹基金结余中划转缴纳。 后：从医疗保险个人账户基金中按 50 元/（人·年）的标准进行一次性缴费
		苏州 （职工、居民）	原：个人缴费部分暂免征缴，政府按 50 元/（人·年）补助。①职工：职工基本医疗保险统筹基金结余按 70 元/（人·年）划转。②居民：城乡居民基本医疗保险统筹基金结余按 35 元/（人·年）划转。 后：①职工：职工基本医疗保险统筹基金结余按 60 元/（人·年）划转。②居民：城乡居民基本医疗保险统筹基金结余按 30 元/（人·年）划转

续表

筹资方式	标准变化	试点城市	具体变化
比例筹资	下调	上海（职工）	原：用人单位按照本单位职工医保缴费基数之和1.0%的比例；在职职工个人按其本人职工医保费基数0.1%的比例（试点阶段个人部分暂予减免）。 后：按照用人单位缴纳职工医保缴费基数0.5%的比例，从职工医保统筹基金中按季调剂资金
		承德	由参保人员（含退休人员）上年度工资总额的0.4%调至0.2%
混合筹资	上调	青岛（职工）	原：职工医保按计入个人账户0.4%的比例从统筹基金中划转护理保险基金。 后：按照基本医疗保险缴费基数总额0.3%的比例，从职工基本医疗保险统筹基金中按月划转；以在职职工基本医疗保险个人缴费基数为基数、退休人员基本医疗保险个人账户划入基数为基数，按照0.2%的比例，从应划入基本医疗保险个人账户的资金中，在计入本人基本医疗保险个人账户前按月划转；财政部门按照参保职工30元/（人·年）的标准予以补贴

注：因有试点城市对职工与居民长期护理保险筹资标准的调整方式不一，已在试点城市后注明职工，居民，职工、居民，未注明的试点城市为仅覆盖城镇职工的试点城市。

资料来源：根据各试点地区试点方案整理制表。

　　此外，荆门在规定筹资标准的同时也规定了缴费的激励机制。为鼓励早参保、连续缴费，荆门将待遇水平与缴费年限挂钩，规定缴满15年、30年、45年、60年，待遇分别提高4%、6%、8%、10%，为其他试点城市提供了政策思路。

　　在采取定额或定比筹资方式的试点城市内部，筹资标准存在较大差异。

　　目前实行定额筹资的试点城市的筹资标准范围为30~240元/（人·年），采取100元/（人·年）筹资标准的试点城市最多，城镇职工长期护理保险筹资标准高于城乡居民长期护理保险，基本医疗保险统筹基金是定额筹资的重要来源，存在没有政府财政补贴或补贴额较低问题（见图2-1）。天津与甘南藏族自治州筹资水平最高，为240元/（人·

年），青岛（居民）、长春（居民）、苏州（居民）筹资水平最低，为30元/（人·年）。定额筹资标准在城乡居民与城镇职工长期护理保险中仍存在较大差异。城乡居民长期护理保险筹资水平为 30～180 元/（人·年），平均筹资标准为 77 元/（人·年），而城镇职工长期护理保险筹资水平为 40～240 元/（人·年），平均筹资标准为 115 元/（人·年）。如上所述，尽管许多试点城市已将单位纳入筹资渠道，但实际仍由医保统筹基金划支，除石河子、成都（居民）、宁波（居民）甘南藏族自治州等少数城市，大部分定额筹资试点城市均由医保统筹基金划支，天津、北京石景山区（职工）、苏州（职工）医保统筹基金支出分别为 120 元/（人·年）、90 元/（人·年）、60 元/（人·年），可见定额筹资模式中的医保统筹基金承担着较重的缴费责任。在政府财政补贴方面，许多试点城市的政府财政补贴缺失，如齐齐哈尔、天津等。实行政府财政补贴的试点城市的补贴额也比较低，如成都（居民）政府补贴 30 元/（人·年），乌鲁木齐（居民）规定财政补贴不高于 20 元/（人·年），呼和浩特（居民）财政补贴为 10 元/（人·年）。

按比例筹资试点城市的筹资水平主要取决于缴费基数和费率。在缴费基数方面，大多数试点城市将医疗保险缴费基数作为缴费基数，少数试点城市以工资作为缴费基数，如乌鲁木齐规定职工基本医疗保险的参保人员的长护险年度筹资总额按照职工工资总额的 0.20% 进行筹资，用人单位和个人分别承担 0.10%。承德则规定长期护理保险按上年度工资总额（含退休人员工资总额）的 0.10% 进行缴纳。在费率方面，按比例筹资的试点城市费率大致在 0.20%～0.50%，且各试点城市之间的筹资费率差异不大，分布较为集中。基本医疗保险统筹基金也是按比例筹资的重要来源（见图 2-2）。在实行按比例筹资的试点城市中，长春（职工）与上海筹资费率最高，为 0.50%，重庆、承德、乌鲁木齐（职工）的筹资费率最低，为 0.20%，其余试点城市筹资费率多为 0.24%、

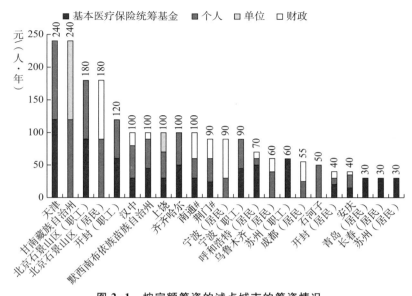

图 2-1　按定额筹资的试点城市的筹资情况

说明：①标有#的试点城市的职工与居民长期护理保险筹资标准相同。
②未标#且未注明职工/居民的试点城市的覆盖范围只包含城镇职工医保参保人员。
③上海居民长护险筹资标准规定，根据 60 周岁以上居民医保的参保人员数，并按照略低于第一类人员的人均筹资水平制定，因此在图中未显示。
资料来源：根据各试点地区试点方案整理制图。

0.25%、0.30%、0.40%，可见各试点城市之间的筹资费率较为集中，差异较小。很多按比例筹资的试点城市虽规定了单位缴费责任，诸如重庆、湘潭、晋城、昆明、乌鲁木齐、南宁等，但除南宁外，其余试点城市实际均由基本医疗保险统筹基金划转，基本医疗保险统筹基金在按比例筹资中也发挥着重要支撑作用。

采取混合筹资方式的青岛城镇职工长期护理保险规定单位与个人按比例筹资，单位缴费按照基数 0.30%的比例从职工医保基金划转，个人缴费按照 0.20%的比例，从应划入个人账户的资金中划转；财政补贴采用定额筹资，按照 30 元/（人·年）的标准予以补贴。

从试点批次来看，第一批试点城市更倾向于采取定额筹资方式，第

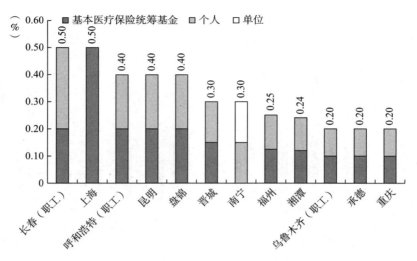

图 2-2　按比例筹资的试点城市的筹资情况

说明：因广东省广州市、四川省成都市（职工）不同年龄段人员缴费费率有所不同，故未在图中显示。

资料来源：根据各试点地区试点方案整理制图。

二批试点城市的总体筹资标准更高，但其内部筹资水平的差异较第一批试点城市更大。第一批试点城市更注重在试点过程中对筹资标准进行调整（见图 2-3）。在采取定额筹资方式的试点规模方面，上饶、齐齐哈尔、南通等首批试点城市采取定额筹资方式；天津、甘南藏族自治州、北京石景山区（职工、居民）等第二批试点城市采取定额筹资方式，数量少于第一批试点城市。在定额筹资水平方面，第一批试点城市筹资水平为 30~100 元/（人·年），平均筹资标准为 70.88 元/（人·年）；第二批试点城市筹资水平为 40~240 元/（人·年），平均筹资标准为 133 元/（人·年）。可见，第二批试点城市的总体筹资水平更高。在同一批次试点城市筹资水平的内部差异方面，第一批试点城市筹资极差为 70 元/（人·年），第二批试点城市筹资极差值为 200 元/（人·年），可见第二批试点城市筹资额分布得较分散，第一批试点城市更为集中，故第二批试点城市内部筹资水平差异更大。在筹资标准的动态调整方面，调整筹资标准的试点城市大多为第一批试点城市，在第二批试点城市中，试点期间只有北京石景山区（职工、居民）调整了筹资标准。可见，第一批试点城市更注重对筹资标准的调整。

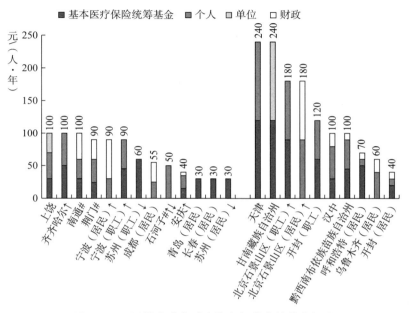

图 2-3　不同批次试点城市按定额筹资的筹资标准

说明：①标有#的试点城市的职工与居民长期护理保险筹资标准相同。

②未标#且未注明职工/居民的试点城市的覆盖范围只包含城镇职工医保参保人员。

③图中前半部分为 2016 年第一批试点城市筹资标准，后半部分为 2020 年第二批试点城市筹资标准。

④标有↑的城市为在试点过程中上调筹资标准的试点城市，标有↓的城市为在试点过程中下调筹资标准的试点城市。石河子在试点过程中，上调了居民的筹资标准，下调了职工的筹资标准。

⑤上海居民长护险筹资标准规定，根据 60 周岁以上居民医保的参保人员数，并按照略低于第一类人员的人均筹资水平制定，因此在图中未显示。

资料来源：根据各试点地区试点方案整理制图。

在按比例筹资的试点城市中，第二批试点城市更倾向于采取按比例筹资的方式，两批试点城市长期护理保险费率区间大体一致，第一批试点城市内部筹资费率差异较第二批试点城市更大。第一批试点城市更注重在试点过程中对筹资费率进行调整（见图 2-4）。在采取按比例筹资

方式的试点城市数量上，在第一批试点城市中，长春（职工）、重庆、
承德、上海 4 个城市采取按比例筹资方式；在第二批试点城市中，乌鲁
木齐（职工）、湘潭、福州、南宁、晋城等 8 个试点城市采取按比例筹
资方式，数量多于第一批试点城市。在两批试点城市的费率水平方面，
第一批试点城市费率在 0.20%～0.50%，第二批试点城市费率在 0.20%～
0.40%，可见两批试点城市费率区间相差不大。在同一批试点城市内部
的费率差异方面，第一批试点城市费率集中于 0.20%、0.50%，第二批
试点城市费率集中在 0.30%、0.40%，可见第一批试点城市内部费率差
异更大。在筹资费率的动态调整方面，上海（职工）、承德 2 个对筹资
费率进行调整的试点城市均为第一批试点城市，第二批按比例筹资的试
点城市均未对筹资费率进行调整。

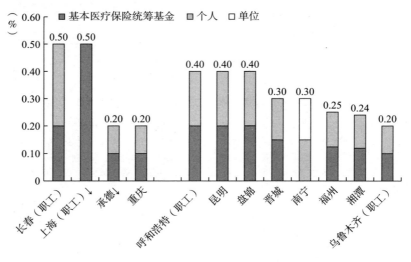

图 2-4 不同批次按比例筹资的试点城市的筹资标准

说明：①因广东省广州市、四川省成都市（职工）不同年龄段人员缴费费率
有所不同，因此未在图中显示。

②图中前半部分为 2016 年第一批试点城市筹资费率，后半部分为 2020 年第二
批试点城市筹资费率。

③带有↓的为在试点过程中下调筹资费率的试点城市。

资料来源：根据各试点地区试点方案整理制图。

从区域分布来看，在采取定额筹资方式的试点城市中，东部地区试点城市最多，西部地区试点城市最少。长护险筹资水平大体呈现由东部向西部、中部递减的特征。东部、西部试点城市内部筹资水平差异较大，中部地区试点城市间筹资水平差异较小（见图2-5）。东部地区试点城市更注重对筹资标准的调整。在采用定额筹资方式的试点数量方面，东部地区有苏州（职工、居民）、青岛（居民）、宁波（职工、居民）等城市，中部地区有长春（居民）、安庆、荆门（职工、居民）等城市，西部地区有石河子、成都（居民）、乌鲁木齐（居民）等试点城市采用此方式。东部采用定额筹资的试点规模大于中部、西部地区。在筹资水平方面，东部地区试点城市筹资水平为30~240元/（人·年），平均筹资标准为110元/（人·年）；中部地区试点城市筹资水平为30~120元/（人·年），平均筹资标准为78.89元/（人·年）；西部地区试点城市筹资标准为50~240元/（人·年），平均筹资标准为90.63元/（人·年）。整体上，东部地区试点城市筹资标准高于西部、中部地区试点城市。在筹资水平的地区内部差异方面，东部地区试点城市中的天津筹资标准最高，为240元/（人·年）；青岛（居民）与苏州（居民）筹资标准最低，为30元/（人·年）；东部地区筹资标准极差值为210元/（人·年）。中部地区试点城市中的开封（职工）筹资标准最高，为120元/（人·年）；长春（居民）最低，为30元/（人·年）；中部地区筹资标准极差值为90元/（人·年）。西部地区试点城市中的甘南藏族自治州筹资标准最高，为240元/（人·年）；石河子筹资标准则最低，为50元/（人·年）；西部地区筹资标准极差值为190元/（人·年）。如图2-5所示，东部、西部地区试点城市的长护险筹资水平差异较大，中部地区试点城市之间的筹资水平差异较小。在筹资标准的动态调整方面，大部分调整了筹资标准的试点城市均来自东部地区，中部地区（齐齐哈尔、安庆）、西部地区（石河子）仅有少数试点城市调整了长护险筹资标准。

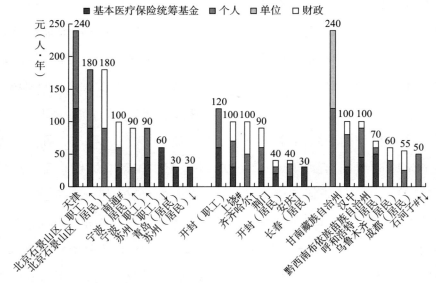

图 2-5 不同地区按定额筹资的试点城市的筹资标准

说明：①标有#的试点城市的职工与居民长期护理保险筹资标准相同。

②未标#且未注明职工/居民的试点城市的覆盖范围只包含城镇职工医保参保人员。

③图前半部分为东部地区各试点城市筹资标准，中间部分为中部地区各试点城市筹资标准，后半部分为西部地区各试点城市筹资标准。

④带有↑的城市为在试点过程中上调筹资标准的试点城市，带有↓的城市为在试点过程中下调筹资标准的试点城市。石河子在试点过程中，上调了居民的筹资标准，下调了职工的筹资标准。

⑤上海居民长护险筹资标准规定，根据60周岁以上居民医保的参保人员人数，并按照略低于第一类人员的人均筹资水平制定，在图中未显示。

资料来源：根据各试点城市试点方案整理制图。

在按比例筹资的试点城市中，西部地区试点城市数量最多，中部地区试点城市数量最少。东部、中部、西部地区试点城市的长护险费率水平相差较小，东部地区试点城市相对而言更注重对筹资费率进行调整（见图2-6）。在采取按比例筹资的试点城市规模方面，东部地区［承德、福州、盘锦、上海（职工）］、中部地区［湘潭、晋城、长春（职工）］、西部地区［重庆、乌鲁木齐（职工）、南宁、昆明、呼和浩特（职工）］分别有4个、3个、5个试点城市采取按比例方式筹集资金。

西部地区的试点城市数量大于东部、中部地区。在费率水平方面，东部、中部、西部地区费率水平大体相同，西部地区试点城市比东部、中部地区试点城市的筹资费率水平略显集中。具体言之，东部地区试点城市费率区间为 0.20%～0.50%，其中的上海费率最高，为 0.50%，承德费率最低，为 0.20%；中部地区试点城市的费率区间为 0.24%～0.50%，长春（职工）费率最高，为 0.50%，湘潭费率最低，为 0.24%；西部地区试点城市的费率区间为 0.20%～0.40%，呼和浩特（职工）与昆明费率最高，为 0.40%，乌鲁木齐（职工）与重庆费率最低，为 0.20%。在筹资费率的动态调整方面，仅东部地区的上海（职工）、承德 2 个试点城市对筹资费率进行了调整，中部、西部地区试点城市均未对筹资费率进行调整。

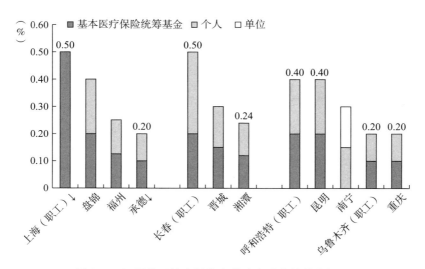

图 2-6　不同地区按比例筹资的试点城市的筹资标准

说明：①因广东省广州市、四川省成都市（职工）不同年龄段人员缴费费率有所不同，因此未在图中显示。

②图中上半部分为东部地区试点城市筹资费率，中间部分为中部地区试点城市筹资费率，下部分为西部地区试点城市筹资费率。

③带有↓的城市为在试点过程中下调筹资费率的试点城市。

资料来源：根据各试点地区试点方案整理制图。

从经济发展水平看，经济发达试点城市定额筹资型长护险的筹资标准范围与经济欠发达试点城市大体一致，经济欠发达试点城市定额筹资型长护险整体筹资水平更高，经济发达试点城市内部定额筹资型长护险筹资水平差异更大，经济发达试点城市更注重对定额筹资型筹资标准进行调整（见图 2-7）。在实行定额筹资的经济发达试点城市中，天津筹资标准最高，为 240 元/（人·年）；长春（居民）的筹资标准最低，为 30 元/（人·年），经济发达试点城市的定额筹资水平为 30~240 元/

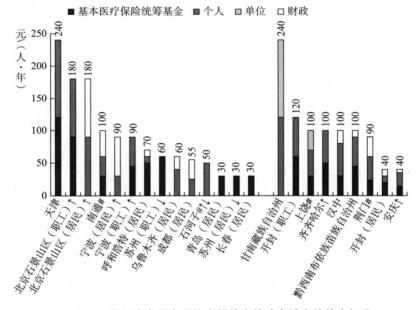

图 2-7　不同经济发展水平按定额筹资的试点城市的筹资标准

说明：①标有#的试点城市的职工与居民长期护理保险筹资标准相同。

②未标#且未注明职工/居民的试点城市的覆盖范围只包含城镇职工医保参保人员。

③图前半部分为经济发达试点城市的筹资标准，后半部分为经济欠发达试点城市的筹资标准。

④带有↑的城市为在试点过程中上调筹资标准的试点城市，带有↓的城市为在试点过程中下调筹资标准的试点城市。石河子在试点过程中，上调了居民的筹资标准，下调了职工的筹资标准。

⑤上海居民长护险筹资标准规定，根据 60 周岁以上居民医保的参保人员人数，并按照略低于第一类人员的人均筹资水平制定，因此在此图中未显示。

资料来源：根据各试点地区试点方案整理制图。

（人·年），平均筹资标准为 88.44 元／（人·年），经济发达试点城市间的筹资标准分布较分散。经济欠发达试点城市中的甘南藏族自治州的筹资标准最高为 240 元／（人·年），安庆、开封（居民）的筹资标准最低为 40 元／（人·年），经济欠发达试点城市整体的定额筹资标准区间为 40～240 元／（人·年），平均筹资标准为 101.82 元／（人·年），经济欠发达试点城市定额筹资标准分布较为集中，大多数试点城市的筹资标准为 100 元／（人·年）左右。在筹资标准的动态调整方面，大部分调整筹资标准的城市为经济发达试点城市，只有齐齐哈尔、安庆 2 个经济欠发达试点城市调整了筹资标准，可见经济发达试点城市更注重对筹资标准的动态调整。

在按比例筹资的试点城市中，经济发达试点城市和经济欠发达试点城市长期护理保险费率区间大体一致，且分布较为集中，经济发达试点城市内部费率水平更为多样（见图 2-8）。经济发达试点城市费率区间为 0.20%～0.50%，经济欠发达试点城市费率维持在 0.20%～0.40% 的区间，二者的费率区间相差不大。在同一批试点城市的内部费率差异方面，经济发达试点城市费率多集中于 0.20%、0.40%、0.50%，经济欠发达试点城市费率则集中在 0.30%，经济发达城市内部费率水平更加多样。

从人口老龄化程度来看，在按定额筹资的试点城市中，低于同期人口老龄化率的试点城市的整体筹资水平更高，高于同期人口老龄化率的试点城市的内部筹资标准差异更大，且更注重对筹资标准的动态调整，与同期人口老龄化率持平的试点城市的筹资标准更加集中（见图 2-9）。高于同期人口老龄化率的试点城市的筹资水平为 30～240 元／（人·年），其中天津筹资标准最高，为 240 元／（人·年），苏州（居民）与青岛（居民）的筹资标准最低，为 30 元／（人·年），筹资标准极差值为 210 元／（人·年），平均筹资标准为 95.31 元／（人·年）。与同期

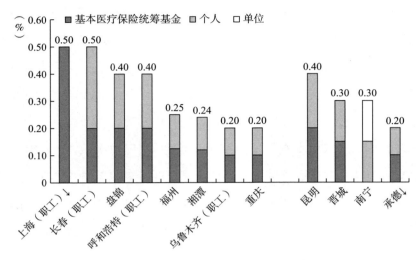

图 2-8　不同经济发展水平按比例筹资的试点城市的筹资标准

说明：①因广东省广州市、四川省成都市（职工）不同年龄段人员缴费费率有所不同，因此未在图中显示。

②图前半部分为经济发达试点城市的筹资费率，后半部分为经济欠发达城市的筹资费率。

③带有↓的城市为在试点过程中下调筹资费率的试点城市。

资料来源：根据各试点地区试点方案整理制图。

人口老龄化率持平的试点城市的筹资标准为 30~120 元/（人·年），其中开封（职工）筹资标准最高，为 120 元/（人·年），长春（居民）的筹资标准最低，为 30 元/（人·年），筹资标准极差值为 90 元/（人·年），平均筹资标准为 74.44 元/（人·年）。低于同期人口老龄化率的试点城市的筹资标准为 100~240 元/（人·年），其中甘南藏族自治州筹资标准最高，为 240 元/（人·年），黔西南布依族苗族自治州筹资标准最低，为 100 元/（人·年），筹资标准极差值为 140 元/（人·年），平均筹资标准为 170 元/（人·年）。大部分调整筹资标准的试点城市集中在高于同期人口老龄化率的城市，除安庆外的不高于同期人口老龄化率的试点城市均未调整筹资标准。

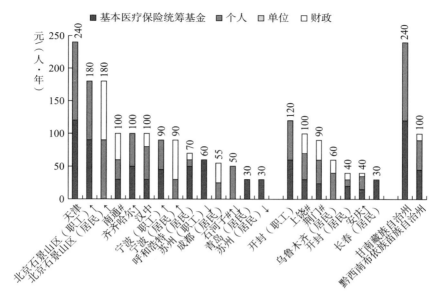

图 2-9　不同人口老龄化程度按定额筹资的试点城市的筹资标准

说明：①标有#的试点城市的职工与居民长期护理保险筹资标准相同。

②未标#且未注明职工/居民的试点城市的覆盖范围只包含城镇职工医保参保人员。

③图前半部分为高于同期人口老龄化率的试点城市的筹资标准，中间部分为与同期人口老龄化率持平的试点城市的筹资标准，后半部分为低于同期人口老龄化率的试点城市的筹资标准。

④带有↑的城市为在试点过程中上调筹资标准的试点城市，带有↓的城市为在试点过程中下调筹资标准的试点城市。石河子在试点过程中，上调了居民的筹资标准，下调了职工的筹资标准。

⑤上海居民长护险筹资标准规定，根据60周岁以上居民医保的参保人员人数，并按照略低于第一类人员的人均筹资水平制定，因此在此图中未显示。

资料来源：根据各试点地区试点方案整理制图。

在按比例筹资的试点城市中，不同人口老龄化程度试点城市的费率区间相差不大。高于同期人口老龄化率的试点城市更注重对筹资费率的调整（见图2-10）。不低于同期人口老龄化率的试点城市的费率区间为0.20%~0.50%，低于同期人口老龄化率的试点城市仅南宁采取按比例筹资，其费率为0.30%。在筹资费率的动态调整方面，高于同期人口老龄化率的试点城市仅上海（职工）、承德对筹资费率进行了相关调整，不高于同期人口老龄化率的试点城市均未对筹资费率进行调整。

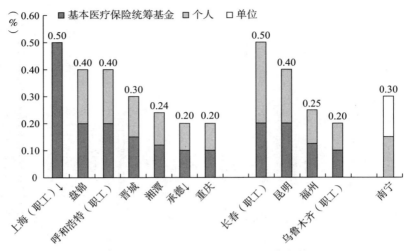

图 2-10　不同老龄化程度按比例筹资的试点城市的筹资标准

说明：①因广东省广州市、四川省成都市（职工）不同年龄段人员缴费费率有所不同，因此未在图中显示。

②图的前半部分为高于同期人口老龄化率的试点城市的筹资费率，中间部分为与同期人口老龄化率持平的试点城市的筹资费率，后半部分为低于同期人口老龄化率的试点城市的筹资费率。

③带有↓的城市为在试点过程中下调筹资费率的试点城市。

资料来源：根据各试点地区试点方案整理制图。

根据试点城市的长护险实践，目前我国试点城市长护险筹资方式总体可分为定额筹资、按比例筹资、混合筹资三类。第一批试点城市、东部地区试点城市、城乡居民长期护理保险更倾向于定额筹资方式，第二批试点城市、西部地区试点城市、城镇职工长期护理保险则更倾向于按比例筹资方式。实行定额筹资、按比例筹资的试点城市内部的筹资标准不一。经按批次、地区、经济发展水平、人口老龄化程度对试点城市进行分类比较可知，与相同分类标准下的其他类型试点城市相比，在定额筹资的试点城市中，第二批试点城市、东部地区试点城市、经济欠发达试点城市、低于同期人口老龄化率的试点城市的总体筹资标准更高；第二批试点城市、东部和西部地区试点城市、经济发达试点城市、高于同期人口老龄化率的试点城市的内部筹资水平差异更大；在按比例筹资的试点城市中，不同批次、地区、经济发展水平、老龄化程度的试点城市，长期护理保险费率水平相差较小，但因各试点城市缴费基数不同，最终的筹资水平也存在差异。

在筹资标准的动态调整方面，采取定额筹资的试点城市更倾向于上调筹资标准。第一批试点城市、东部地区试点城市、经济发达试点城市、高于同期人口老龄化率的试点城市更注重对筹资标准的动态调整。在筹资方式的调整方面，乌鲁木齐（职工）、广州、重庆3个试点城市均把筹资方式由定额筹资转变为按比例筹资，因此按比例筹资发展方向值得进一步探讨。综合言之，各试点城市的筹资标准差距较大，各地护理服务业发展水平亦参差不齐，筹资比例的确定还应根据各试点地区的实际情况进一步深化与细化（赵冠群，2021）。

小　结

自2016年首批试点城市实施长护险以来，经数年探索，我国试点城市长护险的覆盖范围与保障对象主要覆盖城镇职工医保与城乡居民医保参保人员，重度失能人员是保障主体。我国试点城市的覆盖范围与保障对象呈现一致的倾向，即第一批试点城市、东中部地区试点城市、经济发达试点城市、人口老龄化程度更高的试点城市的长护险的覆盖范围与保障对象范围更广，保障层次更加多样。试点城市依据当地实际与保障需求逐步扩大参保范围。第一批试点城市、中西部地区试点城市、经济欠发达试点城市、与同期人口老龄化率持平的试点城市更注重长护险的动态调整，扩大覆盖范围是其发展趋势；第一批试点城市、东中部试点城市、人口老龄化程度高的试点城市均很重视保障对象范围的动态调整扩大，但很多试点城市长护险的覆盖范围与参保对象范围仍然较窄，大量农村老年人、失智、中轻度失能人员的保障需求得不到有效满足，且在对参保对象的失能评估方面，各试点城市间缺乏统一的标准，不利于长护险制度公平性的实现。

在筹资渠道上，试点城市已初步形成医保划转为主、财政划拨为辅、个人和社会参与，单一渠道筹资与多渠道筹资并存的筹资机制（何世英等，2019）。与相同分类标准下的其他试点城市类型相比，第二批试点城市、西部地区试点城市、经济欠发达试点城市的筹资渠道更加多样化；第二批试点城市、西部地区试点城市更注重单位与个人的筹资责任，高于同期人口老龄化率的试点城市更注重发挥财政的作用；许多试点城市根据试点实际对筹资渠道进行动态调整。第一批试点城市、东部地区试点城市、经济发达试点城市与经济欠发达试点城市、不低于同期人口老龄化率的试点城市更倾向于在试点过程中动态调整筹资渠道，其中经济欠发达试点城市、与同期人口老龄化率持平的试点城市多为增加筹资主体数量，经济发达试点城市、高于同期人口老龄化率的试点城市多为减少筹资主体数量。尽管许多试点城市已建立多渠道的长期护理保险筹资机制，但其对基本医疗保险统筹基金的依赖程度普遍较高。我国人口老龄化的加深加重将不可避免地增加医疗保险统筹基金的赤字风险（方鹏骞，2015），过度依赖医保基金拨付不仅弱化了长期护理保险的独立性和稳定性，而且也是不可持续的。

在筹资方式与标准上，试点城市普遍采用定额筹资与按比例筹资的方式，采取混合筹资方式的试点城市最少。第一批试点城市、东部地区试点城市、城乡居民长期护理保险更倾向于采取定额筹资方式；第二批试点城市、西部地区试点城市、城镇职工长期护理保险更倾向于采取按比例筹资方式。在试点过程中对筹资方式进行调整的3个试点城市均为由按定额筹资转变为按比例筹资。由于公认测算方法的缺失以及各试点城市失能失智群体规模、人口老龄化程度、地方财政收入等实际情况的差异，试点城市筹资标准相差较大。采取定额筹资方式的试点城市中，城镇职工长期护理保险、第二批试点城市、东部地区试点城市、经济欠发达试点城市、低于同期人口老龄化率的试点城市的总体筹资标准更高；第二批试点城市、东西部地区试点城市、经济发达试点城市、高于同期人口老龄化率的试点城市的内部筹资水平差异更大；第一批试点城市、东部地区试点城市、经济发达试点城市、高于同期人口老龄化率的试点城市更注重对筹资标准的动态调整，且更倾向于上调筹资标准。按比例筹资的试点城市中，费率水平相差较小，第一批试点城市、东部地区试点城市、高于同期人口老龄化率的试点城市更注重对筹资费率的动态调整。各试点城市缴费基数不同，筹资水平也因此具有差异性。筹资水平仍存在城乡、区域不平衡，不利于全国性筹资框架的形成与公平性的实现。除此之外，政府财政补贴也存在缺位或补贴额较低等问题。

第三章
试点城市长期护理保险待遇给付

长期护理保险又被称为"第六险",待遇给付是其制度体系的关键组成部分,直接影响着参保人员待遇水平的高低。长护险待遇给付通常包括待遇给付条件和给付标准,亦即给付机制。

本章对长期护理保险首次试点的 15 个城市和扩大试点的 14 个城市的给付机制进行集中分析,梳理和比较各地长期护理保险给付机制运行的实践和经验,分析各地政策的异同,探讨不同政策所拥有的优势和面临的挑战。

第一节　给付条件

前述长护险筹资机制主要是基于保险人视角,围绕长期护理保险"谁出钱""如何出"两大核心议题展开相关讨论,而待遇给付则是基于被保险人视角,主要关涉"谁使用""如何用"两大核心议题。给付条件的内涵主要包括两部分内容:一部分是长期护理保险待遇享受条件,另一部分是失能评估标准和评估过程。如图 3-1 所示,长护险待遇享受条件主要包括当事人的失能程度、给付条件和缴费年限("谁使用"),而给付标准则是对符合认定条件的被保险人使用保险获得相应的保险保障（ "如何用"），服务方式和待遇标准是其核心。

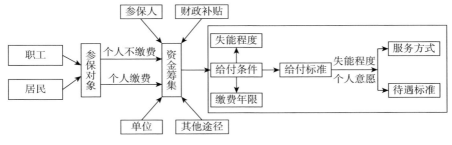

图 3-1　长期护理保险给付机制示意

一　待遇享受条件

根据国家有关开展长期护理保险的指导思想，长护险主要保障长期处于失能状态的人员，大部分试点地区将长护险待遇享受条件界定为重度失能。如前所述，也有部分试点在此基础上扩大了待遇享受条件的范围，把中度、轻度失能也纳入长护险保障范围。除此之外，待遇享受条件一般还会包括参保人员由各种原因导致的生活不能自理需达到六个月，且病情稳定之后才可申请长期护理保险待遇，以保证长期护理保险的平稳、持续运行。

例如，青岛市除了为重度失能失智人员提供基本生活照料和与基本生活相关的医疗护理，还为轻度和中度失能失智人员和高危人群提供预防和延缓失能失智的相关训练和指导。上海市把享受长护险待遇条件限定为 60 周岁及以上和经评估失能程度达到评估等级二级至六级。苏州市长期护理保险待遇申请条件限制为重度和中度失能群体（见表 3-1）。呼和浩特市规定失能评估等级结果为中度（失能三级）和重度失能参保人可享受长护险待遇。广州市将 60 周岁以上在医保定点医疗机构治疗病情稳定后，经延续护理评估确定有医疗护理需求的人员纳入长期护理保险保障范围，对没有入住护理服务机构但经设备使用评估确定为需使用设备的长期失能人员可享受医疗设备服务。长春市于 2017 年将长护险保障对象由初期的入住定点养老（医疗）照护机构的重度失能人员，扩大到入住定点养老或护理医疗照护机构的中度失能人员。上饶市从 2021 年开始将因伤残和 60 周岁以上（含 60 周岁）的中度失能人员纳入保障范围。成都市从 2022 年开始将失能等级评估结果为中度（失能三级、二级）的参保人员纳入可按规定享受长期护理保险待遇的范围。

表 3-1 29 个试点城市长护险待遇享受条件对比

待遇享受条件	第一批试点城市	第二批试点城市
失能程度条件：轻度、中度、重度失能失智	青岛	
失能程度条件：中度、重度失能失智 时间条件：失能失智六个月以上	南通	
失能程度条件：中度、重度失能	长春	
失能程度条件：中度、重度失能 时间条件：失能六个月以上	苏州、上饶、成都	呼和浩特、甘南藏族自治州
失能程度条件：重度失能 时间条件：失能六个月以上	安庆、承德、齐齐哈尔、荆门、石河子、宁波、重庆	北京石景山区、福州、南宁、黔西南布依族苗族自治州、开封、湘潭、盘锦、晋城、汉中、天津、乌鲁木齐、昆明
失能程度条件：二级至六级失能 年龄条件：60 周岁及以上	上海	
其他	广州	

资料来源：根据各试点城市长期护理保险相关指导文件整理。

此外，尚有部分城市设置了缴费年限、等待期等待遇享受的限制条件。如，石河子市规定从 2017 年开始，首次参加长期护理保险的参保人需在 2 年等待期结束后方可享受长护险待遇。2021 年，重庆市要求享受长护险的参保对象其职工医保需要累计缴费满 15 年。成都市规定连续参加长期护理保险两年，且处在基本医疗保险待遇享受期内，才可申请长期护理保险待遇。盘锦市规定 2021 年 4 月 1 日以后新参加职工基本医疗保险及长期护理保险，参保时已处于失能状态的参保人员，连续参保缴费未满 2 年者，不能享受长期护理保险待遇。开封市申请长护险失能评估需连续足额缴纳 2 年以上的职工基本医疗保险，且参加长护险并足额缴纳保费。晋城市也规定了享受长护险需满足职工基本医保缴费年限，即连续参保缴费 2 年及以上并累计缴费满 10 年，累计缴费未满 10 年的，可按标准一次性补足长护险缴费年限后享受相关待遇。昆明市规定，若在长护险制度实施前已参加昆明城镇职工基本医疗保险的，累计缴费满 15 年可享受长护险待遇；在长护险制度实施后，新参保人员需连续缴纳长护险费满 2 年及以上，且在昆明地区实际缴费满 15 年的可享受长护险待遇。

对比第一批和第二批试点城市的长护险待遇享受条件，如表 3-1 所示，可以发现，第一批试点城市的覆盖范围相对更大，在保障重度失能人员的基础上，进一步探索保障中度、轻度失能和不同等级失智人员的长期护理权益，而第二批试点城市仅有呼和浩特和甘南藏族自治州的长护险保障范围覆盖中度和重度失能人群，其余 13 个试点城市只涉及重度失能人员的长期护理保障。相比于保障对象仅限于重度失能人员，扩展保障范围能够更好地满足不同失能程度群体的照料需求。从运行成效来看，试点城市享受长护险待遇的人员规模在不断扩大，但社会对长期护理服务的庞大需求仍需进一步激发和有效满足。若能进一步扩大待遇享受条件范围或放宽待遇享受条件，则可更好地保障失能群体的基本生活权益。各试点城市可结合当地实际积极探索扩大长护险保障范围，进一步完善长期护理保险制度。

二 失能评估

被保险人能否获得以及获得何种层级的长护服务取决于当事人的身体状况，身体状况评估是长护险建设发展的重要环节，事关长护险的入口，自然引起各试点城市的高度重视。试点城市对当事人身体失能状况的认定主要包括失能评估标准、失能评估主体和评估流程。

（一）失能评估标准

试点城市长期护理保险失能评估主要有三种方式，如表 3-2 所示。第一种是借助《日常生活活动能力评定量表》进行评定。日常生活能力是指个体为维持生存和适应环境而每天开展的反复的、基本的、具有共性的活动，主要包括家庭和社区的相关活动，诸如进食、洗澡、梳洗修饰、穿衣、控制大小便、如厕、床椅转移、行走、上下楼等。日常生活活动能力可分为基本的或躯体的日常生活活动能力（Basic or Physical ADL，BADL or PADL）、工具性日常生活活动能力（Instrumental ADL，IADL）。日常生活活动能力的评定方式比较多样，PADL 评定方法包括 Barthel 指数、Katz 指数、PULSES 评定量表、修订的 Kenny 自理评定等，而 IADL 评定则包括功能活动问卷（the Functional Activities Questionary，FAQ）、快速残疾评定量表（Rapid Disability Rating Scale，RDRS）等。用《日常生活活动能力评定量表》测量基本日常生活活动能力是评估老年人失能与否及失能程度的常用方法。如首批试点城市承德、齐齐哈尔、石河子、广州，第二批试点城市南宁、黔西南布依族苗族自治州、汉中均采用此评估方法。第二种是试点城市自行开发的评估标准。第一批试点城市中的青岛、上海、成都、上饶、南通、长春，以及第二批试点城市中的北京石景山区、福州、开封、盘锦、呼和浩特、昆明，均结合各自实际自行开发使用相关评估标准。单纯地就规模数量而言，自行开发失能评估标准的试点城市占比较高。第三种是按《长期护理失能等级评估标准（试行）》进行评定。国家医保局办公室会同民政部办公厅于 2021 年 7 月发布了《长期护理失能等级评估标准（试行）》，此评估标准主要根据日常生活活动能力、认知能力、感知觉与沟通能力这三项指标对申请人进行评估，评定结果为基本正常、轻度失能、中度失能、重度失能一级、重度失能二级、重度失能三级，分别对应长期护理失能等级 0~5 级。部分试点城市开始以此为标准进行失能评估，其中包括安庆、荆门、苏州、宁波、重庆、湘潭、晋城、天津、乌鲁木齐、甘南藏族自治州等。各试点城市失能评估方式汇总如表 3-2 所示。

表 3-2　29 个试点城市失能评估标准对比

失能评估标准	第一批试点城市	第二批试点城市
《日常生活活动能力评定量表》	承德、齐齐哈尔、石河子、广州	南宁、黔西南布依族苗族自治州、汉中
自行开发的评估标准	青岛、上海、成都、上饶、南通、长春	北京石景山区、福州、开封、盘锦、呼和浩特、昆明
《长期护理失能等级评估标准（试行）》	安庆、荆门、苏州、宁波、重庆	湘潭、晋城、天津、乌鲁木齐、甘南藏族自治州

资料来源：根据各试点城市长期护理保险相关政策文件整理。

　　自行开发评定标准的试点城市的评估标准各异，本研究对各试点城市自行开发的评估标准进行了梳理汇总。如表 3-3 所示，青岛市依据日常生活活动、精神状态、感知觉与沟通、社会参与四项指标对申请人进行失能认定。上海市和开封市根据自理能力和疾病轻重两个维度进行失能等级的划分。呼和浩特市按照日常生活活动能力、精神状态、感知觉和社会参与三个指标对失能人员进行分级。昆明市依据日常生活活动能力，认知功能，视觉、沟通及精神行为异常等指标对申请人失能状况进行综合评定。长春市则通过三种指标判定是否属于重度失能：第一种是《日常生活活动能力评定量表》评分低于（含等于）40 分，第二种是根据《综合医院分级护理指导意见（试行）》确定的符合一级护理条件且生活自理能力重度依赖的人员，第三种是卡氏评分（KPS）低于（含等于）50 分的癌症晚期患者。长春市的评估方式显然可以囊括更加多样的有护理需求的人群，相比于单一标准来说，它扩大了长期护理群体的范围。另外，上饶市、成都市、北京石景山区、福州市、盘锦市等地也出台了自己的失能评估标准，按照自己的标准进行失能评估。表3-3是29个试点城市具体失能评估方式及标准。

表3-3　29个试点城市长期护理保险失能评估方式/标准一览

失能评估方式	失能评估标准	试点城市
《日常生活活动能力评定量表》	《日常生活活动能力评定量表》评分低于40分即评定为重度失能	承德市 齐齐哈尔市 石河子市 南宁市 黔西南布依族苗族自治州 汉中市
	根据《日常生活活动能力评定量表》评定失能1~3级，不同等级对应不同的服务项目	广州市
《长期护理失能等级评估标准（试行）》	根据日常生活活动能力、认知能力、感知觉与沟通能力三项指标，评定结果为基本正常、轻度失能、中度失能、重度失能Ⅰ级、重度失能Ⅱ级、重度失能Ⅲ级，分别对应长期护理失能等级0~5级	安庆市 荆门市 苏州市 宁波市 重庆市 湘潭市 晋城市 天津市 乌鲁木齐市 甘南藏族自治州
《长期护理失能等级评估标准（试行）》 《南通市简易智能精神状态检查量表》	依据《长期护理失能等级评估标准（试行）》，评定结果为中度，重度一级、二级、三级失能的，可享受长期护理保险待遇。依据《南通市简易智能精神状态检查量表》，总评分为0~9分的重度失智、10~20分的中度失智人员，可以享受长护险待遇	南通市
《青岛市失能失智人员照护需求等级评估实施办法》	根据日常生活活动、精神状态、感知觉与沟通、社会参与四项指标，最终评定为三级、四级、五级失能和重度失智的可以享受长护险待遇，评估等级为一级、二级或轻度、中度失智的可以按规定纳入延缓失能失智项目管理	青岛市

续表

失能评估方式	失能评估标准	试点城市
《上海市老年照护统一需求评估标准》（试行）	根据自理能力和疾病轻重两个维度进行失能等级划分：（1）疾病维度得分小于或等于30分的，根据自理能力维度得分的大小，从低到高划分为：正常、照护一级、照护二级、照护三级、照护四级、照护五级；（2）疾病维度得分大于30分且小于或等于70分的，根据自理能力维度得分的大小，从低到高划分为：正常、照护一级、照护二级、照护三级、照护四级、照护五级，照护六级；（3）疾病维度得分大于70分的，根据自理能力维度得分的大小，从低到高划分为：正常、照护一级、照护二级、照护三级、照护四级、照护五级，照护六级；建议至二级及以上医疗机构就诊	上海市
《开封市长期护理保险失能评估调查表》	评估等级由自理能力和疾病轻重维度得分综合决定，分值范围［0，100］，分值越高，表示自理能力越差，疾病程度越重。（1）疾病维度小于等于40分：自理能力大于65分为重度失能；自理能力大于45分且小于等于65分为中度失能；自理能力大于25分且小于等于45分为轻度失能；自理能力小于等于25分，尚未构成长期失能状态。（2）疾病维度大于40分：自理能力大于50分为重度失能；自理能力大于30分且小于等于50分为中度失能；自理能力大于15分且小于等于30分为轻度失能；自理能力小于等于15分，尚未构成长期失能状态。（3）疾病维度大于80分，建议进入医疗机构就诊	开封市
《日常生活活动能力评定量表》《综合医院分级护理指导意见（试行）》卡氏评分KPS	生活自理能力重度依赖的人员评定标准（符合下列其中一项即可）：（1）按照《日常生活活动能力评定量表》评定分数低于（含等于）40分的人员。（2）按国家《综合医院分级护理指导意见（试行）》确定的符合一级护理条件且生活自理能力重度依赖的人员。（3）体力状况评分标准（卡氏评分KPS）低于（含等于）50分的癌症晚期患者	长春市

续表

失能评估方式	失能评估标准	试点城市
《上饶市长期照护统一需求评估调查表》	根据《上饶市长期照护统一需求评估调查表》鉴定为重度和中度的人员可以享受长护险待遇	上饶市
《成都市长期照护保险成人失能综合评估规范》《成都市长期照护保险失能评估技术规范（失智）》	在国家、省医保部门未颁布失能评定标准前，按照《成都市长期照护保险成人失能综合评估规范》及《成都市长期照护保险失能评估技术规范（失智）》进行评定。重度失能 1 ~ 3 级和中度失能 2 ~ 3 级，可以享受长护险待遇	成都市
《老年人能力综合评估规范》《北京市石景山区扩大长期护理保险制度试点失能评估量表》	根据两个标准进行量化打分，总分低于 40 分（含）的评估为重度失能，41 ~ 60 分的为中度失能，61 ~ 99 分的为轻度失能，100 分的为能力完好。重度失能享受长期护理保险待遇	北京石景山区
《福州市长期护理保险失能评估标准（试行）》	国家颁布全国统一的失能评定办法后，按照国家标准调整完善。重度失能可以享受长护险待遇。根据《福州市长期护理保险失能评估标准（试行）》的 15 项指标评定为重度失能的可享受长期护理保险待遇	福州市
《盘锦市长期护理保险失能等级评估标准》	评估结果包括重度失能、中度失能、轻度失能，基本正常。重度失能可以享受长护险待遇	盘锦市
《失能综合评估技术规范》	按照日常生活活动能力、精神状态、感知觉与社会参与三个指标的分级将成人失能划分为能力完好，轻度失能，中度失能一级、二级、三级，重度失能一级、二级、三级。经评估后，能够享受待遇的等级有：中度失能三级、重度失能一级、重度失能二级、重度失能三级	呼和浩特市
《昆明市长期护理保险失能等级评定管理办法（试行）》	通过对申请人日常生活活动能力，认知功能，视觉、沟通及精神行为异常等进行综合评估，将失能划分为能力完好、轻度失能、中度失能、重度失能三级、重度失能二级、重度失能一级，共计 6 个等级，重度失能可以享受长护险待遇	昆明市

资料来源：根据各试点城市长期护理保险相关政策文件整理。

2021 年 7 月国家医保局和民政部发布了统一的失能评估标准。目前已有安庆市、荆门市、苏州市、宁波市、重庆市、湘潭市、晋城市、天津市、乌鲁木齐市和甘南藏族自治州 10 个试点城市将失能评估标准调整为国家医保局和民政部发布的《长期护理失能等级评估标准（试行）》，成都和福州两市现行失能评估标准的相关政策文件中也明确规定，在国家颁布全国统一的失能评定办法后，将按照国家标准调整完善。可以判断，试点城市的失能评估政策未来可能都会依据这一国家标准进行调整与完善。对比国家医保局和民政部下发的《长期护理失能等级评估标准（试行）》与目前大多数试点城市使用的《日常生活活动能力评定量表》（见表 3-4、表 3-5）可以看出，《长期护理失能等级评估标准（试行）》评估维度及其观测指标更为丰富立体。《日常生活活动能力评定量表》涉及日常生活和行动单一维度的评估，包括进食、洗澡、梳洗修饰、穿衣、控制大小便、如厕、床椅转移、行走、上下楼梯 10 个方面。而《长期护理失能等级评估标准（试行）》则是立体复合评估体系，除包括日常生活活动能力维度，还包括认知能力、感知觉与沟通能力两大维度，整体涵盖身体、认知、感知觉、沟通等综合维度。其中，认知能力包含时间定向、人物定向、空间定向和记忆力 4 个二级指标，感知觉和沟通能力则包含视力、听力、沟通能力 3 个二级指标。《长期护理失能等级评估标准（试行）》充分考虑到了失能的不同面向，可更加全面地评估申请人的失能状况，经评估可把社会常见的失智等群体纳入长期护理保险范围，进一步满足了社会大众的需求。伴随试点的逐步深入推进，国家医保局和民政部下发的《长期护理失能等级评估标准（试行）》将在更多的试点城市得到推广。这有利于实现长期护理保险的跨地域联网，进而为全国建立统一的长护险制度奠定基础。

表 3-4 《长期护理失能等级评估标准（试行）》评估指标

一级指标	二级指标
日常生活活动能力	进食、穿衣、面部与口腔清洁、大便控制、小便控制、用厕、平地行走、床椅转移、上下楼、洗澡
认知能力	时间定向、人物定向、空间定向、记忆力
感知觉与沟通能力	视力、听力、沟通能力

表 3-5 《日常生活活动能力评定量表》评估指标

评估指标	进食、洗澡、梳洗修饰、穿衣、控制大便、控制小便、如厕、床椅转移、行走、上下楼梯

（二）失能评估主体及评估流程

目前，长护险试点城市的失能评估方式主要有第三方机构主导、（准）官方主导两种类型。

第一，第三方机构主导评估。当地医疗保障部门（医疗保障局）委托第三方机构实施失能评估鉴定工作，这也是目前绝大多数长护险试点城市广泛采用的失能评估方式。包括综合医院、中医院、基层医疗卫生组织、康复机构在内的相关机构向长护险经办机构提出定点失能评估机构的申请，政府相关部门（通常为医疗保障局）通过公开招投标方式受理申请、审核评议、公示确定、签订协议等流程择优遴选并委托第三方机构。试点城市依据失能人群规模、评估发展实际、管理能力等因素，以行政辖区为单位设置一定数量的第三方机构。第三方机构接受政府相关部门的监督，政府对其实行协议管理和准入退出动态管理。第三方机构须符合机构性质、人员财务、场所设施、管理制度等评估相关资质要求，须具有明确失能评估工作流程、操作规范。同时，第三方机构的评估工作与其他长护险工作具有排他性，亦即第三方机构不得同时承担开展长期护理保险经办、长期护理服务等相关工作，以确保失能评估的公平公正。部分试点城市要求第三方机构的评估队伍通常由一定数量的专职、兼职的评估员、评估专家组成，二者扮演不同的评估角色。长护险试点城市失能评估常见第三方主要包括医疗卫生机构、商业保险公司、社会组织。其中，医疗卫生机构凭借自身在失能评估领域的专业优势成为长护险经办机构最为青睐的失能评估第三方，而商业保险公司则由于自身的专业业务也成为不少试点城市失能评估相关业务重要的第三方。如，齐齐哈尔市（2017 年）把长护险失能评估周边业务，诸如受理评定、费用审核、结算支付、稽核调查、信息系统建设与维护等，通过招投标委托给有资质的商业保险机构，以提高服务能力、工作效率及基金使用效益。

第二，（准）官方主导评估。与第三方主导失能评估不同，部分试点城市由医疗保障部门直接主导失能评估工作。如，安庆市（2017 年）规定市医疗保险经办机构对申请人材料进行初审，并安排不少于 2 名专业人员上门评估生活自理等级。还有少数试点城市则直接依托利用现有组织平台——劳动能力鉴定委员会承办失能评估。劳动能力鉴定委员会是县级以上人民政府设立的机构，一般由劳动保障、卫生、工会等相关部门或组织人员组成，主要负责对伤、病职工的劳动能力和伤残程度进行鉴定。齐齐哈尔、石河子、乌鲁木齐便由劳动能力鉴定委员会进行失能评估。如，齐齐哈尔组织由不少于 2 名医院专家、共保办公室工作人员、经办中心工作人员和保障局工作人员共同组成的评估工作组，上门为失能人员进行失能评估工作。个别试点城市则间接利用劳动能力鉴定中心渠道。例如，乌鲁木齐市成立长期护理保险失能评定办公室，评定办公室设在乌鲁木齐市劳动能力鉴定中心，负责具体组织实施乌鲁木齐市长护险失能评估工作。

不论何种形式的失能评估方式，试点城市均高度重视失能评估员队伍建设。试点城市由来自劳动能力鉴定中心、失能评定专家委员会、资格评定委员会负责遴选组建长护险失能等级评估工作专家库。通常要求专家具有一定年限的老年服务与管理、照护服务、康复照料、社会工作等工作经历，或具备一定技术职称的医学、护理学专业背景。从试点实践来看，失能等级评估专家多从医疗卫生、康复机构选拔。经办机构对评估专家开展专业培训，他们经考试合格、备案后方有资格参加失能评估工作。试点城市还结合长护险失能评估工作实际，把评估专家分为不同类别。

为更好地把控长期护理保险的入口，试点城市一般实行失能评估层级统筹管理体制。经办机构—委托机构两层管理是其中较为普遍采用的管理体制。试点城市一般在医疗保障局下设医疗保险经办机构，委托机构则是受政府委托的长护险失能评估具体实施方，亦即经招投标确立的第三方，经办机构对委托机构行使指导、监督、管理权力。亦有部分试点城市推行失能评估定级的经办机构—承办机构—评估机构的多层级管理，以"实施/管理办法"、"实施细则"等形式明确规定三方的职责及其角色关系。如，呼和浩特规定：经办机构处理本市行政区域内长期护理保险失能评估的日常工作，组建评估员库和评估专家库，建立上岗培训机制，对承办机构、评估机构进行业务指导、监督与管理；承办机构受理审核失能等级申请、复评与资料移交和档案管理，协助评估机构开展评估；评估机构随机抽取评估员进行评估信息采集，并安排有医学背景的工作人员对评估信息采集全过程进行记录和监督。此外，还有部分试点城市实行失能评定专家委员会/资格评定委员会—经办机构—评估服务机构多层级管理。试点城市成立失能评定专家委员会、资格评定委员会以组织领导长护险失能工作。部分试点城市（昆明）的失能评定专家委员会包括政府机关（财政、医疗保障、卫生健康、人力资源和社会保障、民政、残联等）人员和相关领域（医疗卫生、社会保障、劳动能力鉴定、康复）专家组成，也有部分试点城市的失能评估专家委员会（荆门）/资格评定委员会（成都、宁波）则完全由政府相关部门人员组成。失能评定专家委员会/资格评定委员会的主要职责是制定调适失能标准与评估流程、指导监督评估工作、管理培训评估队伍等。具体失能评估主体情况见表3-6。

各试点城市失能评估流程大体相同。以石河子市为例，首先由申请人或代理人提出失能评估申请，失能评估经办机构对申请材料进行审核，材料审核通过后还需上门对申请人开展现场评估，在申请人所在社区及其邻里等一定范围内进行走访调查，了解申请人的生活情况，在一定范围内公示评估结果，接受社会的监督，公示无异议后出具评估结论，并及时将评估结论告知申请人或者代理人，对评估结果有异议的可以申请复评。石河子市还建立了待遇期内复评机制，每五年对长护险待遇享受人员进行失能复评。值得注意的是，试点城市在失能评估流程中常常设立失能评估结果的实效认定复评环节。实效认定时长不一，短则半年、一年，如北京石景山区要求每六个月进行接续评估，荆门市规定每年进行一次失能复评；长则五年，如石河子市要求每五年复评。每两年开展复评是试点城市较为常见的周期，如南通市、宁波市、南宁市、开封市、湘潭市、盘锦市、呼和浩特市、天津市规定失能评估结果时效为两年，期满后，待遇享受对象需申请进行接续评估。此外，部分试点城市则未规定明确的实效时长，实行动态评估。如成都市、重庆市、甘南藏族自治州和黔西南布依族苗族自治州规定，在长期护理保险待遇享受期间，发现待遇享受人员失能状况发生变化会随时启动动态评估，根据动态评估结果调整待遇享受状态或方式。一般来说，评估实行现场评估与实地走访相结合；鉴定评估机构上门对申请人予以现场评估，同时对申请人所在社区及其相关邻里进行走访调查，并予以如实记录作为评估辅助佐证材料。

表 3-6 29 个试点城市失能评估主体和评估流程对比

批次	试点城市	评估主体	评估流程
第一批试点城市	青岛	第三方评估机构	申请—定点服务机构初筛—第三方评估机构评估（首次评估、后续评估、评估结果告知）—评估结果争议处理（申请复核）
	安庆	医疗保险经办机构	申请—受理审核—现场评估—复核与结论—公示与送达
	广州	第三方评估机构	评估申请—受理审核—评估实施—公示与结论—复评申请
	承德	定点失能评估机构	参保人申请—经办机构审核—现场评估—评估结论
	齐齐哈尔	劳动能力鉴定委员会	申请—保险经办机构初步审核—劳动能力鉴定委员会专家组现场评定—评定结论公示—确定评定结论—告知申请人或代理人—复查评定
	荆门	长期护理保险失能评定专家委员会	申请—专委会评定—医疗保障局审定—结果公示及送达—复评【每年复评】
	长春	长护险定点评估机构	申请—定点医疗机构初审—医疗保险经办机构现场评定—线上审定
	南通	第三方评估机构	申请—经办机构初审—经办机构现场评定（评定期间对申请人进行走访调查）—公示和结果告知【每两年复评】
	苏州	受委托商业保险机构	申请—商业保险机构审核—商业保险机构派单给评估机构现场评定—商业保险机构对初步评估结果进行复核—得出评定结论—复评（复评由司法鉴定机构负责开展）
	上饶	第三方评估机构	申请—承保商业保险公司初审—定点评估机构现场评估—评估结果确定
	上海	定点评估机构	申请—评估—确定评估等级
	成都	长期护理保险资格评定委员会	评估申请—受理审核—现场评估—结论公示异议复评—结论送达【持续评估】
	石河子	市劳动能力鉴定办公室	失能评定申请—材料审核—现场评定（评定期间需对申请人进行走访调查）—结果公示—异议复评【每五年复评】
	宁波	经办评估服务专业机构	评估申请—现场评估—结果公示—做出评估结论—异议复评【每两年复评】
	重庆	受委托的失能等级评估机构	申请—受理—现场评估（在评估期间对申请人进行走访调查）—集中评估（失能评估机构按月组织评估专家集中进行失能等级评估）—公示和结论送达—异议复评【动态评估】

续表

批次	试点城市	评估主体	评估流程
第二批试点城市	北京石景山区	第三方评估机构	申请与受理—现场评估—评估结论告知—异议复查【每六个月进行接续评估】
	福州	第三方评估机构	评估申请—受理审核—现场评估—复核与结论—公示与送达
	甘南藏族自治州	长期护理保险资格评定委员会、委托经办机构	申请—资料审核—信息采集、自动生成、评定结论—核定结论送达—异议复评【动态评估】
	南宁	受委托商业保险承办机构	申请与受理—上门评估—结论公示—结论告知—异议复核【动态评估，每两年复评】
	黔西南布依族苗族自治州	失能资格评定委员会、承办机构及第三方评估机构	申请—前置调查—现场评估—失能等级评定信息系统自动生成评估结果—公示—出具评定结论—异议复评【动态评估】
	开封	长期护理保险失能评定委员会	申请受理—前置调查—现场评估—失能评估信息系统自动生成评估结果—结果公示—结论出具与送达—异议复评【每两年复评】
	湘潭	长期护理保险失能评定委员会	评估申请—受理审核—现场评估—复核与结论—公示与送达【每两年复评】
	盘锦	长期护理保险失能评定委员会	评估申请—受理审核—现场评估—复核与结论—公示与送达【每两年复评】
	呼和浩特	失能评估机构	申请—资料审核—现场评估—长期护理保险信息管理系统生成评估结果—评估机构做出失能等级评估结论—公示—异议复评【每两年复评】
	晋城	定点评估机构及其评估员	评估申请—受理审核—现场评估—复核与结论—公示与送达
	汉中	长期护理保险失能评定委员会	提交申请—受理初审—上门评估—综合鉴定—结果公示—异议复评
	天津	第三方失能评定机构	评估申请—受理审核—现场评估—复核与结论—公示与送达【每两年复评】
	乌鲁木齐	市劳动能力鉴定中心	评定申请—初审—评估—评定—公示—结论送达—异议复评
	昆明	长期护理保险失能评定专家委员会	提交申请—材料审核—信息采集—等级评定—结果公示和结论下达

资料来源：根据各试点城市长期护理保险相关政策文件整理（时间截至2022年12月30日）。

第二节　给付标准

社会保险给付标准指的是社会保险的待遇金额及其支付方式。社会保障给付标准依照相关法律法规确定，结合参保人缴费情况、工作年限、当地工资水平等相关因素，给予参保人员相应的社会保险待遇。试点城市长护险给付标准主要包括长护险给付范围、支付比例与限额。对参保人员在定点长期护理相关机构、居家发生的符合规定的费用，可按照一定比例予以报销。各试点城市结合自身实际制定了相应的支付范围、报销比例和支付限额，以确保参保人员的基本长期护理需求得到满足。

一　给付范围

试点城市长期护理保险给付范围主要包括长护服务给付范围和基金支付范围。

（一）长护服务给付范围

2016 年，人力资源和社会保障部办公厅印发的《关于开展长期护理保险制度试点的指导意见》明确指出，重点解决重度失能人员基本生活照料和与基本生活密切相关的医疗护理等所需费用，鼓励试点地区结合基金承受能力，确定重点保障人群的具体保障内容。试点城市长期护理保险的给付内容主要涉及基本生活照料相关服务、医疗护理相关服务、失能评估鉴定费用三部分。从实践来看，如表 3-7 所示，目前 29 个试点城市长期护理保险的给付范围均已包含了基本生活照料和医疗护理服务，大部分试点城市也将失能评估的费用纳入长期护理保险基金支付范围。就具体的给付内容而言，不同试点城市所提供的服务项目略有差异。部分试点城市对此已经制定了明确的给付范围和服务项目相关政策。例如，青岛市规定了长护服务支付范围包括健康管理、慢性病维持性治疗、医疗护理、生活照料、功能维护（康复训练）、安宁疗护、临终关怀、精神慰藉等基本护理服务，广州市制定的长期护理服务范围包括 15 个大项的生活照料服务、34 个项目的医疗护理服务和 3 个项目的设备使用服务。目前还有部分城市尚未出台具体给付项目标准规定，只是提供不同的护理方式，不同护理方式则涵盖不同的服务项目，如，安庆和湘潭两个试点城市。

表 3-7　29 个试点城市长期护理保险服务给付范围比较

试点城市	给付范围		
	基本生活照料	医疗护理	失能评估鉴定
安庆、承德、齐齐哈尔、荆门、长春、上海、广州、南通、苏州、上饶、成都、石河子、宁波、开封、湘潭、汉中、天津、乌鲁木齐、昆明、重庆、福州、甘南藏族自治州、南宁、盘锦、黔西南布依族苗族自治州	√	√	√
青岛、北京石景山区、呼和浩特、晋城	√	√	×

资料来源：根据各试点城市长期护理保险相关政策文件整理。

对于失能评估鉴定费用支付项目，试点城市的给付处置不尽相同，总体可分为三种类型。（1）单独承担型：由个人或长护险基金单独承担失能评估鉴定费用。第一批试点城市中的青岛市和第二批试点城市中的北京石景山区、呼和浩特市和晋城市规定由申请者个人承担，绝大多数试点城市则由长护险基金列支该项目。（2）分担型：由个人和长护险共同分担失能评估鉴定费用。上海和天津两地的失能评估鉴定费用则是由个人和长护险共同支付，上海、天津分别规定个人承担 20%、30%。（3）条件型：有条件给付失能评估鉴定费用。与前述单独承担型、分担型的无差别直接给付不同，部分试点城市规定失能评估鉴定费用的给付有相应条件限制。齐齐哈尔市、石河子市、福州市和乌鲁木齐市相关政策规定：若失能评定结果通过了长护险待遇享受资格评估，则由长护险基金支付；若未通过评估，则由个人承担评定费用。盘锦市、福州市和湘潭市对于初评、复评或其他情况实行不同的政策：福州市和湘潭市规定，若复评结果与初评一致，则需要个人承担复评费用；盘锦市规定，复评失能等级调整、第二次及以上失能评估都需要自费。有条件的失能评估鉴定费用给付能减少部分不符合条件的失能申请，减少复评人次，从而降低个人、长护险基金的经费支出。关于失能评估鉴定具体费用，试点城市一般维持在 200～300 元/（人·次）的水平。29 个试点城市长护险失能评估鉴定费用详见表 3-8。

表 3-8　29 个试点城市长期护理保险失能评估鉴定费用

失能评估鉴定费来源	第一批试点城市失能评估鉴定费用	第二批试点城市失能评估鉴定费用
长护险基金承担	安庆：100 元/（人·次）。失能评定费参照职工工伤伤残鉴定费支出方式，从长护保险基金中列支；委托商业保险公司承办的，失能评定费由商业保险公司承担。 苏州：初次评估费用按 200 元/（人·次）的标准从长期护理保险基金中列支。 上饶：300 元/（人·次），列入长期护理保险基金支付。 成都：失能评估初审、复审费用由长期护理保险基金支付。 石河子：300 元/（人·次）。评定费由申请人预缴，评定通过的由护理保险基金列支，评定未通过的由个人承担。 宁波：在入住机构、居家开展初次评估、状态变更评估工作的，分别按 100 元/（人·次）、150 元/（人·次）标准；抽查复评、争议复评、稽核评估的，按 200 元/（人·次）标准。从长期护理保险基金按实列支。	福州：首次申请失能评估所发生的评估费用，按 200 元/（人·次），由申请人垫付。经评估后，达到长护险待遇享受资格的，评估费用由委托经办机构承担；未达到长期护理保险待遇享受资格的，评估费用由申请人承担。复核评估所发生的评估费用，按 400 元/（人·次），由复核评估申请人垫付。经评估后，复评结果与初评结果一致的，评估费用由申请人承担；复评结果与初评结果不一致的，评估费用由委托经办机构承担。 甘南藏族自治州：评估人员评估费用与专家评定费用从长期护理保险基金列支。 南宁：150 元/（人·次）。失能等级评估结论不属于重度失能的，由申请人承担；属于则由长护险承担。 黔西南布依族苗族自治州：不超过 300 元/（人·次）（副主任及以上医师

续表

失能评估 鉴定费来源	第一批试点城市 失能评估鉴定费用	第二批试点城市 失能评估鉴定费用
长护险 基金承担	重庆：300元／（人·次）。参保人员经评定达到重度失能标准的，其评定费用纳入长护保险基金支付；经评定未达到重度失能标准的，其评定费用由参保人支付。 广州：200元／（人·次）。支付比例如下：（1）失能评估为长护2～3级的由长护险基金按100%的比例支付；（2）失能评估为长护1级的由长护险基金和申请人各按50%的比例支付；（3）失能评估为其他情形的，由申请人按100%的比例支付。参保人员申请复评的，若复评结论与初评结论一致，复评费用由申请人全部承担；结论不一致的，长护险基金及申请人不予支付初评费用，按规定支付复评费用。 承德：200元／（人·次）的标准，从长护险基金列支。 齐齐哈尔：失能人员评定工作经费，参照劳动能力鉴定有关标准执行，由护理保险基金支付；评定费由申请人预缴，评定通过的由护理保险基金支付，评定未通过的，由个人承担。 荆门：200元／（人·次）。（1）初次申请评估、因第三人对公示评估结论有异议实施复评、因日常管理发现失能状态发生变化实施重新评估、因评估结论有效期届满实施重新评估等所需费用，纳入长期护理保险基金支付范围，由参保地医保（长护险）经办机构与定点评估机构按协议约定定期结算。（2）因评估对象（监护人、委托代理人）对评估结论有异议自愿申请复评、因参保人失能状态发生变化自愿申请重新评估等所需费用，由评估对象或参保人个人承担。 长春：150元／（人·次），由参保人先行预缴。如评估符合待遇享受条件，首次享受长期护理保险待遇后可向评估机构申请返还预付的评估费；如果评估不符合待遇享受条件，预缴评估费用不予退还。	150元／（人·次），主治医师、住院医师100元／（人·次））。失能评定通过的，失能评估费由长期护理保险支付；未通过的，由个人承担。 开封：200元／（人·次）。经评定，达到重度失能等级的，由长期护理保险基金承担；未达到重度失能等级的，评估费用自理。 湘潭：评估专家上门评估，150元／（人·次）；评估员上门评估，100元／（人·次）。评估专家和评估员的劳务费用由长期护理保险基金支出。 晋城：初评或复评的费用标准不高于200元／（人·次），从护理保险基金中列支。 盘锦：从长期护理保险第三方经办机构经办服务费用中列支，评估费用为200元／（人·次）。复评、重度失能等级调整、第二次及以上失能评估等所发生的评估费用，由申请人承担；如申请人经失能评估后符合长期护理保险待遇支付条件或符合新的重度失能等级标准，本次失能评估所发生的评估费用由评估机构向申请人返还，其费用从长期护理保险第三方经办机构经办服务费用中列支。 汉中：200元／（人·次）（120元上门评估、80元上会审核）。从长期护理保险基金中列支。 乌鲁木齐：300元／（人·次）。长护险参保人员失能评定（含复评）工作，评定费用由申请人预缴。初次评定通过的，由长护险基金支付，评定未通过的，由个人承担；申请复评后，失能等级发生变化的，由长护险基金支付，失能等级无变化的，由个人承担。 昆明：评定员、评定专家费用为150元／（人·次）、350元／（人·次），从长期护理保险基金列支。

续表

失能评估 鉴定费来源	第一批试点城市 失能评估鉴定费用	第二批试点城市 失能评估鉴定费用
长护险 基金承担	南通：居家照护评定费最高不超过300元／（人·次）〔副主任及以上医师不超过150元／（人·次），主治医师不超过100元／（人·次）〕；机构照护评定费为200元／（人·次）。参照工伤保险鉴定收费标准，从照护保险基金列支。 青岛：失能初审、复审均由长护基金支付	
长护基金与 个人共同承担	上海：200元／（人·次）。因申请长护险待遇发生的初次评估、期末评估和状态评估费用，由长护险基金支付80%，个人支付20%	天津：200元／（人·次）。初次评定和异议复评，由基金和参保人员分别按70%、30%比例支付；状态复评费用由长护险基金支
申请人承担		北京石景山区：上门入户失能评估60~80元／（人·次），评估机构内评估40~50元／（人·次）。 呼和浩特：申请人在机构、居家住养或康养的，上门评估费用分别不超过200元／（人·次）、230元／（人·次）。复评收费不超过350元／（人·次）。复评结果和初评结果一致的，复评费用由申请人承担，复评结果和初评结果不一致的，复评费用由评估机构承担

资料来源：根据各试点城市长期护理保险相关政策文件整理（时间截至2022年12月31日）。

（二）长护险基金支付范围

长期护理保险基金支付范围主要分为宽口径和窄口径两种（见表3-9）。宽口径的支付范围相对更为宽泛，包括长期护理相关的床位费、护理劳务费、设施使用费、护理耗材费和符合规定的药品费等。实行长期护理保险宽口径支付的试点城市有19个，包括10个第一批试点城市（安庆市、广州市、荆门市、长春市、南通市、上饶市、青岛市、成都市、上海市、齐齐哈尔市）、9个第二批试点城市（甘南藏族自治州、黔西南布依族苗族自治州、开封市、湘潭市、盘锦市、呼和浩特市、晋城市、乌鲁木齐市和昆明市）。这些试点城市均把长期护理相关的床位费、护理劳务费、设施使用费、护理耗材费、符合规定的药品费等纳入基金给付范围，部分试点城市在此基础上还进一步扩大了基金支付范围，如长春市纳入了舒缓治疗费，甘南藏族自治州和黔西南布依族苗族自治州纳入了经办系统信息系统维护费。窄口径支付范围则只包括床位费和护理服务费。窄口径的城市有 10 个，分别是承德市、苏州市、石河子市、宁波市、重庆市、北京石景山区、福州市、南宁市、汉中市、天津市。这 10 个试点城市中，除苏州和石河子的基金支付范围包含床位费以外，其他试点城市的长期护理保险基金支付范围都只包含护理服务费。不过，也有部分试点城市（比如天津）明确表示，将根据基金运行情况，逐步把辅助器具租赁费用纳入长期护理保险基金支付范围。

表 3-9　29 个试点城市长护险基金支付范围对比

支付范围	第一批试点城市	第二批试点城市
宽口径（支付范围包括床位费、护理劳务费、设施使用费、护理耗材费和符合规定的药品费）	安庆、广州、荆门、长春、南通、上饶、青岛、成都、上海、齐齐哈尔	甘南藏族自治州、黔西南布依族苗族州、开封、湘潭、盘锦、呼和浩特、晋城、乌鲁木齐、昆明
窄口径（支付范围只包括床位费和护理服务费）	承德、苏州、石河子、宁波、重庆	北京石景山区、福州、南宁、汉中、天津

资料来源：根据各试点城市长期护理保险相关政策文件整理（时间截至 2022 年 12 月 31 日）。

　　整体言之，试点城市长期护理保险主要提供日常生活护理及与之密切相关的医疗护理服务，通常并不提供疾病治疗服务。试点城市均规定了长护险与其他社会保险之间的排他性，即：长护险参保人员在医疗保险定点医疗机构享受医疗保险住院待遇期间，停止享受长护险待遇；医疗保险定点医疗机构不得将参保人员住院期间的护理费用纳入长护险基金支付；属于医疗保险、工伤保险、生育保险承担的护理、康复等费用，长护险基金不予支付。各试点城市制定了相应的长护险基本服务项目目录，对各项护理服务内容与要求、时长、频率做出相应说明，实行准入管理和动态调整。

表 3-10 是天津市对护理服务内容做出的详细的服务项目指南。如表 3-10 所示，天津长期护理保险基本服务项目包括基本生活护理、专业护理两大类，涵盖失能者日常生活及与日常生活密切相关的医疗护理需求。其中，基本生活护理具体包括清洁护理、饮食护理、穿脱衣物、环境清洁、安全防范、排泄护理、体位转换等 7 项服务，专业护理则包括非治疗性护理、风险防范、功能维护和其他服务等 4 项。

表 3-10　天津市长期护理保险基本服务项目（2021 年）

服务项目类型	基本服务项目名称
基本生活护理	清洁护理：头面部清洁和梳理、洗头、口腔清洁、手部与足部清洁、修剪指/趾甲、会阴清洁、助浴、理发 饮食护理：协助进食（水） 穿脱衣物：协助更衣 环境清洁：整理床单位 安全防范：安全防护及指导 排泄护理：协助如厕、排泄护理 体位转换：协助移动、协助翻身、叩背排痰
专业护理	非治疗性护理：生命体征及血糖监测、特殊皮肤护理、留置鼻胃管/尿管护理、鼻胃管/尿管更换、压疮护理 风险防范：压疮预防及指导 功能维护：生活自理能力训练指导、肢体功能训练指导、认知能力训练指导 其他服务：精神慰藉、安宁服务

二　支付比例与限额

2016 年《关于开展长期护理保险制度试点的指导意见》要求，各试点城市可以根据不同的护理等级和服务提供方式制定差别化的待遇支付政策，对符合规定的长期护理费用，基金支付水平即报销比例总体上控制在 70% 左右。

从各试点城市给付标准的实施情况来看（见表 3-11），各地的基金支付水平基本维持在 70% 左右。有一部分试点城市基金支付水平相对较高，如青岛、长春、上海、广州等。广州市职工的机构护理报销比例为 75%，居家护理报销比例为 90%；居民的机构护理报销比例为 70%，居家护理报销比例为 85%。上海市机构护理（含日间照料机构护理费用）报销比例为 85%，居家护理报销比例为 90%。也有部分城市长护险基金支付水平相对较低，如，乌鲁木齐、甘南藏族自治州和昆明报销比例均在 70% 及以下。石河子市机构护理中长护险基金支付每月限额 750 元，且依据不同缴费年限区分长护险支付比例，参保年限小于 5 年、5~9 年、10~14 年、15 年及以上者分别按照支付额度 50%、70%、90%、100% 支付。由此可见，基金支付水平和保障水平的高低与所在城市的经济社会发展水平密切相关。

除此之外，部分城市还根据自身长护险发展情况和社会需求，进一步扩大了长护险基金支付范围。如，安庆市自 2020 年开始实行长期护理保险短期护理服务，为短期无人照顾的重度失能人员提供临时性全托看护服务，短期护理产生的费用由长期护理保险支付 70%。上海市也将日间照料中心的护理服务纳入长期护理保险支付范围，长期护理保险基金承担 85% 的费用。上饶市和黔西南布依族苗族自治州还将居家照料所需辅具租赁费纳入长护险支付范围，上饶市机构护理中重度失能按 1200 元/（人·月）的标准支付，中度失能按 900 元/（人·月）的标准支付；黔西南布依族苗族自治州按 300 元/（人·月）标准执行。南宁和湘潭还开放了异地保障，失能人员可以在居住地接受护理服务，南宁市按照 60% 的报销水平支付相关费用。湘潭市按每人每天 20 元的标准给予补助。短期护理、日间照料、辅具租赁和异地保障等人性化服务，能够更好地为失能参保人员提供生活保障，减轻失能人员家庭的护理负担。

长期护理保险为参保人员主要提供基本生活照料和与生活相关的医疗护理服务。目前，试点城市长期护理保险主要以三种方式满足失能者的生活护理及医疗护理需求。医疗机构长期护理服务：由基层医疗卫生机构、康复护理院等相关医养护理机构为入住参保人员提供基本生活照料及医疗护理服务。养老机构长期护理服务：由养老机构为其入住参保人员提供基本生活照料及与基本生活密切相关的医疗护理服务。居家养老长期护理服务：由养老服务机构、护理站、门诊部、社区卫生服务中心等基层医疗卫生机构和护理院，以上门或社区护理等形式，为居家参保者提供基本生活照料及与基本生活密切相关的医疗护理服务。试点城市针对不同的长期护理服务方式实行不同的保险待遇给付标准，对参保人员发生的符合规定的护理费用，长护保险基金支付不设起付线。

整体言之，试点城市的机构护理给付水平普遍高于居家护理给付水平，医疗机构护理给付水平均高于养老机构护理给付水平。就长护险给付比例而言，广州、上海、宁波、北京石景山区（家政护理员服务除外）、福州、甘南藏族自治州、南宁、开封、湘潭、盘锦、天津、乌鲁木齐等试点城市居家护理服务给付比例高于机构护理。就不同长护险服务形式的内部给付比例而言，在实行医疗机构、养老机构长护服务的试点城市中，安庆、承德、齐齐哈尔、昆明的医疗机构长护险给付比例高于养老机构，长春、湘潭、晋城 3 个试点城市二者持平，而荆门的医疗机构长护险给付比例则低于养老机构。在实行居家长护服务的试点城市中，居家上门护理给付比例及金额常常高于居家自主照料护理。29 个试点城市长护险给付标准详见表 3-11。

表 3-11　29 个试点城市长护险给付标准对比

试点城市	医保类型	机构护理		居家护理
		医疗机构	养老机构	
安庆		60 元/天	50 元/天	15 元/天
广州	职工	75%		90%
	居民	70%		85%

续表

试点城市	医保类型	机构护理		居家护理
		医疗机构	养老机构	
承德		一级 70 元/天；二级 80 元/天（70%）	60 元/天	基础护理服务包 1200 元/月；补充护理服务包 300 元/月
齐齐哈尔		75%（30 元/天）	70%（25 元/天）	70%（20 元/天）
荆门		70%（重度失能 1 级 150 元/天）	75%（重度失能 1 级：3 级养老机构 100 元/天、2 级养老机构 90 元/天、1 级养老机构 80 元/天。重度失能 2 级：3 级养老机构 80 元/天、2 级养老机构 70 元/天、1 级养老机构 60 元/天。重度失能 3 级：3 级养老机构 70 元/天、2 级养老机构 60 元/天、1 级养老机构 50 元/天）	重度失能 1 级 80%（100 元/天）重度失能 2 级 60%（100 元/天）重度失能 3 级 40%（100 元/天）
长春	职工	90%	90%	80%（生活照料 40 元/时；医疗护理 50 元/时）
	居民	80%	80%	70%（生活照料 40 元/时；医疗护理 50 元/时）
南通		中度失能 40 元/天，重度失能 1 级 50 元/天，重度失能 2 级 50 元/天，重度失能 3 级 70 元/天	中度失能 30 元/天重度失能 1 级 40 元/天重度失能 2 级 40 元/天重度失能 3 级 50 元/天	中度失能 8 元/天，重度失能 1 级 11 元/天，重度失能 2 级 11 元/天，重度失能 3 级 15 元/天
苏州		中度失能 23 元/天，重度失能 30 元/天		中度失能 13 次/月、重度失能 15 次/月，每次平均 2 小时。居家普通护理 40 元/时，长护险基金支付 37.5 元；居家医疗护理 50 元/时，长护险基金支付 47.5 元
上饶		中度失能 900 元/月，重度失能 1200 元/月		中度失能：居家自主照料 300 元/月、居家上门护理 600 元/月。重度失能：居家自主照料 450 元/月、居家上门护理 900 元/月

续表

试点城市	医保类型	机构护理		居家护理
		医疗机构	养老机构	
青岛	职工	90%		
	居民	一档缴费居民 80%、二档缴费居民 70%		
上海		85%（含日间照料机构护理费用）		90%
成都	职工	中度失能 2 级 660 元/月，中度失能 3 级 1118 元/月，重度失能 1 级 1577 元/月，重度失能 2 级 2237 元/月，重度失能 3 级 2796 元/月（成都市城乡长护险参保人员缴费年限累计达到 15 年以后，累计缴费时间每增加 2 年，支付标准提高 1%。长期照护保险基金支付比例累计不超过 100%）		基础护理：中度失能 2 级 288 元/月，中度失能 3 级 574 元/月，重度失能 1 级 862 元/月，重度失能 2 级 1150 元/月，重度失能 3 级 1437 元/月。专业护理：中度失能 2 级不超过 3 次/月，中度失能 3 级不超过 4 次/月，重度失能 1 级不超过 5 次/月，重度失能 2 级不超过 8 次/月，重度失能 3 级不超过 10 次/月。计费标准为 100 元/次
	居民	中度失能 2 级 281 元/月，中度失能 3 级 461 元/月，重度失能 1 级 742 元/月，重度失能 2 级 922 元/月，重度失能 3 级 1103 元/月		基础护理：中度失能 2 级 145 元/月，中度失能 3 级 289 元/月，重度失能 1 级 434 元/月，重度失能 2 级 578 元/月，重度失能 3 级 722 元/月。专业护理：中度失能不超过 1 次/月，重度失能不超过 2 次/月。计费标准：中心城区 100 元/次，近郊区（市）县 120 元/次
石河子		协议服务机构 70%（限额 750 元/月）非协议服务机构 25 元/天		居家护理 25 元/天
宁波		70%（重度失能 1 级 40 元/日，重度失能 2 级 50 元/日，重度失能 3 级 60 元/日）		80%（重度失能 1 级 20 时/月、重度失能 2 级 25 时/月、重度失能 3 级 30 时/月，服务价格每时 65 元）
重庆		机构集中护理 50 元/日		居家个人护理 40 元/日居家上门护理 50 元/日

续表

试点城市	医保类型	机构护理		居家护理
		医疗机构	养老机构	
北京 石景山区		70%（90元/日）		机构上门护理80%（90元/时），服务时间上限30时；家政护理员服务70%（60元/时），服务时间上限30时；护理服务机构护理人员服务80%（90元/时），服务时间上限30时
福州		1350元/月（75%）		1530元/月（85%）
甘南藏族自治州		50%（按全省城镇单位就业人员平均工资的50%为月定额标准基数，参加长期护理保险累计缴费每满5年，待遇乌鲁木齐水平提高2%；依此类推，最高不得超过70%）		55%
南宁		70%（按年度全区城镇非私营单位和城镇私营单位加权计算的全口径人员每月平均工资的50%确定月定额标准）		机构上门护理75%
黔西南布依族苗族自治州		1000元/月		居家上门护理900元/月，居家自主照料护理200元/月（两项可叠加享受）
开封	职工	65%（1900元/月）		居家上门护理75%（1500元/月），居家自主护理900元/月
	居民	1300元/人		居家上门护理1300元/月居家自主护理540元/月
湘潭		70% （二级及以上医疗机构100元/天、一级及以下医疗机构80元/天）	70%（50元/日）	80%（40元/日）
盘锦		70% （重度失能1级2150元/月、重度失能2级1840元/月、重度失能3级1540元/月）		居家上门护理80%（重度失能1级2150元/月，重度失能2级1840元/月，重度失能3级1540元/月）
呼和浩特	职工	中度失能3级900元/月、重度失能1级1200元/月、重度失能2级1500元/月、重度失能3级1800元/月		中度失能3级750元/月，重度失能1级1050元/月，重度失能2级1350元/月，重度失能3级1650元/月

续表

试点城市	医保类型	机构护理		居家护理
		医疗机构	养老机构	
呼和浩特	居民	中度失能 3 级 900 元/月、重度失能 1 级 1200 元/月、重度失能 2 级 1500 元/月、重度失能 3 级 1800 元/月		
晋城	70%	70%（100 元/日）		居家自主护理全额支付，30 元/日， 居家上门护理 70%（50 元/日）
汉中		协议医疗机构 40 元/日，每月限额 1200 元； 协议护理服务机构 36 元/日，每月限额 1100 元		上门护理服务每月限额 800 元， 自主护理服务每月限额 450 元
天津		70%（70 元/日）		75%（2100 元/月）
乌鲁木齐	职工	重度一级 60%、重度二级 65%、重度三级 70%（以自治区全口径城镇单位就业人员平均工资的 50% 作为待遇支付基础）		重度一级 65%、重度二级 70%、重度三级 75%
	居民	重度一级 45%、重度二级 50%、重度三级 55%		重度一级 50%、重度二级 55%、重度三级 60%
昆明		70%（以上一年度云南省全口径月社会平均工资的 70% 作为待遇计发基数）	65%	机构上门护理 60%，自主护理服务 45%

资料来源：根据各试点城市长期护理保险相关政策文件整理（时间截至 2022 年 12 月 31 日）。

　　绝大多数试点城市依据身体失能评估标准，对长护险参保人员予以细分等级，实行有差异的长护险待遇及报销。如苏州、上饶两地长护险给付待遇标准区分了中度与重度失能差异，荆门、南通、成都、宁波、盘锦、呼和浩特、乌鲁木齐等 7 个试点城市还对中度、重度失能进一步细分了不同等级。在中度失能等级细分方面，成都把中度失能参保人员细分为二级、三级两个等级，分别规定城镇职工、城乡居民基本医疗保险参保者每月 660 元和 281 元、1118 元和 461 元的长护险给付标准。在重度失能等级细分方面，包括荆门在内的上述 7 个试点城市均把重度失能参保人员细分为一级、二级、三级三个照护等级，对不同重度失能等级实行不同的长护险待遇给付标准。也有部分试点城市未对医疗机构、养老机构长期护理服务做细分。

小　结

《关于开展长期护理保险制度试点的指导意见》指出，长期护理保险制度以长期处于失能状态的参保人员为保障对象，重点解决重度失能人员基本生活照料和与基本生活密切相关的医疗护理等所需费用。多数试点城市试点起步基本以此为指导原则，把长护险待遇享受条件界定为由各种原因导致的生活不能自理达到六个月的重度失能参保人员。也有部分试点城市扩大了待遇享受条件的范围，把中度甚至轻度失能参保人员也纳入长护险保障范围，还有部分试点城市设置了缴费年限、等待期等其他限制条件。试点城市享受长护险待遇的人员规模在不断扩大，但社会对长期护理服务的庞大需求仍需进一步激发和得到有效满足。

身体功能的缺损程度是决定参保人员长护险给付待遇的"金标准"，身体功能的评定因之成为长护险制度建设的重要环节。被保险人能否获得以及获得何种层级的长护服务取决于当事人身体状况。身体状况评估是长护险建设发展的重要环节，是长护险的第一道关卡。试点城市长护险失能认定主要有《日常生活活动能力评定量表》、试点城市自行开发的评定标准和《长期护理失能等级评估标准（试行）》三种方式。根据国家医保局和民政部发布的统一的失能评估标准的要求，试点城市均将失能评估标准调整为《长期护理失能等级评估标准（试行）》国家标准，这将有利于实现长护险的跨地域联网，为全国建立统一的长护险制度奠定基础。

目前，长护险试点城市主要实行第三方机构主导、（准）官方主导两种失能评估方式。前者是医疗保障部门（医疗保障局）委托第三方机构实施失能评估鉴定。第三方通常有着人员财务、场所设施、管理制度等相关资质条件和评估工作流程、操作规范要求，而且，第三方评估机构与其他长护险工作具有排他性，医疗卫生机构、商业保险公司、社会组织是失能评估常见的第三方主体。后者则是由医疗保障部门直接主导失能评定工作，劳动能力鉴定委员会、劳动能力鉴定中心是其实施开展评估的主要依托组织平台及渠道。试点城市普遍重视失能评估员队伍建设，并实行失能评定层级统筹管理体制。经办机构—委托机构两层管理是普遍采用的管理体制，亦有部分试点实行经办机构—承办机构—评估机构或失能评定专家委员会/资格评定委员会—经办机构—评估服务机构的多层级管理。各试点城市失能评估流程大体相同，多为申请—审核—现场评估—走访调查—社会公示—认定，实效认定时长不一。

试点城市长护险给付内容主要涉及医疗护理与生活照料服务、失能评估鉴定费用等方面。试点城市基本将医疗护理和生活照料费用纳入长护险给付范围。失能评估鉴定费用一般为 200～300 元/（人·次），部分试点城市也把失能评估的费用纳入支付范围。长护险基金支付范围主要分为宽口径、窄口径两种类型。窄口径支付范围只包括床位费和护理服务费，而宽口径的支付范围常包括床位费、护理劳务费、设施使用费、护理耗材费和符合规定的药品费等。试点城市依据自身经济社会、人口老龄化条件，面向不同护理等级和服务提供方式实行差异化的待遇支付，对符合规定的长期护理费用，基金支付水平基本维持在 70% 左右。其中，试点城市的机构护理给付水平普遍高于居家护理给付水平，医疗机构护理给付水平均高于养老机构护理给付水平。绝大多数试点还细分长护险参保人员失能等级，实行有差异的长护险待遇及报销比例。

第四章

试点城市长期护理保险服务体系与经办监管

服务供给输送是长期护理保险的核心，是参保人员最为关切的部分，直接影响到长期护理服务的质量及参保人的身心福祉。长期护理服务是服务人员在特定服务场域中输出的服务活动，服务体系已成为当前长护险制度建设的重点和难点。在现代服务型政府框架中，政府与市场、社会等多元主体分工合作，发挥各自优势共同提供长护服务。长护险的社会保险属性要求政府积极引导和规范市场、社会的行为，履行对其他主体的监督管理职责。

本章主要探讨现阶段 29 个试点城市长期护理保险制度实践中的服务体系与经办监管。在服务体系方面，分析总结各试点城市长期护理保险的主要服务方式、服务项目以及服务队伍建设；在经办监管方面，研究讨论试点城市的长护险经办模式及监督管理体系。

第一节 服务体系

长护险主要针对的是失能人群，而失能人员中绝大多数为老年人，长期护理保险服务体系因此成为我国养老服务体系的重要组成部分。长护险服务体系是指为失能老年参保人员，提供医疗护理、基本生活照料、护理康复、精神关爱、预防性护理、临终关怀的人员、组织、设施及技术要素有机关联的网络。从构成要素的角度而言，我国长护险服务体系主要由服务方式、服务项目和服务队伍三部分构成。

一 服务方式

依据参保人员不同的护理场域，长护险的基本服务形式可分为机构护理和居家护理。机构护理指的是由专门机构对入住其中的失能老年人提供长护服务。依据机构的性质及其主要业务，机构护理又可细分为医疗机构护理、养老机构护理和护理机构护理三种形式。其中，医疗机构护理是指取得卫生健康部门行政许可的医疗机构，为入住参保人员提供长期 24 小时连续护理服务；养老机构护理是指依法登记并取得设立许可或备案的养老机构，为入住参保人员提供长期 24 小时连续护理服务；护理机构护理是指取得合法资质的护理服务机构，为入住参保人员提供长期 24 小时连续护理服务。居家护理则是指失能参保人员在家接受相关人员提供的长护服务。按照服务人员的身份，居家护理可细分为居家机构护理和居家自主护理两种形式。居家机构护理是指定点长护服务机构派出符合资质的服务人员，上门为失能参保人员提供固定时长的长护服务。居家自主护理指的是失能参保人自主选择经过培训且合格的配偶、子女、亲属、邻居等非正式网络成员开展的护理服务。部分试点城市还对居家机构上门护理进行了细化。乌鲁木齐、荆门把居家机构护理分为全日制与非全日制。全日制居家机构护理是由具备资质的护理人员上门为参保人员提供 24 小时连续护理服务，非全日制居家机构护理则指的是护理人员上门开展有时间限制的居家护理服务，亦即一般意义上的居家机构护理。因此，长护险服务方式又演变为医疗机构护理、养老机构护理、护理机构护理，以及居家机构护理与居家自主护理五种基本类型。

　　居家护理与机构护理两类护理服务方式各具优势。与机构护理方式相比，居家护理方式符合老年人不愿离家的心理需求，可保证老年人在熟悉的环境中得到定点服务机构开展的上门专业护理服务，而由经过护理技能培训的家人、亲戚等提供的居家照护服务则能确保参保人得到非机构化的生活照护与精神关怀。因此，在舒适度、生活习惯保持及隐私保护等方面，居家护理方式展现出一定的比较优势。与居家护理方式相比，机构护理也具有其优势。首先，机构拥有稳定的专业护理人员。由受过专业技能培训的护理人员提供全天候不间断的照护支持，更好地满足重度失能老年人 24 小时的长期护理需求。其次，机构具有完善的专业照护设施。医疗机构、养老机构、护理机构各自拥有较为系统的医疗、生活照护、康复设备设施，能为失能老年人提供精细和专业的护理服务，有利于失能老人身体机能的调节与修复。可见，居家护理与机构护理服务方式各有利弊，可根据服务对象个体的身体状况及其实际需求予以权衡。

　　身体功能严重缺损的老年参保人群迫切需要的是长期护理，这一需求主要通过集中护理和家庭护理两种方式予以满足。从实践来看，所有的试点城市都同时采用了机构护理和居家护理这两种基础长护服务形式。

　　在长护机构护理中，医疗机构、养老机构、护理机构优势分别偏重医疗、生活照顾、护理。如表 4-1 所示，9 个第一批长护险试点城市在其长护险制度政策文件中细分了机构护理形式，在第一批试点城市中占比达 60%。伴随着被照顾者整合服务的发展，在国家医养结合政策的引导下，医疗机构、养老机构、护理机构都越来越朝医养结合方向发展，三者的边界日益模糊。第二批试点城市中仅有 3 个城市（开封、湘潭、昆明）在其政策文件中细分了机构护理形式，在第二批试点城市中的占比为 21%，而近八成的第二批试点城市在政策文件中没有再标明医疗、养老、护理等机构形式，统一冠之以机构护理。

表 4-1　试点城市长护服务方式一览

服务方式	第一批试点城市	第二批试点城市
不分机构护理形式	广州、承德、上饶、成都、石河子、重庆	南宁、北京石景山区、福州、甘南藏族自治州、黔西南布依族苗族自治州、盘锦、呼和浩特、晋城、汉中、天津、乌鲁木齐
细分机构护理形式	安庆、齐齐哈尔、荆门、长春、南通、苏州、上海、青岛、宁波	开封、湘潭、昆明
居家机构护理	15 个试点城市	14 个试点城市
居家自主护理	安庆、承德、上饶、成都、石河子、重庆	北京石景山区、甘南藏族自治州、黔西南布依族苗族自治州、开封、呼和浩特、晋城、汉中、昆明

资料来源：依据试点城市长护险实施意见、办法或实施细则制表（截至 2022 年 12 月）。

我国自 2016 年开始实施推广医疗技术检查、疾病治疗与康复训练、生活照顾、心理慰藉相互融合的医养结合新模式。医养结合事业发展迅速，涉老服务机构的医养结合服务发展日趋完善，有效满足了广大老年人尤其是失能老年群体的医养护理需求。如图 4-1 所示，我国两证齐全的医养结合机构从 2020 年的 5857 家增加到 2023 年的 7881 家，增加了 2024 家，增长率为 34.56%；床位数相应由 158.5 万张床位达 200.0 万张，增加了 41.5 万张，增长率为 26.18%；医疗卫生机构与养老服务机构建立签约合作关系的数量也相应从 7.20 万对增加到 8.70 万对，增加了 1.50 万对，增长率为 20.83%。

在居家长护服务中，第一批、第二批长护险试点城市全部采用了居家机构护理服务形式，即定点长护服务机构派遣有资质的护理人员到失能参保人家中开展专业护理服务。使用居家自主护理的试点城市分布则不一（见表 4-2）。就总体而言，在长护险第一批试点城市中，有 6 个

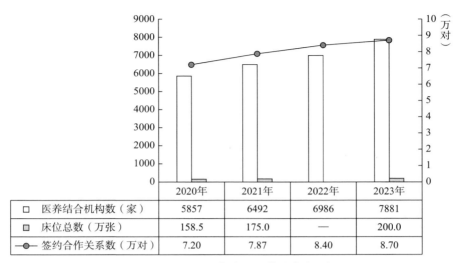

图 4-1　2020~2023 年我国医养结合发展概况

说明：2022 年医养结合床位总数未公布。
资料来源：2020~2023 年《国家老龄事业发展公报》。

城市实行了居家自主护理服务形式，占比为 40%。随着试点范围的逐步扩大及长护险经验的积累，越来越多的第二批试点城市选用了居家自主护理服务形式。8 个第二批试点城市实施了居家自主护理，占比为57.1%，其规模及比例均高于第一批试点城市。就具体分布而言，实行居家自主护理服务的试点城市主要分布在西部地区、低于同期人均 GDP 的欠发达城市、高于同期人口老龄化率的城市（见表 4-2）。

表 4-2　试点城市居家自主护理服务分布状况

分类属性	分类类型	第一批试点	第二批试点
地区分布	东部地区	承德	北京石景山区
	中部地区	安庆、上饶	开封、晋城
	西部地区	成都、石河子、重庆	甘南藏族自治州、黔西南布依族苗族自治州、呼和浩特、汉中、昆明
经济发展水平	超过同期人均GDP 的发达城市	成都、石河子、重庆	北京石景山区、呼和浩特
	低于同期人均GDP 的欠发达城市	安庆、承德、上饶	甘南藏族自治州、黔西南布依族苗族自治州、开封、晋城、汉中、昆明

分类属性	分类类型	第一批试点	第二批试点
人口老龄化程度	低于同期人口老龄化率		甘南藏族自治州、黔西南布依族苗族自治州
	与同期人口老龄化率持平	安庆、上饶	开封、昆明
	高于同期人口老龄化率	承德、成都、石河子、重庆	北京石景山区、呼和浩特、晋城、汉中

资料来源：结合试点城市长护险政策文件自行绘制。

居家自主护理与居家机构护理形式相比，存在难监管以及骗保等保险欺诈可能性，多数试点城市对此持谨慎态度，因此试点城市尤其是第一批试点城市的居家自主护理服务的整体开展率不高。为了预防保险欺诈风险，试点城市对居家自主护理设置了较严格的程序：居家自主护理申请者需当事人/委托人提出书面申请，作为照顾者的家人、亲戚、邻居须经过相关机构的培训并通过考核，再与委托经办机构签订护理服务协议，护理服务机构建立失能参保者的健康和服务档案，并向医保经办机构报备，委托经办机构予以监督管理。

值得注意的是，随着长护险制度的深入推进，试点城市努力扩展长护险服务形式。部分试点城市针对失能失智人员提供日间护理。例如，青岛开展了由开设失智专区的护理服务机构提供日间托管照护服务；上海实行由养老服务机构为社区日间照护场所内的参保人员，在规定时间段提供基本生活照料和与基本生活密切相关的照护服务。有些试点城市则把对失能参保人员的长期护理延展到短期护理。例如，安庆规定由家庭成员工作、生活等原因导致重度失能人员短期生活无人照顾，可由护理服务机构提供临时性全托看护服务，短期照护包括上门入户服务和机构托管服务。青岛推行由开设失智专区的护理服务机构提供一个自然年度内累计不超过 60 天的短期托管照护服务。福州市允许参保人员随自身病情和失能程度的变化，在机构护理、居家护理间相互转换护理方式。还有个别试点城市把长护服务形式与贫困治理工作结合起来，以长护服务助推贫困治理。例如，上饶市实行相对贫困人口亲情护理。当地规定，城镇失能贫困人员，可由其经过培训的亲属为其提供护理，护理服务机构按不低于每人每月 800 元的标准向其亲属发放护理服务费（工资）。这一支付额度超过当地居家自主照料每人每月 450 元的标准，接近当地的居家机构上门护理每人每月 900 元的标准。为更好地满足失能参保人员多元化护理需求，部分试点城市打破长护服务形式之间的壁垒，允许不同护理形式的混合。目前这种混合主要是针对居家护理。黔西南布依族苗族自治州、晋城、石河子等试点城市规定，使用个体服务人员提供的居家自主护理，可同时叠加护理服务机构提供的居家上门护理。

伴随人口流动性的增强，失能参保人群的异地长期护理保障问题日益凸显。部分试点城市对此展开异地长护险护理制度改革。湘潭允许在异地长期居住的失能保障对象本人或监护人提出书面申请，经向承办机构备案并签署相关协议后，可享受长期护理服务。荆门、昆明等城市的异地长护险只适用于居家护理服务，暂时不适用于异地机构护理。南宁市规定可选择在异地接受机构上门护理或入住机构护理。上海则规定部分定点长护养老机构在长三角的连锁门店也可享受长护服务相应补贴。随着长护险制度的全面发展，长护险服务将大概率打破地域屏障，实现失能参保人群的异地护理保障，从而为当事人及其家庭提供便捷优质长护服务。

试点城市通常对不同护理服务形式实行统一的身体失能要求标准，但随着长护险制度的发展，越来越多的城市尝试对不同长护服务形式实行差异化的身体失能条件。例如，2018 年济南对医疗专护、机构医疗护理（简称"院护"）与居家医疗护理（简称"家护"）的申请标准进行了调整，由之前的三种护理服务形式统一的《日常生活活动能力评定量表》评定分数≤50分标准，修改为专护服务《日常生活活动能力评定量表》评定分数≤50分、院护及家护服务《日常生活活动能力评定量表》评定分数≤55分。院护、家护服务的身体失能程度要求可稍低于专护服务，适当放宽了对院护、家护的身体缺损程度要求，把更多的参保人员纳入长护险保障范围，并针对不同长期护理形式实行差异化报销制度。部分试点城市还对同一长护服务形式实行不同的差异化服务。例如，广州市将居家机构护理划分为A、B、C三类：A类护理针对达到长护三级标准的失能老年人，由护理机构派遣专业人员每日上门提供生活护理服务；B类护理面向达到长护二级标准的失能老年人，同样由专业人员上门服务，城镇职工与城乡居民参保人员每月分别享受不低于12次、6次的上门生活护理服务以及每月28小时、14小时的服务时间；C类护理则是面向达到长护一级标准的失能老年人，城镇职工、城乡居民参保人员每月分别享受不低于4次、2次的上门护理服务，每月服务时间为8小时、5小时。

政府行政部门为长护服务机构制定相应的准入门槛，通常包括以下条件。（1）资质。在医疗卫生、民政等部门取得相应资质。（2）遵纪守法。依法注册登记、在某段时间范围内未受到行政管理部门处理或行政处罚、与长期护理保险服务人员签订劳动合同。（3）运营管理。运营规范、相关制度健全完善。（4）软硬件设施。有业务用房，内设医疗机构或与医疗机构签署合作协议，有护理记录文档保存条件、信息管理系统、护理基础设备与服务能力。（5）风险防控。购买第三方责任保险。除此之外，试点城市一般还会对不同类型的长护服务形式设置进一步的门槛条件。例如，福州市要求护理机构具备以下条件：（1）设立长期护理专区，具备护理基础硬件设备和服务能力，床位数应符合卫健或民政部门要求；（2）医疗机构需具有获得执业资质的医生、护士，养老机构需具有经规范化护理培训的护理员，人员床位比不低于1∶4。

福州市要求居家护理机构具备以下条件：（1）有获得执业资质的护士和规范化护理培训的护理员，服务人员数量与实时签约达到重度失能标准的参保人员的比不低于 1∶3；（2）开展医疗护理项目者还应由具备巡诊、家庭医生资质的医疗机构提供或与具备相应资质的医疗机构开展合作。各地对长护服务形式的准入门槛条件的设置，规范了长护服务的开展、运营和发展，切实有效地保证和提高了长护服务质量，促进了长护服务体系及其市场的持续稳定和健康发展。

长护服务机构需要履行相应遴选程序，遴选实行属地原则。符合要求的服务机构在规定时间内向所在地指定机构提交所要求的合格材料，一般包括申请表、营业执照或备案证明或设立许可证、法人证明、服务人员花名册及其相关执业资格证书、社保缴纳证明、内部管理制度、服务收费备案清单、业务用房相关证明、医疗机构批复文件或与医疗机构签订的合作协议等。医保部门相关机构或委托经办机构在规定时间内受理机构申请，在规定期限内进行初审与现场核查，出具审核意见，拟确定的定点护理服务机构，向医保部门或经办机构备案，并在政府相关门户网站等媒体平台予以公示，公示期结束即确定为长护险定点护理机构，在规定时间内签订正式服务协议。

二　服务项目

服务项目是长护险制度最重要的产出，直接关系到失能参保人员的切身福祉。试点城市实施开展的长护服务总体包括基本生活护理、医疗护理、康复护理、心理精神护理、预防性护理以及临终关怀等六大类项目。每类服务项目各有其服务功能及其特点。

首先，基本生活护理与医疗护理是失能参保人员及其家庭最迫切的诉求，也是长护险最基础最重要的服务项目。其中，基本生活护理服务主要提供常规性的日常生活照料，确保参保对象能够维持基本的日常生活，主要包括饮食照料、清洁照料、排泄照料、失禁护理、吞咽护理、睡眠照料、移动照料、认知障碍（失智症）护理等。医疗护理服务则聚焦于服务对象的健康状况，提供专业的医疗服务，如治疗、用药指导等，以有效缓解病痛、提升失能人员的健康水平，主要包括口腔护理、吸痰护理、糖尿病足护理、压疮护理、膀胱冲洗、会阴冲洗、导尿、换药等。

其次，康复护理、心理精神护理、预防性护理以及临终关怀也是保障失能参保人员生活质量的重要服务项目。康复护理通过个性化的康复计划，最大限度地减轻功能障碍，帮助由病、伤、残等原因导致的功能障碍的失能老年人恢复身体功能，提高其生活质量。心理精神护理服务则是针对长期卧床的失能老年人的精神状况及心理情绪，结合病情及精神疾病需求，给予相应的健康指导，帮助服务对象缓解压力、疏导心理和予以精神慰藉。预防性护理服务强调积极采取科学预防措施，预防可能发生的失能失智等疾病和伤害，如压疮、跌倒和烫伤等，降低潜在风险，保障服务对象的健康与安全。临终关怀项目旨在帮助临终老年人消除疼痛，缓解焦虑、恐惧等情绪，完成未竟心愿，达成自我接纳，同时引导家属克服负面情绪，正视生老病死，珍惜生命。

长护险服务项目历经多年的试点实践，不断发展完善，业已形成从生活到精神心理、从医养照护到康复训练、从风险预防到临终关怀的整合式、连续性的服务项目体系，不同的专业性、多元性与全面性服务项目相互衔接配合，为失能失智老年人生活保障构建了立体的服务安全网，很好地满足了失能参保人员及其家庭的基本需求。

不同试点城市结合自身实际和长护险制度水平为失能参保人群提供了不同的长护服务。各试点城市开展的长期护理服务项目及其具体项目数量的不完全统计详见表4-3。

表 4-3　试点城市长护险服务项目类别及数量情况一览

单位：项

试点城市		服务项目					
		项目总数	基本生活护理	医疗护理	康复护理	心理精神护理	预防性护理	临终关怀
第一批试点城市	安庆市	30	19	6	3	0	2	0
	广州市	72	23	21	21	1	6	0
	承德市	17	9	4	1	0	3	0
	齐齐哈尔市	27	18	9	0	0	0	0
	荆门市	20	14	3	1	1	0	1
	长春市	35	15	18	1	0	1	0
	南通市	23	13	4	4	1	1	0
	上饶市	19	12	5	1	0	1	0
	宁波市	42	27	8	6	0	1	0
	苏州市	37	16	16	3	0	2	0
	青岛市	74	26	32	11	1	3	1
	上海市	42	23	16	1	2	0	0
	成都市	27	11	6	4	2	4	0
	石河子市	20	6	13	0	1	0	0
	重庆市	24	17	4	0	1	2	0
第二批试点城市	福州市	27	15	5	3	1	2	1
	晋城市	34	15	14	1	2	1	1
	盘锦市	36	23	13	0	0	0	0
	北京石景山区	37	14	12	4	1	5	1
	甘南藏族自治州	42	26	15	0	1	0	0
	南宁市	38	16	15	3	0	4	0
	黔西南布依族苗族自治州	32	17	11	1	1	2	0
	开封市	42	16	18	5	1	2	0
	湘潭市	48	20	18	8	0	2	0
	呼和浩特市	39	19	13	2	1	3	1
	汉中市	27	21	4	0	0	2	0
	天津市	27	15	5	3	1	2	0

续表

试点城市	服务项目						
	项目总数	基本生活护理	医疗护理	康复护理	心理精神护理	预防性护理	临终关怀
乌鲁木齐市	36	19	10	3	1	3	0
昆明市	45	22	18	4	0	1	0

资料来源：根据各试点城市长期护理保险相关政策文件整理。

"一人失能，全家失衡"，医、养护理是失能参保人员及其家庭最迫切需要解决的问题，基本生活护理与医疗护理因此成为长护险最基础、最重要的服务项目。如表 4-3 所示，试点城市均提供了基本生活护理与医疗护理服务项目，二者的服务项目数量占项目总数的比例超七成（广州除外），长护险制度很好地发挥了对失能参保人员的生活照护与医疗护理双重保障作用，这也是长护险制度的题中应有之义。就二者的发展脉络而言，试点城市的长护险建设几乎都是先从医疗护理开始，一方面与治疗取向的专业技术与设施护理是我国失能老年人长护需求的重中之重有关，另一方面与试点城市长护险筹资来自医保基金划转，尚未成为独立险种密不可分。随着长护险制度试点工作的逐步推进，试点城市长护险服务逐步扩展到日常生活的基础照护。

除基本生活护理和医疗护理外，试点城市开展的其他长护服务项目则呈现较大的分化。临终关怀服务是试点城市最少开展的服务项目，只有个别城市提供了此类服务。心理精神护理、预防性护理也是试点城市较少提供的服务项目。相比之下，大多数试点城市提供了与身体失能关联密切的康复护理服务。总而言之，当前试点城市长护险服务总体仍偏重基础性质的医疗与生活维度的护理服务，尚未广泛提供康复护理、心理精神护理、预防性护理和临终关怀服务。由此观之，试点城市长护险服务所秉持的主要还是以疾病为中心的生物医学理念，强调对失能参保人员身体的护理，这也体现并反映了我国长护险服务由生存型向保障型

长护服务体系发展转变的趋势与特点。我国长护险试点初期主要侧重于
为失能参保人群提供医疗护理单一维度的基本服务保障，开展对失能老
年人的医疗护理兜底服务，具有鲜明的生存型长护服务性质。随着试点
及实践的深入推进，我国长护险制度试点不断突破生存型服务的限制，
向保障失能参保人员的基本生活方向转变，大力发展兼具医疗与生活双
方面护理亦即医养结合型护理的长护服务，长护险服务的保障型特点日
益呈现。现阶段长护服务项目及其内容的有限性及各试点分布的不均衡
性也符合社会保险对参保人员提供基本生活保障即保基本的属性特点。

　　从试点批次来看，第二批试点城市的长护险服务项目整体覆盖率比
第一批试点城市更高。如表 4-4 所示，两批试点城市全部实施了医疗
与基本生活护理基础服务项目，二者在延展性服务项目之间存在一定的
差异。总体言之，第二批试点城市的康复护理服务覆盖率（78.6%）稍
低于第一批试点城市（80.0%）。除此之外，第二批试点城市开展的心
理精神护理、预防性护理、临终关怀三类长护服务项目覆盖率均高于第
一批试点城市；两批试点的临终关怀项目开展比例均较低，但相比之
下，第二批试点城市的覆盖率远高于第一批试点城市，二者之间的差距
为 22.4 个百分点。由此可以看出，第二批试点城市的长护服务项目整
体规模普遍比第一批试点城市大。由此说明，第二批试点城市在第一批
试点城市 4 年实践探索的基础上，开展了更多的长护服务项目，为失能
参保人员提供了更加全面、综合与多样的长护服务项目，从而更好地保
障了失能老年人群的福祉。

表 4-4　不同试点城市的长护险服务项目设置情况一览

服务项目	第一批试点城市（15 个）	第二批试点城市（14 个）
基本生活护理	15 个试点城市	14 个试点城市
医疗护理	15 个试点城市	14 个试点城市

服务项目	第一批试点城市（15个）	第二批试点城市（14个）
康复护理	承德、上海、南通、苏州、宁波、青岛、广州、长春、安庆、上饶、荆门、成都	北京石景山区、天津、福州、晋城、开封、湘潭、黔西南布依族苗族自治州、昆明、呼和浩特、南宁、乌鲁木齐
心理精神护理	上海、南通、青岛、广州、荆门、重庆、成都、石河子	北京石景山区、天津、福州、晋城、开封、黔西南布依族苗族自治州、呼和浩特、甘南藏族自治州、乌鲁木齐
预防性护理	承德、南通、苏州、宁波、青岛、广州、长春、安庆、上饶、重庆、成都	北京石景山区、天津、福州、晋城、开封、湘潭、黔西南布依族苗族自治州、昆明市、呼和浩特、南宁、汉中、乌鲁木齐
临终关怀	青岛、荆门	北京石景山区、天津、福州、晋城、呼和浩特

资料来源：根据各试点城市长期护理保险相关政策文件整理。

从区域分布来看，东部、中部、西部试点城市长护险服务项目覆盖率分布不均衡。这种不均衡主要表现在非基础性长护服务项目方面。如表4-5所示，康复护理的覆盖率呈现东部、中部、西部试点城市依次递减趋势，康复护理是东部、中部地区试点城市覆盖率最高的非基础类长护服务项目，二者均在九成上下。西部地区试点城市的康复护理服务项目覆盖率相对偏低，只有六成，在非基础性长护服务项目中，其覆盖率仅高于临终关怀服务项目。预防性护理也是非基础性长护服务项目中覆盖率较高的项目，它在东部、西部地区试点城市的覆盖率均为80%左右，是西部地区试点城市覆盖率最高的非基础性长护服务项目，在中部地区试点城市的覆盖率也达到75%。心理精神护理是西部地区试点城市另一个覆盖率较高的服务项目，七成的西部地区试点城市设置了此服务项目；此项目在东部地区试点城市的覆盖率次之，为六成左右。中部地区仅有3个试点城市开展了此项服务，其覆盖率只比临终关怀服务项目稍高。临终关怀服务是东部、中部、西部地区试点城市覆盖率最低的长护项目。其覆盖率最高的东部地区也仅有1/3左右，而覆盖率最低的西部地区则仅有一个试点城市开展了此项目。

表 4-5　不同区域试点城市的长护险服务项目设置情况

服务项目	东部地区（11 个）	中部地区（8 个）	西部地区（10 个）
基本生活护理	11 个试点城市	8 个试点城市	10 个试点城市
医疗护理	11 个试点城市	8 个试点城市	10 个试点城市
康复护理	承德、上海、南通、苏州、宁波、青岛、广州、北京石景山区、天津、福州	长春、安庆、上饶、荆门、晋城、开封、湘潭	成都、南宁、黔西南布依族苗族自治州、呼和浩特、乌鲁木齐、昆明
心理精神护理	上海、南通、青岛、广州、北京石景山区、天津、福州	荆门、晋城、开封	成都、石河子、重庆、黔西南布依族苗族自治州、呼和浩特、乌鲁木齐、甘南藏族自治州
预防性护理	承德、南通、苏州、宁波、青岛、广州、北京石景山区、天津、福州	长春、安庆、上饶、晋城、开封、湘潭	成都、重庆、南宁、黔西南布依族苗族自治州、呼和浩特、汉中、乌鲁木齐、昆明
临终关怀	青岛、福州、北京石景山区、天津	荆门、晋城	呼和浩特

资料来源：根据各试点城市长期护理保险相关政策文件整理。

从经济发展水平来看，经济发达、经济欠发达试点城市实现了基本生活护理、医疗护理的全覆盖。如表 4-6 所示，经济发达试点城市在康复护理、心理精神护理、预防性护理和临终关怀等所有的非基础性服务项目的覆盖率均超过经济欠发达试点城市。二者之间覆盖率差距最大的是心理精神护理服务，经济发达试点城市的心理精神护理服务覆盖率为七成左右，而经济欠发达试点城市只有四成左右，二者之间相差约三成。经济发达与经济欠发达试点城市长护服务覆盖率差距最小的是康复护理服务与预防性护理服务两类项目。康复护理服务、预防性护理服务是经济发达试点城市覆盖率最高的两项非基础性服务项目，其覆盖率为80%以上，而这两项长护服务项目同样也是经济欠发达试点城市覆盖率最高的非基础性服务项目，其占比均为75%。临终关怀均为经济发达和欠发达试点城市覆盖率最低的服务项目，其在二者中的占比均不足三成。由此可见，经济发展水平与试点城市长护服务项目覆盖率有密切的关联，经济发达试点城市较经济欠发达试点城市能够提供更丰富、更全面的长护服务项目，进而对失能参保人员起到更积极的保障作用。

表 4-6　不同经济发展水平试点城市的长护险服务项目设置情况

服务项目	经济发达试点城市（17 个）	经济欠发达试点城市（12 个）
基本生活护理	17 个试点城市	12 个试点城市
医疗护理	17 个试点城市	12 个试点城市
康复护理	湘潭、天津、福州、成都、长春、北京石景山区、呼和浩特、乌鲁木齐、南通、青岛、宁波、广州、上海、苏州	安庆、承德、黔西南布依族苗族自治州、昆明、晋城、南宁、上饶、开封、荆门
心理精神护理	重庆、天津、福州、成都、石河子、北京石景山区、呼和浩特、乌鲁木齐、南通、青岛、广州、上海	甘南藏族自治州、黔西南布依族苗族自治州、晋城、开封、荆门
预防性护理	重庆、湘潭、天津、福州、成都、长春、北京石景山区、呼和浩特、乌鲁木齐、南通、青岛、宁波、广州、苏州	安庆、承德、黔西南布依族苗族自治州、汉中、昆明、晋城、南宁、上饶、开封
临终关怀	天津、福州、北京石景山区、呼和浩特、青岛	晋城、荆门

资料来源：根据各试点城市长期护理保险相关政策文件整理。

　　从人口老龄化程度来看，除心理精神护理服务外，不低于同期人口老龄化率的试点城市在康复护理、预防性护理和临终关怀服务方面的覆盖率均超过低于同期人口老龄化率的试点城市，详见表 4-7。不低于同期人口老龄化率的试点城市的长护险服务项目的覆盖率总体高于低于同期人口老龄化率的试点城市。这显示出高于同期人口老龄化率的试点城市面临更严峻的人口老龄化现实挑战，具有更大的压力和更强的紧迫感，对失能参保人员的康复护理、预防性护理等非基础性服务项目愈发重视，不断完善长护服务体系，为失能老年人提供全面的长护服务。进一步分析还表明，与同期全国人口老龄化率持平的试点城市实现了康复护理服务的全覆盖，并且在预防性护理服务覆盖率方面也超过高于同期人口老龄化率和低于同期人口老龄化率的试点城市。低于同期人口老龄化率的试点城市尚未开展临终关怀服务。

表 4-7　不同老龄化水平试点城市的长护险服务项目设置情况

服务项目	高于同期人口老龄化率（18 个）	与同期人口老龄化率持平（8 个）	低于同期人口老龄化率（3 个）
基本生活护理	18 个试点城市	8 个试点城市	3 个试点城市
医疗护理	18 个试点城市	8 个试点城市	3 个试点城市
康复护理	承德、晋城、天津、湘潭、广州、青岛、宁波、成都、苏州、南通、上海、呼和浩特、北京石景山区	安庆、福州、昆明、荆门、长春、上饶、乌鲁木齐、开封	南宁、黔西南布依族苗族自治州
心理精神护理	重庆、晋城、天津、广州、青岛、成都、石河子、南通、上海、呼和浩特、北京石景山区	福州、荆门、乌鲁木齐、开封	黔西南布依族苗族自治州、甘南藏族自治州
预防性护理	承德、重庆、晋城、天津、湘潭、汉中、广州、青岛、宁波、成都、苏州、南通、呼和浩特、北京石景山区	安庆、福州、昆明、长春、上饶、乌鲁木齐、开封	南宁、黔西南布依族苗族自治州
临终关怀	晋城、天津、青岛、呼和浩特、北京石景山区	福州、荆门	无

资料来源：根据各试点城市长期护理保险相关政策文件整理。

随着试点实践的不断推进，各试点城市纷纷立足自身实际并结合失能参保人员需求，不断扩容长护服务项目，细化服务项目内容，以此完善长护服务体系，从而更好地为失能当事人及其家庭提供高质量保障。

以广州为例，广州市长护险服务由基本生活照料、医疗护理服务两部分构成。2017 年，广州市长护险基本生活照料设置了环境与安全、生活护理、对非禁食失能人员协助进食/水、口服给药、卧位护理、排泄护理、心理慰藉 7 类 31 项服务，2019 年在此基础上增设了失智护理项目，并在其下设置脱抑制、游荡/走失、攻击、精神等行为护理，以及语言、定向力、运动功能维护等 7 个子项目，同时，删除生活护理中的"上床栏，备拐杖或助行器"服务，将其整合到环境与安全服务类目中。因此，2019 年广州市长护服务基本生活照料共有 8 类 37 项服务。

2021 年，广州市长护险生活照料服务变化较大，把之前的服务类型整合成基本生活照料服务、专项护理服务两大类项目。首先，基本生活照料服务包括基础照料项目与按需照料项目。其中，基本生活照料服务有环境与安全、生活护理、心理慰藉等 3 项 15 个子项，与 2017 年、2019 年的环境与安全、生活护理、心理慰藉服务项目及其下设的 15 项内容一致，旨在满足患者的基本生理、心理需要。在按需照料服务中，2017 年和 2019 年的"非禁食失能人员协助进食/水"项目及其"喂饭、管饲"子项目被细分为"非禁食失能人员协助进食/水"与"喂饭"、"禁食失能人员协助进食/水"与"管饲"内涵，同时将"排泄护理"中的"造瘘口护理"移至"专项护理服务项目"，并单独设立"造瘘护理"。按需照料服务因此包括对非禁食失能人员协助进食/水、对禁食失能人员协助进食/水、口服给药、卧位护理、排泄护理等 5 项 14 个子项。其次，专项护理服务由吞咽障碍护理、肢体功能障碍护理、造瘘护理、认知障碍（失智症）护理 4 类项目组成。除认知障碍（失智症）护理项目及其 7 个子项沿袭 2019 年的内容，专项护理服务中的"吞咽障碍护理"及其 4 个子项、造瘘护理中的"胃、肠、膀胱造瘘护理" 3 个子项、肢体功能障碍护理及其 5 个子项均为 2021 年新增服务项目。

广州市长护险医疗护理服务项目总体规模从 2017 年的 19 项连续增加到 2019 年的 30 项、2021 年的 34 项，4 年期间增加了 15 项、增幅高达 78.9%。其中，2019 年新增加的 11 项医疗护理服务项目基本以失能参保人员的功能复健训练为主，2021 年新增的 4 项服务全部为失能者的身体护理。

由此可见，自 2017 年初步启动试点以来，广州市长护服务项目不断扩展与深化，而且不断升级，逐步构建起健全、完善的长护险服务项目体系，鼓励并支持失能、失智老年人结合身体状况及其现实需求精准选择所需长护服务，从而为服务对象提供更加全面、专业的服务支持。

　　为增加失能参保人员自主性和选择权，实现供需精准匹配，部分试点城市推出了组合式长护服务项目，以满足失能参保人员的个性化需求，建设精准长护服务体系。例如，重庆市把长护险基本护理服务项目打造成"8+4+3"组合模式的居家个人护理和机构集中护理服务项目包、"6+3"组合模式的居家上门护理服务项目包。居家个人护理和机构集中护理服务项目包是由 8 个基础服务项目和 7 个自选服务项目构成。23 项基本护理服务项目解析出 8 个必选的基础服务项目和 15 个自选服务项目，其中的 15 个自选服务项目依据服务难易程度又细分为 A、B 两组，分别有 7 个、8 个自选服务项目。参保人员可结合自身需要从 A、B 两组中分别选择 4 个、3 个服务项目共同组成 7 个自选服务项目，由此形成"8+4+3"居家个人护理和机构集中护理服务项目包。同时，根据居家上门护理服务特点，选择操作相对复杂、服务难度大、技术价值高的 18 个护理服务项目作为居家上门护理服务项目，并依据服务持续情况和难易程度，将其分解成 C（12 个自选服务项目）、D（6 个自选服务项目）两组，参保人员可结合自身需求分别在 C、D 两组中选择 6 个、3 个项目组成"6+3"居家上门护理服务项目包。

三　服务队伍

　　服务队伍是长护险服务的供给人，长护险通过他们实施传递的长护服务来满足失能参保人员及其家庭的身心健康需要，因而直接关系到长护服务的质量和水平，是当前长护险制度建设的重中之重。目前，试点城市长护险服务队伍主要由护理失能失智参保者的相关人员构成，包括从事直接护理工作的护理员、社会工作者、康复人员、健康照护师、心理工作者、护理服务规划人员、失能失智训练指导人员、医生、护士等，以及间接从事护理的等级评估人员。试点城市不断完善政策措施，加强长护险服务队伍管理及其长效机制建设，提升服务人员的服务能力与水平，为失能参保人员提供专业化、高品质的护理服务。

试点城市对长护险服务人员实行准入制度，以不同形式制定了长护险服务人员的相关要求及条件。如苏州颁布了《关于明确苏州市长期护理保险居家护理服务机构和服务人员条件的通知（试行）》（2018）、天津发布了《关于长期护理保险居家护理服务有关问题的通知》（2021）、南宁制定了《南宁市长期护理保险护理服务人员管理暂行办法》（2021），青岛则以地方标准形式出台了《长期护理保险护理员职业技能等级标准》（2020）等。长护险服务人员的准入条件普遍包括：年龄，健康，获得相关技能、专项职业能力证书，或参加当地医保经办机构、长护险承办机构统一组织的长护险护理服务人员上岗培训并通过考核，获得技能培训合格证明。试点城市医保经办机构常常建有统一的长护险服务人员信息库，定点长护机构将符合资质的护理服务人员相关信息如实录入信息库，未进库的服务人员不得从事长护险护理服务。

试点城市重点围绕长护险服务人才培养和从业人员培训开展长护险服务人才队伍建设。在人才培养方面，试点城市把养老服务列入职业教育校企合作优先领域，把养老服务类产教融合校企合作项目纳入财政预算支持范围；支持符合条件的公司企业、社会组织举办养老服务类职业院校，鼓励当地具备条件的卫生院校、职业院校、高等院校设置养老服务相关专业、开设养老护理相关课程，并对其进行奖补；支持学生选择养老服务相关专业，积极参加相关职业技能等级考试，并实行财政补贴奖励。

在人员培训方面，试点城市建立健全长护险服务人员培训机制，具体做法有以下几点。（1）把组织、开展、参加和评估长护险服务培训纳入对承办机构、定点长护服务机构、服务人员的协议管理及其考核内容。（2）要求长护险经办机构、承办机构定期举行长护服务人员相关政策法规、职业道德、护理服务技能培训，推动长护服务人员岗前-岗中培训机制建设。（3）明确定点长护机构作为服务人员的管理责任人，服务机构需制定相关制度并定期开展本机构的长护服务相关培训及考核，建立培训档案，及时向长护险承办机构备案，规定培训考核结果与服务质量保证金、长护机构续签挂钩。（4）长护险服务人员积极参加长护险经办机构、承办机构组织开展的长护服务职业道德和业务培训与考核，规定年度培训时长。（5）考核不合格者须立即整改，拒不服从或不改正者将被取消长护险服务从业资格。（6）对居家自主护理的失能老年人家庭照护人员开展护理服务相关技能培训并进行考核，提高家庭护理者的护理能力和水平。（7）培训实行线上与线下培训相结合，线上培训侧重失能老年人护理的基本常识，线下培训则强调护理服务实操。（8）试点城市不断拓宽长护服务人员培训经费渠道，整合资源，积极筹措资金，促进长护服务人员培训项目实施。如青岛市规定长护服务人员培训费用从就业补助金、失业保险基金、福彩公益金和护理保险资金等列支。

试点城市结合自身实际积极探索长护险服务队伍建设。有些试点城市针对不同长护服务主体实行差异化培训。如呼和浩特医疗保障行政部门和经办机构对承办机构、定点护理服务机构的从业人员开展政策、业务经办培训；承办机构对定点护理服务机构相关人员开展经办、管理培训；定点护理服务机构对护理员开展理论和操作技能规范的培训。有些试点城市把加强长护险服务人员的技能培训与贫困治理行动相结合。部分试点城市则加强长护险服务队伍的差异化等级鉴定。如青岛市把长护险护理员划分成五个等级，分别是五级/初级护理员、四级/中级护理员、三级/高级护理员、二级/护理师、一级/高级护理师。每个等级均有对应的工作年限、职业资格证/技能等级要求。青岛市对长护险护理员实行职业技能等级鉴定，鉴定方式分为理论知识考试、技能考核和综合评审，实行百分制，成绩 60 分（含）以上为合格。理论知识考试以笔试、机考为主，主要考查长护服务的基本要求和相关知识要求；技能考核则采用现场操作、模拟操作等方式，重点测试长护服务人员的技能水平；综合评审面向护理师和高级护理师，采用审阅申报材料、情景模拟、案例分析、答辩等方式予以全面考察。

部分试点城市除加强长护服务从业人员队伍建设，还积极加强长护服务志愿者队伍建设。如南通市于 2018 年制定了《关于鼓励义工参与基本照护保险服务的意见（试行）》，创造性推出义工参与基本照护保险服务制度。积极鼓励志愿者根据失能人员的需求，发挥自身能力和特长，为机构照护、居家照护的重度或中度失能人员，提供包括读书读报、消遣聊天、心理安慰、清理个人卫生以及测血压、血糖等在内的身心健康促进服务。双方通过南通照护保险手机 APP 或照护保险服务中心平台实现长护服务的供需匹配，并由失能人员及其亲属给予义工服务的优、良、中、差等级评价，相对应地给予计分制服务激励。南通义工参与长护服务计分按照时间银行的模式运行。义工服务以每小时 10 分为计分标准，服务积分用途广泛。首先，服务积分可在其直系亲属中共享，义工本人或其直系亲属在重度或中度失能后可享受积分奖励。其次，服务积分可兑换长护险套餐服务或辅助器具使用等。服务积分每100 分可使用专业护理公司 1 小时的套餐服务，或辅助器具 100 元额度的服务。再次，服务积分亦可按照 1∶1 比例兑换其他义工的服务时间。最后，义工积分终身有效，可由直系亲属继承，也可用于公务员录用、事业单位招聘的考察内容。南通市规定为积分满 3000 分者颁发荣誉证书。义工积极参与长护险服务，既传承了互助志愿思想文化与扶老助残美德，营造了信任关怀社会风尚，促进了新时代精神文明建设，又为长护险服务队伍提供了重要的人力资源，充实了长护险服务队伍力量，增强了长护险服务能力。

当前我国试点城市不断加强长护险服务队伍培养培训长效机制建设，以税收优惠、财政补贴为抓手，以市场为导向，大力引导社会力量参与长护险制度建设，充实扩大长护险服务人员队伍，加强对服务队伍的准入、管理和人员考核，强化长护险服务人员的管理并规范长护服务内容、方式、频率、期限、地点，增强了服务人员的服务意识，提高了从业人员的专业技能水平，稳步提升了长护服务质量，更好地满足了失能人员的护理服务需求。

第二节　经办监管

长期护理保险经办监管指的是长护险制度各要素之间的相互作用及其运行方式，它强调综合运用计划、组织、指挥、协调、控制、反馈等手段，对长护险相关的人力、物力、财力、信息等资源要素进行优化配置，以期高效满足失能参保人员的基本护理需求。从制度运行过程而言，长护险经办监管主要包含长护险的经办模式与监管模式两个层面。

一　经办模式

长护险经办就是不同主体合作生产长护服务的方式与规范，不同主体在共同开展长护服务过程中形成的相对稳定的互动体系便是经办模式。不同试点城市的长护险经办方式虽有各自的实践差异，但总体模式还是大同小异。整体言之，现阶段29个试点城市的长护险经办模式大体可分为两种：一种是"政府监管+政府经办"模式，指的是长护险的参保资格、失能评估、教育培训、支付结算等具体经办业务与监督管理工作全部由政府行政部门承担；另一种是"政府监管+第三方经办"模式，指的是政府行政部门与社会力量合作开展长护险业务经办与管理。

具体言之，政府行政部门通过招投标、政府购买等形式把长护险参保资格、失能评估、教育培训、支付结算等具体经办业务，全部或部分委托具有资质、符合要求的第三方机构，政府行政部门负责对第三方经办机构的监督管理。

"政府监管+政府经办"模式是由政府行政部门完全承担长护险经办管理的运行模式，属于较为传统、经典的经办方式。在该模式中，政府行政部门即医疗保险部门（此前是人力资源和社会保障部门）制定出台长期护理保险制度及其相关政策，并负责长护险具体业务的经办，同时对长护险运行予以监督管理。政府扮演政策制定者、业务经办者、运行监管者的全能角色，除具体长护险服务交由定点护理机构提供外，长护险制度相关的其他职责均由政府承担。此经办模式的优点在于政府行政部门的全面介入能确保政策的贯彻与执行以及社会目标的实现，不足之处在于可能出现服务效率低下、社会资源浪费、政府负担加重等政府失灵现象。我国长护险试点城市采用这种经办模式的城市比较少。

"政府监管+第三方经办"是融合了政府宏观调控与市场资源优化配置的现代经办模式。该模式不仅可以充分发挥政府部门在资金筹措与管理、推动促进医养结合以及护理人才培育等方面的优势，还能借助商业保险公司的市场化运作方式与管理手段，发挥商业保险公司在数据积累、精算建模以及投保人员风险辨识、理赔服务等方面的优势（杨玉秀，2018）。该模式在防止政府失灵、优化资源配置、提高服务效率、减轻政府负担等方面具有一定优势，受到我国大多数长护险试点城市的青睐。部分试点城市甚至由"政府监管+政府经办"模式转变为"政府监管+第三方经办"模式。如2012年青岛在长护险制度建立初期采用的是"政府监管+政府经办"的传统模式。随着实践的深入和经验的积累，青岛市政府于2015年改革了经办模式，实行"政府监管+第三方经办"模式，以提升服务效率和质量。"政府监管+第三方经办"模式也有其潜在的不足，如存在招投标流于形式、政府监管责任履行不到位、对第三方的考核评估走过场、权钱交易等风险。

按照商业保险公司与政府经办机构的配合程度，"政府监管+第三方经办"模式又可进一步细分为两种类型。一是将具体业务委托给具有资质的商业保险公司。以成都为例，成都市医疗保障局明确规定，在保证资金安全和有效监管的情况下，成都市医疗保险经办机构可以把政策宣传、队伍考核、技能教育与培训、合同监管、费用审核、待遇支付、业务监督等经办业务，统一采取政府购买服务形式委托给商业保险公司经办管理。二是商业保险公司抽调工作人员与社会保险部门工作人员实行合署办公。在此模式下，商业保险公司的专业人员与社会保险部门的工作人员在同一办公场所协同作业，以促进双方信息的及时交流与业务的高效协同。青岛市在改革后便采用了此种工作模式，有效提升了长期护理保险经办业务的效率与质量。

从表4-8可以看出，广州、承德、上海、石河子4个实行"政府监管+政府经办"模式的城市全部来自第一批长护险试点，余下的第一批试点城市和全部第二批试点城市均采用"政府监管+第三方经办"模式。长期护理保险作为新型社会保障制度，国内缺乏可资借鉴的成熟经验，更多地只能依靠试点城市摸着石头过河、自行探索，而政府的强力、全面介入有助于长护险制度的顺利实施。这可能是采用"政府监管+政府经办"模式的4个城市全部来自第一批试点的主要原因。而随着我国长护险制度的不断建设发展和试点经验的积累，第二批试点城市均采用"政府监管+第三方经办"模式，以此提升服务能力与工作效率。除此之外，广州、承德、上海、石河子4个城市的人口老龄化程度全部高于同期人口老龄化率，其中的上海、石河子的人口老龄化水平位居我国东部、西部地区的前列。这反映出人口老龄化率高的试点城市建设长护险制度的紧迫性和急切性，相比之下更需要政府的强力主导，从而快速推动长护险制度建设。

表 4-8　试点城市长护险经办模式及各主体角色情况

经办模式	第一批试点城市	第二批试点城市	各主体角色			具体类型
			政府	商业保险机构	定点护理机构	
政府监管＋政府经办	广州、承德、上海、石河子		管理者、经办者、监督者		长护服务供给者	
政府监管＋第三方经办	安庆、齐齐哈尔、荆门、上饶、青岛、长春、南通、苏州、成都、宁波、重庆	北京石景山区、福州、甘南藏族自治州、南宁市、黔西南布依族苗族自治州、开封、湘潭、盘锦、呼和浩特、晋城、汉中、天津、乌鲁木齐、昆明	管理者、监督者	经办者、承办者	长护服务供给者	具体经办业务委托商业保险公司；从商业保险公司抽调人员与社保人员合署办公

资料来源：根据各试点城市长期护理保险相关政策文件整理。

二　监督管理

监督管理对长护险制度建设发展至关重要。长护险监督管理是指对长护服务体系、过程及活动进行监督和管理，并在必要时给予调整，降低目标偏差与制度风险，以确保长护险制度的安全性、稳定性，以及长护服务符合既定的目标、规定和标准，为参保人群提供优质高效的长护服务。长护险常见的监督管理方式主要包括组织监管、协议监管、绩效监管和数字监管。

（一）组织监管

试点城市普遍成立了长期护理保险制度试点领导小组，通常由试点城市人民政府主要领导担任组长，主管领导担任副组长，医保、财政、人社、民政、卫健等相关部门主管领导为成员。领导小组下设办公室，办公室一般设在医保部门，负责长期护理保险制度试点日常工作。

为更好地推进长护险制度建设，不少试点城市实行以目标为导向、以计划为基础、以进度为约束的挂图作战工作方式。制订进度计划，将长护险制度试点工作拆解为分阶段的具体的执行方案，明确整体的工作进度安排和每项工作的牵头单位与配合单位，强调跨部门协作，有效率地整体推进长护险试点工作。如北京市石景山区长护险制度采取试点挂图作战的工作方式（详见表4-9）。

表 4-9　北京市石景山区长期护理保险制度工作进度安排

发展阶段	工作任务	牵头单位	配合单位	完成时限
（一）启动准备阶段 2020 年 8 月至 2020 年 10 月	（1）失能人员情况摸底	区民政局	区残联、各街道办事处	2020 年 8 月
	（2）制定征缴方案	市医保局	区医保局	2020 年 10 月
	（3）制定实施方案和实施细则	区医保局	各成员单位	2020 年 10 月
	（4）前期费用审计	区医保局	无	2020 年 10 月
	（5）重度失能人员评估	区民政局	区医保局	持续进行
	（6）信息系统建设	市医保局	区医保局	持续进行
	（7）开展宣传培训	区医保局	各成员单位	持续进行
（二）全面实施阶段 2020 年 11 月至 2021 年 12 月	（1）启动参保缴费	区医保局	各街道办事处	2020 年 12 月
	（2）服务对象需求调查	区医保局	商保经办机构、服务机构	2020 年 12 月
	（3）制定文件汇编	区医保局	各成员单位	2020 年 12 月
	（4）启动待遇享受	区医保局	各成员单位	持续进行
（三）评估总结阶段 2021 年 12 月至 2022 年 2 月	（1）满意度调查	区医保局	商保经办机构、服务机构	2022 年 2 月
	（2）试点评估	市医保局	各成员单位	2022 年 2 月
	（3）总结上报	区医保局	各成员单位	2022 年 2 月

资料来源：根据 2020 年《北京市石景山区医疗保障局 北京市石景山区财政局关于印发〈北京市石景山区扩大长期护理保险制度试点实施方案〉的通知》整理，参见 https://www.bjsjs.gov.cn/gongkai/qybj/zdly_1386/shbz/202011/t20201123_34815.shtml，最后访问日期：2024 年 10 月 15 日。

长期护理保险制度作为全新的社会保险形式，关联着众多政府部门、人民团体，它的试点建设需要积极整合不同力量与资源，形成合力予以推动。与长护险制度建设相关的政府部门和机构主要包括医疗、人力资源和社会保障、财政、民政、卫健、物价、老龄、金融、宣传、网信等部门和残联、总工会、红十字会、慈善总会等。试点城市均高度重视在长护险制度试点运行过程中的跨部门协同，明确并细化相关部门的职责范围，要求各部门切实履行各自所承担的责任。同时，建立工作联动机制，强调跨部门的协调配合，有效统筹各方资源，及时分析、评估、总结和解决长护险试点建设过程中遇到的困难和问题，合力推动长护险试点工作的顺利开展。以北京市石景山区为例。北京市石景山区把长护险制度试点工作从政策制定、基金筹资、失能评估、监督管理到业务经办、人员培训、舆论宣传、舆情监测预警等逐一分解，明确9个政府相关部门和各街道办事处各自负责、相互配合的具体工作职责，强调不同部门各司其职、密切合作，齐心协力推动长护险制度试点工作（详见表4-10）。

表4-10　北京市石景山区长期护理保险制度试点政府部门责任分工

政府部门	部门职责
区医保局	负责长期护理保险试点工作政策制定；负责长期护理保险的业务经办；负责部门间工作协调；负责对商保经办机构的协议管理和绩效考核；负责开设、管理长期护理保险基金专户，并对长期护理保险基金进行监督管理；负责长期护理保险试点工作的宣传工作；与市医保局建立沟通上报、信息共享机制等工作
区财政局	负责设立长期护理保险财政专户，对长期护理保险基金收支、管理情况实施监督；负责对长期护理保险相关配套资金的保障和监管等工作
区民政局	负责协调指导评估单位开展失能人员的评估工作；负责养老服务体系建设、相关从业人员培训等工作
区卫生健康委	为居家、入住机构的长期护理保险服务对象提供基本公共卫生、基本医疗以及转诊服务

续表

政府部门	部门职责
区人力资源和社会保障局	配合有关部门做好相关从业人员培训工作；负责申请长期护理保险待遇人员享受工伤护理待遇的信息比对工作
区金融办	负责指导商保经办机构按照保险业相关规定开展长期护理保险工作
区委宣传部	负责指导各单位、各部门开展长期护理保险试点工作的宣传报道
区委网信办	负责网络舆情监测预警和协调处置等工作
区残联	做好重度失能残疾人的长护险相关工作
各街道办事处	由主管民生保障办公室的领导负责统筹协调相关事项；负责重度失能人员基础信息收集整理与核对；负责长期护理保险政策宣传；为商保经办机构提供办公服务场地；加强人员力量，配备至少一名长护险专职工作人员

资料来源：根据 2020 年《北京市石景山区医疗保障局 北京市石景山区财政局关于印发〈北京市石景山区扩大长期护理保险制度试点实施方案〉的通知》整理，参见 https://www.bjsjs. gov.cn/gongkai/qybj/zdly_1386/shbz/202011/t20201123_34815.shtml，最后访问日期：2024 年 10 月 15 日。

（二）协议监管

协议监管是长护险监管体系的核心，通常包括对长护险承办机构和定点服务机构的监管。

1. 对长护险承办机构的协议监管

试点城市在确保基金安全和监管有效的前提下，积极引入第三方参与长护险相关经办业务，以提高经办效率和服务水平。委托方一般通过政府采购、招投标方式，将长护险（部分）经办业务以购买服务的方式委托第三方（商业保险机构），并签订采购合同或协议。常见的经办委托业务包括长护险失能评定、定点护理服务机构管理、培训考核、费用审核结算、政策宣传、咨询服务、待遇支付等。第三方需满足相应的准入条件。除规定一般的资质、守法等条件外，委托方还结合长护险经办管理的实际需要，要求被委托方具有履行长护险业务所必需的设备和专业技术能力，比如一定规模和相关专业背景人员、自主研发信息系统、医疗保障业务社商合作相关经验、参与长护险制度及相关研究等。

不少试点城市制定了长护险承办机构考核细则，对考核目标、考核原则、组织架构、考核内容、基金管理、社会监督、考核方式、考核结果应用、工作要求等内容进行明确规定。考核一般由试点城市医疗保障部门会同财政部门联合实施，通常以一个长护险参保年度为考核周期，考核内容以长护险相关政策、所签订的合同及协议的相关规定为依据。试点城市制定所在地长护险承办机构考核评分表，通常包括一级指标、二级指标、主要观测点、考核方法、评分标准、指标权重、实际得分等内容。考核有查阅资料、现场查看、听取介绍、人员访谈四种方式，以查阅资料、现场查看为主。并且，针对指标内容属性及其权重，实行不同的考核方式。

以南宁市为例，南宁市对长护险承办机构考核设置了基础管理、信息管理、经办管理、基金管理和社会监督5个一级指标、17个二级指标、48个观测点，分别给予1~5分不等的权重赋分。赋分最高者（5分）为"经办管理"一级指标下的二级指标"失能评定"（观测点为"组织实施失能评定工作，规定时间内做好受理申请、前置调查、组织评估、异议复评等，接受经办机构的监督和指导"）、"重度失能人员管理"（观测点为"认真履行告知护理服务协议签订流程责任，酌情协调签订服务协议时的问题"）。绝大多数考核以查阅资料、听取介绍方式为主，诸如基础配置、数据维护、重度失能人员管理等，少数二级指标还需开展人员访谈，基础配置、失能评定等二级指标则需要综合三种及以上考核方式实施（见表4-11）。由此可见，经办管理尤其是失能评估、重度失能人员管理是承办机构较重要的服务职责，也是政府最为看重的委托业务。

表 4-11　南宁市长期护理保险承办机构考核评分

一级指标	二级指标	主要内容	数据来源	指标分值（分）
基础管理	制度建设	机构及人员管理制度	查阅资料、听取介绍	1
		业务经办制度	查阅资料、听取介绍	1
		基金管理制度	查阅资料、听取介绍	1
		信息系统管理制度	查阅资料、听取介绍	1
		风险防控制度	查阅资料、听取介绍	1
		政策宣传和培训制度	查阅资料、听取介绍	1
	组织管理	设立南宁市长护险项目管理部门及组织架构	查阅资料、听取介绍	1
		明确团队负责人和专职管理人员	查阅资料、听取介绍	1
	基础配置	机构内配备不少于 16 名工作人员，满足日常业务需要	查阅资料、听取介绍、人员访谈、现场查看	2
		30%以上工作人员具有医学、康复、护理等专业背景	查阅资料、听取介绍、人员访谈、现场查看	2
		根据所辖片区工作量，提供开展经办服务必要的办公场所	查阅资料、现场查看	1
		根据所辖片区工作量，提供开展经办服务必要的设备设施，包括电脑、打印机、办公桌椅、办公车辆等	查阅资料、现场查看	2
		配合在市本级、县（含武鸣区）的医保经办机构进行合署办公	查阅资料、现场查看	2
	配合工作	协助完成年度内医保部门等关于长护险工作的部署安排	查阅资料	1
		协助对长护险政策调整、经办能力提升等调查研究，并提出意见建议	查阅资料	1
信息管理	系统管理	自带独立完善的长护险经办系统	现场查看	2
		系统实现全流程网上受理经办、服务实时监控、电子档案留存、费用联网结算的要求	现场查看	2
		能根据长护险系统实际的运行需要，实现与医保系统的有效对接	现场查看、查阅资料	2
	数据维护	专人负责信息系统管理与维护	现场查看、查阅资料	1
		实时上传重度失能人员基本信息、护理信息、结算信息等	现场查看、人员访谈	3
		满足长护险基本的数据分析、统计和查询需要	现场查看	1

一级指标	二级指标	主要内容	数据来源	指标分值（分）
信息管理	信息安全	严格权限管理，权限设置合理，确保信息安全	查阅资料、现场查看	1
		采取内外网隔离等措施确保信息安全	查阅资料、现场查看	1
		对参保人员信息以及相关资料承担保密责任，不用作其他用途，不向第三方泄露，法律法规及司法机关、监管机构要求披露的除外	查阅资料、现场查看	2
		对长护险数据严格保密，与相关工作人员签订保密协议	查阅资料	1
经办管理	失能评定	组织实施失能评定工作，规定时间内做好受理申请、前置调查、组织评估、异议复评等，接受经办机构的监督和指导	查阅资料、现场查看、人员访谈	5
	护理机构管理	按要求做好护理服务机构的准入申请、协议签订、信息变更等	查阅资料	3
		加强对协议定点护理服务机构及护理服务人员的日常监管与考核	查阅资料	4
		按照协议约定进行违约处理，负责违规费用的追回	查阅资料	2
	重度失能人员管理	认真履行告知护理服务协议签订流程责任，酌情协调签订服务协议时的问题	查阅资料、人员访谈	5
		建立完善对待遇享受人群的跟踪回访机制，必要时开展动态评估	查阅资料、人员访谈	3
	档案管理	做好待遇申请人实名制档案管理工作	查阅资料	2
		对长护险待遇相关材料实现电子化管理	查阅资料	2
		相关纸质影像材料及时立卷归档	查阅资料	2
	宣传培训	做好政策宣传	查阅资料	4
		咨询服务工作	查阅资料	2
		完善经办人员的培训考核	查阅资料	2
		完善评估人员的培训考核	查阅资料	4
		完善护理服务人员的培训考核	查阅资料	4

续表

一级指标	二级指标	主要内容	数据来源	指标分值（分）
基金管理	账户管理	严格按照财政部门、行业主管部门等的要求加强资金管理，设立专门账户，实行专户专管、独立核算	查阅资料	1
	费用结算	每月10日前将上月实际复评人数明细报表向市医保经办机构申报	查阅资料	3
		每月10日前将上月用以支付长护险待遇的费用明细报表向市医保经办机构申报	查阅资料	3
		原则上承办机构应在每月20日前按规定与定点护理服务机构进行结算，如遇特殊情况无法按时完成的，承办机构应每月在收到医保待遇拨付费用后，在3个工作日内完成与定点护理服务机构的费用拨付与结算	查阅资料	3
	基金安全	做好基金的日常管理和风险控制，建立举报投诉、信息披露、欺诈防范等风险管理机制	查阅资料	2
		财务拨付与业务结算保持一致，收支账目完整准确，无违规支出项目	查阅资料	2
社会监督	争议投诉	设置有举报投诉渠道	查阅资料、现场查看	1
		妥善处理各类争议投诉情况	查阅资料	1
	社会评价	接受社会媒体监督，避免出现负面舆情情况	查阅资料	1
		定期开展满意度调查，通过网络、电话等方式调查参保重度失能人员及其代理人等对服务的满意度，制定并落实整改方案	查阅资料	4
合计		100		

资料来源：根据2022年《南宁市医疗保障局 南宁市财政局关于印发〈南宁市长期护理保险承办机构管理暂行办法〉的通知》整理，参见 https://www.nanning.gov.cn/zwgk/fdzdgknr/zfgb/2022nzfgb/d8q_51759/bmwj_51762/t5175567.html，最后访问日期：2024年10月15日。

2. 对定点长护服务机构的协议监管

试点城市制定当地长护险协议定点护理服务机构管理办法，明确定点准入评估、监督管理和考核管理等相关活动。除制度健全、遵纪守法、符合标准、人员配置等通用条件，还针对医疗机构、养老机构、居家护理服务机构分别规定了相应的相关条件。长护险服务机构的遴选一般需要经过信息发布、资料受理及初审、现场核验、综合评估、名单公示、签订服务协议等程序和环节。正式开展长护服务之前，多数试点城市还要求对入选的定点长护服务机构及其相关工作人员开展政策、业务方面的培训，考试合格后方可正式开展长护服务。还有部分试点城市要求定点长护机构完成服务信息系统的改造、对接和测试工作。

试点城市医疗保障经办机构会同长护险承办机构依据相关政策规定拟定服务协议或补充协议文本，再报医疗保障行政部门审定后实施。根据辖区管理原则，辖区医疗保障经办机构会同相关长护险承办机构，与通过遴选正式入选的定点长护服务机构，共同签订相关服务协议。服务协议主要包括服务管理、信息系统管理、费用结算管理、争议处理、违约责任等长护服务相关内容。长护险定点服务机构的服务协议有效期限一般为1~2年。

医疗保障经办机构会同长护险承办机构，依据长护险政策规定及定点长护机构服务协议，对定点长护服务机构实施监督管理。监督管理通常采用日常巡查和举报稽核等方式，着重围绕协议履行、服务实施、人员培训、档案管理、系统维护等内容展开。对不履行、违反协议规定的，视其行为后果的严重程度实行不同的处罚，包括约谈机构法人、负责人或实际控制人，限期整改；责令整改并暂停服务协议1~3个月；解除服务协议。所涉及的长护费用，长护险基金不予支付，已支付的违规费用由长护险承办机构全额追回。涉嫌违法犯罪的还将报送公安机关追究其法律责任。

依据所签订的服务协议内容，年度考核是试点城市市级、区县医保经办机构会同长护险承办机构对定点长护服务机构实施的最为重要的考核方式。考核主要围绕协议履行情况，聚焦长护险服务机构的日常服务及其管理，主要包括政策宣传、业务培训、服务质量、收费管理、费用结算、投诉违规处理、满意度评价等。试点城市普遍制定了长护险协议定点护理服务机构考核表，对考核项目、考核内容及要求、评分标准等予以详细规定，并视考核结果给予承办机构、护理机构相应的处理，包括通报表扬、通报、限期整改及强制退出等。

除此之外，很多试点城市医保经办机构还不定期组织专项稽核，监督委托经办机构、定点护理机构的协议履行、服务质量、收费标准等，并把定点护理机构纳入医保信用管理体系，按照分级分类原则进行监督。考核可调动定点护理机构的积极性，规范定点护理机构的服务行为，督促其不断提高服务与日常管理水平，确保长护服务质量，提升长护险参保人员的获得感。

（三）绩效监管

长护险承办机构服务经费来自所在片区征缴的长护险保费，通常实行定比制提取。试点城市要求承办机构建立收支管理制度，规范经办服务经费的使用，明确经办护理经费的支出用途，实行专款专用。经办服务费一般实行预付制管理，按约定的数额、时间分批拨付。医保部门（一般是医保经办机构）通常预留一定比例服务费作为服务质量保证金，对委托经办机构、护理机构实施绩效管理。医保经办机构组织开展对承办机构、护理机构服务质量的考核评估，考核主要实行长护险承办机构自查、现场检查、第三方审计相结合的综合评审评分方式，形成最终考核成绩。考核成绩与资金费用挂钩，依据考核结果拨付不同比例的服务质量保证金。而且，考核结果通常还与护理机构续签相关联。

同样以南宁为例，南宁市先后制定了《南宁市长期护理保险协议定点护理服务机构考核表》（2021）、《南宁市长期护理保险承办机构考核细则》（2022）。定点护理服务机构年度考核包括基础管理（40分）、服务质量管理（25 分）、费用结算管理（20 分）、监督检查（15 分）等 4 大项 17 小项的考核项目，基础管理与服务质量管理是年度考核的核心指标。年度考核结果划分为优秀、良好、合格、不合格四个等级。其中，90 分及以上为优秀、75~89 分为良好、60~74 分为合格、60 分以下为不合格。依据年度综合考核结果拨付相应的服务质量保证金（预留符合规定的护理服务费用的 5%）：优秀者全额发放上年度服务质量保证金；年度考核结果为良好的，以 90 分为基准，每减少 1 分相应扣除上年度服务质量保证金总额的 1%；年度考核结果为合格的，以 90 分为基准，每减少 1 分相应扣除上年度服务质量保证金总额的 2%；不合格者全额扣除上年度服务质量保证金（见表 4-12）。长护险承办机构考核指标此前已有介绍，其考核结果亦分为优秀、良好、合格、不合格四个等级。依据年度综合考核结果拨付相应的服务质量保证金，执行标准与上述定点护理服务机构相同。

表 4-12　南宁市长护险承办机构考核及经办服务费的拨付金额

最终考核得分	等级	拨付比例	备注
得分≥90 分	优秀	100%	通报表扬
80 分≤得分<90 分	良好	［100-（90-得分）］×100%	通报
60 分≤得分<80 分	合格	［100-（90-得分）×2］×100%	责令限期整改并报送整改材料
得分<60 分	不合格	0	不再续签合同并向社会公示

资料来源：《南宁市长期护理保险承办机构考核细则》（2022），参见 https://www.nanning.gov.cn/zwgk/fdzdgknr/zfgb/2022nzfgb/d8q_51759/bmwj_51762/t5175567.html，最后访问日期：2024 年 10 月 15 日。

　　部分试点城市还建立了长护险资金风险防范机制，以预防可能出现的长护险支付风险。青岛在全国最早设立护理保险调剂金制度，以应对长护险资金的超支问题。2018 年，青岛建立了职工、居民护理保险调剂金，每年从职工和居民护理保险资金中分别按不超过 5% 的比例划取，统一调剂使用，并在 2021 年扩大了护理保险调剂金的主要来源。昆明则按长护险基金当年收入的 10% 计提风险准备金，用作基金出现支付风险后的长护险待遇支付。长护险调剂金或风险准备金制度的建立能有效防范长护险支付风险，确保基金安全，保障长护险的平稳健康发展。此外，青岛、昆明两市还设立了预防和延缓失能失智保障金制度，建立起失能高危人群预防与干预机制。青岛市首创预防和延缓失能失智保障金制度，每年从当年职工、居民护理保险资金中分别按不超过 3% 的比例提取，用于预防和延缓失能失智工作，提高轻度、中度失能失智人员及高危人群的自理能力。昆明则从长护险基金收入中按年计提不低于 2% 的资金作为长护险失能预防金，用于对影响失能高危人群健康的因素实施干预。长护险失能失智预防金的设立能延缓参保人员的失能进程，减少长护险基金的支付额度，维护长护险基金的安全。

（四）数字监管

试点城市还不断利用新技术创新监管手段，提高信息化与数字化监管水平。各试点发挥"互联网＋"优势，打造全人、全程、全域"三全"智慧长护生态系统，不断提升长护服务监管水平。全人指的是长护险制度相关的政府部门、第三方、参保人员、服务机构等多元主体集成在同一平台系统，实施数字化管理。全程是指长护险从参保人员资格申请、失能评估、待遇给付、服务流程到服务实施、费用结算、考核评价、管理监督等所有的流程和环节均运用网络技术，推进"互联网＋"、人脸识别、卫星定位等新技术在长护险服务流程和环节中的监管应用，运用大数据分析、风险智能监控评估，严格管控风险，实施智慧管理。全域则是指智慧长护系统与现有政府信息平台、相关部门平台互联互通，打破信息壁垒，实现跨部门信息共享，推进所在城市政府网络平台的集成一体化，避免碎片化。如福州把长期护理保险与"数字福州"

建设、深化医药卫生体制综合改革和养老服务集成改革等融合。

小　结

　　试点城市长护险的基本服务形式包括机构护理和居家护理。机构护理指的是由专门机构对入住其中的失能老年人提供的长护服务，居家护理是指失能参保人在家接受护理机构的上门护理或参保人员自主选择的家人提供的长护服务。两种服务形式各具优势：机构护理拥有齐全完善的医疗、生活护理硬件设施，可由专业人员提供全天候的专业照护服务，确保失能老人服务的不间断性；居家护理方式满足了老年人不愿离家的心理需求，老年人得以在熟悉的环境中继续生活，保持生活习惯，享受自主性、舒适性、隐私性的护理服务，并获得精神关怀。

　　不同服务形式并非固定的、非此即彼的选择，部分试点城市打通了医疗机构护理、照护机构护理、居家护理等不同服务形式之间的壁垒，允许参保人员在符合相应条件的情况下，结合身体变化和实际需要，在不同服务形式之间相互转换，实现长护服务的无缝衔接，体现了长护险服务的灵活性和变通性，可更好地满足参保人员的护理需求。随着人口流动性的增强，部分试点城市为满足老年人异地护理的需求，实施异地居住护理服务。

　　试点城市尤其是第一批试点城市在长护险改革探索初期通常实行有限的服务，内容多局限于失能参保人员的医疗护理。随着长护险制度探索的不断推进，特别是长护险给付条件扩大到中度失能、重度失智群体，试点城市逐步扩容了服务项目，升级了服务内容。试点城市业已形成了医疗护理、基本生活护理、康复护理、心理精神护理、预防性护理、临终关怀等立体服务内容框架，为服务对象提供了全面、多元和专业的照护支持，很好地保障了失能参保人员的基本生活。

服务人员队伍是长护险服务体系的核心组成部分，直接决定了长护险服务质量与水平。各试点城市不断加强服务人员队伍建设，努力完善服务人员管理措施。各试点分别从服务人员准入、管理和考核三个方面加强对护理服务人员的管理。要求服务人员应获得护理方面的相关资格证书，定期参加相关考核与培训；护理机构须与护理人员签订相关合同，制定相应制度并实现制度上墙，明确护理人员的岗位职责、工作任务，规范护理服务人员的服务流程、标准及行为。试点城市普遍围绕长护险服务人才培养和从业人员培训开展长护险服务人才队伍建设。部分试点城市还利用时间银行运行机制，加强长护服务志愿者队伍建设，以此弥补长护服务队伍的短缺。

试点城市的长护险经办主要有"政府监管+政府经办"和"政府监管+第三方经办"两种模式。在"政府监管+政府经办"模式中，政府扮演管理者、经办者、监督者的多重角色，担负着除具体服务的供给之外的其他职责。此模式的优势在于政府行政部门的全面介入能确保政策的贯彻与执行以及社会目标的实现，不足之处在于服务效率低下、社会资源浪费、政府负担加重等。在"政府监管+第三方经办"模式中，政府和市场、社会分工合作，共同供给长期护理服务。政府扮演管理者、监督者角色，具体的长护险业务经办则通过招投标、政府购买形式委托符合要求的市场与社会。此模式的优势在于优化资源配置、提高服务效率、减轻政府负担，为失能参保人员提供高质量长护服务，不足之处在于存在招投标流于形式、政府监管责任履行不到位、对第三方的考核评估走过场、权钱交易等风险。

长护险常见的监督管理方式主要包括组织监管、协议监管、绩效监管和数字监管。试点城市普遍成立了由不同部门及其领导组成的长护险制度试点领导小组，负责长护险制度试点日常工作，并高度重视跨部门协同，形成长护险制度建设的合力。不少试点城市还实行以目标为导向、以计划为基础、以进度为约束的挂图作战工作方式，以更好地推进长护险制度建设。政府行政部门与失能评估机构、承办机构、护理机构签订相关协议，以协议、绩效方式加强对评估机构、承办机构和护理机构的约束管理。政府行政部门一般通过政府采购、招投标遴选符合资质条件的长护险失能评估机构、承办机构、服务机构，长护险经办机构与评估机构、承办机构、服务机构签订服务协议，约定彼此的权利与义务。服务协议通常含有机构考核指标及其相关内容。政府部门依据长护险政策规定及长护机构服务协议，对失能评估机构、承办机构、服务机构实行相应的监督稽核。考核结果与服务质量保证金挂钩，依据考核结果拨付不同比例的服务质量保证金，考核结果同时还与长护险机构续签相关联，以此督促其履行协议条款，完善规章制度，增强服务能力，提高长护险服务水平与质量。有些试点城市还建立了长护险资金风险防范和失能失智预防专项资金制度，以预防可能出现的长护险支付风险，延缓参保人的失能失智进度，减少长护险基金的支付额度，维护长护险基金的安全。在探索和建设长护险制度过程中，试点城市利用新技术创新监管手段，打造全人、全程、全域"三全"智慧长护生态系统，提高监管的信息化、数字化水平。

第五章
长期护理保险实证分析

　　失能是个体生命历程中的重大事件，标志着个体生理功能、社会参与的根本性变化，是个体从自理独立到依赖他人的转向，严重影响了当事人及其家庭的生活满意度。与此同时，山东是全国老年人口最多、进入老龄社会时间较早、老龄化程度较高、应对人口老龄化任务较重的省份，其人口老龄化的表征、结构、条件在某种程度上既具有全国共性和普遍性，又具有鲜明的地方性与特殊性。作为国家长期护理保险试点的重点联系省份和全国唯一的全省整建制成为长护险首批试点的省份，山东省长期护理保险制度建设起步较早。2012 年，山东省部分地区启动长护险试点，2021 年在全国率先实现职工长期护理保险的全覆盖。目前，山东省长护险试点工作正在有条不紊地整体推进，预计 2025 年将实现居民长期护理保险全覆盖。

　　本章拟对长期护理保险展开相关实证分析。一方面，运用 2018 年中国老年社会追踪调查（CLASS 2018）数据，实证探讨中国失能老年人的生活满意度现状、失能状态对老年人生活满意度的影响、失能对不同群体老年人生活满意度的差异化影响。另一方面，以山东省为长护险试点实践个案，综合区域、人口老龄化、经济发展、长护险试点实践等因素，判断选取济南、青岛、枣庄作为山东省代表性长期护理保险试点类型，全面探讨其发展历程与制度框架。

第一节　失能对老年人生活满意度影响的实证分析

进入 21 世纪以来，我国人口老龄化程度不断加深。截至 2023 年底，我国 60 岁及以上人口（2.97 亿人）占全国人口的 21.1%，其中 65 岁及以上人口（2.17 亿人）占 15.4%，预计到 2050 年前后，我国老年人口数将达到峰值 4.87 亿人[①]。人口老龄化的不断加深意味着老年人口失能化的加重，突出表现便是老年人失能时间的增加和失能老年人口规模的扩大（总报告起草组、李志宏、全国老龄工作委员会办公室，2015）。2016 年，世界卫生组织发布的《关于老龄化与健康的全球报告》指出，个体在步入老年阶段后，至少有 15 年的时间可能会经历某种形式的失能状态（程明梅、杨华磊，2024）。而根据《国务院关于加强和推进老龄工作进展情况的报告》，我国失能和部分失能老年人约 4000 万人。而且有学者预计，2020~2025 年总失能率将经历先降后升的趋势，在 9.28% 至 11.15% 之间变动（廖少宏、王广州，2021）。同时，国家卫健委公布的数据显示，2023 年中国失能失智老人数量已达 4500 万人，预计到 2050 年，数量将达到 1 亿人。失能状态将不可避免地削弱老年人的生活质量与主观幸福感，[②] 同时增加其家庭成员的心理与经济压力，形成"一人失能，全家失衡"的社会现象。此问题正逐渐成为一个公共议题，引发政府、学界和社会的广泛关注。

2020 年，中国共产党十九届五中全会将积极应对人口老龄化确定

[①] 《2023 年度国家老龄事业发展公报》，民政部、全国老龄办，https://www.mca.gov.cn/n156/n2679/c1662004999980001751，2024 年 10 月 11 日；《到 2050 年老年人将占我国总人口约三分之一》，中国政府网，王建军，https://www.gov.cn/xinwen/2018-07/19/content_5307839.htm，2018 年 7 月 19 日。

[②] 《中国疾控中心：推进老年人失能失智预防干预试点工作，助力健康老龄化》，光明网，https://m.gmw.cn/baijia/2022-11/04/1303186373.html，2022 年 11 月 4 日。

为国家战略，此举深刻体现了以人民为中心的发展理念，是确保全国亿万老年人及其家庭福祉的内在要求。随着经济社会的快速发展和物质财富的不断积累，人民群众对美好生活的需要日益增长，提高人民幸福感和生活满意度愈发重要。作为衡量主观幸福感的关键指标之一，生活满意度是个体在自身内在标准基础上对总体生活福利、生活质量和状况的主观评价，也是幸福感的具体体现（周兴、刘鑫，2022）。世界卫生组织在 2001 年提出的《国际功能、残疾和健康分类》（International Classification of Functioning Disability and Health，ICF）认为：失能是个体与环境动态交互的过程，是功能能力在生理和社会属性上的结合（史珈铭、蒋潮鑫，2024）。失能状态导致的后果是个体健康的恶化以及生活满意度和主观幸福感的下降（王雪辉，2020）。因此，探讨失能对老年人生活满意度的影响对积极应对人口老龄化和健康老龄化的实现具有重要意义。

基于上述背景，本节运用 2018 年中国老年社会追踪调查（CLASS 2018）数据，实证分析失能对老年人生活满意度的影响。具体言之，本研究主要探讨以下相关问题：中国失能老年人的生活满意度现状、失能状态对老年人生活满意度的影响、失能对不同群体老年人生活满意度的差异化影响。

一　失能、生活满意度的定义与测量

失能（残障）涉及个人与其环境之间的相互作用，通常指的是身体功能的受限及其对日常生活的控制力的削弱。学术界和实务界对身体功能及其受限程度长期缺乏统一的定义，对失能（残障）的测量亦缺乏统一的工具。按照国际通行的标准，失能老年人泛指因疾病或衰老而丧失日常生活自理能力的老年人（陈娜、王长青，2019a）。对失能的判定，目前比较通用的测量工具主要包括《世界卫生组织残疾评定量表（第 2 版）》（World Health Organization Disability Assessment Schedule Ⅱ，WHODAS 2.0）和 ADL 量表。《世界卫生组织残疾评定量表（第 2 版）》（WHODAS 2.0）由分类、术语和标准小组（Classification, Terminology and Standards Team，简称 CTS 小组）开发，由世界卫生组织/美国国立卫生研究院残疾评估与分类联合项目发展而来。WHODAS 2.0 主要包括认知功能、身体活动性、自理能力、与他人相处、与他人相关、社会参与等维度，已广泛应用于评估普通人群健康和残障水平，以及精神和神经相关疾病的评定（Garin，2010）。与 WHODAS 2.0 的全人群综合测量相比，ADL 量表是针对老年人群广泛采用的失能程度和独立生活能力的评估工具，主要通过吃饭、穿衣、上下床、上厕所、室内外走动、洗澡等日常生活活动能力反映身体功能状况。若个体无法独立完成至少一项日常生活活动（Activities of Daily Living，ADL），即被认定为失能。根据失能程度的差异，可以进一步细分为：无法独立完成一项或两项 ADL 的个体被视为轻度失能；无法完成三项到四项 ADL 的个体被视为中度或半失能；而无法完成五项到六项 ADL 的个体，则被视为重度失能。常用的标准化的 ADL 评定有 Barthel 指数、Katz 指数等，其中的 Katz 指数量表是目前国内外学术界中应用最广泛的老年人健康评估指标之一。

当前，学者针对失能老年人口的研究主要集中在失能率预测和长期照护需求两大领域。关于失能率预测，李娟等（2024）对空巢老年人失能状况进行研究，指出空巢老人总体失能率为 13.4%，城市空巢老人失能率为 14.6%，高于农村空巢老人 12.2% 的失能率；程明梅、杨华磊（2024）结合 CLHLS 微观数据库，对 2050 年以前城镇失能老年人口养老服务需求进行了预测，指出随着年龄的增加，中国城镇老年人的失能率不断提高，65 岁以上、80 岁以上及 100 岁以上的老年群体的平均失能率分别为 28.98%、42.12% 和 76.04%；常文星等（2024）运用《世界卫生组织残疾评定量表（第 2 版）》（WHODAS 2.0）12 条简表评估监测西安市社区老年居民的失能状况，研究指出西安市社区老年居民失能率为 22.98%；杨明旭、鲁蓓、米红（2018）基于 2000 年、2006 年、2010 年三期中国城乡老年人追踪调查数据（SSAPUR）指出，60 岁以上老年人的失能率从 8.92% 降到了 8.13%；陈玲等（2023）基于 2018 年中国健康与养老追踪调查数据，构建老年人失能风险预测模型，根据贝叶斯网络推理，得出老年人失能率为 29.3%。关于长期照护需求，研究显示，多数失能老年人最希望得到生活照料、保健护理及精神慰藉服务（赵怀娟，2013）。目前，在中国主要分为居家养老和机构养老两种照顾类型（宋宝安，2016），对失能老年人而言，居家养老与机构养老相结合的医养结合长期照护是最为适宜的模式（陈娜、王长青，2019a）。需要注意的是，针对农村相当严重的老年人失能现象（张晓龙，2024），研究人员指出农村失能老年人的养老照顾急需制度保障，建议加强农村长护险制度建设，以更好地为农村失能老年人提供长期照护服务。

生活满意度是个人对生活各方面满意度的总体主观评价，它基于个体对日常生活经历和情感的总体理解，属于心理指标范畴，也是全面衡量生活质量的重要指标。随着失能老年群体规模的扩大，失能对老年人生活满意度的影响逐渐引起学者关注。卢卡斯（Lucas，2007）对比了失能前后生活满意度的长期变化，发现失能造成的生活满意度下降是长期存在的；郭飏等（2015）也指出失能的程度、失能时间与老年人生活满意度成反比，也就是说失能程度越高、时间越长，老年人生活满意度越低；刘亚飞和张敬云（2017）研究了非正式照料对失能老年人生活满意度和抑郁程度的影响，表明非正式照料能够显著降低失能老年人的抑郁程度和提高失能老年人的生活满意度；熊鹰、袁文艺、刘喆（2017）的研究表明，居家失能老年人的生活满意度较低，在不考虑个体特征差异情况下，经济状况、自评健康状况和社区服务等因素均对失能老年人生活满意度具有显著影响；张月云和李建新（2018）研究了失能水平对老年人抑郁的影响，并检验了年龄差异及社区资源在这一过程中的调节作用，指出随着老年人失能水平的提高，其抑郁水平也会提高，同时重度失能所引发的消极心理后果在高龄段会有所减弱；黄蓉、易利娜、余昌妹（2013）研究了温州市失能老年人生活满意度及相关影响因素，利用生活满意度视觉模拟评分法、欧洲五维健康量表（EQ-5D）对温州市483名失能老年人进行问卷调查，研究发现不同居住区域、婚姻状况、经济状况、患病状况和医疗保障的失能老年人的生活满意度具有显著差异。

二 研究设计

（一）研究假设

本研究首先构建计量回归模型以分析失能与老年人生活满意度的关系，基准模型构建为：$satisfaction_i = \alpha + \beta_1 disability_i + \gamma z_i + \varepsilon_i$。其中，被解释变量 $satisfaction_i$ 表示第 i 个老年个体的生活满意度；核心解释变量 $disability_i$ 表示第 i 个老年个体的失能状况；z_i 为一系列控制变量；ε_i 是随机扰动项；α 表示常数项；β 和 γ 分为核心解释变量和控制变量的回归系数。由于生活满意度是类别变量，本研究将使用 Logistic 模型估计方程对失能与老年人生活满意度的关系进行估计。

已有研究为我们提供了其他因素对老年人生活满意度的影响。为此，本研究提出如下假设。

假设1：失能会显著降低老年人生活满意度，随着失能程度提高，老年人生活满意度降低。

假设2：失能对女性老年人影响更大。

假设 3：失能对无配偶老年人影响更大。

假设 4：失能对农村老年人影响更大。

假设 5：失能对独居老年人影响更大。

（二）方法与数据

本研究使用 CLASS 2018 数据。该项目始于 2014 年，于 2016 年、2018 年开展了两轮追踪调查，调研内容涉及受访者健康、个人和家庭状况等多方面信息。该项目采用分层多阶段概率抽样方法，调查对象为年满 60 周岁的中国公民，最终获得有效样本 13246 份。本研究对象为 60 岁及以上的老年受访者，剔除年龄不满 60 岁和不符合研究内容的样本后，最终保留 11305 份老年人样本。CLASS 2018 的问卷中设计中有较多有关本研究关键变量（失能和生活满意度）的问题，因此本研究选用 CLASS 2018 数据，利用 Stata17.0 软件进行研究问题分析。

本研究的因变量为生活满意度。针对因变量生活满意度，本研究选取问卷中 B17 "总的来说，您对您目前的生活感到满意吗" 作为指标进行测量。选项包括 1（很满意）、2（比较满意）、3（一般）、4（比较不满意）、5（非常不满意），基于研究实际考虑，将选项前 2 类合并为"生活满意"，赋值为 1；将选项后 3 类合并为"生活不满意"，赋值为 0。

本研究的自变量为失能状态，参照国内已有的研究，结合 CLASS 2018 问卷设计，本研究采用国际上通用的 Katz 指数量表来衡量老人是否失能。将洗澡、穿衣、室内活动、上厕所、吃饭、控制大小便 6 项中有 1 项及以上无法独立完成的 60 岁及以上老人定义为失能老年人。问卷问题为"是否可以自己穿衣""是否可以自己洗澡""是否可以自己吃饭""是否可以自己上厕所""是否有小便失禁的现象""是否有大便失禁的现象""是否能在室内走动"。CLASS 2018 的问卷对于有关

"穿衣""洗澡""吃饭""上厕所""室内走动"五个问题的回答分别为"不需要别人帮助"、"需要一些帮助"和"完全做不了",本研究将"需要一些帮助"和"完全做不了"整合为"不能独立完成",将"不需要别人帮助"视为"能独立完成"。为满足 Katz 指数量表规定,本研究将"是否有小便失禁的现象"和"是否有大便失禁的现象"合并为"大小便控制",只要有一项回答为"偶尔有"或者"经常有"便被视为"不能独立完成",如果对两者的回答都为"没有"则被视为"能独立完成"(刘静,2023)。只要老人在这六项活动中有一项活动不能独立完成,就被视为存在失能情况。其中,1~2项无法独立完成的被定义为"轻度失能",3~4项无法独立完成的被定义为"中度失能",5~6项无法独立完成的被定义为"重度失能"(陈娜、邓敏、王长青,2020)。

为排除其他潜在变量的干扰,本研究选取问卷中个体的基本情况作为控制变量,以更准确地分析失能状态对老年人生活满意度的影响,主要包括年龄、性别(0=女性,1=男性)、婚姻状况(0=无配偶,1=有配偶)、城乡(0=农村,1=城市)、地区(1=东部地区,2=中部地区,3=西部地区)、居住状态(0=非独居,1=独居)和受教育程度(1=小学及以下,2=初中,3=高中/中专,4=大专及以上)。在剔除未作答等无效数据后,最终获得老年人有效样本 11305 份。模型主要变量及基本描述性统计如表 5-1 和表 5-2 所示。

表 5-1　模型主要变量及基本描述性统计

变量名	变量类型	样本量	均值	标准差	最小值	最大值
年龄	连续变量	11305	71.438	7.361	60	108

表 5-2 模型主要变量及基本描述性统计 （N = 11305）

单位：人，%

变量名	取值	频数	占比
因变量			
生活满意度	0 = 不满意	3810	33.70
	1 = 满意	7495	66.30
自变量			
失能	0 = 不失能	9932	87.85
	1 = 轻度失能	1041	9.21
	2 = 中度失能	166	1.47
	3 = 重度失能	166	1.47
控制变量			
性别	0 = 女性	5618	49.69
	1 = 男性	5687	50.31
婚姻状况	0 = 无配偶	3461	30.61
	1 = 有配偶	7844	69.39
城乡	0 = 农村	4767	42.17
	1 = 城市	6538	57.83
地区	1 = 东部地区	5645	49.93
	2 = 中部地区	2867	25.36
	3 = 西部地区	2793	24.71
居住状态	0 = 非独居	9927	87.81
	1 = 独居	1378	12.19
受教育程度	1 = 小学及以下	7582	67.07
	2 = 初中	2624	23.21
	3 = 高中/中专	860	7.61
	4 = 大专及以上	239	2.11

（三）样本特征

数据结果显示，老年人平均年龄为 71.4 岁，样本年龄最小值为 60 岁，最大值为 108 岁。表 5-2 的结果显示，老年群体中，对生活满意者远多于对生活不满意者。对生活满意的老年人数量为 7495 人，占比为

66.30%；对生活不满意的老年人数量为 3810 人，占比为 33.70%。不失能的老年人数量为 9932 人，占比为 87.85%，远超失能老年人，其中轻度失能、中度失能和重度失能的老年人占比分别为 9.21%、1.47% 和 1.47%。从性别来看，老年人男女性别分布均衡，女性老年人和男性老年人数量分别为 5618 人和 5687 人，占比分别为 49.69% 和 50.31%。从婚姻状况来看，有配偶老年人数量为 7844 人，占比为 69.39%，无配偶老年人数量为 3461 人，占比为 30.61%。从数据结果来看，有配偶老年人多于无配偶老年人，老年群体婚配状况处于较好的状态。从城乡分布来看，城市老年人和农村老年人数量分别为 6538 人和 4767 人，占比分别为 57.83% 和 42.17%。从地区分布来看，东部地区老年人居多，数量为 5645 人，占比为 49.93%，接近总人数的一半，中部地区和西部地区老年人数量相差不大，占比分别为 25.36% 和 24.71%。从老年人居住状态来看，非独居老年人数量为 9927 人，占比较高，为 87.81%；独居老年人数量为 1378 人，占比为 12.19%。从受教育程度来看，小学及以下、初中、高中/中专和大专及以上的老年人数量分别为 7582 人、2624 人、860 人和 239 人，占比分别为 67.07%、23.21%、7.61% 和 2.11%，可见老年人整体受教育程度并不高，小学及以下老年群体数量最多。

表 5-3 为分样本老年人现状统计。从老年群体是否失能来看，不失能老年群体中，女性老年人和男性老年人占比分别为 48.60% 和 51.40%；有配偶老年人多于无配偶老年人，分别为 7068 人和 2864 人；城市老年人占比为 57.61%，高于农村老年人的 42.39%；非独居老年群体庞大，占比为 87.45%，仅有 12.55% 的老年群体处于独居状态；东部地区老年人数量最多，接近于中部地区与西部地区老年人数量的总和，占比为 49.29%，中部和西部地区老年人分布均衡；从受教育程度来看，小学及以下老年人数量最多，占比为 65.85%。

轻度失能老年人群体中，女性老年人数量多于男性老年人数量，女性老年人占比为 59.75%，男性老年人占比为 40.25%；有配偶老年人和无配偶老年人占比分别为 58.50% 和 41.50%；城市老年人和农村老年人占比分别为 60.23% 和 39.77%；非独居老年人占比为 89.63%，远高于独居老年人占比；东部地区老年人占比为 52.74%，中部地区和西部地区老年人占比分别为 29.78% 和 17.48%；从受教育程度来看，与不失能老年人受教育程度分布情况类似，小学及以下老年人群体占比较高，为 75.22%，仅有 7 人为大专及以上学历。

中度失能老年群体中，男女性别分布均衡，女性老年人占比为 50.60%，男性老年人占比为 49.40%；有配偶老年人和无配偶老年人占比分别为 51.20% 和 48.80%；城市老年人和农村老年人占比分别为 59.04% 和 40.96%，城市中度失能老年人远多于农村中度失能老年人；非独居老年人占比为 93.37%，远高于独居老年人占比；东部地区老年人占比为 38.55%，中部地区和西部地区老年人占比分别为 31.33% 和 30.12%；从受教育程度来看，小学及以下老年人群体占比较高，为 78.92%，仅有 7 人为大专及以上学历。

重度失能老年人群体中，女性老年人数量多于男性老年人数量，女性老年人占比为 51.20%，男性老年人占比为 48.80%；有配偶老年人和无配偶老年人占比分别为 49.40% 和 50.60%；城市老年人和农村老年人占比分别为 54.82% 和 45.18%；非独居老年人占比为 92.17%，远高于独居老年人占比；东部地区老年人占比为 58.43%，中部地区和西部地区老年人占比分别为 19.88% 和 21.69%；从受教育程度来看，小学及以下老年人群体占比较高，为 77.11%，仅有 4 人为大专及以上学历。

从不同老年群体来看，在性别方面，男女老年人整体呈现均衡态势，相比不失能老年人，轻度失能、中度失能和重度失能老年人中，女性老年人数量均多于男性老年人数量；在婚姻状况方面，不失能老年人中有配偶老年人占比远高于失能老年人中有配偶老年人；在城乡方面，整体上看，不失能城市老年人和失能城市老年人占比均高于农村老年人；在居住状态方面，非独居老年人数量多于独居老年人；在地区方面，不论是失能老年人还是不失能老年人，东部地区老年人数量均多于中西部地区老年人，值得注意的是中度失能老年人中，东中西部地区老年人占比分布较均衡；在受教育程度方面，不论是失能老年人还是不失能老年人，小学及以下老年人占比都最高，大专及以上老年人占比都最低，这一结果说明老年人总体上受教育程度较低。

表 5-3　分样本老年人现状统计

单位：人，%

变量名			频数	占比
性别	不失能	女性	4827	48.60
		男性	5105	51.40
	轻度失能	女性	622	59.75
		男性	419	40.25
	中度失能	女性	84	50.60
		男性	82	49.40
	重度失能	女性	85	51.20
		男性	81	48.80
婚姻状况	不失能	无配偶	2864	28.84
		有配偶	7068	71.16
	轻度失能	无配偶	432	41.50
		有配偶	609	58.50
	中度失能	无配偶	81	48.80
		有配偶	85	51.20
	重度失能	无配偶	84	50.60
		有配偶	82	49.40
城乡	不失能	农村	4210	42.39
		城市	5722	57.61

续表

变量名			频数	占比
城乡	轻度失能	农村	414	39.77
		城市	627	60.23
	中度失能	农村	68	40.96
		城市	98	59.04
	重度失能	农村	75	45.18
		城市	91	54.82
居住状态	不失能	非独居	8686	87.45
		独居	1246	12.55
	轻度失能	非独居	933	89.63
		独居	108	10.37
	中度失能	非独居	155	93.37
		独居	11	6.63
	重度失能	非独居	153	92.17
		独居	13	7.83
地区	不失能	东部地区	4895	49.29
		中部地区	2502	25.19
		西部地区	2535	25.52
	轻度失能	东部地区	549	52.74
		中部地区	310	29.78
		西部地区	182	17.48
	中度失能	东部地区	64	38.55
		中部地区	52	31.33
		西部地区	50	30.12
	重度失能	东部地区	97	58.43
		中部地区	33	19.88
		西部地区	36	21.69
受教育程度	不失能	小学及以下	6540	65.85
		初中	2366	23.82
		高中/中专	805	8.11
		大专及以上	221	2.23
	轻度失能	小学及以下	783	75.22
		初中	208	19.98

变量名			频数	占比
受教育程度	轻度失能	高中/中专	43	4.13
		大专及以上	7	0.67
	中度失能	小学及以下	131	78.92
		初中	21	12.65
		高中/中专	7	4.22
		大专及以上	7	4.22
	重度失能	小学及以下	128	77.11
		初中	29	17.47
		高中/中专	5	3.01
		大专及以上	4	2.41

三 实证结果与分析

本部分主要从基准结果、模型分析以及异质性分析三部分对结果进行汇报分析。

(一) 基准结果

表 5-4 为本研究利用 Logistic 模型进行基准回归的结果。其中，模型 1 为不加入控制变量的回归结果，模型 2 为逐步加入老年人个体基本情况等控制变量的回归结果。从模型 1 和模型 2 的结果来看，随着变量的增加，伪 R^2 值逐渐提高，模型的拟合度逐渐提升。结果表明，老年人失能程度与其生活满意度存在显著负相关关系，且在 0.1% 的水平上显著负相关，即失能会显著降低老年人生活满意度，其中随着失能程度的加深，失能对老年人生活满意度的负向影响更大，在加入控制变量后，此结果未发生改变，假设 1 得到验证。

表 5-4　模型汇报结果

变量	生活满意度	
	模型 1	模型 2
失能（不失能＝0）		
轻度失能	−0.275***	−0.239***
	(0.067)	(0.069)
中度失能	−0.557***	−0.595***
	(0.157)	(0.161)
重度失能	−0.920***	−0.923***
	(0.157)	(0.161)
年龄		0.002
		(0.003)
性别		−0.045
		(0.042)
婚姻状况		0.124*
		(0.053)
城乡		0.161***
		(0.044)
地区（东部地区＝1）		
中部地区		−0.413***
		(0.050)
西部地区		−0.191***
		(0.051)
居住状态		−0.154*
		(0.068)
受教育程度（小学及以下＝1）		
初中		0.203***
		(0.052)
高中/中专		0.548***
		(0.088)
大专及以上		0.982***
		(0.183)
常数项	0.726***	0.534***
	(0.021)	(0.231)
样本量	11305	11305
伪 R^2	0.004	0.022

注：括号内为标准误，***、**、*分别表示0.1%、1%、5%的显著性水平。

（二）模型分析

社会发展过程中，老年人生活满意度问题不容小觑。本研究聚焦失能老年人，旨在研究失能与老年人生活满意度的关系。表 5-4 为老年样本模型回归结果，结果显示失能对老年群体生活满意度的影响在统计上显著，作用方向为负，表明失能对老年人生活满意度具有直接削弱作用，且失能程度越高，失能对老年人生活满意度的削弱作用越大、程度越深。基于模型 1 结果可知，在未控制其他变量的前提下，与不失能老年人相比，失能老年人的生活满意度更低，并且在 0.1% 的水平上呈显著负相关。这一发现表明失能会显著降低老年人的生活满意度，其中重度失能对老年人生活满意度的影响更大。基于模型 2 结果可知，即使是逐步加入老年人个体情况等控制变量，与不失能相比，失能对老年人生活满意度的削弱作用更大，同样是重度失能老年人的生活满意度更低。假设 1 再次得到验证。这与学者孙计领（2021）的研究结论一致。这可能是因为失能老年人生理上丧失部分自理能力，生理上承受痛苦，心理上也极易出现焦虑、抑郁和烦躁等负面情绪，从而影响失能老年群体日常生活，降低其生活满意度。值得注意的是，老年人婚姻状况、城乡、地区和受教育程度等也对其生活满意度产生影响，这为后续异质性分析提供了数据支持。

（三）异质性分析

老年人是一个高度异质化的群体，失能对老年群体生活满意度的影响可能会因为个体特征的差异而有所不同。为了考察失能对老年人生活满意度影响的异质性，本研究从性别、婚姻状况、城乡和居住状态四个方面对全样本进行分组检验，表 5-5 报告了估计结果。需要说明的是，表 5-5 是使用加入控制变量的估计结果。

按性别分组的估计结果表明，相较于女性老年人，失能对男性老年人的生活满意度影响更大。具体而言，失能在 0.1% 的水平上对男女老年人生活满意度产生影响，同时失能对男性老年人生活满意度影响的回归系数更大。假设 2 未得到验证。这可能是因为传统家庭模式中常见分工是男人外出工作，为家庭提供经济支持。不论是家庭中丈夫失能还是妻子失能，都会对老年夫妻家庭经济水平造成负面影响。配偶在失能老年人的照料支持中发挥着非常大的作用（魏彦彦、孙陆军，2012）。丈夫失能后不再具备为家庭提供经济支持的能力，而妻子则可能需要扮演照料者角色，致使家庭不具备稳定经济来源，更容易使男性老年人产生较大压力，从而降低其生活满意度，影响其生活质量。

按婚姻状况分组的估计结果表明，失能对无配偶老年人生活满意度的影响更大。失能对有无配偶老年人生活满意度的影响均在 0.1% 的水平上显著，但相较于有配偶老年人，无配偶老年人生活满意度的回归系数更大。假设 3 得到验证。这可能是因为有配偶失能老年人的养老服务更完善，其配偶可以提供生活照料和情感支持。由于无配偶老年人经济能力差、缺少情感照护等原因，其脆弱性更强、抵抗能力更弱，因此失能对无配偶老年人的影响效应更强。

按城乡分组的估计结果表明，失能对城市老年人生活满意度的影响更为明显，且在 0.1% 的水平上显著，对农村老年人生活满意度的影响在 0.5% 的水平上显著。假设 4 未得到验证。这可能是因为城市失能老年人的代际支持程度低于农村失能老年人。由于城市生活节奏较快，城市失能老年人的子女常为生计所迫，难以分配更多时间直接照料失能长辈，故而更倾向于依赖护工服务。然而，这一选择虽有效缓解了子女的时间分配压力，却也在一定程度上导致失能老年人在情感与经济层面的双重困境。一方面，失能老年个体在护工的护理下难以获得家庭情感的温暖与慰藉；另一方面，随着失能程度的不断加深，照护需求的时间与经济成本急剧上升，不仅可能加重失能老年人的经济负担，还可能因其感受到自身成为家庭负担而引发愧疚感与无用感等负面情绪，进而深刻影响其生活满意度（张云秋等，2022）。相较于城市失能老年人，农村失能老年人的子女主要以务农为生，这一职业特性使他们在老年亲代失能前乃至失能后，均能有相对充裕的时间给予其陪伴与照料，进而能有效缓解失能状态可能带来的生活压力并提供情感支持，从而使失能状态对农村老年人生活满意度的影响相对不显著。

按居住状态分组的估计结果表明，失能对非独居老年人生活满意度的影响更大。失能对非独居老年人生活满意度的影响在 0.1% 的水平上显著，对独居老年人生活满意度不存在显著性影响。假设 5 未得到验证。这可能是由于独居老年人在长期独立生活中形成了较强的自我生活处理能力，即便面临失能状况，他们仍能保持一定的独立生存能力。因此，失能状态对于这类老年人的生活满意度影响相对较小。相对而言，非独居老年人更多地得到社会支持，其活动能力越好，主动获得感知社会支持的能力越强，感受到的社会支持总体水平越高（屈天歌，2023）。然而，老年人失能后容易产生极大心理落差，容易引发其生活质量下降，从而导致其生活满意度降低，所以失能对非独居老年人生活满意度影响更大。

表 5-5 失能对不同群体老年人生活满意度的影响

变量名		生活满意度
性别	女性	−0.274 *** (0.054)
	男性	−0.293 *** (0.057)
婚姻状况	无配偶	−0.311 *** (0.059)
	有配偶	−0.275 *** (0.053)

续表

变量名		生活满意度
城乡	农村	−0.186 ** (0.059)
	城市	−0.362 *** (0.053)
居住状态	非独居	−0.317 *** (0.041)
	独居	−0.030 (0.133)

注：括号内为标准误，*** 、** 、* 分别表示 0.1%、1%、5%的显著性水平。

第二节　长期护理保险制度个案实证分析

山东在我国人口老龄化进程与老龄社会治理中扮演着重要角色。早在 1994 年，山东省便进入人口老龄化社会①，早于全国 5 年进入老龄化社会。2016 年，山东省 60 岁及以上、65 岁及以上老年人口分别达到 2056.97 万人、1307.98 万人，占总人口的比重分别为 20.68%、13.15%②，较全国提前 6 年进入中度老龄化社会。预计到 2035 年，山东省 60 岁及以上老年人口占比将超过 30%，进入深度老龄化社会③。目前，山东省老年人口规模位居全国首位，是全国唯一的老年人口超过 2000 万的省份，约占全国 60 岁及以上老年人口的 8%，其人口老龄化程度及速度也位居全国前列，因此成为解决人口老龄化问题压力大、任务重、时间紧

---

① 《全国"最老"! 山东超 60 岁老人 2239 万》，大众日报，https://baijiahao.baidu.com/s? id = 1634939710387779557&wfr = spider&for = pc2019-05-30，2019-05-30。

② 《山东老年人口达 2057 万，不到 5 人就有一位 60 岁老人》，大众网，https://www.dzw-ww.com/shandong/sdnews/201703/t20170325_15686289.htm，2017-03-25。

③ 《2035 年山东省 60 岁以上老年人口预计占比达三成，进入深度老龄化社会》，央广网，https://baijiahao.baidu.com/s? id = 1681357332646406101&wfr = spider&for = pc，2020-10-23。

的地区。山东省较早探索开展长护险制度实践，2016 年，山东 16 个地市全部列为首批长护险制度试点，是全国唯一的全省整建制成为长护险试点的省份。本节综合考量地理位置、人口老龄化程度、经济发展水平、长护险制度建设状况等多种因素，判断选取济南、青岛、枣庄三个典型试点城市，实证分析这三个城市的长护险制度发展历程、框架与实践。

一 济南市长期护理保险制度实践

济南市位于山东省中部地区，南依泰山，北跨黄河，具有优越的自然条件和自然资源。作为山东省省会，济南是全省的政治、经济、科技、文化中心，也是重要的交通枢纽，对周边人口及经济具有较强的辐射作用。2020 年，济南人均 GDP 达到了 11.02 万元，同比增长 4%，其绝对值及增速在全省城市中名列前茅[①]，2021 年，全市生产总值 11432.2 亿元，比上年增长 7.2%[②]，经济发展稳步前进。

济南市进入人口老龄化社会的时间较早。早在 1990 年第四次全国人口普查时，济南市 60 岁及以上人口比重便达到了 10.01%，老年人口总数达 52.96 万人（李兰永、刘媛，2013）。2020 年，济南市 60 岁及以上人口为 183.7 万人，占全市总人口的 19.96%。[③] 1990~2020 年济南市老年人口数量及老年人口比重详见图 5-1。在人口老龄化不断加深加重的背景下，济南市失去部分或全部自理能力的失能半失能老年人规模不断扩大。据预测，2030 年济南市 60 岁及以上的失能老年人将达到 28.06 万人（宗文超，2019），人口老龄化、失能化将带来巨大的护理

---

① 《人普数据系列解读 6：898 人/平方公里！济南人口密度全省第一》，http://jntj.jinan.gov.cn/art/2021/6/22/art_18265_4742926.html，2021 年 6 月 22 日。

② 《2021 年济南市国民经济和社会发展统计公报》，http://jntj.jinan.gov.cn/art/2022/3/4/art_18254_4745381.html，2022 年 3 月 4 日。

③ 《济南市第七次全国人口普查公报》，http://jntj.jinan.gov.cn/art/2021/6/16/art_18254_4742896.html，2021 年 6 月 16 日。

服务需求和照护压力。

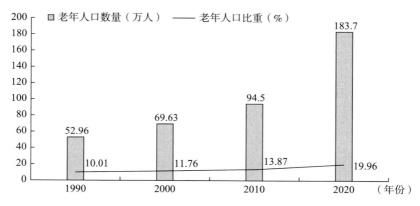

图 5-1　1990~2020 年济南市老年人口数量及老年人口比重

资料来源：根据 1990 年、2000 年、2010 年、2020 年全国人口普查数据整理。

（一）济南市长期护理保险发展历程

根据党的十八届五中全会精神和"十三五"规划纲要任务部署，为探索建立长期护理保险制度，2016 年人力资源和社会保障部办公厅印发的《关于开展长期护理保险制度试点的指导意见》，把山东、吉林两省作为长护险制度试点的重点联系省份，将包括济南在内的山东省 16 个地市全部纳入首批长期护理保险制度试点。同期，济南市开始了长期护理保险制度的筹备探索工作，历经职工长期护理保险制度框架初步建立、职工长期护理保险制度逐渐完善、长期护理保险城乡扩大试点人群范围三个发展阶段。其中，在初步建立阶段，济南制定了职工长期护理保险制度框架，发布试行实施办法；在逐渐完善阶段，经过总结前期试点经验，修订并确立了正式实施办法；在扩大试点人群范围阶段，启动了城乡居民长期护理保险工作，由此实现了长护险的城乡全覆盖。

1. 济南市职工长期护理保险制度框架初步建立

制定职工长期护理保险制度框架。2016 年 3 月，济南市发布《济南市关于建立职工长期医疗护理保险制度的意见》，明确规定参保人群、资金筹集方式、服务形式、服务内容、待遇支付标准等，由此基本建立了职工长期护理保险制度框架。同年5月，济南市发布《济南市职工长期医疗护理保险实施办法（试行）》，具体规定失能评分评定标准、医疗机构服务内容、申请方式、结算方式、机构标准、管理服务等，长期护理保险制度更为明晰、实操性更强。

2. 济南市职工长期护理保险制度逐渐完善

确立并完善职工长期护理保险制度及实施方法。2017年，济南市人力资源和社会保障局等四部门联合下发《关于进一步完善济南市职工长期医疗护理保险政策的意见》，对职工长护险的筹集渠道、待遇条件、支付范围、机构标准、支付标准、费用结算、管理服务等七项内容进行了拓宽、提高和改进。如进一步调整待遇条件，完善了失能评定办法及标准，增加了失智、精神类疾病的评定，院护和家护申请的门槛由《日常生活活动能力评定量表》评定分数的≤50分调整为≤55分；制定《济南市职工长期护理保险服务项目》，明确护理保险服务项目清单及相关服务标准、规范，扩大支付范围。

在此基础上，根据山东省人民政府办公厅2017年印发的《关于试行职工长期护理保险制度的意见》，并结合前期试点经验，2018年11月济南市人力资源和社会保障局等四部门再次联合发布《济南市职工长期医疗护理保险实施办法》。该办法对服务标准、服务内容、给付待遇等做了明确要求。在服务标准方面，实行差别化服务申请方式，失能等级不同，可申请服务方式不同；在服务内容方面，根据申请人需要，选择服务项目；在给付待遇方面，分类明晰，不同服务方式，待遇标准有所区别。此外，《济南市职工长期医疗护理保险实施办法》还对专护定点医护机构的硬件设施条件及人员配备资格做了明确规定。通过对前期试点总结，试行办法经过修订后正式成为实施办法，职工长期护理保险制度逐渐完善。

3. 济南市长期护理保险扩大试点人群范围

扩大试点人群范围，启动城乡居民长期护理保险工作。2020 年底，济南市实现了医保市级统筹，同步完成与原莱芜市医保制度的衔接融合。2021 年济南市发布《关于扩大济南市长期护理保险制度试点的工作方案》，扩大长护险制度覆盖范围，启动城乡居民长期护理保险，规定自 2021 年 5 月 1 日起，城乡参保居民可按规定申请长期护理保险待遇，城乡居民长护险护理服务形式、待遇享受条件、申请办理流程、机构定点标准、基金支付范围、费用结算办法、经办服务管理等参照职工长期护理保险有关规定执行，居民长期护理保险基金支付比例（70%）低于职工长期护理保险基金支付比例（90%）。该方案还要求，到 2022 年底，基本形成适应济南市市情、覆盖城乡的长期护理保险制度体系，推动建立健全满足群众多元需求的多层次长期护理保险制度。济南市发布的长期护理保险政策文件详见表 5-6。

表 5-6　济南市发布的长期护理保险政策文件

发展阶段	时间	政策文件	覆盖对象
初期建立 制度框架	2016 年 3 月	《济南市关于建立职工长期医疗护理保险制度的意见》	参加济南市职工基本医疗保险人员
	2016 年 5 月	《济南市职工长期医疗护理保险实施办法（试行）》	参加济南市职工基本医疗保险人员
完善制度	2017 年 7 月	《关于进一步完善济南市职工长期医疗护理保险政策的意见》	参加济南市职工基本医疗保险人员
	2018 年 11 月	《济南市职工长期医疗护理保险实施办法》	参加济南市职工基本医疗保险人员
扩大试点 人群范围	2021 年 1 月	《关于扩大济南市长期护理保险制度试点的工作方案》	参加济南市居民基本医疗保险人员

资料来源：济南市人力资源和社会保障局。

（二）济南市长期护理保险制度框架

济南市以逐步拓宽保险覆盖范围、加强服务保障为工作思路，稳步推进符合市情的长期护理保险制度建设。自 2016 年发展至今，济南市长期护理保险制度逐渐定型，保障人群范围逐步扩大，资金筹集日趋多元，申请方法日益科学，待遇标准不断提升，业已形成适合济南市市情的长期护理保险制度。

1. 覆盖范围

济南市自 2016 年开始试点长期护理保险制度，历经数年建设发展，长期护理保险覆盖范围已由城镇职工扩大到城乡居民，实现了由点到面、由局部到总体的转变，朝全面完善社会保障体系迈出了重要步伐。

在试点探索初期，济南市长期护理保险的覆盖对象仅限济南市参保职工。凡济南市职工基本医疗保险参保人员，均可参加职工长期护理保险。在总结职工长期护理保险的经验做法基础上，结合济南市经济发展水平、资金筹集能力与保障水平等综合因素，济南市于 2021 年 5 月启动了城乡居民长期护理保险，明确规定凡参加济南市城乡居民基本医疗保险的人员，均可参加济南市居民长期护理保险。城乡居民长期护理保险是济南市不断提升长护险保障效能和管理水平、加快推进济南市长期护理保险制度建设、完善社会保障体系的重要举措。

2. 资金筹措

长期护理保险的资金筹措总体可分为单一式与多元式两大类型。各试点城市根据自身经济发展水平、保障水平等因素制定适宜的筹资机制。如，广州、长春、上海和成都等采用单一筹资类型，在医保基金中按预先规定的比例从统筹基金结余和个人医保账户进行划拨；北京、苏州、南通等地则采用多元式筹资方式（荆涛、陈秦宇，2018），资金来源于医保基金、财政补贴、单位和个人缴费、福彩公益金以及社会捐助等至少两种方式。济南市坚持责任共担原则，建立健全长护险多元筹资机制，实行多元化、差异化的筹资方式。

（1）筹资渠道

济南市长护险实行多元化筹资渠道。济南市长期护理保险主要来源于职工（居民）基本医疗保险基金、财政补贴、福彩公益金和个人缴费等多种渠道。除此之外，长期护理保险还可接受企业、单位、慈善机构等社会团体和个人的捐助。试点初期，不实行个人账户划拨缴费，个人缴费可从职工（居民）基本医疗保险个人账户划拨。积极调动多方主体的能动性，促进各方主体共同承担保障责任。

（2）筹资标准

目前，济南市长护险主要实行定额筹资，实施职工、居民差异化筹资标准。自 2016 年以来，济南市职工长期护理保险资金筹资标准未进行调整：职工长期护理保险筹资标准为 115 元／（人·年），政府补贴、福彩公益金及职工基本医疗保险统筹基金分别承担 5 元／（人·年）、10 元／（人·年）、100 元／（人·年），尚未实行个人账户划拨缴费。2021 年在扩大试点人群后，济南市城乡居民长期护理保险筹资标准为 40 元／（人·年），资金来源于个人缴费与财政补贴，其中居民个人缴费 20 元／（人·年），此部分由居民基本医疗保险基金划转，财政补贴 20 元／（人·年）。长期护理保险基金单独核算、专款专用，在长期护理保险基金出现超支问题时，由市医疗保障部门会同市财政部门共同研究解决。济南市长期护理保险资金筹措详见表 5-7。

表 5-7　济南市长期护理保险资金筹措

	筹资方式	筹资渠道	筹资分配
职工长期护理保险	定额筹资115 元／（人·年）	职工基本医疗保险统筹基金	100 元／（人·年）
		财政补贴	5 元／（人·年）
		福彩公益金	10 元／（人·年）

续表

	筹资方式	筹资渠道	筹资分配
居民长期护理保险	定额筹资 40 元/（人·年）	个人缴费 （由居民基本医疗保险基金划拨）	20 元/（人·年）
		财政补贴	20 元/（人·年）

资料来源：根据济南市人力资源和社会保障局相关文件整理。

3. 给付标准

伴随着长护险试点的推进，济南市长护险的给付标准及待遇水平得到稳步提高，给付范围愈发全面，给付方式更加精确，结算标准动态提升。

（1）给付范围

长护险基金给付范围由各试点城市根据当地发展实际自行设定，济南市长护险的给付范围由"宽口径"转变为"宽口径"与"窄口径"相结合。2016 年《济南市职工长期医疗护理保险实施办法（试行）》规定，长护险给付范围包含基本医疗保险药品目录、诊疗项目目录及医疗护理费用。2018 年《济南市职工长期医疗护理保险实施办法》明确规定，济南市职工护理保险服务项目包括基本的医疗护理，如床位费、诊查费、注射费用等，也包括头面部清洁、梳理、洗发等生活护理。自2018 年开始，济南市长期护理保险给付范围实行"宽口径"与"窄口径"相结合的支付方式，医疗专护的支付范围为药品费用、诊疗费用、医疗服务设施费用及《济南市职工长期护理保险服务项目》规定的相关医疗护理、生活护理费用，机构医疗护理与居家医疗护理的支付范围仅为《济南市职工长期护理保险服务项目》内包含的医疗护理、生活护理相关费用。

（2）给付方式与标准

目前，国内试点城市的长护险给付方式有定额、定比、定额与定比相结合三种支付方式。济南市长期护理保险自建立以来坚持使用定比基金给付方式，实行城镇职工与城乡居民有差异的给付比例。如表5-8所示，城镇职工长护险护理服务待遇不设起付线，符合相关申报条件的城镇职工参保人在接受长期医疗护理服务后产生的相关护理费用，由长护险资金与个人共同承担，其中长护险资金承担90%，剩余10%由个人支付；城乡居民参保人接受长期护理服务所发生的费用，由居民长期护理保险基金支付70%、个人承担30%。城镇职工与城乡居民长护险结算方式、结算标准有所不同，所享受的长护险待遇也有差异。

表5-8　济南市职工/城乡居民长期护理保险支付比例

单位：%

	基金支付比例	个人支付比例
职工长期护理保险	90	10
城乡居民护理保险	70	30

资料来源：《关于印发〈济南市职工长期医疗护理保险实施办法（试行）〉的通知》（2016）、《关于印发〈济南市职工长期医疗护理保险实施办法〉的通知》（2018）、《关于印发〈关于扩大济南市长期护理保险制度试点的工作方案〉的通知》（2021）。

①给付方式

济南市长护险费用依据"定额包干，超支不补"的原则，实行定额包干、差别化结算办法。"定额包干"是指定额形式的结算服务，具体先由社保经办机构确定相应结算金额，再经经办机构与定点医护机构之间协商，双方通过服务协议明确包干标准。济南市长护险相关政策文件均对不同时期的医疗专护、机构医疗护理与居家医疗护理服务形式有着明确具体的定额结算标准。"差别化结算"是指长护险费用按护理服务形式、定点医护机构级别等区分结算。比如专护服务中的一级综合医疗机构、护理院、专科医院，与二级及以上综合医疗机构每床日的包干标准并不相同。

表 5-9 济南市长期护理保险给付方式

	时间	医疗专护给付方式	机构医疗护理给付方式	居家医疗护理给付方式
城镇职工长期护理保险	2016 年	定额包干 每床日 200 元	定额包干 每床日 60 元	定额包干 每床日 50 元
	2018 年	定额包干 一级综合医疗机构每床日 220 元； 二级及以上综合医疗机构每床日 260 元	定额包干 每床日 70 元	支付限额（按项目付费和按小时付费相结合）：日均支付限额 60 元；按小时付费的结算每天最高支付时长为 4 小时
城乡居民长期护理保险	2021 年	定额包干 一级综合医疗机构每床日 220 元； 二级及以上综合医疗机构每床日 260 元	定额包干 每床日 70 元	每天/月限额时长，每月限额（按小时付费）：家护按小时付费的结算标准为 60 元/时，每天最高支付时长为 4 小时；每月最高支付时长为 15 小时，最高支付限额为 900 元

资料来源：《关于印发〈济南市职工长期医疗护理保险实施办法（试行）〉的通知》（2016）、《关于印发〈济南市职工长期医疗护理保险实施办法〉的通知》（2018）、《关于印发〈关于扩大济南市长期护理保险制度试点的工作方案〉的通知》（2021）。

②结算标准

济南市长护险针对不同护理方式实行不同的结算标准。如表 5-9 所示，医疗专护的绝对结算标准最高。与 2016 年相比，2018 年济南市长护险结算标准整体有所提高。其中，实行差异化结算方法的专护服务中的一级、二级综合医疗机构分别提高了 20 元/床日、60 元/床日，院护和家护服务则分别上涨了 10 元/床日。2018~2022 年，济南市城镇职工长护险一直执行上述标准。2022 年，城乡居民长护险标准也执行了城镇职工长护险标准。

4. 服务体系

历经数年建设发展，济南市长护险已建成医疗专护、机构医疗护理、居家医疗护理相结合的立体服务体系，并给予参保人一定的自主选择权，参保人可结合自身实际和现实需求选择适合自己的长护险服务，从而更加精准地满足了当事人的长期护理需求。

（1）服务方式

济南市长护险自探索伊始便综合实行三种服务方式：医疗专护、机构医疗护理、居家医疗护理。符合申报条件的参保人可按相关规定申请其中一种长期医疗护理服务。经过探索试行后，济南市对长护险服务方式进行了重新定义，逐步明确并细化了服务时间、服务内容（详见表5-10）。

①医疗专护

依据济南市 2016 年《关于建立职工长期医疗护理保险制度的意见》的规定，医疗专护是指定点医院为参保人提供专护病房，并为其提供 24 小时连续性医疗护理服务。经过两年试行后，2018 年《济南市职工长期医疗护理保险实施办法》将医疗专护界定为定点医护机构为参保人提供以安宁疗护为主的医疗护理服务，医疗专护不再强调护理时间要求，护理地点也由定点医院调整为定点医护机构，护理内容则改为强调以安宁疗护为主的医疗护理服务。

②机构医疗护理

2016 年《关于建立职工长期医疗护理保险制度的意见》指出，机构医疗护理是指定点医护机构为参保人提供的 24 小时连续性医疗护理服务。2018 年将其界定为定点医护机构为参保人提供基本生活照料及相关医疗护理服务的服务方式。机构医疗护理同样不再对护理时间做出规定，将服务内容具体化为基本生活照料与医疗护理服务。

③居家医疗护理

2016 年《关于建立职工长期医疗护理保险制度的意见》强调，居家医疗护理是定点社区卫生服务机构为参保人提供的长期居家医疗服务。2018 年调整为定点医护机构为参保人提供上门护理或社区日间照料中心集中护理等基本生活照料及相关医疗护理服务的服务方式。突出了居家医疗护理服务的具体内容，定点机构不再单一性地提供上门护理，还可为参保人提供社区日间照料护理，丰富了居家医疗护理的护理方式。

济南市积极打通专护、院护、家护之间的屏障，要求专护定点医护机构协调做好专护参保人的定期复核工作，建立专护与院护、家护服务双向互转制度，及时为不符合专护条件的入住参保人员办理撤床结算手续，协助其办理院护、家护手续。

表 5-10　济南市长期护理保险服务方式与服务内容

时间	服务方式	服务地点	服务内容
2016 年	医疗专护	定点医院	长期 24 小时连续性医疗护理服务
2018 年		定点医护机构	以安宁疗护为主的医疗护理服务
2016 年	机构医疗护理	定点医护机构	长期 24 小时连续性医疗护理服务
2018 年		定点医护机构	基本生活照料及相关医疗护理服务
2016 年	居家医疗护理	居家	长期居家医疗服务
2018 年		居家或社区日间照料中心	基本生活照料及相关医疗护理服务

资料来源：《济南市关于〈建立职工长期医疗护理保险制度的意见〉的通知》（2016）、《关于印发〈济南市职工长期医疗护理保险实施办法〉的通知》（2018）。

（2）服务内容

济南市长护险服务内容由"医疗护理为主"转向"医疗护理+基本生活照料"。试点初期的定点医疗机构的长护险服务内容，仅强调医疗护理工作；后不断增加基本生活照料服务，强调与基本医疗保险服务的差异，突出失能特殊生理下的生活照料需求及以满足这一需求为本的长期护理保险的特点。与此同时，长护险通过调整服务项目给予参保人更多自主权，参保人可根据服务方式选择医疗护理服务内容、服务人员类型、服务频次、服务时间等。尤其是当参保人申请家护时，可自行与医护机构协商每日服务时间，限度为每日时长不超过 4 小时。基于参保人护理需求情况给予更多自主协商权，避免统一化，实现精准护理服务。

2016 年，《济南市职工长期医疗护理保险实施办法（试行）》中对于服务内容标明，定点医疗机构需按照国家《住院患者基础护理服务项目（试行）》和《临床护理实践指南》等有关规定实施医疗护理工作，后两个文件包括但不限于这些项目。所列项目以医疗护理为主，未对服务项目进行精准划分。

2017 年，济南市《关于进一步完善济南市职工长期医疗护理保险政策的意见》制定了《济南市职工长期护理保险服务项目》，明确护理保险服务项目清单及相关服务标准、规范。长护险服务项目包括基础护理项目、照护项目 2 大类 42 项服务项目。其中，基础护理项目共计 15 项，其服务频次按《护理服务方案》执行；照护项目共计 27 项，服务频次由病人依需求自主确定。

2018 年，《济南市职工长期医疗护理保险实施办法》明确规定《济南市职工护理保险服务项目》包含 2 大类 48 项长护险服务项目。如表 5-11 所示，基础护理项目 21 项，护理项目 27 项。与《济南市职工长期护理保险服务项目》相比，《济南市职工护理保险服务项目》中的服务项目更加细化，增加了 6 项基础护理项目：鼻饲管置管、心电图、膀胱冲洗、吸痰护理、床位费、诊察费。前 4 项为直接护理服务项目，后 2 项则为间接护理服务项目。值得注意的是，临终关怀虽未被列入服务项目清单，却得到《济南市职工长期医疗护理保险实施办法》的背书，要求医疗机构对临终期参保人提供临终关怀，必要时通过护理、对症处理等方式，减轻参保人病痛，维护参保人生命尊严。

2016 年和 2018 年济南市长期护理保险服务内容特征和理念变化如表 5-12 所示。

表 5-11　2018 年济南市长期护理保险服务内容分类

类别	服务项目	项目数量（项）
基础护理项目	医疗护理项目	19
	床位费	1
	诊察费	1
护理项目	基本生活护理	26
	康复训练	1
特殊项目	临终关怀	1

资料来源：《关于印发〈济南市职工长期医疗护理保险实施办法〉的通知》（2018）。

表 5-12　2016 年与 2018 年济南市长期护理保险服务内容特征与理念变化

时间	服务内容特点	服务内容理念
2016 年	单一性、模糊性	规范性、精准性
2018 年	以"医疗护理"为主	医疗护理+基本生活照料

资料来源：《关于印发〈济南市职工长期医疗护理保险实施办法（试行）〉的通知》（2016）、《关于印发〈济南市职工长期医疗护理保险实施办法〉的通知》（2018）。

5. 待遇申请与等级评定

济南市对长期护理保险参保人的待遇申请条件有着明确规定：参保人因疾病、伤残等常年卧床已达六个月或预期可达六个月以上，基本生活不能自理，病情基本稳定的，可按照规定申请长期护理保险待遇。专护、院护、家护等不同服务形式的长护险申请流程有差异（见图5-2）。经过优化后，长护险申请流程更为简单便捷，原等级评定分数统一调整

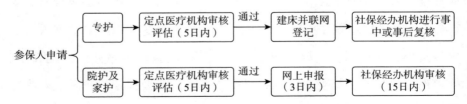

图 5-2　2016 年济南市长期护理保险待遇申办流程

资料来源：《关于印发〈济南市职工长期医疗护理保险实施办法（试行）〉的通知》（2016）。

后变为不同服务方式对应不同评定分数，更好地实现了长护险的精准服务（见图5-3）。

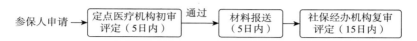

图5-3 2018年济南市长期护理保险待遇申办流程

资料来源：《关于印发〈济南市职工长期医疗护理保险实施办法〉的通知》（2018）。

（1）申请评估

济南市对长护险待遇申请进行了优化。2016年《济南市职工长期医疗护理保险实施办法（试行）》实行专护、院护与家护两种不同的申请程序和评定过程。专护申请还需社保经办机构予以事中或事后复核，既浪费了行政资源又容易引发纠纷。2018年修订后的《济南市职工长期医疗护理保险实施办法》优化了长护险申请流程，统一了专护、院护与家护的申请流程，社保经办机构复核后反馈申请结果意见，避免出现医护纠纷。

目前，济南市长护险待遇申请基本程序是参保人及其家人准备相关材料、填写申请表后向定点医疗机构提出申请，并经定点医疗机构与社保经办机构评定审核，反馈申请结果。整个申请过程需经历定点医疗机构初审、社保经办机构复审等两次评估审核。医疗机构安排医保执业医师和护士对申请人病情进行初审，按照《日常生活活动能力评定量表》对参保人自理能力进行评估，医保执业医师与护士需在《日常生活活动能力评定量表》上签字确认，保证评估的真实性、公平性、有效性。医疗机构实行"一人一档"工作原则，做好初审评定的相关记录，并按档案管理要求将申请表、评定量表等评审材料进行归档保留，以待复审。社保经办机构在接收到材料后进行复审，并于15个工作日内提出审核意见。

（2）等级评定

等级评定实现与服务需求有效对接。失能等级评定工作由定点医疗机构与社保经办机构共同完成。定点医疗机构接到参保人申请后，于5个工作日内安排执业医师与护士进行参保人病情初审评定，按照《日常生活活动能力评定量表》对参保人自理情况进行评分，初审评定完成后由社保经办机构进行材料复审，并在15个工作日内反馈意见，完成评估。个别长护险待遇申请还需定点医护机构对申请人邻里、社区进行走访，如实记录邻里、社区对参保人自理情况的意见，并将其作为失能评定的辅助材料。

长护险申请待遇需符合试点城市失能等级的评定要求，符合相关要求的参保人方可请专护、院护、家护。济南市长护险评估依据为《日常生活活动能力评定量表》，该量表对洗澡、梳洗修饰、穿衣、控制大便、控制小便、如厕、床椅转移、行走、上下楼梯等10项内容给出了评分标准，济南市根据评分标准分别进行赋分，并最终根据评定分数核定不同服务方式。根据规定，《日常生活活动能力评定量表》中，满分为100分，得分≤40分意味着重度功能障碍，多数日常生活活动不能完成，需要人照料；超过（含等于）60分意味着存在轻度功能障碍，能独立完成部分日常活动，需要一定帮助；41～59分表示中度功能障碍，需要较大帮助才能完成日常生活活动。2016年，济南市规定评定分数≤50分，且符合规定条件的参保人，可申请长期医疗护理保险待遇。2018年，济南市对专护、院护与家护的申请标准进行了调整，要求申请专护的参保人日常生活活动能力评定分数≤50分，且需要长期住院治疗；申请院护及家护的参保人，评定分数需≤55分。济南市职工长期护理保险待遇申请评定要求详见表5-13。

表 5-13　济南市职工长期护理保险待遇申请评定要求

时间	申请专护评分要求	申请院护评分要求	申请家护评分要求
2016 年	≤50 分	≤50 分	≤50 分
2018 年	≤50 分	≤55 分	≤55 分

资料来源：《关于印发〈济南市职工长期医疗护理保险实施办法（试行）〉的通知》（2016）、《关于印发〈济南市职工长期医疗护理保险实施办法〉的通知》（2018）。

6. 经办监管

济南市长期护理保险的经办管理由人力资源和社会保障、医疗保障职能部门主导，会同其他相关政府部门负责，进行长期护理保险制度的顶层设计，制定指导意见、实施办法、工作方案及相关细则，其下设社保经办机构负责长期护理保险制度的经办执行，并对第三方、定点医疗机构进行协议管理，第三方、定点医疗机构则负责实施开展具体的长护险评估、服务供给，形成了"政府经办为主+社会力量补充"的经办模式与"外部监督+协议管理"的监督管理模式。

（1）经办模式

目前，济南市已建立了以政府经办为基础、社会力量为补充的经办模式。济南市建立了长期护理保险联席会议制度，由市医保部门组织牵头，市财政、民政、卫生健康等部门积极参与，各部门协调沟通，负责职工、居民长护险的制度设计并指导社会保险经办机构开展服务管理，协同推进长护险试点的有序开展。依据分级经办原则，市本级和区、县（市）医保部门下设社会保险经办机构，分别负责辖区内长护险的经办管理。社会保险经办机构积极探索委托管理、购买服务等方式，参照职工大病保险和居民大病保险经办模式委托商业保险机构经办长护险，积极发挥商业保险机构的专业优势，提高经办管理服务能力。社会保险经办机构主要承担定点评估机构和定点长护服务机构的协议管理、核查考核、费用审核结算、信息系统建设，以及对商保公司等第三方机构的考核管理。定点评估机构与长护机构需配备符合要求的软件和硬件设施，健全长护服务管理规章制度，加强护理服务人员动态管理机制和工作质量考核评价体系建设，完善长护服务的标准化和长护险资金经费使用规范，依法依规提供符合要求的长期护理服务，按规定及时向医疗保障部门提供长护险基金使用和协议管理所需信息及相关材料，自觉接受社保经办机构的监督检查和第三方的评估监管。

（2）监督管理模式

长护险制度体系的建设运行离不开有效的监督与管理。济南市长护险的发展依赖政府部门的指导监督与社保经办机构的管理稽核。人力资源和社会保障、医疗保障部门负责济南市长护险制度框架的顶层设计，根据长期医疗护理保险运行实际对待遇条件、结算标准等内容予以适时调整。同时，社保经办机构对第三方、定点医疗与养老机构实行"外部监督+协议管理"的管理监督模式。社保经办机构与定点长护机构签订协议，并通过服务协议明确双方的权利和义务，约束和规范彼此的长护险职责，强化经办机构对第三方失能评估、定点长护机构服务的指导检查与监督考核，以此提高长期护理保险的运行效率，依法依规保障参保人权益，推动长护险的可持续健康发展。

二　青岛市长期护理保险制度实践

青岛市是我国长期护理保险制度的先行者。早在 2012 年，青岛市便在全国率先开始探索长期护理保险，并先后荣获 2015 年"中国政府创新最佳实践奖"、2016 年"奇璞奖"提名奖。2016 年 6 月，人力资源和社会保障部将青岛列为全国首批长期护理保险试点城市。发展至今，青岛市长期护理保险已经完成从职工到居民、从失能到失智、从城市到农村、从医疗护理到生活照料、从被动保障到积极预防的转变，成为我国长期护理保险制度发展较为完善的城市之一。

（一）青岛市长期护理保险发展历程

青岛市位于山东半岛南部，是我国沿海开放城市之一，经济发达，GDP 常年稳居全国前 15 名，消费水平高，各产业发展较为均衡，拥有较高水平的物质条件，也是我国生活满意度较高的城市之一。青岛市人口基数大，老年人口众多，是我国较早进入老龄化的城市，也是人口老龄化较严重的城市之一。早在 1987 年全市 60 岁及以上人口占总人口的比例便达到 10%，比全国早 12 年进入人口老龄化社会。此后，青岛市人口老龄化进程明显加快。如图 5-4 所示，1990~2020 年的四次全国人口普查数据显示，青岛市 60 岁及以上人口占总人口的比重依次为 10.98%、13.23%、14.75%、20.28%。目前，青岛市已进入中度老龄化社会。2023 年底，青岛市 60 岁及以上老年人已经达到 238 万人，居山东省首位，老年人口占比达到 23%。[①] 其中，失能失智老人约 30 万人，失能失智老人数量越来越多。[②] 基于此背景，青岛市积极主动开展了长期护理险制度建设。

1. 先行改革阶段（2012~2014 年）

这一时期青岛市相关职能部门根据市委、市政府加强民生工作的部署安排，结合地方实际，在前期居家医养服务实践的基础上，综合借鉴日本、德国、荷兰等国经验，大胆尝试与勇于创新，启动实施长期医疗护理保险制度改革。

2012 年 6 月，青岛市颁布《关于建立长期医疗护理保险制度的意见（试行）》，在全国率先开展长护险制度探索，长护险迎来 1.0 版时期。为解决失能老年人长期护理费用问题和提高参保人待遇保障水平，

---

① 《应对人口老龄化，青岛如何抢滩"银发经济"?》，https://www.peopleapp.com/rmharticle/30046912695，2024 年 10 月 11 日。

② 《医保"长护险"覆盖城乡，让失能失智老人安享幸福晚年》，http://k.sina.com.cn/article_6824573189_196c6b90502001gllh.html，2022 年 8 月 9 日。

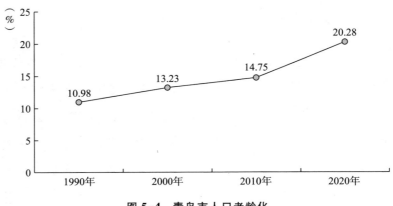

图 5-4　青岛市人口老龄化

说明：根据青岛市统计年鉴数据绘制。

青岛市将长期护理保险称为"长期医疗护理保险"，以此获得调整使用医疗保险基金的合法性[①]，促进医养和康护相结合的新型服务模式发展。青岛市自长护险探索伊始就高度重视独立险种、城乡覆盖的发展方向。

　　一方面，明确独立险种的发展方向。青岛市《关于建立长期医疗护理保险制度的意见（试行）》要求优化社保资源配置，运用社会保险管理机制，建立以社会化护理服务为主的社会保障制度，护理保险基金单独核算，专款专用，护理保险与医疗保险相互衔接，实行分类管理。该政策实施后，基本医疗保险不再办理老年护理、家庭病床、医疗专护业务。另一方面，高度重视城乡覆盖的建设发展方向。青岛市《关于建立长期医疗护理保险制度的意见（试行）》强调，凡参加城镇职工基本医疗保险、城镇居民基本医疗保险的参保人，均应参加护理保险，要求建立城镇职工护理保险、城镇居民护理保险，并统一管理、分账核算，统一支付，分开核算收入、支出和结余。

[①]　《长期护理保险地方试水》，https://news.vobao.com/article/847373146758233342.shtml，2016 年 4 月 11 日。青岛市在 2012 年探索长护险伊始，冠之以"长期医疗护理保险"名称以获得使用医疗保险基金的合法性。随着 2016 年 6 月人力资源和社会保障部办公厅印发《关于开展长期护理保险制度试点的指导意见》，青岛市"长期医疗护理保险"概念统一调整为"长期护理保险"。

　　2012 年，青岛市制定了《长期医疗护理保险实施细则（试行）》，对长期医疗护理保险的申办流程、结算管理、定点机构基础管理与财务管理等实施细则做了明确的规定。2014 年底，青岛市制定《青岛市长期医疗护理保险管理办法》，以此取代先前的《长期医疗护理保险实施细则（试行）》。《青岛市长期医疗护理保险管理办法》在长期医疗护理保险的覆盖范围、服务体系、经办管理等方面进行了大胆创新，奠定了青岛市长期医疗护理保险制度框架的基础，也完善了青岛市长护险的服务框架。依据该管理办法，青岛市设立了医疗专护、护理院医疗护理、居家医疗护理、社区巡护等四种长期医疗护理保险服务形式，规定了对参保人的医疗护理、营养指导、心理咨询、社区康复、卫生宣教、临终关怀，以及对参保人家属的健康教育、康复指导和心理干预等服务内容。此外，该管理办法还创新了长期医疗护理保险经办管理方式，指出社保经办机构负责护理保险的经办管理，要求积极探索建立委托第三方经办机构服务的新型管理服务模式，引进有资质的商业保险机构参与护理保险经办。

　　2. 扩大完善阶段（2015~2018 年）

　　这一时期青岛市不断完善长期医疗护理保险制度的覆盖范围、给付条件、服务体系等相关规定，全面完善长护险制度，建立健全"全人全责"长期护理保险制度。

　　一是覆盖范围扩大。从 2015 年起，长期医疗护理保险制度覆盖范围扩大到农村，青岛成为全国首个医疗护理保险制度城乡全覆盖的地区。二是给付条件扩大。2016 年底，青岛市人社局、财政局联合出台了《关于将重度失智老人纳入长期护理保险保障范围并实行"失智专区"管理的试点意见》，规定自 2017 年起将入住机构照护的重度失智老年人纳入长期护理保险保障范围，开我国失智老年人长护险制度保障之先河。三是服务体系扩大。2018 年，青岛市政府印发了《青岛市长期护理保险暂行办法》，决定在原长期医疗护理基础上，将基本生活照料纳入职工护理保障范围，长护险 2.0 版由此上线。

这一时期青岛积极创新实施"全人全责"长期护理保险制度，进一步丰富和完善了多层次社会保障体系。青岛长期医疗护理保险制度荣获 2015 年"中国政府创新最佳实践奖"，2016 年青岛入选我国长期护理保险制度首批试点城市。

3. 提质增效阶段（2019 年至今）

这一时期青岛市贯彻落实党的二十大关于"建立长期护理保险制度"的要求，结合国家部委（局）、山东省相关政策文件，进一步健全更加公平、更可持续的长期护理保险制度，积极推动长护险提质增效、实现高质量发展。

青岛市高度重视失能失智的预防服务工作。2019 年制定的《青岛市关于开展长期护理保险延缓失能失智工作的意见（试行）》拉开了青岛市积极开展延缓失能失智工作的序幕，鼓励探索建立延缓失能失智保障机制。

2021 年，青岛市积极实施"农村护理保险提升计划"，失能三级、四级、五级或重度失智的城乡居民参保者同样享受医疗护理和生活照料双重保障，实现了职工和居民护理保险待遇类型和服务形式的统一。同年的《青岛市长期护理保险办法》要求城乡统筹，进一步健全更加公平更可持续的护理保险制度。同时，青岛市要求着力补齐农村照护服务短板，积极拓宽居民护理保险筹资渠道，完善医保基金、财政、个人三方共担筹资机制，努力从源头上解决资金问题，破解居民参保人照护难题，提高了农村居民护理保险待遇水平，青岛市长护险进入了 3.0 版时代。

2023 年，青岛市颁布的《关于推动长期护理保险提质增效实现高质量发展的意见》对长护险健全多元筹资机制、加强总额预算管理、规范失能等级评估、加强定点机构管理、加强照护队伍培育、实施标准化经办管理等众多方面提出明确要求。

（二）青岛市长期护理保险制度框架

青岛市针对长期护理保险探索实施过程中的相关问题，逐步制定相关政策文件，对长护险覆盖范围、资金筹措、给付条件、服务内容、给付标准、经管机制等制度框架及其内容不断予以发展完善，逐步建立健全了长护险制度。

1. 覆盖范围

青岛市长期护理保险发展至今，覆盖范围经历了由小到大的发展过程，即经历了从职工到居民、从城市到农村的演变。2012 年，青岛市长护险探索实践始于城市，长期医疗护理保险只覆盖城镇职工基本医疗保险参保人员。尽管如此，青岛市长期医疗护理保险制度建设初期便着眼于城镇职工与城乡居民的全覆盖。《青岛市关于建立长期医疗护理保险制度的意见（试行）》（2012）指出"凡参加城镇职工基本医疗保险、城镇居民基本医疗保险的参保人，均应参加护理保险"。依据 2014 年制定的《青岛市长期医疗护理保险管理办法》中的工作安排，从 2015 年起，青岛长期医疗护理保险制度覆盖范围扩大到农村，参加职工医保、居民医保的参保人均被纳入长期医疗护理保险保障人群，青岛也成为全国首个医疗护理保险制度城乡全覆盖的地区，由此开启了长护险城乡一体化建设道路。

2. 资金筹措

青岛市不断因应社会发展和参保人需求，完善多元化筹资机制，建立多渠道筹资和动态调整机制，筹资标准总体稳定。

（1）筹资渠道

青岛市实行多渠道、多元化筹资机制。护理保险费主要来源于医保统筹基金和个人账户资金，财政给予补贴，同时接受企业、单位、慈善机构等社会团体和个人的捐助。

2012 年先行探索期间，青岛市长期护理保险主要依靠职工医保统筹基金和个人账户开展资金筹集，政府财政（福彩公益金）适当给予补贴。自 2014 年颁布政策后，青岛市长期护理保险基金分为职工长期护理保险基金、居民长期护理保险基金，分别由职工基本医疗保险基金、居民社会医疗保险基金划转。2018 年《青岛市长期护理保险暂行办法》规定，护理保险基金执行社会保险基金管理制度，职工护理保险基金和居民护理保险基金，实行收支两条线。其中，居民护理保险基金由居民社会医疗保险基金划转，职工护理保险基金则源自职工医保统筹基金（划转）、医保个人账户、财政补贴和社会捐赠。2021 年《青岛市长期护理保险办法》的筹资渠道与 2018 年的规定整体保持一致，亦即居民护理保险基金由居民社会医疗保险基金划转，职工护理保险基金来源于职工医保统筹基金（划转）、医保个人账户、财政补贴。

（2）筹资方式

前面已经指出，长期护理保险资金筹资方式主要有定额筹资、定比筹资和混合筹资三种方式，这三种方式各有优缺点。首先，定额筹资要求每个人负担相同的数额，简单明了，高效便捷，但不同经济水平的参保人面临不同的负担压力，可能引发不公平。其次，定比筹资方式一定程度解决了负担公平问题，但现实中很多灵活就业人员工资收入并不稳定，容易造成定比筹资实施困难。最后，混合筹资方式很好地兼顾了定额筹资和定比筹资二者的优点，却面临具体实施过程中的程序烦琐、工作复杂等问题（李珍、张楚，2021）。青岛市长期医疗护理保险主要采用的是混合筹资方式，具体表现为采用职工/居民医保缴费基数总额、职工/居民医保个人缴费基数的相应比例划转，以及一定数额的财政补贴（福彩公益金）相结合的长期护理保险基金统筹方式。

（3）筹资标准

青岛市长期护理保险资金筹集遵循"以收定支、收支平衡、略有结余"的原则，实行多元筹资渠道，建立动态调整机制。如表 5-14 所示，长护险自行探索初期，青岛市按照职工医保个人账户的 0.4%，从统筹基金划转至护理保险基金；居民医保则根据上年度城镇居民人均可支配收入的 0.2% 进行划转，从城镇医保统筹金中划转，财政补贴则主要从福彩公益金每年划入 2000 万元予以补助。此外，2012 年，青岛市在护理保险制度启动的第一年，由市财政从福彩公益金中分年度另外划拨 1 亿元，作为城镇居民护理保险制度运行的启动资金。

2018 年《青岛市长期护理保险暂行办法》对筹资标准进行了相应的调整。与 2012 年医疗护理保险建设初期相比，本次长期护理保险整体筹资水平要高。

2021 年，青岛市又对长期护理保险筹资标准进行了修改。依据《青岛市长期护理保险办法》（2021）规定，职工医疗护理保险中的医保缴费基数总额比例下降了 0.2 个百分点，财政部门对参保职工每人每年 30 元标准补贴由市与区（市）两级财政按 1∶1 比例分担。居民护理保险中的个人缴费由定比制调整为定额制，居民护理保险资金从居民医保基金财政补贴部分和个人缴费部分分别按不低于 20 元／（人·年）和 10 元／（人·年）的标准划转。

表 5-14　不同时期青岛市长护险筹资渠道、筹资方式和筹资标准变化

年份	筹资渠道	筹资方式	筹资标准
2012	居民医保统筹基金＋财政补贴（福彩公益金）；职工医保统筹基金	混合筹资	居民：根据上年度城镇居民人均可支配收入的 0.2%，从城镇居民（不含少年儿童和学生）医保统筹基金中划转；市财政从福彩公益金每年划入 2000 万元予以补助；2012 年作为护理保险制度启动的第一年，市财政从福彩公益金中分年度另外划拨 1 亿元，用作城镇居民护理保险制度运行的启动资金。职工：当月职工医保个人账户的 0.4% 划拨至护理保险基金

续表

年份	筹资渠道	筹资方式	筹资标准
2014	居民社会医疗保险基金；职工基本医疗保险基金（历年结余）	定比筹资	居民：不超过当年居民社会医疗保险费筹资总额的10%，从居民社会医疗保险基金中划转。 职工：按照不超过基本医疗保险历年结余基金的20%一次性划转；每月按照个人账户月计入基数总额0.5%的标准，从职工基本医疗保险基金中划转
2018	居民社会医疗保险基金；职工医保统筹基金（历年结余）+医保个人账户+财政补贴+社会捐赠	混合筹资	居民：按照不超过当年居民社保筹资总额的10%，从居民社会医疗保险基金中划转。 职工：按照医保缴费基数总额0.5%的比例，从职工医保统筹基金中按月划转；按照医保个人缴费基数0.2%的比例，从应划入在职职工本人医保个人账户的资金中按月代扣；按照每人每年30元的标准给予财政补贴；不超过基本医疗保险历年结余基金的20%一次性划转；社会捐赠
2021	居民医保统筹基金；职工医保统筹基金+医保个人账户+财政补贴	混合筹资	居民：按照每人每年不低于10元的标准，从居民社会医疗保险个人缴费资金中按年度划转；按照每人每年不低于20元的标准，从居民社会医疗保险财政补贴资金中按年度划转。 职工：医保缴费基数总额0.3%的比例，从职工医保统筹基金中按月划转；以在职职工医保个人缴费基数为基数、退休人员医保个人账户划入基数为基数，按照0.2%的比例从个人账户按月划转；财政部门按照参保职工每人每年30元标准予以补贴

资料来源：《青岛市关于建立长期医疗护理保险制度的意见（试行）》（2012）、《青岛市长期医疗护理保险管理办法》（2014）、《青岛市长期护理保险暂行办法》（2018）、《青岛市长期护理保险办法》（2021）。

特别值得一提的是，青岛市创造性地建立预防和延缓失能失智保障金制度，将长护保障关口前移。每年从当年职工、居民护理保险基金中分别按不超过3%的比例提取，用于预防和延缓失能失智工作，提高轻度和中度失能失智人员及高危人群的自理能力。《青岛市长期护理保险暂行办法》（2018）提出，每年从职工和居民护理保险资金中分别按不超过1%的比例划取，接受社会各界捐赠。2021年，《青岛市长期护理保险办法》专门建立预防和延缓失能失智保障金，每年从职工和居民当年护理保险资金中分别按不超过 3% 的比例提取，专门用于预防和延缓失能失智工作（见表 5-15）。

此外，青岛市为解决长护险资金的超支问题，2018 年要求建立职工、居民护理保险调剂金，每年从职工和居民护理保险基金中分别按不超过 5% 的比例划取，统一调剂使用。2021 年这一预防性制度进一步明确并扩大了职工、居民护理保险调剂金的主要来源，主要包括：历年护理保险结余资金按 30% 划转；当年护理保险资金按 20% 划转（原 5%）；福彩公益金补贴资金和社会捐助基金。长护险调剂金制度的实行具有积极的未雨绸缪的预防功能，保障了长护险的可持续发展。

表 5-15　青岛市延缓失能失智预防保障金制度

年份	资金来源	资金规模	资金用途
2018	职工和居民当年护理保险资金 社会捐赠	不超过 1%	预防和延缓失能失智预防
2019	职工和居民当年护理保险资金 社会捐赠	不超过 1%	预防和延缓失能失智
2021	职工和居民当年护理保险资金	不超过 3%	预防和延缓失能失智

资料来源：《青岛市长期护理保险暂行办法》（2018）、《青岛市关于开展长期护理保险延缓失能失智工作的意见（试行）》（2019）、《青岛市长期护理保险办法》（2021）。

3. 给付条件

自行探索初期，青岛市护理保险待遇给付条件强调因身体功能缺损导致常年卧床、生活无法自理等三个要件，局限于身体的完全、部分功能受损。2012 年《青岛市关于建立长期医疗护理保险制度的意见（试行）》规定，符合护理保险待遇的条件基本局限于由年老、疾病、伤残等导致人身某些功能全部或部分丧失，常年卧床，生活无法自理，需临床医疗护理或医护人员上门开展医疗护理服务。评定工具采用《日常生活活动能力评定量表》。此量表得分 ≥60 分表示有轻度功能障碍，能独立完成部分日常活动，需要一定帮助；59~41 分表示有中度功能障碍，需要极大的帮助才能完成日常生活活动；≤40 分表示有重度功能障碍，多数日常生活活动不能完成或需人照料。评估测量低于 60 分的参保人方能申请长期医疗护理保险，换言之，长期医疗护理保险给付条件是中度、重度失能。

随着试点探索的深入，青岛市逐步放宽了长护险给付条件。除之前的由年老、疾病、伤残等导致丧失自理能力的完全失能人员和重度失智人员，还扩大到失智人群。2017 年青岛市出台《关于将重度失智老人纳入长期护理保险保障范围并实行"失智专区"管理的试点意见》，在全国率先将 60 岁以上失智老年人纳入长期医疗护理保险保障范围，长护险给付条件由此扩展到失智老年群体。失智等级评估主要采用《智力状态检查量表（中文简版）》（MMSE 量表），由不同权重的定向力、记忆力、注意力和计算力、回忆能力、语言能力五部分组成，认知功能障碍根据评估得分划分为轻度（MMSE 为 ≥21 分）、中度（MMSE 为 10~20分）、重度（MMSE 为 ≤9 分）。

2020 年，青岛市印发《青岛市失能失智人员照护需求等级评估实施办法》，对失能失智等级标准予以详细说明。老年人群的失能评估标准由基本情况、能力评估组成。其中，基本情况包括基本信息（经济状况、生活环境、家庭支持）和健康情况（疾病状况、特殊医疗护理需求、近 30 天内意外事件、营养状况）；能力评估则包括日常生活活动、精神状态、感知觉与沟通、社会参与四部分。根据综合评估得分，划分为 0~6 级。申请人评估等级为三级、四级、五级或重度失智的可按规定享受长期护理保险待遇，评估等级为一级、二级或轻度、中度失智的可以按规定纳入延缓失能失智项目管理。

2021 年 7 月，国家医保局和民政部联合印发的《长期护理失能等级评估标准（试行）》要求，包括青岛在内的长护险首批试点城市两年内统一到此标准，逐步统一规范长护险失能等级评估。

4. 服务内容与形式

青岛市长期护理保险探索初期似乎未明确规定具体服务内容（高玉芳等，2018），定点医疗护理机构主要提供医疗服务及与医疗相关的护理服务。青岛市要求定点护理机构按照其与社保经办机构签订的服务协议开展长期医疗护理服务，规范服务内容，强调须尊重参保者的生命，突出对参保者的人文关怀，尽可能地为参保者提供适宜、安宁的长期医疗护理服务。

2015 年实施的《青岛市长期医疗护理保险管理办法》规定，长期医疗护理保险的服务内容包括但不限于不同等级的护理、辅助设备的指导使用、宣教类、临终关怀等，具体如下：定期巡诊、观察病情、监测血压血糖，根据医嘱执行口服、注射及其他给药途径；根据护理等级进行基础护理、专科护理、特殊护理，严格规范消毒隔离措施；处置和护理尿管、胃管、造瘘管等各种管道，指导并实施造瘘护理、吸痰护理、压疮预防和护理、换药、膀胱冲洗，以及实施口腔护理、会阴冲洗、床上洗发、擦浴等一般专项护理；采集并送检检验标本；指导吸氧机和呼吸机的使用；及时处理病情发生重大变化的病人的情况，必要时协助转诊；对病人进行营养指导、心理咨询、社区康复治疗及卫生宣教，对病人及家属进行健康教育、康复指导、心理干预；对终末期病人进行临终关怀。

随着重度失智老年人逐渐被纳入长护险保障范围，青岛市相应改革了长期护理保险服务内容。从 2018 年起，青岛市在原有针对失能参保人员的医疗护理服务的基础上，把生活照料、功能维护（康复训练）等纳入护理保障范围，其中的生活照料服务重点以技术性较强的或家庭照料难以独立完成的项目为主，长期护理服务主要包括急性期后的健康管理和维持性治疗、长期护理、生活照料、功能维护（康复训练）、安宁疗护、临终关怀、精神慰藉等内容，实现了长期护理保险服务的升级

调整，率先实施城镇职工医疗护理与生活照料一体化保障。2018 年
《青岛市长期护理暂行办法》还特别要求，运用安全有效、简单易懂、
多样灵活的形式，以宣传、培训、赋能训练等项目制方式，为半失能人
员、轻度中度失智人员和高危人群及其相关家庭、社会护理人员，提供
改善认知、增加社会参与、提升心理健康水平、维护身体功能等训练和
指导服务，延缓失能失智，标志着长护险的预防服务与医疗、护理服务
协同推进。延缓失能失智工作项目详见表 5-16。2021 年，青岛市实施
农村长期护理保险提升计划，重度失智的农村居民可以与城区参保职工
一样享受医疗服务和生活照料服务。

表 5-16　延缓失能失智工作项目

项目类型	目标人群	项目内容	项目要求
宣传项目	全体市民，重点是 60 岁及以上的老年人及其照料者	宣传以延缓失能失智的基本理念、知识和方法等为主	针对不同目标人群精准设计；宣传内容专业权威、安全有效、简单易懂、形式多样
培训项目	①有意愿在青岛市从事延缓失能失智工作者，在定点护理服务机构、养老机构、社区定点医疗机构和其他医疗机构中从事养老照护相关服务的医护人员、养老护理员、康复人员、社工人员及赋能训练项目执行人员优先；②失能失智人员的家庭照料者，享受护理保险家护、巡护（居家）、日间照护待遇的家庭照料者优先	开展延缓失能失智知识和实操技能培训，提高机构照护人员、家庭照料者和其他参训人员的能力和水平	采用举办培训班、专题讲座、案例教学等多种培训方式
赋能训练项目	职工、居民护理保险参保群体中的轻中度失能失智人员以及高危人群	包括但不限于提升身体机能（吞咽功能训练、肌力训练、防跌倒训练等）、改善营养、改善认知、增加社会参与及提升心理健康水平等	训练措施应安全有效、活泼有趣、简单易学、低成本、易推广

资料来源：《青岛市关于开展长期护理保险延缓失能失智工作的意见（试行）》（2019）。

　　青岛还重视加强长期医疗护理保险服务内容的标准化建设，不断规范服务内容和评价体系。2016年青岛市发布了《青岛市关于长期医疗护理保险医疗护理服务实行标准化管理的通知》，推动失能老年人护理服务的标准化和规范化。

　　2021年，青岛市长期护理保险以参保人员需求为导向，服务内容越来越明确精准，业已建立起"全人全责"护理服务模式和无缝衔接的护理服务保障机制，主要包括医疗服务和照护服务两大类项目。其中，医疗服务包括符合基本医疗保险药品目录、医疗服务项目目录和医疗服务设施目录的服务，包括医师服务、药品、检查检验、医用耗材、吸氧等；照护服务则包括医疗护理（25项）、生活照料（17项）、功能维护（康复训练）（15项）、辅具服务（1项）和其他服务（3项）等5大项61小项（见表5-17），为失能失智人员提供及时、连续、整合式的照护服务，对参保人员及其家庭起到了积极的保障作用。青岛市不同时期长护险服务内容详见表5-17。

表5-17　青岛市不同时期长护险服务内容变化

年份	服务内容
2012	定点医疗机构主要提供医疗服务以及与医疗相关的护理服务
2015	主要服务内容（不限于）： （1）定期巡诊、观察病情、监测血压血糖，根据医嘱执行口服、注射及其他给药途径； （2）根据护理等级进行基础护理、专科护理、特殊护理，严格规范消毒隔离措施； （3）处置和护理尿管、胃管、造瘘管等各种管道，指导并实施造瘘护理、吸痰护理、压疮预防和护理、换药、膀胱冲洗，以及实施口腔护理、会阴冲洗、床上洗发、擦浴等一般专项护理； （4）采集并送检验标本； （5）指导吸氧机和呼吸机的使用； （6）对病情发生重大变化病人及时处理，必要时协助转诊； （7）在护理评估基础上，对病人进行营养指导、心理咨询、社区康复治疗及卫生宣教，对病人及家属进行健康教育和康复指导，进行心理干预； （8）对终末期病人进行临终关怀，通过照护和对症处理，减轻病痛，维护生命尊严

续表

年份	服务内容
2016	生命体征。体温、脉搏、呼吸、血压、吸氧。 给药护理。口服、舌下、吸入、皮下、肌注、静脉、直肠、其他。 口腔护理。评估与护理：指导清洁口腔、协助清洁口腔、口腔护理。 皮肤护理。评估与护理：全背按摩、局部按摩、其他。 排痰护理。评估与护理：变换体位、叩背、使用振动器、雾化、其他。 管道护理。鼻胃管、留置尿管、膀胱冲洗、肛管排气、气管插管、其他。 其他：头发护理、会阴护理、心理护理、功能锻炼、其他
2018	急性期后的健康管理和维持性治疗、长期护理、生活照料、功能维护（康复训练）、安宁疗护、临终关怀、精神慰藉等基本护理服务
2021	（1）医疗护理（25项）：护士巡诊，生命体征监测，各种注射（输液），动静脉血标本采集，二便标本采集，换药，叩背排痰，雾化吸入，吸痰护理，鼻饲管置管，鼻饲管护理，口腔护理，导尿，膀胱冲洗，留置导尿护理，尿潴留护理，灌肠，物理降温，口服给药，眼、耳、鼻给药，阴道给药，直肠给药，皮肤外涂药，造瘘口护理，其他护理服务 （2）生活照料（17项）：饮食照料、排泄照料、清洁照料、口腔清洁、会阴护理、擦浴、洗澡照料、便秘护理、失禁护理、协助更衣及指导、协助更换体位、协助肢体被动活动及指导、居室消毒、安全保护或安全转移、其他基本生活照料项目。 （3）功能维护（康复训练）（15项）：语言训练，吞咽训练，床上移动训练，站立训练，轮椅转移训练，行走训练，认知能力训练，日常生活能力训练，肢体摆放及指导，翻身训练及指导，叩背排痰指导，预防压疮指导，预防噎食吞咽障碍指导，预防跌倒、坠床、烫伤指导，其他康复训练项目。 （4）辅具服务（1项）：护理床、轮椅、助行器、防褥疮床垫、护理垫、坐便器等。 （5）其他服务（3项）：药物管理和服用督导、陪同就医、健康生活指导和心理疏导

资料来源：《青岛市关于建立长期医疗护理保险制度的意见（试行）》（2012）、《青岛市长期医疗护理保险管理办法》（2014）、《青岛市关于长期医疗护理保险医疗护理服务实行标准化管理的通知》（2016）、《青岛市长期护理保险暂行办法》（2018）、《青岛市医疗保障局 青岛市财政局关于实施〈青岛市长期护理保险办法〉有关问题的通知》（2021）。

青岛市长期医疗护理保险自开始就有护理机构医疗护理、医疗专护、居家医疗护理三种服务形式。依据 2012 年《青岛市关于建立长期医疗护理保险制度的意见（试行）》规定，参保人符合相应条件，可按规定在定点护理机构接受长期医疗护理、医疗专护，或居家接受相关服务机构的医疗护理照料，由护理保险基金支付相关待遇费用。2014 年，青岛市发布的《长期医疗护理保险实施细则（试行）》再次确认了长期医疗护理、医疗专护、居家医疗护理三种形式。

2014 年《青岛市长期医疗护理保险管理办法》依据参保人医疗护理需求，在之前的护理机构医疗护理、医疗专护、居家医疗护理三种服务形式的基础上，增加了社区巡护形式，确定了四种不同的服务形式。医疗专护，简称专护，是指二级及以上住院定点医疗机构设置医疗专护病房为参保人提供长期 24 小时连续性医疗护理服务；护理院医疗护理，简称院护，指的是医养结合的护理服务机构为入住本机构的参保人提供长期 24 小时连续性医疗护理服务；居家医疗护理，简称家护，是指护理服务机构派医护人员到参保人员家中上门提供医疗护理服务；社区巡护，简称巡护，亦即护理服务机构选派医护人员上门提供巡诊服务。此后，这四种服务形式一直被沿用，成为青岛市长期医疗护理保险的服务框架，也被其他试点城市所借鉴。

随着失智群体被纳入长护险保障范围，青岛市还根据失智人员多样化照护需求，确定了三种服务形式。长期照护，由开设失智专区的护理服务机构提供长期照护服务；日间照护，由开设失智专区的护理服务机构提供日间托管照护服务；短期照护，由开设失智专区的护理服务机构提供短期托管照护服务。短期托管时间原则要求自然年度内累计不超过60 天。

青岛还对不同护理服务形式的申报条件做了相应的规定。2020 年《关于做好青岛市长期护理保险经办服务管理工作的通知》对评估等级为三级、四级、五级的失能人员申请专护、院护、家护或巡护服务，评估为重度失智的参保职工申请长期照护、日间照护或短期照护，以及参保居民申请长期照护、短期照护服务的相应约束条件做了规定。同时要求，定点护理机构和社保经办机构对享受医疗护理保险待遇参保人的病情和自理情况定期进行复审，不符合约束条件者停止享受相应的医疗护理保险待遇，参保人参保类别发生变化且需变更护理服务形式的，应按规定重新核定。

5. 给付标准

青岛市长护险建设初期实行的是相对较宽口径的支付范围，把医疗、护理相关费用纳入给付范围，对入住定点护理机构或居家接受医疗护理照料的参保人产生的符合条件的床位费、医疗费、护理费、设施使用费等，实行每床日定额包干。随着覆盖范围、给付条件、服务内容的变化，青岛市相应扩大了长护险的支付范围。青岛市长护险的支付范围较为宽泛，与医疗服务有关的医师服务、药品、检查检验、医用耗材、吸氧等符合基本医疗保险药品目录、医疗服务项目目录和医疗服务设施目录的相关费用据实按比例支付，生活照料、康复训练、辅具服务和陪同就医、心理疏导等的相关费用均在支付范围内，有效地盘活了闲置资源，切实减轻了失能失智参保者及其家庭的经济负担。

青岛市长护险始终坚持定额包干、超支不补的给付原则。根据参保类别、护理服务形式、照护需求评估等级、定点护理机构资质与服务能力，分别确定包干标准。此支付方式驱使相关定点护理机构积极主动使用选择范围内的基本药物、常规耗材和服务项目以控制成本和费用，很好地解决了基本医保一直难以突破的控费难题。

从包干额度来看，2012 年入住定点护理机构或居家医疗护理的参保人每床日定额包干费用为 60 元；在二级、三级医院接受医疗专护参保者每床日的定额包干费用分别为 170 元、200 元。2015 年医疗专护、护理院医疗护理、居家医疗护理的包干额度分别为 170 元/（人·天）、65 元/（人·天）、50 元/（人·天）。至 2018 年，专护二级、三级医院的每床日费用包干额度较 2012 年分别增加了 10 元，达到了每床日 180 元、210 元，职工参保人员居家医护费用与 2015 年一样，保持不变，为 50 元/（人·天），社区巡护参保职工定额费用由 2015 年的 1600 元/（人·年）增加至 2500 元/（人·年）。同年度的一档缴费成年居民、少年儿童、大学生和二档缴费成年居民包干费用由 2015 年的 1600 元／（人·年）、800 元／（人·年）增加到 2200 元／（人·年）、1500 元／（人·年），分别增加了 600 元／（人·年）、700 元／（人·年）。2021 年规定，参保职工的居家照护额度沿袭 2015 年、2018 年 50 元／（人·天）的标准，失智群体的日间照护包干额度也与 2018 年一致〔50 元／（人·天）〕，机构照护的定额包干费用进行了地区、级别的细分，定额标准总体有了小幅上涨。

从报销比例来看，2012 年职工护理保险基金报销比例最高（96%），此后的 2015 年这一比例降至 90%，并在 2018 年、2021 年两次调整中一直保持这一比例；自 2015 年起，一档缴费成年居民、少年儿童和大学生报销比例经历数次调整始终保持不变（80%），而 2021 年二档缴费成年居民报销比例较 2018 年增加了 5 个百分点，由 70% 增加到 75%。不同时期青岛市长护险给付标准详见表 5-18。

表 5-18　不同时期青岛市长护险给付标准

年份	给付标准
2012	定点机构定额包干 对入住定点护理机构或居家接受医疗护理照料的参保人，每床日定额包干费用（含统筹范围内个人负担部分）为 60 元；在二级医院接受医疗专护的参保人，每床日定额包干费为 170 元；在三级医院接受医疗专护的参保人，每床日定额包干费为 200 元 参保人给付标准 医疗护理费不设起付线，护理保险基金支付 96%；在定点医院接受医疗专护发生的医疗护理费，护理保险基金支付 90%
2015	医疗机构定额包干 医疗专护，170 元／（人·天）；护理院医疗护理，65 元／（人·天）；居家医疗护理，50 元／（人·天）；社区巡护，参保职工、一档缴费成年居民、少年儿童、大学生 1600 元／（人·年）（每周巡诊不少于 2 次），二档缴费成年居民 800 元／（人·年）（每周巡诊不少于 1 次）。资金拨付标准与护理服务机构服务数量和服务质量挂钩

续表

年份	给付标准
2015	**参保人支付标准** 参保职工接受专护、院护、家护、巡护服务期间发生的符合规定的医疗护理费，报销比例为90%；一档缴费成年居民、少年儿童和大学生接受医疗专护、护理院医疗护理、社区巡护服务期间发生的符合规定的医疗护理费，报销比例为80%；二档缴费成年居民接受社区巡护服务期间发生的符合规定的医疗护理费，报销比例为40%。 参保人接受社区巡护服务期间发生的除药品费用以外的一次性医用耗材费、治疗费、出诊费等符合规定的医疗护理费用，由护理保险资金按上述标准支付；其间发生的药品、检查检验等医疗费用，按门诊大病、门诊统筹规定结算
2018	**参保人员给付待遇** 参保人入住定点护理服务机构，并办理专护、院护、巡护、长期照护、日间照护或短期照护期间，发生的符合基本医疗保险的药品目录、医疗服务项目目录和医疗服务设施目录支付范围的医疗护理相关费用，由护理保险资金按规定支付（参保职工报销比例为90%；一档缴费成年居民、少年儿童和大学生报销比例为80%）。 参保职工发生的基本生活照料等相关费用，评估等级为三级、四级、五级的参保人发生的生活照料费，护理保险资金每月支付限额标准分别是660元/人［22/（人·天）］、1050元/人［35元/（人·天）］和1500元/人［50元/（人·天）］，其中个人自负10%。重度失智参保职工发生的基本生活照料费，护理保险资金支付标准对应身体失能人员评估等级五级标准，每月支付限额标准长期照护、短期照护为1500元/人，日间照护为750元/人，其中个人自负10%。 参保职工办理家护、巡护期间，符合《青岛市长期护理保险家护、巡护支付范围》统筹使用包项目的相关费用，由护理保险资金按规定支付（报销比例为90%）；发生的符合个人使用包项目的相关费用，根据评估等级、服务时间、小时结算标准据实结算。参保职工评估等级为三级、四级、五级的，每周可享受3小时、5小时、7小时的基本照护服务待遇。家护、巡护结算时，小时结算标准按50元执行（含个人自负部分），不足半小时的以半小时计算（每半小时25元）。超出支付范围、规定服务时间或小时结算标准的费用由个人自负。 参保居民办理巡护，发生的符合基本医疗保险的药品目录、医疗服务项目目录和医疗服务设施目录支付范围的医疗护理费，由护理保险资金按规定支付（一档缴费成年居民、少年儿童和大学生报销比例为80%，二档缴费成年居民报销比例为70%）
	定点机构定额包干 医疗护理方面：主要包括疾病的维持性治疗、检查检验、药品耗材使用等。符合规定的相关费用由护理保险资金按规定支付。社保经办机构对发生的医疗护理费与定点护理服务机构实行定额包干结算。结算标准如下： 专护三级医院210元/（人·天），二级医院180元/（人·天），其中，气管切开病人300元/（人·天）；院护65元/（人·天）；家护50元/（人·天）；巡护2500元/（人·年），一档缴费成年居民、少年儿童、大学生2200元/（人·年），二档缴费成年居民1500元/（人·年）。 失智专区：长期照护、短期照护65元/（人·天）；日间照护50元/（人·天）。 报销比例：参保职工符合规定的基本生活照料医疗护理费用，报销比例为90%；参保居民发生的符合规定的医疗护理费用，一档缴费成年居民、少年儿童和大学生报销比例为80%，二档缴费成年居民为70%。 巡护期间发生的出诊费、治疗费、医用耗材等费用由护理保险基金按上述标准支付，其间发生的药品、检查检验等费用，按医疗保险门诊大病、门诊统筹有关规定结算

续表

年份	给付标准
2021	参保人支付标准 照护服务：失能人员照护需求等级评估为三级、四级、五级的，照护服务费月度最高支付标准：参保职工分别为 660 元/月、1050 元/月、1500 元/月；参保居民分别为 450 元/月、660 元/月、1050 元/月。重度失智人员参照照护需求等级评估为五级的失能人员执行。
	（1）居家照护。失能人员照护需求等级评估为三级、四级、五级的，每周最多可纳入护理保险资金支付的照护服务时长：参保职工分别为 3 小时、5 小时、7 小时，参保居民分别为 2 小时、3 小时、5 小时。照护人员照护服务最高支付标准：护理员、社工等为 50 元/时，护士为 60 元/时，康复师、康复士为 70 元/时。 （2）机构照护。失能失智人员发生的照护服务费用最高支付标准：评估等级为三级、四级、五级的失能参保职工分别为 22 元/天、35 元/天和 50 元/天，参保居民分别为 15 元/天、22 元/天和 35 元/天。失智参保职工为 50 元/天，参保居民为 35 元/天。 （3）日间照护。试点期间，最高支付标准参保职工为 50 元/天，参保居民为 35 元/天
	定点护理机构定额包干 1. 医疗服务费结算 （1）居家照护。参保职工为 50 元/（人·天），参保居民为 5000 元/（人·年）；参保人保留气管套管期间为 200 元/（人·天）。居家照护结算标准与当期结算参保人护理服务实际完成情况挂钩，护士每月人均服务次数达到 4 次的按包干标准 100% 执行，少于 4 次的按包干标准 80% 执行；一体化村卫生室乡村医生服务次数视同护士服务次数。 （2）机构照护。市南区等 6 区二级及以上医院、护理院医疗床位为 75 元/天，其他床位为 65 元/天；其他机构（含护理院下设小型照护机构）为 65 元/天。即墨区等 4 区/市医院、护理院医疗床位为 55 元/天，其他床位为 45 元/天；其他机构（含护理院下设小型照护机构）为 45 元/天。参保人保留气管套管期间，在医院、护理院医疗床位的结算标准为 300 元/天，其他床位的结算标准为 200 元/天；其他机构（含护理院、护理中心下设小型照护机构）的结算标准为 200 元/天。 （3）日间照护。参保职工为 50 元/（人·天），参保居民为 5000 元/（人·年）。 （4）同时享受医疗保险门诊统筹、门诊慢特病待遇的，在定点医疗机构发生的符合规定的门诊统筹、门诊慢特病费用，由医疗保险基金支付；护理保险医疗服务费由护理保险资金支付，参保职工结算标准为 3500 元/（人·年），参保居民结算标准为 3000 元/（人·年）
	报销比例：参保职工发生的符合规定的费用，报销比例为 90%；参保居民发生的符合规定的费用，一档缴费的成年居民、大学生、少年儿童报销比例为 80%，二档缴费的成年居民报销比例为 75%

资料来源：《青岛市关于建立长期医疗护理保险制度的意见（试行）》（2012）、《青岛市长期医疗护理保险管理办法》（2014）、《青岛市长期护理保险暂行办法》（2018）、《青岛市人民政府关于印发青岛市长期护理保险办法的通知》（2021）、《青岛市医疗保障局 青岛市财政局关于实施〈青岛市长期护理保险办法〉有关问题的通知》。

6. 经办管理

青岛市长护险制度建设起步便高度重视跨部门的协同推进，明确市人力资源和社会保障局、财政局、民政局、卫生局、老龄办、总工会、残联、红十字会、慈善总会等长护险关联单位各自职责，强调多部门之间的分工合作，加强对长期护理保险的监督管理。2012年《关于建立长期医疗护理保险制度的意见（试行）》规定，市人力资源和社会保障部门负责护理保险的行政管理工作，会同卫生、民政、残联等相关部门制定长护险管理规范和基本流程，并根据基金运行情况，会同财政部门适时调整护理保险费的筹集标准。市财政、民政、卫生、老龄、总工会、残联、红十字会、慈善总会等部门按照各自职责配合做好护理保险的有关工作。社会保险经办机构负责护理保险基金日常的筹集、支付和管理服务工作。

鼓励和支持包括第三方、社会组织、企业在内的社会力量的积极参与，充分发挥第三方、社会组织、企业的专业优势，合力推动长护险制度建设的社会化。积极探索建立委托第三方经办监管的管理模式，以政府招投标形式招标确定商业保险公司，参与护理保险基金的管理、运营、支付等工作，提高基金使用效益和工作效能。积极创造条件，大力支持民间资本参与长护险服务，扶持不同类型和模式的民营养老护理机构的发展，引导民营养老护理机构下沉城乡社区实施开展长期护理服务。

青岛市对长护险服务机构实行协议管理。先后制定《青岛市长期护理保险定点护理服务机构协议管理办法（试行）》（2016）、《青岛市长期护理保险定点护理服务机构协议管理办法》（2018）等文件，对专护业务、院护业务、家护业务的建筑面积、床位数、专职执业医师与专职执业护士数及其比例均做出详细规定，并要求定点护理服务机构逐步建立包含医疗、护理、康复、生活照料、精神慰藉、临终关怀等多种服务的专业照护团队，按照"全人全责"服务宗旨，为参保人提供整合式照护服务。

大力推进长期医疗护理服务的标准化和规范化建设。2016年青岛市发布了《关于长期医疗护理保险医疗护理服务实行标准化管理的通知》，要求对长期医疗护理服务机构统一实行标准化、规范化、精细化管理，定点服务机构需建立护理服务综合评估制度、患者满意度评价制度，为失能患者制订个性化的护理服务计划；严格执行护理服务计划，不断规范护理服务行为，标准化管理制度统一上墙公布。

加强对护理服务机构的考核评估。据《青岛市长期护理保险定点护理服务机构考核办法（试行）》（2018）规定，定点护理服务机构考核按年度进行，主要围绕定点护理服务机构日常管理、业务开展及管理绩效等展开，护理保险政策规定的执行、服务协议的履行、服务质量等全部纳入年度考核范围。定点护理服务机构依据年度考核结果划分为 A（≥90分）、B（80~89分）、C（60~79分）、D（<60分）四级。为充分发挥考核的指挥棒作用，青岛市设立定点护理机构考核保证金制度，年度考核保证金按年度内拨付护理保险基金总额的10%确定。年度考核结果与定点护理服务机构信用等级评定、考核保证金扣拨、服务协议续签等挂钩。

三　枣庄市长期护理保险制度实践

枣庄市位于山东省西南部，地处苏鲁两省交界处，是山东省面积最小的地级市。枣庄历史文化底蕴丰厚，起源于唐宋时期，因枣树繁多茂盛而得名，素有"鲁南明珠"之称，是一座因煤而建、因煤而兴的城市。受制于地理位置和产业转型，近年来枣庄市社会经济发展水平相对较低，其 GDP、人均 GDP、人均存款等指标数据在山东省内排名均靠后。

枣庄市于 21 世纪初进入人口老龄化社会。第七次全国人口普查数据显示，枣庄市拥有常住人口 385.56 万人，其中 60 岁及以上老年人口 71.52 万人，65 岁及以上老年人口 52.83 万人，占比分别高达 18.55%、13.70%。[①] 与 2010 年第六次全国人口普查数据相比，两个年龄阶段人群比例分别上升 5.20 个百分点和 4.28 个百分点。枣庄市 2000 年、2010 年和 2020 年的老年人口数量及占比详见表 5-19。目前，枣庄市人口老龄化程度不断加深，失能失智老年人规模越来越大。基于此背景，枣庄市成为长护险制度的首批试点城市，开启了长护险制度建设发展的探索之路。

表 5-19　枣庄市 2000 年、2010 年和 2020 年的老年人口数量及占比

单位：万人，%

	2000 年（五普）	2010 年（六普）	2020 年（七普）
人口总数	354.66	372.93	385.56
65 岁及以上老年人口数量	25.11	35.12	52.83
65 岁及以上老年人口数占比	7.08	9.42	13.70

资料来源：枣庄市统计局。

（一）枣庄市长期护理保险制度发展历程

枣庄市遵循"试点先行、分批推进"的原则，有组织、有规划地稳步推进长护险制度建设：选择部分城区作为试点，以城镇职工为突破口，开展长护险先行试点，在实践摸索基础上再择机面向全市、全民推广实施长护险制度。总体而言，枣庄市长护险制度发展经历了起步、完善和扩大覆盖面三个阶段。

[①] 《枣庄市第七次全国人口普查公报》，http：//stjj. zaozhuang. gov. cn/xwzx/tjgb/202106/t2021 0624_1236659. html，2021 年 6 月 24 日。

1. 职工长期护理保险制度起步阶段

这一时期枣庄市选择所辖的滕州市、以城镇职工医保参保人员为试点对象率先开展局部先行试点，揭开了枣庄长护险制度建设发展的序幕。枣庄市于 2018 年 6 月出台《关于建立职工长期护理保险制度的意见》，决定在滕州先行开展试点工作，其他地区抓紧启动实施，确保在 2018 年底前全面建立起职工长期护理保险制度。该文件同时对枣庄市长护险的总体要求、基本原则、基本政策、管理服务、配套措施、组织实施等方面做出相关规定，要求切实解决长期失能人员的长期护理问题、减轻失能人员家庭的经济负担、不断提高人民群众的幸福感和获得感。

2. 职工长期护理保险制度完善阶段

这一阶段枣庄市迈出全面开展职工长护险制度试点步伐。2019 年枣庄市要求全市范围内试点探索职工长期护理保险，并于 3 月发布《枣庄市职工长期护理保险实施细则（试行）》《枣庄市职工长期护理保险参保人员失能评定管理办法（试行）》《枣庄市职工长期护理保险协议服务机构管理办法（试行）》、7 月发布《枣庄市职工长期护理保险服务项目管理办法（试行）》等多个政策性文件，修订完善了长护险失能评定、护理服务形式及内容、待遇享受及支付标准、协议服务机构管理等制度框架，为枣庄市失能半失能城镇职工提供了有效护理保障。此外，2020 年 10 月，枣庄市医保局等还下发《关于调整职工长期护理保险个人缴费有关政策的通知》，对个人缴费标准和方式进行了重新规定。

3. 扩大长护险覆盖面

这一时期枣庄市长护险扩大了保障对象覆盖面，把城乡居民也纳入了长护险保障范围。早在 2021 年，《枣庄市"十四五"养老服务体系规划》《枣庄市医疗保障事业发展"十四五"规划》均提出积极探索长护险城乡居民的广覆盖要求，并计划于 2025 年底实现城镇职工和城乡居民长期护理保险的全覆盖。2023 年 2 月《枣庄市居民长期护理保险试点的实施方案》的颁布标志着枣庄市迈出了覆盖全民的长护险制度建设的关键步伐。该实施方案就居民长期护理保险试点工作整体框架做出相关规定。同年 6 月发布的《枣庄市居民长期护理保险实施细则》对居民长护险的具体操作实施做出了相应细则说明。与此同时，枣庄市市中区、薛城区启动了居民长护险试点，把辖区内城乡居民基本医疗保险的参保人员纳入居民长护险覆盖范围。目前，居民长护险试点进入细化居民长护险政策、优化经办服务、加强定点服务机构准入和管理的阶段。根据长护险建设发展规划，2025 年枣庄市城乡居民长护险将扩大到本统筹区域内所有区（市），实现长护险制度覆盖城乡所有人群。枣庄市长期护理保险制度相关政策详见表 5-20。

表 5-20　枣庄市长期护理保险制度相关政策梳理

出台时间	政策名称	相关政策内容	发布单位
2018 年 6 月	《关于建立职工长期护理保险制度的意见》	在滕州先行试点的同时其他区抓紧启动实施，确保 2018 年底前全面建立职工长期护理保险制度，并从总体要求、基本原则、基本政策、管理服务、配套措施、组织实施等方面对枣庄市建立职工长期护理保险制度提出意见	枣庄市人民政府办公室
2019 年 3 月	《枣庄市职工长期护理保险实施细则（试行）》	包括失能评定、护理服务形式及内容、待遇享受及支付标准、协议服务机构管理、结算和管理等在内的详细实施细则	枣庄市医疗保障局 枣庄市财政局 枣庄市民政局 枣庄市卫生健康委员会
2019 年 3 月	《枣庄市职工长期护理保险参保人员失能评定管理办法（试行）》	加强失能评定管理，规范失能评定程序，对参保人员失能评定问题做出详细规定	枣庄市医疗保障局
2019 年 3 月	《枣庄市职工长期护理保险协议服务机构管理办法（试行）》	就《枣庄市职工长期护理保险实施细则（试行）》中的协议服务机构管理问题，结合实际制定的详细办法	枣庄市医疗保障局

出台时间	政策名称	相关政策内容	发布单位
2019 年 7 月	《枣庄市职工长期护理保险服务项目管理办法（试行）》	对枣庄市长期护理保险医疗专护、机构护理、居家护理服务项目及标准制定的详细办法	枣庄市医疗保障局
2020 年 10 月	《关于调整职工长期护理保险个人缴费有关政策的通知》	对长期护理保险个人缴费相关政策做出调整：职工长期护理保险个人缴费标准调整为每人每月 4 元；保险费不再从职工医保个人账户中代扣代缴	枣庄市医疗保障局 枣庄市财政局 国家税务总局 枣庄市税务局
2021 年 11 月	《枣庄市"十四五"养老服务体系规划》	提出要健全多层次长期护理保险制度并全面实施职工护理保险制度，参保范围逐步扩大到城乡居民，计划 2025 年底前实现城乡居民长期护理保险全覆盖	枣庄市人民政府
2021 年 12 月	《枣庄市医疗保障事业发展"十四五"规划》	提出完善长期护理保险多渠道筹资机制并稳步推进长期护理保险制度	枣庄市医疗保障局
2023 年 2 月	《枣庄市居民长期护理保险试点的实施方案》	包括居民长期护理保险试点工作总体要求、目标任务、基本政策、制度衔接、管理服务、组织实施等	枣庄市医疗保障局 枣庄市财政局 枣庄市民政局 枣庄市卫生健康委员会
2023 年 6 月	《枣庄市居民长期护理保险实施细则》	包括居民长期护理保险试点实施总则、资金筹集、失能评定、护理待遇及标准、协议服务机构及管理、计算和管理等	枣庄市医疗保障局 枣庄市财政局

资料来源：根据枣庄市公开资料整理制表。

（二）枣庄市长期护理保险制度框架

1. 覆盖范围

目前，枣庄市长护险覆盖城镇职工基本医疗保险的职工参保人员和退休人员，以及部分城区试点（市中区、薛城区）的居民基本医疗保险的参保人员。2018 年颁布的《关于建立职工长期护理保险制度的意见》明确将参加职工基本医疗保险的职工和退休人员全部纳入长护险覆盖范围。2023 年《枣庄市居民长期护理保险试点的实施方案》要求，城乡居民基本医疗保险的参保人员均应参加居民长期护理保险。尽管当前枣庄居民长护险仍处于个别试点阶段，尚未扩大到枣庄所有城乡居民，但城乡居民长护险全覆盖已是大势所趋。根据上述实施方案，枣庄市将于 2025 年底实现长护险城乡居民全覆盖（见表 5-21）。

表 5-21　枣庄市职工长期护理保险覆盖范围变化情况

时间	相关文件	覆盖人群
2018 年 6 月	《关于建立职工长期护理保险制度的意见》	参加职工基本医疗保险的职工和退休人员
2023 年 2 月	《枣庄市居民长期护理保险试点的实施方案》	城乡居民基本医疗保险的参保人员。目前尚处于部分试点阶段，计划于 2025 年底实现城乡居民全覆盖

资料来源：根据枣庄市公开资料整理制表。

2. 资金筹措

枣庄市长护险资金实行按年度筹措的方式，按照"以收定支、收支平衡、略有结余"的原则使用，通过职工/居民基本医保统筹基金、单位补充医保资金、个人缴费及财政补贴、福彩公益金等渠道解决。

在城镇职工长护险方面，2018 年发布的《关于建立职工长期护理保险制度的意见》规定，枣庄市长护险基金所筹资金全部纳入统筹基金，不设个人账户。其中，职工基本医疗保险统筹基金每人每年 40 元；财政补贴及福彩公益金每人每年 20 元。参保人员中的在职人员依据社会保险缴费基数，个人按 0.1% 缴费，按月由用人单位统一缴纳；参保人员中的退休人员以养老金为缴费基数，个人按 0.1% 缴费，由社会保险经办机构从每月养老金中代扣代缴。参保人员个人缴费可从医疗保险个人账户资金中代扣；无医疗保险个人账户的，与医疗保险大额救助金一并缴纳。此后颁布的《关于调整职工长期护理保险个人缴费有关政策的通知》（2020）对长护险的个人缴费标准做出了调整。具体筹资标准为：个人缴费标准按照每人每月 4 元的标准缴纳（在职人员随基本医疗保险费一并缴纳；退休人员可随大病医疗救助金一并缴纳），其他筹资渠道标准未变动。枣庄市长期探索拓宽包括用人单位缴费、接受社会捐助等资金渠道，建立动态筹资机制，并随经济社会发展逐步提高筹资水平。

在城乡居民长护险方面，2023 年《枣庄市居民长期护理保险试点的实施方案》规定，居民长护险资金按年度筹资，由居民基本医疗保险统筹基金、个人缴费、财政补贴等按比例分担。筹资标准暂定为每人每年 40 元，居民医保统筹基金、财政、个人分别承担 20 元、10 元、10 元。试点期间参保人员个人暂不缴费，从居民医保统筹基金划转。居民长护险试点期间，市级财政还将对试点地区给予适当财政补贴。

城镇职工长护险建设初期，枣庄市实行"定额+定比"混合筹资方式。其中，职工基本医疗保险统筹基金、财政补贴及福彩公益金实行定额制，两者筹资标准分别为 40 元/（人·年）、20 元/（人·年）；个人缴费实行定比制。在职人员依据社会保险缴费基数，个人按 0.1% 缴费，按月由用人单位统一缴纳；退休人员以养老金为缴费基数，个人按 0.1% 缴费，由社会保险经办机构从每月养老金中代扣代缴。自 2020 年 11 月起，枣庄市职工长护险采用定额制筹资方式。职工基本医疗保险统筹基金、财政补贴及福彩公益金仍按照 40 元/（人·年）、20 元/（人·年）的标准筹资，个人缴费调整为 4 元/（人·月）。在职个人缴费由职工医保个人账户代扣代缴改为随基本医疗保险费一并缴纳，退休人员则由每月养老金中代扣代缴改为随大病医疗救助金一并缴纳。枣庄市城乡居民长护险自建设伊始便实行定额制筹资方式。其中，居民基本医疗保险统筹基金、财政、个人筹资标准分别为 20 元/（人·年）、10 元/（人·年）、10 元/（人·年）。试点期间参保人员个人暂不缴费，从居民医保统筹基金划转。

从筹资规模来看，枣庄市职工长护险筹资水平稳中有降。2018～2022年，枣庄职工长护险混合方式、定额方式的筹资水平大体一致，维持在108元左右。2023年1月，枣庄市职工长护险筹资主体中的财政补贴与福彩公益金退出，职工长护险总体筹资水平下降了20元，筹资总额为每人每年88元（见表5-22）。

表5-22 枣庄市职工长期护理保险制度资金筹措一览

相关文件	筹资渠道	筹资标准
2018年《关于建立职工长期护理保险制度的意见》	职工基本医疗保险统筹基金	40元/（人·年）
	财政补贴及福彩公益金	20元/（人·年）
	个人缴费	在职人员依据社会保险缴费基数，个人按0.1%缴费，按月由用人单位统一缴纳。① 退休人员以养老金为缴费基数，个人按0.1%缴费，由社会保险经办机构从每月养老金中代扣代缴
2020年《关于调整职工长期护理保险个人缴费有关政策的通知》	职工基本医疗保险统筹基金	40元/（人·年）
	财政补贴及福彩公益金	20元/（人·年）
	个人缴费	4元/（人·月）（长期护理保险费不再从职工医保个人账户中代扣代缴。在职人员随基本医疗保险费一并缴纳；退休人员可随大病医疗救助金一并缴纳）
2022年《枣庄市职工长期护理保险实施细则》（该细则自2023年1月1日起施行）	职工医保统筹基金	40元/（人·年）
	个人缴费	4元/（人·月）（有医保个人账户的，从医疗保险个人账户资金中代扣；无医疗保险个人账户的，与基本医疗保险费一并缴纳）
2023年《枣庄市居民长期护理保险试点实施方案》	居民基本医疗保险统筹基金	20元/（人·年）
	财政	10元/（人·年）
	个人缴费	10元/（人·年）（试点期间参保人员个人暂不缴费，从居民医保统筹基金划拨）
	市级财政	不详（居民长护险试点期间）

注：①2018年枣庄市社会保险缴费基数为2017年度全市在岗职工平均工资（城镇非私营单位在岗职工平均工资口径）58353元，全市职工平均工资（城镇非私营单位从业人员、平均工资口径）57460元。《枣庄市关于公布2018年度职工基本养老保险费及计发待遇基数的通知》，人社通，https://m12333.cn/policy/mwzi.html，2018年6月27日。

资料来源：根据枣庄市公开资料整理制表。

3. 给付条件

依据《枣庄市职工长期护理保险参保人员失能评定管理办法（试行）》（2019）要求，城镇职工长护险待遇享受条件为参保人员由年老、伤残、疾病等原因导致生活不能自理，经治疗不能康复，连续卧床30天以上，预期6个月以上。经评定达到一定标准可享受长期护理保险待遇。枣庄市城镇职工长护险主要针对中度、重度失能人群。而根据《枣庄市居民长期护理保险试点实施方案》（2023）规定，城乡居民长护险待遇享受条件为参保人员由年老、疾病、意外等原因导致人体某些功能全部或部分丧失，经医疗机构规范诊疗、失能状态持续3个月以上，预期6个月以上，经申请通过评估认定为等级3级及以上的重度失能人员，可按规定享受长期护理保险待遇。枣庄市城乡居民长护险给付条件主要是重度失能的基本医疗保险参保人员。

失能评定是指丧失生活自理能力程度的评定。依据2019年《枣庄市职工长期护理保险参保人员失能评定管理办法（试行）》，枣庄市长护险试点初期主要依据参保人员的进食、穿衣、个人卫生、如厕、移动等生活自理能力、与基本生活密切相关的医疗状况以及依赖他人照顾程度判定。其中，评定指标参照巴氏量表进行，具体包括进食、洗澡、梳洗修饰、穿衣、控制大便、控制小便、如厕、床椅转移、行走、上下楼梯等10项内容（见表5-23）。伴随2021年国家医保局办公室、民政部办公厅联合印发《长期护理失能等级评估标准（试行）》，2022年《枣庄市职工长期护理保险实施细则》要求失能等级评定标准按照此国家统一标准，2023年《枣庄市居民长期护理保险实施细则》再次确认了此国家标准。相比于2019年的失能等级评估标准，2023年枣庄长护险失能等级评估标准不仅明确了日常生活活动能力指标内涵，如将"梳洗修饰"明确为面部与口腔清洁，将"行走"明确为平地行走，而且还增加了认知能力、感知觉与沟通能力维度的测量，把失智等的失能群体也纳入长护险覆盖范围，有效地解决了此类群体的护理问题，保障了该群体的合法权益。

枣庄市长护险失能评定工作主要由医疗保险经办机构负责，也可委托给中标的商业保险公司等第三方机构，受理失能评定申请时间为每年单数月 1~15 日，受理日期截止后，45 日内将完成失能评定工作。具体失能评定工作流程如下：首先由参保人员向参保地所在委托经办机构服务网点受理窗口或协议服务机构提出申请，提交相关材料进行初步审核；审核通过后，委托经办机构从评估人员库中随机抽取 2 名评估人员实施现场评估信息采集工作。评估人员通过检查、询问、走访等方式对申请人的身体状况和自理情况进行了解，现场填写《枣庄市长期护理保险失能评定表》，并将其录入长期护理保险信息系统；现场评估结束后，依据评估资料由评定专家进行评定，情况复杂的，可由评定专家进行现场评估。如现场评估需要进行相关检查的，可委托二级及以上医疗机构进行；根据失能评定结果，由医疗保险经办机构做出是否享受长期护理保险待遇的决定，并对结果进行公示，公示无异议的，公示期满次日即为核准建床的起始日期。

表 5-23　枣庄市失能等级评估标准

评估标准	具体内容
评估指标	2019 年《枣庄市职工长期护理保险参保人员失能评定管理办法（试行）》，参照巴氏量表，具体包括进食、洗澡、梳洗修饰、穿衣、控制大便、控制小便、如厕、床椅转移、行走、上下楼梯等 10 项内容。 2022 年、2023 年参照《长期护理失能等级评估标准（试行）》（2021）。 日常生活活动能力：进食、穿衣、面部与口腔清洁、大便控制、小便控制、用厕、平地行走、床椅转移、上下楼、洗澡等 10 项内容。 认知能力：时间定向、人物定向、空间定向、记忆力 感知觉与沟通能力：视力、听力、沟通能力
评估主体	医保局组建失能评估人员和评定专家库，由商业保险公司从中随机抽取评估人员、评定专家开展具体失能评定工作

评估标准	具体内容
评估对象	城镇职工：由年老、伤残、疾病等原因导致生活不能自理，经过治疗不能康复，连续卧床 30 天以上，预期 6 个月以上，情况基本稳定的长期护理保险参保人员，可申请进行失能评定且评定达到一定标准后，可享受长期护理保险待遇。 城乡居民：由年老、疾病、意外等原因导致人体某些功能全部或部分丧失，经医疗机构规范诊疗、失能状态持续 3 个月以上，预期 6 个月以上，经申请通过评估认定为长期护理失能等级 3 级及以上的重度失能人员，可按规定享受长期护理保险待遇
评估流程	评估申请、初步审核、现场评估、复核与结论、结果公示。

资料来源：根据枣庄市相关文件整理。

4. 服务体系

　　枣庄市规定凡辖区范围内符合准入条件的医疗机构、养老机构等可提供护理服务的机构，均可根据自身情况和需要，自愿申请成为长期护理保险协议服务机构，实行协议管理。枣庄市长期护理保险制度的护理服务形式包含医疗专护、机构护理和居家护理三种。其中，居家护理包含居家机构护理、居家自主护理两种形式。前者是指协议服务机构指派符合要求的护理人员到参保人员家中上门提供护理服务，后者指的是参保人员自主选择亲情照护为本人提供护理服务。三种长护服务形式的具体内涵详见表 5-24。

表 5-24　枣庄市长期护理保险服务方式

服务方式	内容
医疗专护	协议管理的医疗机构设置医疗专护病房为参保人员提供长期 24 小时连续性医疗护理服务
机构护理	除医疗机构外的其他协议服务机构为参保人员提供长期 24 小时连续性护理服务
居家护理	居家机构护理：协议服务机构指派护理人员在接受协议服务机构统一培训和管理后，到参保人员家中提供护理服务。 居家自主护理：参保人员自主选择亲情照护为本人提供护理服务

资料来源：根据枣庄市相关文件整理。

参保申请人使用某种长护险服务形式需满足相应的资质条件和要求。医疗专护、机构护理和居家护理的申请资质及条件详见表 5-25。可以看出，身体的物理损伤程度是选择和使用长护险不同服务形式的条件和依据。

表 5-25　枣庄市长期护理保险不同服务方式的条件

服务形式	申请条件
医疗专护	（1）终末期恶性肿瘤（恶病质状态）需要医疗护理；（2）因病情需长期保留气管套管、胆道等外引流管、造瘘管、深静脉置管等管道（不包括鼻饲管及导尿管），需定期对创面进行处理；（3）需长期依靠呼吸机维持生命体征；（4）由神经系统疾病、骨关节疾病、外伤等导致昏迷、全瘫痪、偏瘫、截瘫，双下肢肌力或者单侧上下肢肌力均为 0~2 级，需要长期医疗护理；（5）髋部骨折未手术、下肢骨不连（腓骨除外）、慢性骨髓炎，需要医疗护理；（6）术后仍需长期住院维持治疗的
机构护理 居家护理	（1）患有以下慢性疾病：脑卒中后遗症（至少一侧下肢肌力为 0~3 级）、帕金森病（重度）、重症类风湿性关节炎晚期（多个关节严重变形）或者其他严重慢性骨关节病影响持物和行走、植物状态；（2）需长期保留胃管、尿管、气管套管、胆道外引流管、造瘘管、深静脉置管等各种管道；（3）高龄患者骨折长期不愈合，合并其他慢性严重疾病；（4）患其他严重慢性病、外伤等导致全身瘫痪、截瘫、偏瘫或其他失能情形；（5）满足医疗专护申请条件的

资料来源：《枣庄市职工长期护理保险实施细则》（2022）。

枣庄市医疗保障局发布的《枣庄市职工长期护理保险服务项目管理办法（试行）》（2019）对枣庄市职工长期护理保险的服务范围做出明确规定，主要包括：饮食照料、睡眠照料、排泄照料、卧位与安全照料、病情观察、管道护理、送检标本、心理咨询、营养指导、康复护理、协助就医以及清洁消毒等，实行按项目管理。具体服务内容分基本服务项目和按需服务项目两类，不同长护服务形式有不同的服务项目。如表 5-26、表 5-27 所示，枣庄市医疗专护服务项目总体更偏重医疗护理，提供心理咨询和临终关怀服务；机构护理与居家护理服务项目整体偏重基本生活护理、康复护理与预防性护理。

医疗专护、机构护理均提供基本服务项目、按需服务项目两类服务。基本服务项目包括专业护理项、基础护理项和功能训练项等子类项目，按需服务项目则包括专业护理项、基础护理项、功能训练项等子类项目。其中的基本服务项目为必选项目，按需服务项目由协议服务机构根据参保人员实际需求提供。

表 5-26　枣庄市长期护理保险服务项目

服务项目	基本服务项目	按需服务项目
医疗专护服务项目	专业护理项（4项）：生命体征监测、血氧饱和度监测、压疮预防及护理、用药指导	专业护理项（17项）：特殊皮肤护理指导、人工取便术、人工肛门便袋护理、开塞露/直肠栓剂给药、氧气吸入、灌肠、导尿、留置尿管的护理、血糖监测、压疮伤口换药、留置胃管、造口护理、经外周静脉置入中心静脉导管维护、气管切开护理、常规心电图检查、胃肠减压照护及指导、吸痰
	基础护理项（13项）：整理床单位、协助做好个人卫生、温水擦浴、洗发、指/趾甲护理、协助进食/水、口腔清洁、协助更衣、协助如厕、安全护理、协助床上移动、协助翻身叩背排痰	基础护理项（6项）：心理咨询、临终关怀、失禁护理、会阴护理、床上使用便器、借助器具移动
	功能训练项（2项）：功能维护训练、生活自理能力训练	
机构护理服务项目	专业护理项（3项）：生命体征监测、血氧饱和度监测、压疮预防及护理	专业护理项（8项）：特殊皮肤护理指导、人工取便术、开塞露/直肠栓剂给药、氧气吸入、压疮伤口换药、留置胃管、血糖监测、吸痰
	基础护理项（12项）：整理床单位、协助做好个人卫生、温水擦浴、洗发、指/趾甲护理、协助进食/水、口腔清洁、协助更衣、协助如厕、安全护理、协助床上移动、协助翻身叩背排痰	基础护理项（4项）：药物喂服、失禁护理、会阴护理、床上使用便器
	功能训练项（2项）：生活自理能力训练、关节被动活动	功能康复项（1项）：借助器具移动
居家护理服务项目	专业护理服务项目（16项）：留置尿管（导尿术）、血压及血氧饱和度监测、预防压疮指导、气管切开护理、留置胃管、灌肠、特殊皮肤护理指导、常规心电图检查-自动分析、雾化吸入、血糖监测、静脉血标本采集、胃肠减压照护及指导、造口护理、吸痰、吸氧照护及指导、专项护理（含口腔护理、会阴冲洗）	

续表

服务项目	基本服务项目	按需服务项目
居家护理服务项目	基础护理服务项目（12项）：协助做好个人卫生，按需协助理发、洗发、洗澡；协助进食/水及指导；协助有效咳嗽指导；协助用药；预防跌倒、坠床、烫伤指导；生活自理能力训练；排泄护理及指导；预防噎食、误吸、吞咽障碍饮食指导；失禁护理；辅助器具使用指导；协助翻身叩背排痰；专项护理（含口腔护理、会阴冲洗）	

资料来源：《枣庄市职工长期护理保险服务项目管理办法》（2023）。

表 5-27　枣庄市职工长期护理保险服务项目类型

服务项目分类	医疗专护服务项目	机构护理、居家护理服务项目
基本生活护理	整理床单元；协助做好个人卫生；温水擦浴；洗发；指/趾甲护理；协助进食/水；口腔清洁；协助更衣；协助如厕；安全护理；协助床上移动；协助翻身叩背排痰；失禁护理；会阴护理；床上使用便器；借助器具移动（16项）	整理床单元；协助做好个人卫生；温水擦浴；洗发；指/趾甲护理；协助进食/水；协助更衣；安全护理；协助床上移动；协助翻身叩背排痰；协助有效咳嗽指导；协助用药；生活自理能力训练；排泄护理及指导；失禁护理；辅助器具使用指导；专项护理（含口腔护理、会阴冲洗）（17项）
医疗护理	生命体征监测；血氧饱和度监测；用药指导；特殊皮肤护理指导；人工取便术；人工肛门便袋护理；开塞露/直肠栓剂给药；氧气吸入；灌肠；导尿；留置尿管的护理；血糖监测；压疮伤口换药；留置胃管；造口护理；经外周静脉置入；气管切开护理；常规心电图检查；胃肠减压照护及指导；吸痰（20项）	生命体征监测；血压及血氧饱和度监测；留置尿管（导尿术）；特殊皮肤护理指导；人工取便术；开塞露/直肠栓剂给药；压疮伤口换药；留置胃管；血糖监测；吸痰；气管切开护理；常规心电图检查；雾化吸入；血糖监测；静脉血标本采集；胃肠减压照护及指导；造口护理；吸氧照护及指导（19项）
康复护理	功能维护训练；生活自理能力训练（2项）	借助器具移动；生活自理能力训练；关节被动活动（3项）
心理精神护理	心理咨询（1项）	—
预防性护理	压疮预防护理（1项）	压疮预防及护理；预防跌倒、坠床、烫伤指导；预防噎食、误吸、吞咽障碍饮食指导（3项）
临终关怀	√（1项）	—

资料来源：根据枣庄市公开资料整理。

　　相比之下，医疗专护提供的长护服务更偏重医疗护理，项目种类也更丰富。比如，医疗专护提供的按需服务项目中的基础护理项还包括心理咨询、临终关怀。医疗专护发生的床位费，根据一级、二级、三级医疗机构级别分别按照 17 元、22 元、27 元标准纳入统筹支付范围。

机构上门居家护理服务由协议服务机构提供专业护理和基础护理服务，也可单独提供专业护理服务，此类服务通常具有较强的专业性。而居家自主护理是由参保人员指定具有照护能力的近亲属、邻居或者其他愿意提供照料服务的个人实施基础护理服务，协议服务机构做好监督和技术指导，此类服务多为基础性的生活护理。机构上门居家专业护理服务费用实行按次计费、按月结算，每次服务时长不少于 1 小时，不少于 3 个项目，计费标准为 80 元/次，最高支付限额为 900 元。居家自主护理产生的护理费用由委托经办机构按照 450 元/月（不足一个月的，每少一天减少 15 元）拨付给具有照护能力的近亲属、邻居或者其他愿意提供照料服务的护理人员。

5. **给付标准**

枣庄长期护理保险主要以长期处于失能或半失能状态的参保人员为保障对象，重点保障其基本生活照料和与日常生活紧密关联的医疗护理服务需求的满足。对长护险协议护理服务机构及相关人员为参保人提供的符合规定的长期护理服务费用、保障对象发生的护理服务费用进行直接补偿，或通过购买方式向提供服务的机构或护理人员支付费用。护理服务费用由长期护理保险基金和保障对象个人按比例或按定额分担，对贫困人员可以给予适当照顾。枣庄市长期护理保险实行差别化的待遇保障政策，根据护理等级、护理形式、服务方式的不同而有所差异，政策范围内的护理服务费用支付标准原则控制在 75% 左右。符合享受待遇条件的参保人员产生的政策规定范围内的护理费用，不设置起付线，按床日进行付费，按照最高支付限额，对低于限额的情况，按实际费用据实结算。具体支付标准见表 5-28。

表 5-28　枣庄市长期护理保险支付标准

服务方式	支付标准
医疗专护	（2019 年）城镇职工参保人员在一、二、三级协议医疗机构接受医疗专护的，长期护理保险基金支付比例分别为 80%、75% 和 70%，每床日支付限额为 60 元、70 元和 80 元。 （2022 年）城镇职工参保人员在一、二、三级协议医疗机构接受医疗专护的，长期护理保险基金支付比例分别为 80%、75% 和 70%，每床日支付限额为 80 元、100 元和 120 元。 （2023 年）城乡居民参保人员在一、二、三级协议医疗机构接受医疗专护的，长期护理保险基金支付比例分别为 75%、70% 和 65%，每床日支付限额为 30 元、45 元和 60 元。医保帮扶对象基金支付比例提高 5 个百分点，每床日支付限额提高 5 元。
机构护理	（2019 年）城镇职工参保人员在协议服务机构接受机构护理服务的，长期护理保险基金支付比例为 75%，每床日支付限额为 40 元。 （2022 年）城镇职工参保人员在协议服务机构接受机构护理服务的，长期护理保险基金支付比例为 75%，每床日支付限额为 60 元。 （2023 年）城乡居民参保人员在协议服务机构接受机构护理服务的，长期护理保险基金支付比例为 70%，每床日支付限额为 30 元。医保帮扶对象基金支付比例提高 5 个百分点，每床日支付限额提高 5 元。
居家护理	（2019 年）城镇职工参保人员接受居家护理服务的，长期护理保险基金每床日支付限额为 30 元。 （2022 年）城镇职工参保人员接受居家上门护理服务的，长期护理保险基金支付比例为 90%，每床日支付限额为 45 元；参保人员居家自主护理的，长期护理保险基金每床日按 30 元的标准支付。 （2023 年）城乡居民参保人员接受居家上门护理的，长期护理保险基金每床日支付限额为 20 元，医保帮扶对象每床日支付限额提高 3 元；接受居家自主护理的参保人员，长期护理保险基金月支付护理补贴 300 元，医保帮扶对象提高 50 元。

资料来源：《枣庄市职工长期护理保险实施细则（试行）》（2019）、《枣庄市职工长期护理保险实施细则》（2022）、《枣庄市居民长期护理保险实施细则》（2023）。

枣庄市长护险待遇与护理形式密切相关，不同护理形式实行不同待遇标准。横向看，医疗专护的长护险基金整体支付比例、每床日支付额度均为三种护理形式中最高的，这也与医疗专护的服务内容及专业性有关。纵向看，三种护理形式的长护险基金支付比例保持稳定，长护险待遇水平则实行动态调整，三种护理服务形式的总体待遇水平逐渐提高。这很好地反映了随经济社会发展逐步提高筹资水平，提高参保人员待遇水平的要求。以医疗专护为例，2022 年城镇职工参保人员在一级、二级、三级协议医疗机构接受医疗专护的，每床日支付限额为 80 元、100 元和 120 元，较 2019 年分别增加了 20 元、30 元和 40 元，增幅分别为 33.3%、42.9%、50.0%。城镇职工机构护理、居家护理每床日支付限额也有增长。此外，枣庄市还对医保帮扶对象实行特殊长护险待遇。医疗专护、机构护理、居家护理分别给予城乡特困人员、低保对象、返贫致贫人员等医保帮扶对象更高水平的保险待遇。享受医疗专护、机构护理的医保帮扶对象的基金支付比例提高 5 个百分点，每床日支付限额提高 5 元，而居家上门护理的医保帮扶对象每床日支付限额提高 3 元、长期护理保险基金月支付护理补贴提高 50 元。长护险进一步发挥了社会再分配的功能。

6. 经办模式与管理监督

（1）经办模式

枣庄市长护险的经办强调政府主导。医疗保障、财政、民政、卫生健康等部门各司其职，协同推进长期护理保险规划建设。市医疗保障部门发挥统筹协调作用，负责长期护理保险政策制定、实施与监督，区（市）医疗保障行政部门负责各自行政区域内长护险政策的监督实施。市、区（市）医疗保障部门下设医疗保险经办机构，负责资金筹集、经办管理和待遇支付等长护险日常经办服务。

枣庄市医疗保障行政部门按照市政府要求，以购买服务的方式，通过公开招标等形式，选定委托资质、信誉记录良好的商业保险公司等第三方机构（"受委托经办机构"）参与全市职工长期护理保险经办管理业务。受委托经办机构服从医疗保障部门的管理和监督并签订合作协议，同时，由受委托经办机构负责做好全市长期护理保险日常受理、费用审核、结算支付、稽核调查、信息系统建设与维护等业务，并接受医疗保险经办机构监督考核。医疗保险经办机构按月将长期护理保险基金划转至受委托经办机构，用于支付待遇，同时预留 10% 作为保证金。

（2）管理监督

①对协议服务机构的管理

《枣庄市职工长期护理保险实施细则（试行）》指出，协议服务机构向参保人员提供护理服务，应以参保人员实际需求为标准，制定合理的护理规划并提供适度且必要的医疗护理服务和生活照料服务；协议服务机构应配备相应的医护人员，实行定岗制度并明确长期护理服务人员的准入条件、协议服务机构的培训管理与监督工作；协议服务机构与参保人员实行联网结算，参保人员与协议服务机构只结算个人自付部分，应当由长期护理保险基金支付的费用，受委托经办机构按规定与协议服务机构结算。协议服务机构应规范财务管理工作，加强与受委托经办机构的账务核对；在监督管理方面，建立健全对护理服务机构和相关从业人员的协议管理和监督稽核制度，明确服务内涵和标准、质量评价等技术管理规范。医疗保障行政部门规范建立长期护理需求认定和等级评定标准体系，制定待遇申请和资格审定及变更等管理办法。

②对受委托经办机构的管理

《枣庄市职工长期护理保险实施细则（试行）》规定，受委托经办机构应建立质量评价机制、运行分析和日常巡查、举报投诉等管理制度，通过满意度调查、随机抽查等方式，强化对服务情况的跟踪管理。提出加强经办管理的信息化建设，实现线上申报受理、服务实时监控和线上结算等。通过购买服务的方式委托给商业保险公司进行经办管理，并逐步实现与医疗卫生机构、养老护理机构或其他领域信息平台的互联互通，提高经办效率和质量。在资金管理方面，由市级统筹，资金按照"以收定支、收支平衡、略有结余"的原则使用，执行现行社会保险基金管理制度，在职工基本医疗保险基金中单独管理、专款专用、分账核算并建立风险管理制度，提升监管质量。在违规管理方面，任何机构或个人以欺诈、伪造证明材料或其他手段骗取长护险基金支出的，由医保行政部门依法处理；涉及其他部门职责的，交由相关部门处理；构成犯罪的，依法追究其刑事责任。

小　结

失能是个体与环境动态交互的过程，意味着身体功能的受限及对日常生活的控制力的削弱。失能是个体生命历程中的重大事件，严重影响和冲击当事人及其家庭的生活质量，所谓"一人失能，全家失衡"。生活满意度是全面衡量生活质量的重要指标，是个人对生活各方面满意度的总体主观评价。失能对老年人生活满意度的影响业已引发学界关注。本研究运用 2018 年中国老年社会追踪调查（CLASS 2018）数据，实证探讨中国失能老年人的生活满意度现状、失能状态对老年人生活满意度的影响、失能对不同群体老年人生活满意度的差异化影响。研究表明，失能老年人占比为 12.15%，其中轻度、中度和重度失能老年人占比分别为 9.21%、1.47% 和 1.47%。失能会显著降低老年人生活满意度，随着失能程度加深，老年人生活满意度越低，重度失能老年人生活满意度更低；失能对男性老年人、无配偶老年人、城市老年人和非独居老年人影响作用更大。

山东是全国老龄人口规模大且人口老龄化进程较快的省份，也是我国唯一的全省 16 个地市全部成为首批长护险试点的省份。山东省长期护理保险工作起步较早，16 个地市已全面开展了长护险试点，全省长护险制度建设发展正在稳步推进。

2016 年入选首批长护险试点以来，济南市开始了长期护理保险制度的探索建设，历经城镇职工长护险制度初步建立、职工长期护理保险制度逐渐完善、扩大城乡居民长护险三个发展阶段。在覆盖范围方面，试点探索初期，济南市长护险覆盖对象仅限城镇职工医保参保人员。在此基础上，济南市启动了城乡居民医保参保人员的长护险，目前已基本形成适应济南市市情、覆盖城乡的长期护理保险制度体系，正推动建立健全满足居民多元需求的多层次长期护理保险制度。

济南市坚持责任共担原则，建立健全长护险多元筹资机制，实行多元化、差异化的筹资方式。长护险基金主要来源于职工（居民）基本医疗保险基金、财政补贴资金、福彩公益金和个人缴费等。济南市长护险主要实行定额筹资，实施职工、居民差异化筹资标准，职工长期护理保险资金筹资标准保持稳定。济南市长护险由建设初期的服务项目实行"宽口径"的基本医疗护理和生活护理，转变为宽口径与窄口径相结合的差异性服务项目，医疗专护支付范围为药品费用、诊疗费用、医疗服务设施费用及《济南市职工护理保险服务项目》规定的相关医疗护理、生活护理费，机构医疗护理与居家医疗护理的支付范围仅为《济南市职工护理保险服务项目》内包含的医疗护理、生活护理相关费用。

济南市长护险采用不设起付线的定比支付方式，城镇职工与城乡居民的长护险结算方式、结算标准有所不同，所享受的长护险待遇支付比例也有差异。济南市长护险实行"定额包干，超支不补"的结算管理办法，医疗专护、机构医疗护理始终实行定额结算，居家医疗护理则由定额包干调整为按项目付费和按小时付费相结合的结算办法。城乡居民与城镇职工实行相同的长护险待遇标准，长护险制度城乡一体化取得重要突破。济南市已建成医疗专护、机构医疗护理、居家医疗护理相结合的长护险立体服务体系，对专护、院护定点医护机构的服务条件和要求做出了相关规定，积极打通专护、院护、家护之间的屏障。济南市早期长护服务强调医疗护理，未对服务项目进行精准划分，后逐步明确护理保险服务项目清单及相关服务标准、规范，并不断增加基本生活照料服务，赋予参保人更多自主权，为其精准提供基础护理项目和照护项目。

济南市长护险给付条件是中度、重度失能参保人，运用《日常生活活动能力评定量表》开展评估，规定评定分数≤50分、≤55分且符合规定条件的参保人可分别申请专护、院护与家护，并优化申请流程以方便参保人员。济南市已形成以"政府经办为基础、社会力量为补充"的经办模式和"外部监督+协议管理"的监督管理模式。

青岛是全国最先探索长护险制度的城市，也是我国较早进入人口老龄化社会的城市。目前，青岛市人口老龄化高于全国和全省老龄化水平，已步入中度老龄化社会。发展至今，青岛市长护险已经完成从职工到居民、从失能到失智、从城市到农村、从医疗护理到生活照料、从被动保障到积极预防的转变，目前正步入长期护理保险提质增效高质量发展阶段，成为我国长期护理保险制度建设发展的典范。

青岛市自长护险建设伊始便坚持高起点部署，着眼于城镇职工与城乡居民的全覆盖，推进长护险城乡一体化建设。实践则由城镇职工参保人员先行起步，扩大到城乡居民参保者，成为全国首个长护险制度城乡全覆盖的地区。

青岛市长期护理保险基金筹集遵循"以收定支、收支平衡、略有结余"的原则，采用多元混合筹资方式，资金筹集以单位和个人缴费为主，由财政给予适当补贴，并随着经济社会发展和参保人员需求动态调整筹资渠道和额度，筹资总体水平稳步提升。而且，创造性地建立预防和延缓失能失智保障金制度和护理保险调剂金制度。前者用于预防和延缓失能失智工作，提高轻度、中度失能失智人员及高危人群的自理能力，推动长护保障关口的前移。后者旨在解决长护险资金的超支问题，发挥未雨绸缪的预防作用，保障长护险的可持续发展。

青岛自行探索初期的护理保险待遇给付条件限于由身体功能缺损导致常年卧床、生活无法自理等要件，逐步推进到对重度失智老年人的医疗与生活照护，并优化失能失智评估指标。同时，以项目方式为半失能人员、轻度与中度失智人员和高危人群及其相关家庭与社会护理人员提供相关训练和指导服务，尽可能延缓失能失智进程，实现长护险的预防服务与医疗、护理服务协同推进。

建立"全人全责"护理服务模式和无缝衔接的护理服务保障机制，积极开展医疗服务和护理服务，加强失能失智老年人护理服务的标准化和规范化，为失能失智人员提供及时、连续、整合式的照护服务。青岛市建成了针对失能老年人的专护、院护、家护、巡护服务形式，以及针对失智老年人的长期照护、日间照护、短期照护服务形式相结合的立体式长护险服务体系。

枣庄地处山东省经济相对欠发达的鲁西南地区，其人口老龄化程度稍高于全国又低于山东省平均水平。枣庄市遵循"试点先行、分批推进"的原则，有组织、有规划地稳步推进长护险制度建设。以城镇职工医保参与人员为突破口，优先选择部分城区为试点，开展长护险先行局部范围试点。经过实践摸索，覆盖范围逐步扩大到城乡居民医保参与人员，目前城乡居民参保仍处于部分地区试点阶段，尚未在全市推广实行。

枣庄市长护险资金主要来源于职工/居民基本医保统筹基金、单位补充医保资金、个人缴费及财政补贴、福彩公益金等。城镇职工长护险建设初期实行"定额+定比"混合筹资方式，后改为与城乡居民长护险一样的定额制，整体筹资水平保持稳定。

枣庄市长护险给付条件是中度、重度失能，评估标准则由《日常生活活动能力评定量表》过渡到国家医保局办公室与民政部办公厅联合印发的《长期护理失能等级评估标准（试行）》。枣庄市长护服务形式包括医疗专护、机构护理和居家护理（居家机构护理、居家自主护理）三种，不同服务形式有不同的申请资质和条件要求，并且开展的长护险服务项目不同，参保申请人可依据身体物理损伤程度进行选择。

枣庄市长护服务项目包括基本服务项目和按需服务项目。枣庄市长护险给付待遇总体水平逐渐提高，待遇支出与护理形式密切相关，不同护理形式实行不同的待遇标准。医疗专护给付比例、每床日支付额度相对较高。

枣庄市长护险经办管理强调政府主导，政府职能部门各司其职、协同推进，同时，以购买服务的方式，通过公开招标等形式，遴选第三方机构，通过合作协议委托其经办相关业务；对定点服务机构进行协议管理，定期开展对服务机构的监督稽核，制定服务机构及其人员相应的准入和退出制度，要求服务机构加强服务、培训、财务等的建设管理；要求受委托经办机构建立健全质量评价机制、日常运行、服务巡查、举报投诉等管理制度，加强服务跟踪管理，推进经办管理信息化建设。

第六章

失能老年人长期护理保险的域外实践

　　长期护理保险制度的建立是人口、政治、经济、文化、制度等诸多因素影响的结果。长期护理保险制度的发展相当晚近。随着人口老龄化的不断加深和传统家庭照护功能的不断弱化，长期护理逐渐成为工业化国家社会保障的重要内容。为保障长期护理服务的稳定性，很多国家基于各自国情先后形成和发展了长期护理保险制度，即通过发挥保险风险共担、资金互济的功能，共同抵御失能风险（苏健，2019）。在这些国家中，德国、日本是典范。一方面，德国是世界上最早建立长期护理保险的国家，也是世界上几个主要运用社会保险制度应对失能风险挑战的国家之一（Roth，2000），其长期护理保险制度的发展经验为其他国家提供了范本，具有很强的研究价值；另一方面，日本与我国同属亚洲国家，具有相似的文化传统，其长期护理保险制度的建立与发展对我国具有较强的借鉴意义。

　　本章将以德国、日本为个案，重点探寻两个国家长期护理保险的发展概况、发展原因、制度体系等问题，以为我国建立失能老年人长期护理保险制度提供域外参考和经验借鉴。

第一节　德国长期护理保险制度

德国是世界上最早建立长期护理保险的国家，也是世界上公认的长期护理保险制度的典范。德国探索长期护理保险的历史悠久，其建设发展历经渐进式的制度变迁过程，是系列因素综合作用的结果。德国长期护理保险制度框架日臻完善成熟，为许多国家提供了参考借鉴的范本。

一　德国长期护理保险制度发展概况

德国是现代社会保险体系的策源地。早在 19 世纪后期，威廉一世皇帝颁布《皇帝诏书》，认可当时民众对于生活物资保障的要求，首次提出建立"社会保险制度"的构想。此后，首相俾斯麦先后通过了疾病保险、事故保险和伤残、养老保险三项法定保险制度，奠定了现代社会保险制度的基础。1961 年，德国将护理救助列为《社会救助法案》（BSHG）中的一个独立项目，第一次提出了全面的长期护理需求的概念，护理救助制度为长期护理需求者持续提供"底线保障"。20 世纪 70 年代以来，德国长期护理需求不断增长，与正式制度有限供给之间的不均衡逐步凸显，长期护理保险制度的建立日益成为德国政治体系中的重要议题。

作为公认的世界长期护理保险制度的典范，德国探索和建设长期护理保险的历史由来已久。深入探寻长期护理议题在德国政治系统中的沟通和决策过程，有助于梳理并探析德国长期护理保险制度的历史演进脉络，研究发现，德国长期护理保险制度的建立是一个渐进式的制度变迁过程（刘芳，2022）。表 6-1 呈现了德国长期护理保险制度发展的六个重要阶段。

第一个阶段（1974~1984年），长期护理逐渐成为德国国家政治议题的阶段。1974年，德国老年援助信托理事会（KDA）发布了一项题为《关于老年疾病的住院治疗及法定医疗保险的费用承担问题》的研究报告，这份报告第一次将长期护理需求认定为一种普遍的社会风险。该报告被视为德国长期护理保险制度的基石，也被视为德国将长期护理从一个社会问题转化为公共政策议题的标志。但是，尽管在这个阶段出现了各种可能的长期护理保障方案，但是德国联邦政府出于财务方面的考量，并未采纳长期护理的结构性改革方案，依然延续了"辅助性"的制度供给，致力于维护和加强家庭照护传统，依靠家庭的非正式护理和"补缺式"的社会救助制度来提供长期护理保障。

第二个阶段（1985~1990年），长期护理政策处于渐进式调整的阶段。在这一阶段，1989年德国《医疗保险结构性改革法案》的出台是关键性的重要事件。在这个法案中，部分长期护理需求被纳入法定医疗保险的支付范围，长期护理风险的普遍性在德国福利国家政治体系中得到初步承认。尽管此时由法定医疗保险制度提供全面长期护理保险待遇在德国仍未实现，但是未得到满足的长期护理需求在这一过程中持续得到关注，成为制度持续变迁的推动力。

第三个阶段（1991~1994年），德国长期护理政策历史演进中最为关键的历史阶段，是长期护理保险制度正式确立的阶段。德国统一、关键政治人物理念的转变、1994年大选等一系列政治因素，共同促成了1994年德国《长期护理保险法案》的通过，正式宣告了长期护理保险制度的最终建立。自此，德国确立了以预算支付和部分风险覆盖为运行逻辑的新的社会保险制度，将长期护理风险从传统的家庭风险重新诠释为半家庭和半社会的混合风险，长期护理保险成为继养老保险、医疗保险、事故保险、失业保险之后的第五大社会保险支柱。

第四个阶段（1995~2005年），德国长期护理保险体制初步建立的阶段。德国自 1995 年 1 月 1 日起正式实施《长期护理保险法案》，自 4 月 1 日起提供与家庭护理有关的保险给付和服务；自 1996 年 7 月 1 日起提供与住院护理有关的保险给付和服务。长期护理保险制度作为德国社会保障体系中的第五大支柱，和其他社会保险制度一样成为德国社会保障体系的重要组成部分，通过一定的社会机制为社会公众有效化解特定风险，起到安全保障网的作用。依据"与医疗保险同步"的原则，德国要求凡是参与医疗保险的人必须参加法定长期护理保险，从而实现了对群体的广覆盖。

第五个阶段（2006~2012 年），德国长期护理保险制度进入全面改革调整阶段。2008 年，德国为了进一步提高保险质量，开始实施护理保险改革，颁布《长期护理保险结构改善法》，亦即"2008 年德国护理保险改革"，在护理定义的调整、护理假期的设立和咨询服务的提供等方面都取得了突破（罗丽娅，2023）。2012 年，德国出台了旨在对护理内容进行调整、进一步强化护理的《护理新调整法》，其核心是为患有阿尔茨海默病的老人提供更好的居家护理服务、促进对在老年公寓合住老人的护理服务、提高家属照顾者的居家护理补贴（秦建国，2018）。

第六个阶段（2013 年以来），德国长期护理保险制度局部调整阶段。这一时期，德国人口老龄化速度加快，护理需求不断增长。2015 年、2016 年和 2017 年，德国先后颁布《长期护理加强法案（第一版）》、《长期护理加强法案（第二版）》和《长期护理加强法案（第三版）》，对长期护理保险制度的缴费率进行了多次调整。2017 年，德国还进行了关于护理分级的长期护理保险制度改革，在长期护理鉴定、分类及分级中大幅增加了对于认知障碍、失智及精神、心理和社会因素的考虑，德国继续走在了全球长护事业的前列（刘涛，2021）。

表 6-1　德国长期护理保险制度发展阶段一览

发展阶段	时间	特征	内容
第一阶段	1974～1984 年	长期护理成为政治议题	主要依靠家庭的非正式护理和"补缺式"的社会救助制度来提供长期护理保障，只有在家庭的能力耗尽之时国家才提供帮助
第二阶段	1985～1990 年	长期护理政策渐进式调整	1989 年，德国《医疗保险结构性改革法案》出台，部分长期护理需求被纳入法定医疗保险支付范围，长期护理风险的普遍性得到初步承认
第三阶段	1991～1994 年	长期护理保险政策决策出台	1994 年，德国《长期护理保险法案》通过，将长期护理风险从传统的家庭风险重新诠释为半家庭和半社会的混合风险，确立了以家庭为基石、以社会保险制度为支撑、以社会救助作为公民权利救济的多层次长期护理保障体系
第四阶段	1995～2005 年	长期护理保险体制初步建立	1995 年 1 月 1 日起正式实施《长期护理保险法案》，自 4 月 1 日起提供与家庭护理有关的保险给付和服务；自 1996 年 7 月 1 日起提供与住院护理有关的保险给付和服务
第五阶段	2006～2012 年	长期护理保险制度全面改革	2008 年 7 月，德国开始实施护理保险改革，亦即"2008 年德国护理保险改革"，在护理定义的调整、护理假期的设立和咨询服务的提供等方面都取得了突破性进展；2012 年，德国出台《护理新调整法》，旨在对护理内容进行调整和强化
第六阶段	2013 年以来	长期护理保险制度局部调整	2015 年、2016 年、2017 年，德国先后颁布三个版本的《长期护理加强法案》，对长期护理保险制度的缴费率进行多次调整；2017 年，德国还进行了关于护理分级的长期护理保险制度改革

资料来源：参照刘芳（2022）、罗丽娅（2023）、秦建国（2018）的文献内容制表。

二　德国长期护理保险制度发展背景

　　德国长期护理保险制度的实施与发展，是一系列复合因素综合作用的结果，主要是基于其国情社情的现状，包括人口结构的变化、护理压力的增加、制度体系的独特性以及注重社会团结的文化价值观等因素。

（一）人口老龄化

长期护理需求源自现代社会普遍存在的高龄和长寿趋势带来的社会风险，随着经济的快速发展、医疗技术的进步以及生活质量的提升，人的寿命在不断延长，但是身体功能的退化和萎缩不可避免，长期护理风险和需求伴随着人口老龄化、高龄化趋势而显著增加。可以说，人口老龄化是德国长期护理保险建立和发展的直接动因。

伴随着人口预期寿命的延长和生育率的下降，德国于 20 世纪 50 年代进入了人口老龄化社会。经济与合作发展组织（OECD）数据显示，1950 年德国人口老龄化率为 9.7%，2000 年上升为 16.5%，2010 年上升为 20.7%（柳如眉、柳清瑞，2016）。目前，德国正处于人口老龄化及高龄化的快速发展时期，已成为欧洲人口老龄化程度较高的国家。伴随着人口规模的缩小，德国人口老龄化仍将加剧。预计 2030 年德国人口老龄化率将超过 30.0%，届时一半以上人口的年龄将超过 48.1 岁，而 2012 年这一数字仅为 45.3 岁。与此同时，德国还面临着高龄化趋势。据测算，2030 年德国 80 岁以上老人将超过 630 万人，较 2012 年增长 47.2%（郭洋，2015）。老年人口数量的急剧增加，尤其是高龄老年人数量的增加，意味着长期护理服务需求的增加。

德国人口老龄化的现实状况意味着需要被护理的老年人口规模日益庞大且数量增长迅速。据预测，2005 年德国需要长期护理的老年人口约为 195 万人，2010 年为 264 万人，到 2030 年预计达到 309 万人。[①] 德国人口结构的变化是 20 世纪 70 年代德国长期护理风险不断增大的直接原因，也是刺激德国长期护理保险政策出台的最关键因素。

---

① National Strategy Report: Social Protection and Social Inclusion 2008 – 2010. Berlin, 30 July 2008. http://www. ec. europa. eu/social/BlobServlet? docId = 2546&langId = en.

（二）巨大护理压力

规模庞大的老年人口意味着巨大的护理需求。德国当时的照顾及保障体系难以应对这种照顾需求给家庭、政府带来的压力的挑战。

人口预期寿命的不断增长，社会中高龄和长寿老年人绝对数量的不断增加，要求传统的家庭能够承载不断增长的长期护理需求。但是，德国绝大多数老年人倾向于独立生活，即使是在配偶离世后，多数长者仍然选择独居生活，特别是女性老年人。当老年人身体功能逐渐减弱、出现失能化趋势时，当由于经济因素而无法选择机构护理时，更多的老年人只得依靠家庭年轻成员。然而家庭的照护能力也呈现持续下降趋势：一方面，德国人口结构呈现少子化趋势，这势必加重家庭成员的经济压力，甚至牺牲家庭成员尤其是女性家庭成员的工作；另一方面，由于女性的劳动力市场参与率不断提高，女性不再愿意作为福利国家"沉默的后备军"，依靠家庭中的女性成员来提供照护服务的可能被不断削弱。因此，长期照护需求由此从传统家庭领域不断向社会"溢出"（刘芳，2022）。传统家庭照护和"护理救助"的制度供给模式已经无法适应长期护理风险的日益普遍化，无法继续满足民众的长期护理需求。

在德国，机构护理虽然也逐渐为越来越多的老年人所青睐，但机构护理高昂的费用令绝大多数老年人望而却步。数据表明，高达八成居住在护理院的老年人无法承担护理院的全额费用（Geraedts et al.，2000），多数人不得不依赖社会救助金和社区社会福利体系。这无疑大大加重了政府特别是地方政府的财政负担。数据显示，20 世纪 70 年代中期到 90 年代，德国老年人长期护理费用支出增长了 3 倍，地方政府的这一支出则由 2.0% 上升到 5.0%（Alber，1996）。对护理院资金投入过多被认为是不断增长的财政赤字的重要诱因之一，福利财政改革呼声逐渐为社会主流所认同。

从某种程度上可以说，来自私域和公域的人力、物力及财力等照顾资源的日益紧张是德国长期护理保险制度建立与发展的间接推手。

（三）独特制度体制

德国长期护理保险制度的确立，与德国独特的"社会市场经济体制"密不可分。第二次世界大战以后，德国为了快速从战争中衰落的经济状态下恢复过来，推行"社会市场经济模式"，俗称"莱茵模式""德国模式"，并且经过多次调整，已经形成较为健全的制度体系，并使德国经济在较长的时间内持续健康快速发展（金二威，2015）。

社会市场经济模式的形成与"二战"后联邦德国领导人的个人价值取向、学识和领导力有关，是德国各种利益派别利益平衡的结果，也植根于秩序自由主义和基督教社会伦理学说（冯兴元，2013）。这一模式的本质在于国家有所调节的市场经济，核心是"尽可能市场调节，需要时政府调控干预"。社会市场经济模式以自由市场竞争为基础，既不采用"从摇篮到坟墓"的英国式全民福利制度，亦不引进贫富差距较大的美国式市场经济体制，而是通过适度的社会政策，纠正市场本身可能导致的不公（丁纯，2009：184）。该模式反对经济放任自流，也反对经济统紧管死；既保障私人企业和私人财产的自由，又要求权利的实现须给公众带来好处，以保证市场自由和社会公平之间的平衡。社会市场经济的运作需要在经济、货币、劳动力与社会领域建立调节机制。其中，经济领域的财政体制、社会领域中的社会保险与救济制度是重要的调节机制。

"二战"之后，社会保障体系亦被纳入德国社会市场经济制度体系之中，作为社会保障体系重要内容之一的长期照护体系，与德国社会市场经济制度模式相适应，其内容、形式等在社会市场经济体制中得到了很好的体现。如前所述，德国社会市场经济制度模式将社会公正和经济效率视作同等重要，在保护竞争、充分发挥市场机制的同时，保持适度的政府干预（齐天骄，2023）。长期照护除涉及投保人、受益人和承保方之间的费用收缴和偿付外，还涉及照护服务的提供，长期照护体系切实体现了国家对社会公平的保障与照护机构对市场效率追求之间的平衡，体现了德国社会市场经济模式的特点。

另外，作为联邦制国家，德国实行联邦—州—地方分级管理的财政体制，各级政府均有各自独立的预算，分别对各自议会负责。各级财政最主要的来源为税收，分税制成为德国三级财政体制收入分配的基础。《德意志联邦共和国基本法》详细规定了各级政府的税种划分。联邦—州—地方通过分税制分配财政收入，不可避免造成各地财政资源的差距。为保证区域公共服务水平均等化，实现区域经济社会的协调发展，联邦德国制定了《财政平衡法》，要求上下级政府间、各州之间实行财政转移支付，再次分配财政收入，以此实现各级政府间的纵-横向财政大体平衡。这种分权-平衡的财政体制有助于各级政府在面对困境时形成共同议题并采取集体行动，这一点在长期护理保险问题上也得到了体现。正如有学者指出的，德国在长期护理的治理中秉持国家集权与地方分权治理相结合的理念（刘芳，2018）。

（四）文化价值观

德国社会福利制度以深厚的宗教伦理和文化价值理念作为支撑。事实上，前文已经指出秩序自由主义和基督教社会伦理学说是整个德国现行制度体制的思想来源。

德国社会市场经济建立与维护的竞争秩序架构源自欧肯竞争秩序理念。欧肯竞争秩序也称"Ordo"，"Ordo"来自基督教社会伦理教义。承担责任是竞争秩序重要的构成原则，要求个人对其承诺和行动负责（冯兴元，2013）。这就意味着个人及其家庭是长者护理的责任人。新教推崇"爱邻人"、"慈善"和"社会团结"等思想，要求人们效法"神爱世人"，强调人们互帮互助，相互扶持，对邻里和自己负责，"爱邻如己"，对穷人的照顾成为有组织的公民义务。由此可知，强调个人责任、重视家庭成员及邻里的非正式护理体现和契合了保守主义倾向的社会福利体制。

一方面，德国长期护理保险制度的建立符合德国文化价值观。基督教伦理传统上重视社会政策中家庭功能的发挥。老龄化社会中，家庭所扮演的传统角色承受着越来越大的压力。德国长期护理保险制度的设计是保障传统的家庭成员提供的非正式护理和专业组织提供的正式护理两者的平衡发展（苏健，2019）。

另一方面，德国长期护理保险制度的出台也体现了深蕴在德国文化传统和历史脉络中的"社会国家"（Sozialstaat）原则与国家主义传统的融合（刘芳，2018）。"社会国家"原则强调不同阶层之间共担风险的社会团结；国家主义传统则要求国家成为超越社会各个分散团体、从更高层面来理性凝聚社会的超越性力量，运用其合法性权威来维护人民共同的福祉（刘涛，2016）。深厚的社会团结思想使人们对于需要长期护理的老年人的命运有休戚与共的共同关切，而强大的国家主义传统则使国家在社会和人民需要的时候，毫不犹豫地承担起照顾人民的责任。

由此观之，长期护理保险制度同时体现了德国福利文化价值理念对以国家为代表的正式力量和以个人、家庭为代表的非正式支持力量的偏好，"家庭-社会-国家"的交汇点即产生了现代的社会护理保险制度。

三　德国长期护理保险制度框架

探讨德国长期护理保险制度框架，可以从"人、财、事"三个要素切入，分析其制度框架的机理。

（一）参保对象

1. 参保范围

社会保险具有普遍性和强制性，原则上全体公民均应成为长期护理保险对象，但不同的国家对长期护理社会保险的参保人有着不同的年龄与资产条件等方面的限制。

德国长期护理保险制度参保范围的基本原则为"广覆盖"，保障对象遵从医疗保险原则，为所有法定医疗保险的投保人（郝君富、李心愉，2014）。参加长期护理社会保险的门槛较低，甚至没有年龄限制，参保人只需要符合政府规定的资助条件范围。收入水平低于强制医疗门槛的人，必须加入长期护理保险体系；收入超出规定资产条件者，既可参加长期护理社会保险，亦可选择参加长期护理商业保险，如参加后者，雇主须给予一定补助。资产条件在不同时期有着不同的规定。

如前所述，德国奉行"社会团结"思想，强调全体公民的权利，若限定参保对象的年龄、性别、收入等标准会被认为存在歧视或不公平（原新、刘绘如，2019）。因此，德国长期护理社会保险参保人范围宽泛，除老年人外，失业人员、社会救济对象、残障人士均被纳入法定长期护理保险，家庭成员如低收入配偶、孩子亦可随家庭主要参保人免费参加长期护理保险。这也凸显了社会保障制度的公平性。

在这样较为宽松的参保条件下，德国长期护理保险的覆盖率和参保率都较高。据统计，1995年德国长期护理保险制度建立伊始，德国居民的参保率就达到了88.03%（刘芳，2018）。截至2018年，德国长期护理保险参加者高达7275万人，约占德国总人口的87.8%，另有928万德国居民参保长期护理商业保险，参加法定长期护理保险及长期护理商业保险的德国居民占总人口的99.1%（刘涛，2021）。整体而言，德国长期护理保险制度呈现全民保险的特征，如此高的长期护理保险覆盖率和参保率世界少有。

2. **受益对象**

针对受益对象，德国长期护理相关法律规定，所有需要长期护理服务的人，且至少连续六周需要接受日常事务援助的人，不论他们的年龄大小、收入如何、失能原因，也不论家庭中是否有照料者，依法都有资格申请长期护理保险待遇。

长期护理相关法律所规定的需要援助的日常事务是每天生活中有规律的、重复发生的，而且是经常性的。参保主体有护理需求时，依据需求者的身体状况，需要满足至少在身体护理、日常饮食、日常行动、家庭生活等四类日常生活行为活动中的两个方面需要持续提供至少6个月帮助的条件，即可享受护理服务给付。这四类"经常性的日常生活行为活动"具体是指如下活动（戴卫东，2015：50）：（1）在身体护理领域，是指洗脸、淋浴、盆浴、牙齿护理；（2）在日常饮食领域，是指烹调饭菜或者进食；（3）在日常行动领域，包括自己上床、穿衣和脱衣、走、站、上楼梯或者离开和回到房间；（4）在家庭生活领域，包括采购、做饭、打扫房间、洗餐具、更换和洗涤内衣及衣服或者生火取暖。

2016年《长期护理加强法案（第二版）》引入了新的"护理需求性"概念。与此前不同，新的"护理需求性"不仅包括建制之初规定的身体护理、日常饮食、日常行动和家庭生活四个日常生活方面的能力，还从认知和交流能力、行为举止和心理状况、安排日常生活和社会交往方面综合考量患者的护理需求程度（苏健，2020）。新的"护理需求性"概念的拓展，使更多的具有护理需求的人被纳入保险给付范围，长护险的受益对象大大增加。

此外，当我们重点关注制度的受益人群时，会发现从1995年建制以来，德国65岁以上的老年人是最主要的护理保险待遇给付群体（刘芳，2018）。因此，虽然德国的长期护理保险制度具有全民覆盖的特征，但是该制度的受益对象主要是老年人。由此可见，护理风险与年龄紧密相关的特点使该制度主要为 65 岁及以上的老年人提供长期护理保障。

（二）保费筹资

1. 筹资方式

德国长期护理保险采取现收现付制，首先提前测算出当年需要给付的护理保险费用，再按照以支定收的原则向个人及企业征收收入的一定比例的护理保险费用。一般征收额略大于给付额。德国长期护理保险筹资具有很强的互济性和平衡性，体现了民众参保、社会共担老年护理风险的公平性（陈雷，2016）。筹资方式和原则定义了公共责任、集体支付以及个人或家庭融资责任之间的相互作用。资金来源主要依靠税收、保费和收费，由国家、雇主和雇员三方共同筹集。通常国家承担 1/3 以上，剩下的部分则由雇主和个人对半承担。

保费的高低主要取决于被保险人的收入水平，缴费设有上限，且实行动态调整。后来迫于长期护理保险制度的筹资压力，政府决定继续调升长期护理保险缴费率，2015 年、2016 年和 2017 年，德国先后颁布《长期护理加强法案（第一版）》、《长期护理加强法案（第二版）》和《长期护理加强法案（第三版）》，对长期护理保险制度的缴费率进行了多次调整。2015 年将其调升至 2.35%，2017 年又调升至 2.55%（罗丽娅，2023），2019 年继续将缴费率调升至个人收入的 3.05%（郑基超、严雷，2023）。同时，2015 年建立护理储备基金，该基金将长期护理保险基金收入的 0.1% 划入储备基金，储备基金目标规模是 1.2 万亿欧元（姚虹，2020）。

保费缴纳还实行差别对待政策。对退休人员实行单独筹资安排。退休人员在退休初期只需缴纳 50.0% 的保费，但 2004 年 4 月以后要全部支付保费。1940 年前出生人员、23 岁以下者、军人和失业者享有免除缴费权利。自 2005 年起，育有子女人员和未育有子女人员分别缴纳不同的保险费率。对于无子女的雇员，他们在年老后将更多地依靠长期照护服务体系，享受更多社会福利，故要额外缴纳 0.25% 的保费（尹晖、黄晨怡，2022），2008 年缴款率提高到 2.20%，2013 年调整为 2.30%（苏健，2020）。自由职业者、官员、职业军人等非法定保险义务人，以及从事兼职工作且医疗保险费每个月高于 49.9 欧元的学生，需全部承担保险费用（张盈华，2015）。

2. 费用负担

为了保障保险基金支出可控，德国对每项护理服务都有给付限额规定，超出限额部分由服务受益者自行负担。

长期护理体系的建立显著缓解了个人在护理费用方面的支出压力。1995 年《长期护理保险法案》实施前，护理费用首先由医疗保险基金对于存在严重依赖且进行居家护理的个人进行部分偿付，不满足上述条件或费用无法覆盖部分则由个人或子女自行偿付。若依旧无法负担全部费用，才可以申请社会救助（Thiede，1991）。

有关长期护理的法案实施后，护理费用首先由长期护理保险基金支付，与护理需求者处于何种护理等级以及在何种环境下进行护理无关；剩余部分由个人或子女支付；最终都无法承担的才通过社会救助的方式解决。也即，长期护理保险基金代替并扩展了原先由医疗保险基金所承担的职责。此外，长期护理保险基金的偿付额度可以覆盖住院期间的护理费用，个人只需负担食宿费。因此，长期护理保险的建立大大减轻了个人的经济负担（齐天骄，2023）。

（三）运行要素

在明确了参保对象和筹资机制之后，德国长期护理保险制度的运行要素主要包括护理等级与服务、给付方式与标准、评估与监管机制等几个方面。

1. 护理等级与服务

（1）护理等级

护理等级根据参保对象所需的护理时间和护理频率划分。

德国长期护理保险制度构建之初，护理等级有三个，医疗保险中医疗服务中心负责身体失能的鉴别与分级鉴定，等级越高标志着身体失能程度越高，相应的护理需求也就越强；自 2008 年开始，德国将失智人员定义为一个单独的护理级别，为这个群体建立了一个单独的护理等级——0 级，德国长护险护理级别呈现"三加一"的局面（刘涛，2021）。

2017 年，德国开始实施长护险改革，更加注重细致精确地靶向具有长期护理需求的人群，在更大范围内将认知和心理障碍等因素纳入长期护理保险，因此长护险的护理等级也从此前的三个等级（"三加一"）改革为五个等级。德国现行的长期护理保险五个护理级别的评定如表 6-2 所示。

表 6-2　德国长期护理保险护理级别的评定

护理级别	失能程度	评定分数
1 级	生活自理能力轻微受损	12.5~27.0 分
2 级	生活自理能力显著受损	27.0~47.5 分
3 级	生活自理能力严重受损	47.5~70.0 分
4 级	生活自理能力最严重受损	70.0~90.0 分
5 级	有特殊护理需求的、生活自理能力最严重受损	90.0~100.0 分

资料来源：参考刘涛（2021）一文制作。

（2）护理服务

德国长期护理保险提供的护理服务主要分为居家护理服务和机构护

理服务两个类别。

居家护理服务包含家庭自行护理服务与居家专业护理服务。其中，家庭自行护理服务一般由家庭成员或非专业私人提供，多依赖家属、亲人和邻居等非正式的护理人员，服务内容包括家庭访问、家庭疗养、日间或夜间护理及代理服务等；居家专业护理服务则由专业护理人员上门提供，主要围绕个人卫生、饮食营养、行动、家务自理等内容提供。

机构护理服务是老年人入住相关机构并接受其提供的专业服务，由正式的、专业的护理机构承担。机构一般设有老人公寓、老人之家、老人护理之家和老人综合服务中心等。从时间长短来看，机构性质主要包括全日性、非全日性。被保险人有需要时可入住专门机构享受全日性护理服务；非全日制机构服务指的是机构提供日/夜护理服务。

此外，德国长期护理服务还有短期护理、暂时护理等形式。

2. **给付方式与标准**

（1）给付方式

德国长期护理保险的给付方式较为复杂，主要包括实物给付、现金给付、实物和现金混合给付等方式。

家庭自行护理服务主要以一次性现金方式给付，现金设有上限。被保险人根据评估护理等级直接领取相应保险金，可将保险金用于自行选择专业或非专业护理服务供给者，亦可将保险金用于其他方面。为保证护理质量，被保险人必须请专业护理机构提出专业建议。否则，现金给付将被取消或长期护理保险基金将被中断。居家专业护理服务主要为实物给付方式，服务程度则根据个人实际需要来定，但实物补助设有上限，而服务提供者则需得到长期护理保险基金的批准并订立合同。机构护理给付额与所评估的护理级别相关，但设有上限。如果被保险人接受机构护理被认定为没必要，其只能享受居家专业护理给付标准，超出费用需自行解决。非全日制机构服务的给付形式为实物或实物和现金混合给付。日/夜护理保险金额依据居家专业护理等级给付。

为了鼓励家庭护理，政府实行向家庭倾斜的给付导向政策。家庭护理相对于机构护理可获得更多优惠政策，家庭成员可以申请并获得一定的护理津贴、治疗护理服务支持，以及免费护理培训课程等。

除了针对护理服务所提供的现金给付及实物给付，在其他一些领域，例如技术设备及长期护理基础设施等领域，德国长护险也提供一些补贴待遇。如，德国长护险的给付方式还包括"辅助护理产品"补偿，用来补偿参保人的辅助用具（如轮椅）、消费品（如消毒水）、住宅改建等费用（冯麒婷，2012）。

（2）给付标准

在德国长期护理保险制度构建之初，长护险的给付标准为：一是根据护理服务的内容和级别设定给付限额标准；二是护理等级越高，给付标准额度越大；三是同等级别下，机构护理给付标准大于居家护理给付标准。此外，德国居家自行护理现金给付不像正式服务提供者一样，根据按劳分配支付，其约是居家专业服务给付额度一半。

经历了长护险的护理等级从三级到五级的改革之后，德国长期护理保险当前的给付标准如下（刘涛，2021）。

家庭自行护理服务，即选择家庭成员居家护理，参保人可以领取护理现金补贴分配给家人，其金额从一级护理的无待遇上升至五级护理的每月 901 欧元，另外选择家庭成员护理的家庭还可以领取"减压金"，即每月获得额外的 125 欧元。

居家专业护理服务，即专业服务机构提供的流动上门护理服务，参保人可以获得的服务待遇（五级）超过家属护理的一倍，从护理二级的 689 欧元上升至护理五级的 1995 欧元。

机构护理服务方面，包括全入院/全机构式护理服务和部分入院式护理服务两类。参保人如果选择全入院/全机构式护理，那么每月所获得的给付标准从护理一级的 125 欧元上升到护理五级的 2005 欧元；参保人也可以选择部分入院式护理，即白天或是夜间在护理院或养老院接受护理，其他的时段则选择居家护理，选择半入院式护理的待遇按照护理级别给付，从护理一级的无待遇一直上升到护理五级的 1995 欧元。

以上几种是德国长期护理保险主要的护理服务给付情况，除此之外，德国还有一些特殊的护理形式并确定了相应的给付标准。

其一，代理护理。如果参保人选择了家庭自行护理服务，因提供护理支持的家属由于生病、短期休息、度假等而一年在某些时段无法完成护理任务，则可以在这段时间寻找代理护理，代理护理最长给付时间为六周。代理护理如果是其他家庭成员或者近亲，则给付标准从护理二级至护理五级每年可以获得 474 欧元到 1351.5 欧元的额外补贴待遇；代理护理如果是专业的护理服务机构上门提供服务，那么护理服务机构从护理二级到护理五级每年可以额外获得 1612 欧元的待遇。

其二，短时护理。短时护理是另外一种特殊情况，即选择居家护理的参保人，出于疾病治疗和康复训练的需要等，每年如果有一定的时段需要入院进行机构护理，可以申请短时入院护理。这里的短时是指主要在居家由家属护理的前提下一年有部分时间短时接受入院式护理。短时护理给付时间为每年八周，短时护理的给付待遇与其护理级别高低无关，参保人从护理二级到护理五级，每年都可申请额外 1612 欧元的补贴待遇。

此外，当前德国的护理形式呈现多元化趋势，如，一些老年人结伴成为一个互助的护理群体，住在一个公寓的各个套间内，即接受居家照护的"居住团体"，每一个"居住团体"不分护理级别，每月都可以获得 214 欧元的护理补贴（见表 6-3）。

表 6-3　德国长期护理保险护理项目与给付标准

单位：欧元

	护理 1 级	护理 2 级	护理 3 级	护理 4 级	护理 5 级
家庭自行护理服务（每月）	0	316	545	728	901
"减压金"（每月）	125	125	125	125	125
居家专业护理服务（每月）	0	689	1298	1612	1995
全入院/全机构式护理（每月）	125	770	1262	1775	2005
部分入院式护理（每月）	0	689	1298	1612	1995
代理护理（家人，每年）	0	474	817.5	1092	1351.5
代理护理（他人，每年）	0	1612	1612	1612	1612
短时护理（每年）	0	1612	1612	1612	1612
"居住团体"额外待遇（每月）	214	214	214	214	214

资料来源：参考刘涛（2021）、尹晖和黄晨怡（2022）等的内容制作。

3. 评估与监管机制

（1）评估机制

德国长护险给付标准和给付额度的确定，都建立在对被保险人身体状况及护理需求的客观评估基础上。严谨、统一、标准的评估机制是提高护理服务资源有效配置的重要手段，也是保障长期护理保险制度可持续发展的条件之一。在一定程度上，资格评估关系着长期护理保险制度的成败。德国长护险标准化的评审流程分为申请受理、接受调查、审核判定和结果执行四个阶段。

德国的长护险评估由第三方机构医疗保险医事鉴定服务中心（MDK）初步评估定级，后续再由保险机构二次认定。评估方式为采用不同分值段打分，进行量化打分评估。医疗保险医事鉴定服务中心设置有标准化的评估表格，此表格主要由基本信息和评估量表组成，由具有资质的工作人员（通常是医生或护士）登门对被护理者进行现场实地评估，最终确立被保险人的护理等级及护理需求。

所有长护服务申请人都需要接受医护小组的评估。该小组从 6 个方面对申请人进行量化打分评估（刘涛，2021）：标准 1，活动能力（权重为 10.0%）；标准 2，认知和交往能力（权重为 7.5%）；标准 3，行为方式和心理状态（权重为 7.5%）；标准 4，自我调养能力（权重为 40.0%）；标准 5，克服疾病及寻求治疗的能力（权重为 20.0%）；标准 6，日常生活塑造与社会交往能力（权重为 15.0%）。每项标准具体的考察内容详见表 6-4。

最终，评估小组根据对被保险人上述几个方面的量化打分结果，将被保险人的护理划分为"轻微、显著、严重、最严重、特别需要" 5 个等级，由运作保险基金的德国保险联合会按照不同的等级，给予被保险人相应的护理待遇（尹晖、黄晨怡，2022）。与此同时，医疗评定委员会还会对被保险人的家庭内活动（购物、处理财务等）和家庭外活动能力（外出、参加活动等）进行考察，但相关考察结果不被作为护理需求的分类评定的主要依据（罗丽娅，2023）。

表 6-4　德国长期护理保险护理等级评估标准

评估标准	能力指向	评估内容	权重（%）
标准 1	活动能力	包括能否独立起床、就寝、穿衣解衣以及能否独立户外活动、散步、上下楼梯及搬迁等	10.0
标准 2	认知和交往能力	包括对周围的人、事、物的回忆及记忆能力，能否在认知层面清楚地辨识家人、熟人、邻居及专业照护人员，能否清楚地辨别周围的生活环境及居住环境，是否保持有基础的方向感，能否在时间向度上对日期等有正确的记忆，等等	7.5
标准 3	行为方式和心理状态	包括申请人的异常行为，也包括自残及伤害自己的行为，以及损坏物品的行为，针对他人的攻击性行为，还包括对于护理的防御、排斥和拒绝，反对护理人员对其进行身体护理与医疗护理，以及其他一些不正常的偏离社会常规的行为，等等	7.5

续表

评估标准	能力指向	评估内容	权重（%）
标准4	自我调养能力	包括与身体接触的护理、膳食餐饮、家政家务自理等	40.0
标准5	克服疾病及寻求治疗的能力	包括用药协助，协助看医生、看病等，协助在其他医疗机构接受一些短时或长时的特殊训练及治疗，遵守饮食或其他一些与疾病及治疗有关的行为规定，等等	20.0
标准6	日常生活塑造与社会交往能力	包括日常生活的计划安排和实施这些计划安排以及根据具体变化改变原有计划安排的能力，能否自行合理休息及睡眠，能否在自己的居住环境之外与其他朋友、同事、熟人进行互动，在何种程度上可保留原有社会交往网络，等等	15.0

资料来源：参考刘涛（2021）一文制表。

（2）监管机制

为了保证护理品质，满足被保险人多元化的护理需求，德国政府通过一系列方式和改革来加强对护理质量的监督管理。

首先，在法律层面，联邦政府先后制定实施《长期护理保险法案》（1994）、《确保护理质量法》（2001）、《机构法》（2003）、《长期护理保险结构改善法》（2008）、《护理继续发展法案》（2008）、《护理新调整法》（2012）、《长期护理加强法案（第一版）》（2015）、《长期护理加强法案（第二版）》（2016）、《长期护理加强法案（第三版）》（2017）等相关法律，加强对长期护理质量的法律监管。

其次，在组织层面，由来自联邦、州、地方政府，长期护理基金组织，长护服务供给者等的相关代表，组成长期护理保险法联邦咨询委员会，多方共同参与和民主协商长护险的有关问题，吸取多方意见，确保长期护理服务质量。此外，还专门成立健康消费者保护部，负责长护险监督管理。同时，成立长期护理保险基金会、长期护理保险供给者协会等相关社会组织。

最后，在评价监管方面，不断完善评估工具，增加评估维度，以更为真实地反映被保险人实际状况；制定国家长期护理服务质量标准；加强对长护服务供给者的评价管理，要求其每年接受质量评估，并将评估结果予以公开，接受民众监督。具体而言，医疗保险医事鉴定服务中心确定了质量评估的内容，包括结果质量、程序质量和结构质量。从护理服务的基本情况、护理措施的有效性、护理服务提供的过程和执行情况，以及护理服务提供的框架条件等对护理服务质量全面评估。评估结果分为很好、好、可以、一般、有瑕疵五个等级。评估结果通过网站、养老院和护理机构等场所及时公布（苏健，2019）。

四　德国长期护理保险制度的经验与启示

经过近 30 年的发展与完善，德国的长期护理保险制度已成为该国社会保障体系中不可或缺的重要支柱。它通过与时俱进的制度设计，确保国民都能享有平等的福利权益，减少对地方政府社会救助的依赖，不断提高对护理需求者的保险给付标准，并保持护理基金的财政稳定，从而实现了保障全覆盖、护理高品质、发展可持续等政策目标。

我国也同样面临老龄化进程不断加快、家庭结构急剧变迁、护理服务需求持续增加等现实困境，德国长期护理保险的成功经验对于我国长期护理保险制度的构建颇具借鉴价值。具体而言，我国可以在试点城市实践经验的基础上，对德国的改革经验从以下几个方面进行参考和借鉴。

（一）建立健全法律法规，明确制度基本框架

法律是重要的制度形式，也是制度的最高形态。长期护理保险制度需要以法律为保障，在法制框架内实施长期护理保险制度有助于明晰各方的权责。回顾德国长期护理保险的发展历程，可以看出，德国独立的长期护理保险法在长期护理保险制度制定之初即颁布实施，并且在长期

护理保险制度实施过程中，德国不断进行法律法规层面的修订和完善，使之成为长护险制度得以有效运行的重要保障。当前我国正在全面推进依法治国，基于我国现阶段法律实施基础和现状，应该考虑出台专门的长期护理保险法，制定长期护理服务专项规划，完善相关的政策法规，明确长护险的指导思想、设立原则和基本框架。长期护理保险制度的确立和推行，需要以法律法规为基石，依法而设、依法推行。

（二）逐步扩大参保对象，关注特殊群体需求

德国长期护理保险参保率很高，几乎覆盖了全体国民。虽然我国当前人口老龄化状况与德国较为相似，但是我国现有的人口基数、经济发展水平以及社会保障体系等方面与德国存在很大差异，因此，在长护险的制度设计上，参保范围不宜一步到位，需要逐步扩大参保对象覆盖面。从我国试点城市的具体实践来看，目前的长护险保障对象范围较窄，更多考虑城镇职工以及失能老年人等群体，未能将其他具有长期护理需求的群体纳入进来。在长期护理保险制度不断推进及完善过程中，需要逐步扩大参保对象范围，在定义参保对象时，尽可能将符合条件的人群囊括进来，使长护险成为满足国民日益迫切的护理需求的好制度。同时，可借鉴德国长期护理保险制度的发展经验，更多体现对弱势群体的倾斜保护，优先考虑老年人的护理需求。

（三）统一护理评估体系，明确待遇给付标准

在我国长期护理保险的试点实践过程中，由于缺少全国层面的制度作指导，各试点城市针对护理需求评估的认定重点、评估标准、评估程序等差异很大，尚未形成统一的长期护理需求等级评估体系。长期护理保险制度需要构建客观、多维度的护理等级评定体系（封进、谢宇菲、王子太，2023），才能解决参保人最终能否获得长护险待遇的给付，以

及长护险待遇在何种范围内进行给付的问题（岳福岚，2024）。我国可以参考德国的长期护理保险改革经验，科学评判参保者的身体、心理以及日常生活等方面的行为数据和护理需求，在国家层面统筹建立统一的长期护理需求等级制度、明确长期护理的评估内容和评估程序；同时，科学合理地应用评估结果，将其与护理等级直接挂钩，并按照护理等级确定申请人保险待遇的给付标准。统一、科学、精准的长期护理需求评估体系，是促进长期护理保险制度标准化、规范化、专业化的重要依据，也是长期护理保险制度得以顺利运行的基础。

（四）拓展多元筹资渠道，动态调整缴费比例

从德国长期护理保险的发展来看，其筹资渠道比较多元，主要包括国家财政、参保人及企业雇主，三个主体共同分担长期护理保险的筹资压力，以确保长期护理保险的稳定运行。我国长期护理保险试点城市的筹资渠道还比较单一，以个人缴费和财政补贴为主。随着老龄化程度的日益加深、长期护理需求日益激增，仅靠个人、政府作为筹资渠道难以为继，可以借鉴德国的改革经验，将企业也纳入长护险筹资渠道，个人、企业和政府三方形成筹资责任共担机制，甚至可以进一步探索包括个人、企业、社会团体、政府参与的多元化筹资模式。此外，德国还根据人口结构的变化以及参保人的护理需求，定期调整费率。鉴于此，我国也应该基于老龄化程度、经济发展水平及人均收入水平等国情，合理划分政府、企业和个人等筹资主体的筹资责任和分担比例，制度初创时可从较低费率起步，逐步提高筹资标准（郑基超、严雷，2023），动态调整各责任主体的参保缴费比例。

（五）促进发展非正式护理，提升护理服务质量

从全世界范围来看，家庭的照护功能虽然受到了削弱，但是毋庸置

疑，家庭依然是提供长期护理服务的重要力量，构建长期护理保险制度的方向也应该考虑如何鼓励和巩固家庭提供护理的能力（苏健，2019）。德国长期护理保险制度的建立，并非取代家庭照护角色和功能，而是将现有的家庭结构嵌入到制度设计中，为家庭照护提供最大限度的政策支持（刘芳，2022）。目前，我国试点城市长期护理保险的给付对象，主要是提供正式护理服务的组织，对于家庭护理者的支持举措呈现碎片化、区域化特征，以家庭护理者作为直接政策对象的全国统一性保障政策尚未出台（罗丽娅，2023）。因此，可借鉴德国的改革经验，一方面，对家属等提供的非正式护理给予足够重视并提供政策支持，增强居家护理能力；另一方面，在建立长期护理保险制度的过程中，也可借鉴德国的经验，完善护理服务配套体系，重视护理服务能力建设（秦建国，2018），加强对专业照护人员、养老护理人员以及家庭护理人员的培养与培训，提高他们的护理知识水平和技能，提升护理服务质量。

第二节　日本长期护理保险制度

为因应日趋严重的人口老龄化问题，日本主要运用社会保险制度以解决失能老年人护理社会风险。日本长期护理保险制度的建设发展与日本的老年保健福利政策的发展演变相伴随。历经半个世纪的建设发展，日本长期护理保险制度不断健全完善，并逐渐形成了富有日本特色的长期护理保险制度。同时，日本长期护理保险制度仍在不断改革以回应社会和时代挑战。

一　日本长期护理保险制度的设立背景和过程

日本长期护理保险制度的设立有着复杂的经济、社会、人口和政治背景，它的建设发展与日本政策对老人福利的关怀密不可分，并吻合了老年人福利政策的发展轨迹。

（一）制度背景

第二次世界大战之后，随着日本经济的腾飞，日本国内医疗和卫生条件不断改善，国民生活水平不断提高，人口平均寿命亦得到了大幅度提升，65 岁及以上老年人口数量不断攀升。同时，由于出生率的不断下降，日本的人口老龄化问题逐渐凸显。日本人口老龄化率（65 周岁及以上老年人口占全国人口的比例）在 1960 年仅为 5.7%；1970 年上升至 7.1%；1997 年超过了 14.0%，至此日本进入了深度老龄化社会；2007 年人口老龄化率则超过了 21.0%，由此日本进入超老龄化社会；2022 年，日本 65 岁及以上人口比重已经达到 29.9%（李冬新、盛翠萍、格云清，2024）。据日本卫生、劳工与福利部报道，预计到 2025 年日本 65 岁及以上老年人口将达到 3657 万人，并预计于 2042 年将达到峰值 3878 万人。此外，日本 75 岁及以上的老年人口比例预计到 2055 年将超过 25.0%（张晏玮、栾娜娜，2017）。由此可见，日本已经是人口老龄化程度较高的国家之一。

伴随着人口老龄化的日益加剧，人口平均预期寿命延长，随之而来的是老年人的患病率提升，长期卧床不起和罹患认知症老人的数量不断增加，从而加重了日本护理服务的负担，护理服务供需失衡的现象日益严峻（赵春江、孙金霞，2018）。预计到 2030 年，日本需要照护或支援的老年人数量约为 860 万人（赵建国、慕彧玮、李佳，2022）。而城市化和工业化等社会结构的变迁，导致家庭结构逐渐趋于简单化，日本家庭的平均成员数量从 1952 年的 4.99 人下降到 2015 年的 2.26 人（马春华，2017），传统以三代同堂为主的家庭结构开始向以核心家庭为主的小型家庭结构转变，且老年夫妇和独居老人家庭比例不断攀升。家庭规模的持续缩小以及老年家庭比重的提升，也意味着为老年人提供护理的家庭成员也逐渐步入老龄化（王伟，2004）。此外，传统的家庭照料功能主要由女性来承担，"二战"后，随着日本民主化改革的推进，女性受教育程度大大提高，女性开始追求自我发展，越来越多的女性摆脱传统的全职主妇身份而走上了工作岗位，这些都使传统的家庭照料功能大幅度削弱并走向瓦解，社会养老的呼声和需求不断高涨。

（二）设立过程

日本在建立长期护理保险制度（日语名称为"介护保险制度"①）之前，已经历了多轮针对老年人的福利政策改革。可以说，日本长期护理保险的产生与历史上日本对老人福利政策的重视密不可分。日本历史上老人福利政策的发展轨迹，也正是日本长期护理保险制度的建立过程，可以分为以下五个阶段（郭馨冉，2019）。

第一阶段，20 世纪 60 年代，这一阶段正是日本经济高速发展的黄金时期，随着日本国内经济发展水平的提升以及民主意识的增强，日本社会福利事业随之蓬勃发展，主要表现为对弱势群体基本权利的重视。1963 年，日本颁布《老年福利法》，由以往只针对低收入老年群体的救助性的老年福利政策，转向了以所有老年人为服务对象的社会制度。《老年福利法》的实施第一次以法律的形式明确了政府具有提供老人福利的义务，为所有通过严格资格调查的 65 岁及以上老人提供医疗、身体护理、心理咨询等多种服务，以满足不同群体的一般需求和特殊需求。

但是《老年福利法》的规定仍存在很多弊端（社会福祉士養成講

---

① "介护"一词为 20 世纪所创造的新词语，"介"乃支持，"护"乃保护，"介护"的意思就是"照顾"（李伟群、马禄伟，2024）。下文中有关日本长期护理保险的阐述有时采用此概念。

座编集委员会，2019：162）：（1）以税收为主要资金来源的公费负担无法应对不断增加的老年人护理需求；（2）老年人无法自主选择服务机构和服务内容；（3）服务使用费用采用应能负担原则，家属比较排斥调查家庭收入；（4）长期以来老年福利政策只针对低收入群体为服务对象的刻板印象使大家比较排斥使用该服务。《老年福利法》在出台后很长一段时间内一直处于日本老年人福利基本法的位置，也是此后日本制定老年人相关法律制度的基础。

第二阶段，20 世纪 70 年代，日本部分地方政府针对老年群体进行了积极的福利改革，旨在减轻政府在医疗保险领域的财政负担，并提升老年人的健康保险水平。具体改革措施为将老年人确定为独立的主体，逐步将其医疗保险从传统医疗保险体系中分离，建立起独立的老年医疗保健体系。1973 年被称为日本的"福利元年"，在这一年日本开始推行面向 70 岁及以上老年人的免费医疗政策，即由中央政府与地方政府共同全额承担 70 岁及以上老年人的医疗费用。此外，针对贫困老年人难以承担基本国民年金保费的问题，政府还推行了老龄福利年金制度，旨在为这部分老年人提供必要的养老金支持。

第三阶段，20 世纪 80 年代，日本的老龄化现象日益严峻，老年人医疗费用急剧增长，此前依托于丰厚的经济积累所构建的大包大揽型社会保障制度，逐步迈入分权式的制度调整过程。1982 年，日本实行《老年人保健法》，使老年保健机构和老人访问看护等服务从法律层面得到了保障，国家承担了部分老年护理的功能（社会福祉士養成講座编集委员会，2019：162）。《老年人保健法》强调疾病预防为主的概念，早预防早发现，减少大病开支。此法规定制度的具体实施由地方政府和社会团体直接负责，国家的主要责任是制定政策和监督，同时鼓励保险机构、社区、家庭等社会力量多方联动，为老人提供安心的养老环境。

但由于相关医疗护理服务费用主要由国家医疗保险负担，个人负担费用较低，有护理服务需求的老年人长期住在医院，即所谓的"社会性入院"现象增多。1970~1990年，日本老年人住院率由2.0%上升至4.0%，1993年失能老年人几乎占据了医院病床的一半以上（姬鹏程、王皓田，2020）。一方面，"社会性入院"现象严重挤占了医疗资源，降低了医疗资源的使用效率，造成医疗财政支出高涨，加重了医疗保险和社会保障财政的压力（住居广士，2009：242）；另一方面，医疗机构的护理服务资源配置及与生活相关的基础配套设施严重不足，不具备长期居住生活的条件（社会福祉士養成講座編集委員会，2019：163）。

1989年，为更有效地解决老年人长期护理服务供应不足的问题，日本政府出台了《推进老年人健康和福利十年战略计划》，即"黄金计划"（亦称"旧黄金计划"）。该计划旨在将老年人长期护理服务的范围扩展至居家养老服务。其核心目标是促进老年人保健福利领域的公共基础设施建设、提供上门服务以及增加与完善福利设施等。

第四阶段，20世纪90年代至2000年，随着经济全球化的步伐加快，日本社会福利制度亦随之进入转型阶段。从20世纪80年代后期开始，日本在经历深度人口老龄化的同时，又遭遇了泡沫经济的崩溃，使日本财政开始紧缩，老年福利财政支出困难。这不仅加剧了社会保障的支付压力，也成为改革社会保障的动力。1994年日本出台"新黄金计划"（《发展老人保健福利事业十年战略规划》），该计划旨在改善对失智老年人的照护，重视对独居失能老年人提供护理服务，进一步完善老年人护理体系。两项"黄金计划"的实施，使日本的长期护理基础设施及人力资源建设不断得到加强，为长期护理保险制度的推出奠定了坚实的基础（崔仕臣、林闽钢，2020）。1997年，日本国会正式通过了《介护保险法》，建立了由政府、社会和服务使用者共同负担的介护保险制度（长期护理保险）应运而生；1999年，日本政府提出"21世纪黄金计划"，其设想是在已经设计的长期护理保险制度的基础上，进一步细化和规范前期实施的两个"黄金计划"的内容。

第五阶段，2000 年以来，《介护保险法》自 2000 年 4 月开始实施，标志着日本的长期护理保险制度正式启动。

由上可知，日本长期护理保险制度是伴随日本政府老年保健福利政策的演变而逐渐发展形成的，其建立以及发展过程可参见表 6-5。

表 6-5　日本老年保健福利政策演变一览

发展阶段	时间	主要政策	内容
第一阶段	20 世纪 60 年代	《老年福利法》	1963 年，颁布《老年福利法》，第一次以法律形式明确了政府具有提供老年人福利的义务，为符合条件的老年人提供医疗、身体护理、心理咨询等多种服务
第二阶段	20 世纪 70 年代	老人免费医疗政策老龄福利年金制度	1973 年，推行面向 70 岁及以上老年人的免费医疗政策；推行老龄福利年金制度，为贫困老年人提供必要的养老金支持
第三阶段	20 世纪 80 年代	《老年人保健法》	1982 年，出台《老年人保健法》，规定制度的具体实施由地方政府和社会团体直接负责，鼓励保险机构、社区、家庭等社会力量多方联动；1989 年，出台"旧黄金计划"，旨在将老年人长期护理服务的范围扩展至居家养老服务
第四阶段	20 世纪 90 年代	"新黄金计划"《介护保险法》"21 世纪黄金计划"	1994 年，出台"新黄金计划"，进一步强化老年人护理体系；1997 年，出台《介护保险法》；1999 年，出台"21 世纪黄金计划"，旨在细化和规范前期两个"黄金计划"的内容
第五阶段	21 世纪以来	《介护保险法》正式实施	2000 年 4 月，正式实施《介护保险法》，标志着日本长期护理保险制度正式启动

资料来源：主要参照郭馨冉（2019）的论文内容整理制表。

二 日本长期护理保险制度的目的和理念

日本建立长期护理保险制度有其自身的目的和理念。

(一) 日本建立长期护理保险制度的目的

总体而言，日本介护保险制度实施的目的是为有长期护理服务需求的老年人提供必要的护理服务，帮助他们根据自身状况独立完成日常生活。通过采取定制护理服务方案的护理管理制度，以及扩大以居家服务为主的护理服务供给等措施，让有护理服务需要的老年人能够继续居家生活。

日本介护保险制度的具体目标包含以下几个方面（社会福祉士養成講座編集委員会，2019：131-133）：第一，建立基于全民共同连带责任的介护保险制度，从而实现"介护的社会化"；第二，实现由济贫主义和恩会主义浓厚的制度到使用者本位主义的社会契约制度的转换；第三，以往由保健、医疗和福利领域分别提供的护理服务、手续及费用支付，在介护保险制度实施后形成了一站式服务；第四，鼓励私营企业参与介护保险体系，推动服务提供主体的多元化发展，通过市场竞争机制来提高介护服务的质量；第五，引入护理管理（care management）体制，促进护理服务的科学化。

(二) 日本建立长期护理保险制度的理念

日本《介护保险法》中并无明确的条文规定介护保险制度的理念，根据《介护保险法》第一条关于介护保险制度目的的描述，以及第三条关于福利服务基本理念的规定，可以将日本介护保险制度的理念归纳为如下几点（社会福祉士養成講座編集委員会，2019：133-134）。第一，维护个人尊严。老年人即使有护理服务需求，也应维护其作为人的尊严，他们作为长辈，理应受到人们的爱戴和善待。第二，保证日常生活的独立性。协助他们根据自己的意愿决定生活方式，帮助他们实现日常生活的独立自主。第三，全民共同负连带责任。每个人都有可能在老年期陷入需要被护理的状态，基于此，以往由家庭承担的护理责任应转变为社会全体共同负担。

三 日本长期护理保险的制度设计

日本建立健全了长期护理保险制度，形成了从保险责任者与参保人到财源结构、险费缴纳，从服务申请与认定、服务使用及内容到服务质量保证和监管的完善的制度框架。

（一）介护保险的责任者与参保人

1. 介护保险的责任者

日本的介护保险属于社会保险范畴，由政府主导，介护保险制度的责任者（保险人）为市町村地方政府及特别区（东京23区），主要负责被保险人的申请、收取保费及制订护理服务计划等相关工作。

保险人的主要工作包括如下几个方面（社会福祉士养成讲座编集委员会，2019：146-147）：（1）设置介护保险特别会计，负责管理介护保险相关的收入和支出；（2）承担规定比例的给付费用，并将该费用拨付给介护保险特别会计；（3）管理被保险人的资格；（4）设置介护认定审查会，评估和认定申请者需支援或需要介护的等级；（5）按规定比例给付被保险人的介护服务使用费用；（6）指定可参与介护保险体系的社区密集型服务企业、居家介护支援企业及介护预防支援企业；（7）对指定的居家服务企业和机构实施入企检查；（8）开展社区支援事业，设置社区综合支援中心；（9）制订市町村的介护保险事业计划；（10）征收第1号被保险人的保险费。

2. 介护保险的参保人

日本的长期护理保险是由政府强制实施的社会化长期护理保险，根据《介护保险法》规定，40 岁及以上的日本国民必须全部参加。

日本介护保险参保人（被保险人）根据年龄被划分为两类：一类是 65 岁及以上的老年人群体，被称为第 1 号被保险人；另一类是 40 岁及以上未满 65 岁的医疗保险参保人，被称为第 2 号被保险人。此外，为扩大财源，日本政府规定在日本居留超过 3 个月的适龄外国人也有义务参加长期护理保险制度（张建、雷丽华，2017）。

日本两类参保人被给予介护服务的条件有差异（张晏玮、栾娜娜，2017）：如果 65 岁及以上的第 1 号被保险人需要护理或支援，无论出于什么原因，都会被及时给予长期护理保险服务。即，当第 1 号被保险人卧床不起，患有阿尔茨海默病等，或是需要日常活动支援时，都可接受长期护理服务。当 40 岁及以上未满 65 岁的第 2 号被保险人在患有相关的疾病（指定的疾病），例如晚期恶性肿瘤、类风湿性关节炎、脑血管病等时，方可接受长期护理服务或支援。也就是说，第 2 号被保险人使用介护服务的条件更为严格，只有在患有因老化引起的特定疾病时才属于保险受益者，才能获得相应的介护服务（李伟群、马禄伟，2024）。

（二）介护保险的财源结构

日本长期护理保险的资金基于现收现付制，政府公共税收与参保人所缴保费各占一半。如表 6-6 所示，介护保险的财源结构分为公费和个人保险费两大部分。其中，公费分别由国家、都道府县和市町村依次按 25.0%、12.5% 和 12.5% 的比例负担，即公费占比为 50.0%（张建、雷丽华，2017）；另外的 50.0% 则由参保人的保险费负担。其中，第 1 号被保险人的个人缴费部分直接从退休金中扣除；第 2 号被保险人在缴纳医疗保险费时，按照全国医疗保险费用的固定百分比缴纳，雇主与个人各缴纳 50.0%（孔银焕、王华丽，2018）。

表 6-6　日本介护保险财源结构

公费（50%）			保险费（50%）	
国家	都道府县	市町村	第 1 号被保险人	第 2 号被保险人
25.0% （其中 10.0% 为调整补助金）	12.5%	12.5%	第 1 号和第 2 号被保险人的缴费比例， 根据人口比例变化情况进行动态调整	

资料来源：依据相关资料自行制作。

　　顺应《介保保险法》每三年进行一次调整的时间特性，两类被保险人缴费的比例亦并非固定不变，而是根据第 1 号和第 2 号被保险人的人口比例变化情况进行动态调整。随着人口老龄化程度的加深，第 1 号被保险人的数量不断增加，第 2 号被保险人的人数不断减少，因此，日本逐渐提高第 1 号被保险人的缴费比例，降低第 2 号被保险人的缴费比例。如，2000 年初，第 1 号被保险人与第 2 号被保险人分别负担保费的 17.0%、33.0%（杨慧，2019）；2014 年，第 1 号被保险人的负担比例提高到 21.0%，第 2 号被保险人的负担比例相应地降低到 29.0%（孔银焕、王华丽，2018）；2017 年，第 1 号被保险人的缴费比例继续提高到 22.0%，第 2 号被保险人的缴费比例降低到 28.0%（姬鹏程、王皓田，2020）；2021~2023 年的介护保险费用负担中，日本再次对第 1 号被保险人和第 2 号被保险人的缴费比例进行了调整，分别调整为 23.0% 和 27.0%（厚生劳働省，2023）。

　　除此之外，日本政府还设置了国家调整补助金（亦被称为"调整交付金"），即将中央财政对长期护理保险运营支出所占份额的一部分规定为"调整补助金"（崔仕臣、林闽钢，2020）。对于高龄老年人口（75 岁及以上人口）比例较高的地区和低收入人群占比较高的市町村，为防止地区政府的介护给付财政压力过大，国家会向其提供调整补助金用于对地方财政的支持，以实现各地区能站在同一起跑线上，保证介护保险制度的运营。

（三）介护保险费的缴纳

介护保险费的缴纳是从 40 岁生日当月开始需要终身缴纳的一种保险，且日本对第 1 号被保险人和第 2 号被保险人的介护保险费的设定及征收方式不同。

《介护保险法》要求各市町村每三年更新一次介护保险事业计划，对当地未来三年的介护保险给付费总额进行预测，该预测总额是介护保险费的征收依据。但因各地区的人口老龄化程度、75 岁及以上高龄老年人口占比及低收入人口数量各不相同，各市町村之间的介护保险费存在差异，为了防止有些地区介护保险费过高，国家会向市町村提供调整补助金，便于市町村调整保险费。此外，各地的介护服务质量、物价水平和设施服务占比等因素也会影响当地介护保险费的高低。

第 1 号被保险人的介护保险由作为保险人的市町村根据条例规定。根据本人或家庭的收入情况，遵循应能负担原则，日本将介护保险费的缴纳分为 9 个等级，其中第 5 级的保险费为基准额，其他等级依据个人或家庭收入情况在基准额上下浮动（标准区分是 9 个等级，各市町村根据自身实际情况，也有可能设置 10 个以上等级）（社会福祉士養成講座編集委员会，2019：148－149），被保险人的标准保险费用计算标准详见表 6-7。

表 6-7　日本介护保险第 1 号被保险人的保险费计算标准

级别	收入状况	保险费的计算方式
第 1 级	低保人员； 家庭成员均为住民税非缴纳对象的老年福利年金领取者； 家庭成员均为住民税非缴纳对象且家庭成员收入加本人年金收入总计不超过 80 万日元	基准额×0.3

级别	收入状况	保险费的计算方式
第2级	家庭成员均为住民税非缴纳对象且家庭成员收入加本人年金收入总计高于80万日元但不超过120万日元	基准额×0.5
第3级	家庭成员均为住民税非缴纳对象且家庭成员收入加本人年金收入总计超过120万日元	基准额×0.7
第4级	本人为住民税缴纳对象（且家庭成员中有课税对象），本人年金收入总计不超过80万日元	基准额×0.9
第5级	本人为住民税缴纳对象（且家庭成员中有课税对象），本人年金收入总计超过80万日元	基准额×1.0
第6级	住民税缴纳对象且收入不满120万日元	基准额×1.2
第7级	住民税缴纳对象且收入不低于120万日元且不满190万日元	基准额×1.3
第8级	住民税缴纳对象且收入不低于190万日元且不满290万日元	基准额×1.5
第9级	住民税缴纳对象且收入不低于290万日元	基准额×1.7

注：此外，该计算表为标准计算表，各地根据其实际情况会设置10个以上的等级及不同的计算方式。

资料来源：根据日本厚生劳动省官方资料"介护保险制度概要"翻译整理而成，https://www.mhlw.go.jp/stf/seisakunitsuite/bunya/hukushikaigo/kaigo_koureisha/gaiyo/index.html。

第1号被保险人介护保险费的征收方法根据其年金收入情况分为两种：一种为特别征收，即针对年金年收入额为18万日元及以上的老龄年金、退休年金、残疾年金、遗族年金的受给者，其保险费从年金中直接扣除；另一种为年金年收入额未满18万日元的受给者，其保险费由市町村通过邮寄缴纳通知单方式予以征收（社会福祉士養成講座编集委员会，2019：168-170）。

第2号被保险人的介护保险费受被保险人加入的医疗保险种类、个人的收入及所在都道府县影响。其介护保险费的缴纳方式与第1号被保险人不同，第2号被保险人的保险费并非由市町村征收，而是连同其所加入的医疗保险费一同征收。医疗保险种类和收入不同，征收方式不同：有医疗保险的被保险人直接从医疗保险口径缴费；加入健康保险组合者按标准报酬缴纳；加入国民健康保险者按所得比例、均等比例缴纳（原彰、李建国、陈冲，2019）。此外，如果第2号被保险人家中有年龄在 40~65 岁的被抚养家属，则该被保险人在缴纳医疗保险费和介护保险费时，需连同缴纳被抚养家属的保险费（社会福祉士養成講座編集委員会，2019：150）。

日本长期护理保险是要求符合条件的公民强制参加的一种社会保险制度，无固定工作或收入过低的人群也需要缴纳介护保险费。对无固定工作或收入过低的人，根据其收入情况可减免部分保险费；对生活救助对象（低保户），可从其低保收入中扣除应缴保险费；对由自然灾害或突发事件导致其收入过低无力承担保险费的人，实行相应的减免和延缓缴纳等政策。

另外，日本长期护理保险制度本质上是相互支援制度，享受长期护理服务的被保险人的权益建立在所有被保险人及时缴纳保险费的基础上（李三秀，2018）。因此，针对不按期缴纳保险费的情况，政府也设置了征收滞纳金、提高个人负担比例、限制其高额介护服务费使用权限等惩罚措施。[①]

（四）介护保险服务的申请与认定

有被保险人证不等同于可以直接使用介护保险服务，被保险人在使用介护保险的各项服务之前，必须经过申请和认定，接受保险人对其进行介护等级评估和认定。

1. 介护保险服务申请

有护理服务需要的被保险人可凭被保险人证向户口所在地的保险人，即市町村提出申请，第 1 号被保险人和第 2 号被保险人的申请条件有所不同。

第 1 号被保险人，即 65 岁及以上的老年人，因卧床不起或出现认

---

① 朝日生命保険相互会社，「公的介護保険料の免除・減免は可能？ 免除・減免措置の対象となる条件」，https://anshinkaigo.asahi-life.co.jp/activity/kaigo/column18/03/。

知症等需要护理服务时，或因衰老、疾病导致身体虚弱等致使其日常生活中的家务、排泄、穿脱衣服、洗澡、移动等方面都需要他人辅助时，可申请使用介护保险服务。

第 2 号被保险人，即 40 岁及以上未满 65 岁的医疗保险参保人，当随着年龄增长身心状态恶化，并由患有《介护保险法》中规定的 16 种特定疾病（此类特定疾病多为病因不明且没有明确的治疗手段，难以治愈的疾病）而生活无法自理需要护理服务时（陈娜、王长青，2019），可申请使用介护保险服务。而未满 65 岁且非特定疾病患者，由其他原因导致其日常生活需要他人照护或协助的情况，可申请使用医疗保险或残疾人福利政策中的相关服务（社会福祉士養成講座編集委員会，2019：154−155）。

2. 介护保险资格认定

在被保险人提出介护保险服务的申请之后，由市町村组织进行资格审核与认定，具体过程包括以下几个环节。①

第一，市町村在接收到申请后会派指定调查员对申请人进行上门访问调查，调查的内容大致分为现状调查、基本调查（74 项）及特殊事项三个方面。现状调查主要了解申请人的基本信息，调查员还会询问其家庭状况、居住环境、现阶段的服务使用状况、倾听申请人的主诉及社会关系等，有关当事人的重要内容都要进行记录。基本调查是有关当事人的 ADL、IADL 及认知症状况等内容的调查表，涉及 7 个领域共计 74 项调查内容（见表 6-8）。特殊事项是指针对各领域的调查设置特别事项专栏，为了把未能在基本调查中反映出的申请人个性化信息及注意事项进行详细记载，记录申请人及其家人的具体情况（焦培欣，2017）。

---

① 厚生労働省，「要介護認定」，https://www.mhlw.go.jp/stf/seisakunitsuite/bunya/hukushi_kaigo/kaigo_koureisha/nintei/index.html.

表 6-8　介护等级认定调查基本项目

评估项目分类	中间评估项目
认定评估项目（74 项）	第 1 类：身体能力及起居动作（20 项）
	第 2 类：生活能力（12 项）
	第 3 类：认知能力（9 项）
	第 4 类：精神及行为障碍（15 项）
	第 5 类：社会生活适应（6 项）
过去两周内接受医疗处置情况（12 项）	医疗处置内容（9 项）
	特别处置（3 项）

资料来源：根据日本厚生劳动省官方资料"要介护认定"翻译整理而成，参见 https://www.mhlw. go. jp/stf/seisakunitsuite/bunya/hukushi_ kaigo/kaigo_ koureisha/nintei/index. html。

第二，进行第一次认定。市町村根据前期调查访问结果，对申请人进行第一次介护认定。第一次认定是运用电脑软件判定，将调查问卷中的个人情况详细录入电脑，通过标准化的程序做出初次评估。具体方法为：将基本调查项目点数化后计算出 5 个中间评估项目（第 1～5 类）得分；之后依据基本调查项目情况和 5 个中间评估项目得分情况，计算出"要介护认定的基准时间"，然后针对当事人目前接受的医疗处置情况和认知症状况，合计介护认定的基准时间；最后根据当事人的介护认定基准时长判定当事人的介护等级。

第三，进行第二次认定。在进行第一次认定调查的同时，市町村还会向申请人的主治医师申请出示一份主治医师意见书，用于介护等级评估。主治医师意见书的主要内容包括伤病情况、过去两周内接受医疗处置的情况、身心状况意见、生活能力和护理服务意见、特别事项等五大类（社会福祉士養成講座編集委員会，2019：158）。

第二次认定由市町村举行的介护认定审查会执行，参会小组成员由市町村主任任命，通常是具备医疗、保健和福利相关知识及经验的人员。介护认定审查会主要是对基本调查项目、特别事项、主治医师意见书的内容进行比较分析，最终认定是否需要提供介护服务及介护程度。

对于通过第二次认定者，于 30 日内通知本人。

第四，复议。如果介护保险服务申请人对上述认定结果存在异议，可以在接到认定通知的 60 日内，向介护认定审查会提出审查请求，要求进行再次认定调查和判定。

3. 介护保险服务认定结果

依据要介护认定的基准时间长短，申请人会被判定为自立、需要支援（要支援）、要介护（失能）三种情况，除自立外，介护等级认定结果被分为 7 个等级，"需要看护"（要介护）的给付资格分为 1～5 级，"需要支援"（要支援）的给付资格分为 1～2 级。各个等级状态有不同的服务时间，全国有统一的给付标准（胡宏伟、李佳怿、汤爱学，2016）；等级不同，每月的护理服务给付额度亦不相同。日本长期护理服务等级以及对应的护理强度等情况可见表 6-9。

当事人在申请介护等级后，必要情况下可立即使用介护保险的护理服务，可根据其最终介护等级认定结果接受给付，但需注意的是，若最终被判定结果为非规定的 7 个等级时，护理服务使用费需全额个人负担。

被保险人需要更新被保险人证或介护等级时，市町村指定的居家介护支援事业者，或社区密集型介护老人福利设施、介护保险设施、社区综合支援中心，及介护支援专员（护理经理）将进行认定调查。

表 6-9　日本长期护理服务等级认定时间及服务标准

类别	服务等级	认定时间（分钟）	身体状况	护理强度
要支援	要支援 1	25～32	能够完成基本活动，工具性生活能力受限	部分协助
	要支援 2		生活能力低于要支援 1	
要介护	要介护 1	32～50	生活能力低于要支援 2，需要提供帮助	部分护理

续表

类别	服务等级	认定时间 （分钟）	身体状况	护理强度
要介护	要介护2	50~70	不能独立完成衣食、如厕、洗浴等活动	轻度护理
	要介护3	70~90	轻度失智，日常生活能力低	中度护理
	要介护4	90~110	失智，日常生活较为困难	重度护理
	要介护5	110 及以上	完全不能自理	特殊护理

资料来源：根据日本厚生劳动省官方资料"要介护认定"翻译整理而成，参见 https://www. mhlw. go. jp/stf/seisakunitsuite/bunya/hukushi_ kaigo/kaigo_ koureisha/nintei/index. html。

综合上述内容，笔者绘制了图 6-1，从中可以清晰了解日本介护保险服务的申请流程以及认定过程。

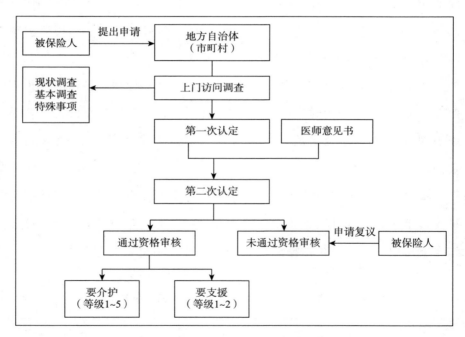

图 6-1　日本介护保险服务申请与认定流程

（五）介护保险服务的使用及内容

在认定结果所规定的服务限额内，需要制订介护（介护预防）服务方案，该方案由介护管理人员与申请人或家属共同制订。实施介护后，每六个月需对被保险人的健康状况进行重新评估，以便调整介护等级并制订新的介护方案（陈玫、孟彦辰，2019）。被判定为要支援 1~2 级的人可咨询社区综合支援中心，辅助制订介护（介护预防）服务方案；而被判定为要介护 1~5 级的人，需要委托市町村指定的居家介护支援事业者中的护理经理协助其制订介护服务方案。需要注意的是，介护保险制度对不同介护等级规定了给付上限，超过上限的部分则需要全额自负，且不同介护等级，可使用的护理服务种类和内容也有差异。

日本介护保险的一个特别之处是无现金给付，所有的给付都以服务的方式提供（李三秀，2018）。日本的介护保险服务内容具体分为七种类型，即居家服务、社区密集型服务、居家介护支援、介护保险设施、介护预防服务、社区密集型介护预防服务、介护预防支援。

居家服务是指要支援者或要介护者在居家生活的同时，可使用必要的介护服务。社区密集型服务介于居家和设施服务之间，需要护理服务的老年人无须离开自己习惯的生活环境，即可就近享受社区提供的护理服务。居家介护支援是指对有居家服务需求的人，护理经理会根据当事人的身心状况、生活环境和当事人及其家人的需求等，制订居家服务方案，并且依据方案内容负责与各个护理服务机构沟通联络等相关事宜。同时，护理经理也会为当事人提供护理机构设施的信息以供其参考等。介护保险设施是一种费用较低的入住型护理机构。介护预防服务是让有预防失能服务需求的人在其熟悉的环境中维持生活自理，通过必要的训练达到预防失能目的的一种服务。社区密集型介护预防服务是面向介护等级为要支援 1~2 级的人员实施的，市町村可根据当地的特点确定服务内容，是使服务使用者可以在自己熟悉的社区环境中继续生活的一种服务体系。介护预防支援是指为防止服务使用者陷入失能状态而制订的一种个性化介护预防方案的一系列过程。

上述介护保险制度中所包含的七种介护服务类型所涉及的具体服务内容可参见表 6-10。

表 6-10　介护保险制度中的服务类型及内容

服务类型	服务机构、内容或项目
居家服务	访问介护、访问入浴介护、访问看护、访问康复训练、居家疗养管理指导、日托介护、日托康复训练、短期入住生活介护、短期入住疗养介护、特定设施入住者生活介护、福利用具租借、特定福祉用具购买、住宅适老化改造
社区密集型服务	定期巡回/随时应对型访问介护看护、夜间应对型访问介护、社区密集型日托介护、认知症应对型日托介护、小规模多功能型居家介护、认知症应对型共同生活介护、社区密集型特定设施入住者生活介护、社区密集型介护、老人福利设施入住者生活介护、复合型服务（看护小规模多功能型居家介护）
居家介护支援	制订居家服务方案等
介护保险设施	指定介护老人福利设施、介护老人保健设施、介护医疗院、指定介护疗养型医疗设施
介护预防服务	介护预防访问入浴介护、介护预防访问看护、介护预防访问康复训练、介护预防居家疗养管理指导、介护预防日托介护、介护预防短期入住生活介护、介护预防短期入住疗养介护、介护预防特定设施入住者生活介护、介护预防福利用具租借、特定介护预防福祉用具购买
社区密集型介护预防服务	介护预防认知症应对型日托介护、介护预防小规模多功能型居家介护、介护预防认知症应对型共同生活介护
介护预防支援	制定介护预防服务方案等

资料来源：根据日本厚生劳动省官方资料"要介护认定"翻译整理而成，参见 https://www.mhlw.go.jp/stf/seisakunitsuite/bunya/hukushi_kaigo/kaigo_koureisha/nintei/index.html。

（六）介护保险服务质量保证和监管机制

介护保险制度下的介护服务质量，关乎民众对介护保险制度的信心以及制度的可持续发展。为确保介护保险服务的质量，日本各都道府县和市町村设置介护保险事业者的指定标准、信息公开、监督运营，设置介护报酬的加减机制，对违规操作的事业者采取取消其介护保险指定事业者资格的惩罚机制等一系列监管措施。

1. 审核认定

介护服务提供机构要想成为介护保险指定事业者，必须在符合政府指定的关于人员、设备及运营等相关标准的基础上向都道府县或市町村提出申请，通过审查后方可获得介护保险事业者资格。由于介护服务使用费用的 70%～90% 由国家财政负担，拥有指定介护保险事业者资格的机构无须担心服务使用者无力承担费用的问题，介护报酬由厚生劳动省规定也使其避免了和其他机构价格竞争而导致难以经营的情况。2006 年《介护保险法》修订之后，介护保险事业者每 6 年需要重新进行一次资格审核认定。

2. 信息公开

日本厚生劳动省规定，所有的介护服务提供机构有公开介护服务信息的义务。公开内容既包括机构所在地、从业人数、营业时间、服务内容等基本信息，也包括投诉处理、职员进修及与外部机构的协作等机构运营相关信息，除此之外，都道府县可根据自身情况追加需公开的项目。必要情况下，都道府县拥有对以上公开内容进行调查的权利。

3. 监督运营

为保障服务使用者的利益，以及促进介护服务机构的正常运营，《介护保险法》规定介护保险事业者有制定遵守法律等业务管理制度的义务，并需要将业务管理制度整理汇报给相关行政单位。

4. 加减机制

为了促进介护服务的良性发展，日本根据介护保险事业者的服务质量、服务内容及人员配置等情况，设置了介护报酬的加减机制，例如接收中重度失能老年人和认知症老年人、提供接送服务和夜间介护服务、提高专业资格持有者的在岗比例、员工和服务对象配比超过政府规定的最低标准、提高经验丰富的介护员工工资待遇等，都可作为介护报酬加算的条件，相反则会降低相应的介护报酬。

5. 惩罚机制

如果在介护保险事业者指定申请和提供介护服务过程中，存在严重违规操作以获得不正当利益，或无视相关监督部门的整顿劝告和命令，则会给予取消介护保险指定事业者资格的处分。

四 日本长期护理保险制度的特点、改革及其挑战

（一）日本长期护理保险制度的特点

1. 法律法规的完善性

日本在推行长期护理保险制度时，借鉴了德国的相关经验。日本政府首先通过立法手段，陆续出台了《社会福利士及介护福利士法》、《介护保险法》、《介护保险法施行细则》和《特定非营机构促进法》等一系列法律文件。这些法律文件对长期护理保险的覆盖范围、服务流程、服务内容、费用结构、护理人员资质及护理机构的监管等方面进行了详尽的规定。此外，日本在引入长期护理保险制度之初，便在法律的附加条款中明确规定了该制度需要持续进行调整和完善，这一做法体现了对法律制定并非一劳永逸的现实认识。因此，日本长期护理保险制度建立以后，相应的法律法规的调整和完善始终是其重要议题（李三秀，2018）。不断完善的法律法规为日本长期护理保险制度得以顺利实施奠定了坚实基础。

2. 参保群体的强制性

日本的长期护理保险制度是一种普惠型的社会保险制度，对参保群体的规定具有强制性，要求符合年龄的公民必须参加，将全国40岁及以上的国民以及在日本居留超过3个月的适龄外国人都作为介护保险的被保险人。这样的制度设计充分展现了介护保险的广泛覆盖，确保了长期护理保险保费来源的稳定性，提升了长期护理保险制度的可持续

性，同时，亦有助于发挥社会再分配的功能（原彰、李建国、陈冲，2019）。

3. 财源结构的多元化

在日本介护保险制度视阈下，财源结构遵循"财政+个人"的多元建构模式。其筹资对象主体可细分为国家（中央）财政、都道府县（省级地方）财政、市町村（市、县、乡级地方）财政、第 1 号被保险人和第 2 号被保险人（个人）等四个层面（李伟群、马禄伟，2024）。财源结构的多元化特点，有助于保障日本长期护理保险制度的可持续发展。

4. 服务主体的多元化

在建立介护保险服务提供体系过程中，日本政府放宽了护理服务提供机构的准入条件，引入市场机制，鼓励民营企业等多种市场主体参与介护服务领域，构建起包括政府、非营利组织、私人企业在内的多元服务主体格局，提供多元化的组合服务。多元化的服务主体能够提供多层次、高质量的护理服务。一方面，在日本近些年重点推行的社区综合照护服务体系中，非营利组织成为日本护理服务事业中重要的供给主体（郭佩，2023）；另一方面，营利性机构的加入增强了护理市场的竞争力和活力，有效避免了单一垄断行为造成的资源配置效率低、护理人员积极性差的问题（郭馨冉，2019），从而形成了有效市场竞争，提高了护理服务的效率与质量（张建、雷丽华，2017）。

5. 人才队伍的专业化

长期护理服务属于劳动密集型产业，对医疗师、保健师、治疗师、护理师等专业人才的需求极为庞大。唯有依靠专业化的人才队伍作为支撑，才能为服务需求者提供科学、全面且优质的服务。日本政府加强了对专业人才队伍的建设。一方面，建立了多所培养护理人才的专业高等教育机构，在一些综合性大学也开设了护理等相关专业；另一方面，为了提升护理服务质量，日本政府还特别设立了护理人才资格考试，以促进该行业的专业化发展。

（二）日本长期护理保险制度的改革

1. 改革背景

日本介护保险制度设立至今历经 20 余年，随着人口老龄化程度的加深和介护保险使用人数的激增，介护保险制度所处的社会环境也发生了诸多变化。首先，日本老年人口比例由 2000 年的 17.4% 增长到 2021 年的 28.6%，老年夫妇家庭、独居及认知症老年人数量不断增加，要护理认定的人数在 20 多年间增长了 3 倍[①]；其次，介护服务总费用（含个人负担额）增长了近 3 倍，而介护保险费全国平均增长幅度超过 2 倍；最后，介护职员近 20 年间增长了近 4 倍，但随着介护人数增加带来的介护服务需求激增，介护职员缺口越来越大。[②]

日本介护保险制度在设立之初，就已经预计到了制度需要随着社会的发展变化而进行持续调整和改革，因此规定原则上每 3 年要进行一次制度改革。介护保险制度改革主要是依据当下的介护服务发展状况、介护服务发展需求等社会背景来进行。

2. 改革历程

介护保险制度自 2000 年设立至今，共经历了 6 次改革（详见表 6-11），虽然每次改革的重点有所不同，但总体来讲，介护保险制度改革受财政状况的影响较大，每次改革的背后都有抑制介护保险给付费用上涨的深层原因。

---

① 厚生労働省，「介護保険事業状況報告月報（暫定版）」，https：//www.mhlw.go.jp/topics/0103/tp0329-1.html.

② 厚生労働省，「介護人材確保に向けた取組」，https：//www.mhlw.go.jp/stf/newpage_02977.html.

表 6-11　日本介护保险制度的改革历程

时间	改革轮次	基本观点	主要内容
2000 年		长期护理保险制度正式实施	
2005 年	第 1 次改革	确保制度的可持续性 构建活力深度老龄社会 综合社会保障体系	设立新预防给付； 设立地区综合养护中心； 设立地区支援事业； 设立地区密集型服务
2008 年	第 2 次改革	防止介护服务事业者的不正当盈利，实现介护事业运营的正当化	要求介护服务事业者规范业务管理体制； 政府可进入介护服务事业者内部检查； 制定应对不正当盈利事业者的处罚政策； 修订介护保险事业者的指定和更新不合格事由
2011 年	第 3 次改革	实现地区综合养护体系	设立定期寻访和随时应对的服务； 设立复合型事务所； 设立介护预防和日常生活支援综合事业中心； 建设服务型老年住宅
2014 年	第 4 次改革	构建地区综合养护体系	充实地区支援事业； 把预防给付的部分服务转移到介护预防和日常生活支援综合事业中； 修订服务使用者个人负担标准； 修订特别养护老人院新入住者的入住条件
2017 年	第 5 次改革	深化和推进地区综合养护体系；确保介护保险制度的可持续发展	强化被保险人功能，促进自立支援； 防止失能重度化； 建立介护医疗院； 设立共生型服务； 修订服务使用者负担标准
2020 年	第 6 次改革	实现地区共生社会，构建综合性福利服务体系	帮助市町村构建能够应对地区居民日益复杂和多元化援助需求的综合性支援体系； 推进设立符合地区特色的认知症对策和介护服务提供体制； 推进构建医疗和介护数据库； 保障介护人才和强化推进业务效率； 创立社会福利协作推进法人制度

注：改革内容实施时间均为次年度。

资料来源：根据日本厚生劳动省官方主页"介护保险制度概要"翻译整理而成，https://www.mhlw.go.jp/stf/seisakunitsuite/bunya/hukushikaigo/kaigo_koureisha/gaiyo/index.html。

3. 改革方向

根据历次改革的基本观点及主要内容，日本介护保险制度改革的方向可归纳为以下五点。

第一，强调预防失能的重要性。通过把预防失能和失能康复等项目纳入介护保险的给付范畴，促进人的身体健康发展，从而达到延长健康寿命，预防失能的目的，进而起到抑制介护保险给付支出的效果。第二，强调保险者即市町村在介护保险制度中的职责。要求市町村根据地区特点设立地区支援事业，同时要充分发挥被保险人的功能，推动老年人自理支援和预防失能重度化。第三，建立地区综合养护中心，推动医疗、介护、预防、居住、生活援助服务的一体化提供。第四，推动认知症应对措施的实施，主要体现在预防和共生两个方面。重视认知症的预防，做到早发现、早应对的同时，为认知症老人及其家人提供专业援助，创造友好型生活环境，减轻家人的护理负担等。第五，建立可持续发展的制度，保障介护人才的数量和质量，应对财政困境。面对被保险人对介护服务的量的需求不断增加和对质的需求不断提高，如何解决介护人才缺口问题、提升介护人才质量、应对介护保险支出的不断增长给国家财政带来的压力，是构建可持续发展制度的关键所在。

（三）日本长期护理保险制度面临的挑战

1. 持续增长的保险费用

自日本介护保险制度建立伊始，申请护理服务的人数便呈现急剧上升的趋势，随着人口老龄化程度的持续加深，介护保险服务的使用人群日益庞大。据统计，2000 年至 2023 年间，被判定为需要利用介护保险服务的人数从最初的 184 万人增长至 705.3 万人，增幅为 2.83 倍[1]，随之而

---

① 厚生労働省，「介護保険利用者数の推移及び見通し」，https://www.mhlw.go.jp/stf/wp/hakusyo/kousei/19/backdata/01-01-09-06.html.

来的保险费用支出亦逐年攀升。介护保险制度建立 20 余年间，介护服务总费用增长了近 3 倍，介护保险费平均上涨超过 2 倍，到 2025 年，日本"团块世代"将全员步入 75 岁，届时介护服务需求将进一步增多，预计到 2025 年介护保险费用支出将高达 190 亿日元（郭馨冉，2019）。

为了确保介护保险制度的可持续发展，有人提出了降低介护保险费用的起征年龄，以及扩大 20% 和 30% 支付比例的人数等对策（李伟群、马禄伟，2024），但这些举措势必会遭到日本国民的反对和引起国民的不安，进而影响人们对介护保险制度的信赖感。目前，日本政府把失能预防纳入介护保险给付范畴，从而控制介护保险制度的成本。这一举措虽然起到了一定效果，但无法从根本上解决介护保险制度财源问题。

2. 严重不足的专业人才

虽然日本政府对专业护理人才队伍建设比较重视，但是在实践过程中，专业人才短缺仍然是日本介护保险面临的棘手问题。由于少子老龄化的发展，需要被护理的老人不断增加，但能够承担护理责任的年轻人数量逐渐减少。此外，相较于其他行业，由于介护工作劳动强度较大、薪酬待遇较低等，非正式员工比例较低、从业者年龄偏高、离职率较高。这些现象使介护行业近年来面临越来越严峻的人员缺口问题，预计到 2025 年，介护服务专业人员的需求数量可能发展到 232 万~244 万人（詹祥等，2017），人员缺口将扩大至 43 万人，目前，有 66% 的介护机构都遭遇专业人员不足的困境（杨慧，2019）。专业人才储备不足已成为制约介护保险制度持续发展的一大阻碍。

3. 尚不完备的家庭政策

日本的介护保险为老年人及其家庭带来了福利，显著减轻了家庭在照护方面的压力。然而，随之而来的问题也逐渐显现，即一些家庭成员过度依赖长期护理保险制度，从而忽视了自身对老年人应承担的责任，例如减少了探望老年父母和祖父母的频率等。家庭介护功能的日益社会化对养老体系的纲常伦理造成一定的挑战（林丽敏，2018），这种情况显然与长护险制度初衷相悖（詹祥等，2017）。另外，考虑到为老年人提供身体照护与精神照料的重要主体仍然是家庭，能否为家庭提供支持政策是影响介护保险制度可持续发展的重要因素，综合的家庭友好政策可以减轻家庭照顾者的经济和精神压力，但是当前日本在家庭支持政策方面的建设较为薄弱，这也是很多老人不得不依赖社会护理服务的重要原因之一（郭馨冉，2019）。

五 日本长期护理保险制度的经验与启示

日本早在 2000 年开始实施长期护理保险制度，经过 20 多年的发展和多次改革，积累了大量宝贵的经验，当然也有一些教训。日本介护保险制度在法律体系建设、多元筹资机制、社区养老服务体系、护理服务使用管理、专业人才队伍建设、注重防治结合等方面取得的成功经验，为我国长期护理保险制度的建立提供了有益借鉴。

（一）坚持立法先行，建立健全长期护理保险的法律体系

日本介护保险制度之所以能够成功实施，健全且不断完善的法律制度是关键（周泽纯、罗桢妮、刘俊荣，2019）。如前所述，自20世纪60年代起，日本就陆续颁布了一系列介护政策法规，包括《老年福利法》（1963）、老年人医疗费支付制度（1973）、《老年人保健法》（1983）、"黄金计划"（1990）等，直至 1997 年《介护保险法》出台。此外，日本的相关法律制度并非僵化不变，而是随着社会的发展和变化不断进行更新和完善。而我国针对长期护理服务的相关政策存在碎片化问题，整体协同性不足导致政策合力难以发挥，法律法规建设亦显滞后。因此，为了有效推进长期护理保险制度的建设，我国应坚持立法先行，通过立法明确长护险的目标定位、制度架构等基本问题，从而为长期护理保险

发展奠定坚实的制度基础（陈玫、孟彦辰，2019）。

（二）加强顶层设计，建立以政府为主导的多元筹资机制

建立可持续发展的筹资机制是长期护理保险制度发展的核心要素。日本介护保险制度通过强制形式建立了政府与个人共担保费的筹资模式，并通过动态调整以实现保险支出的平衡（郭佩，2023）。我国在构建长期护理保险制度的初期阶段，可借鉴日本的相关经验，确立与我国国情相适应的筹资机制和参保对象范围。建议采纳递进式的费用增收模式，逐步提升个人承担的保险费用比例，并根据个人及家庭的年收入差异适度调整费用，从而减轻各阶段的财政负担。同时，应致力于设计更具激励效应、可持续发展的筹资模式，兼顾不同收入层次人群的缴费比例，以达成制度的动态平衡。此外，政府应加强监管，保障长护险筹资体系的稳定和护理服务质量。

（三）整合社区资源，推进社区养老服务体系建设

长期护理保险所提供的护理服务，是一种融合了身体照护与精神关怀的综合性服务，也依赖家庭与邻里间的协作与联系。社区因其固有的优势，已然成为连接家庭与社会的新支点（翟绍果、马丽、万琳静，2016）。日本据此提出了"在地老化""社区综合护理体系"等概念，旨在通过30分钟可达的便捷服务，为老年人提供无缝衔接的上门及社区护理服务（郭馨冉，2019）。日本构建的以社区为载体的地区综合养护体系，有效整合了医疗、介护、预防、居住、生活援助服务等社区资源，形成了多元主体参加的全方位养老服务体系。我国在推进社区养老服务体系建设时，可借鉴日本的社区养老综合服务体系，鼓励多元主体参与社区养老服务体系建设，充分发掘社区可利用的养老服务资源；同时社区应扮演好"监管人"的角色，不断优化社区养老服务资源，以

确保社区老年人能够享受更为专业和高质量的服务。

(四) 匹配服务资源，建立护理服务使用管理体系

老年人及其家属在面对市面上众多养老服务机构和服务内容时，很多情况下因为缺乏相关信息，难以做出选择。随着介护保险制度同时诞生的护理经理人，作为养老服务的管家，能够运用自己的专业知识和丰富的信息资源，根据老人的需求，匹配对应的护理服务资源，为老人制订科学合理的个性化养老服务使用方案。我国在整合地区资源构建社区养老服务体系的同时，可借鉴日本的护理服务使用管理体系，充分利用社会工作者的专业特长，使其在社区养老服务体系中扮演管理人的角色。

(五) 树立预防理念，构建防治相结合的护理体系

日本介护保险制度不仅为老年人在失能后提供多种介护服务，而且针对潜在的失能人群实施早期预防和早干预措施 (李三秀，2018)。日本把失能预防纳入介护保险制度范畴，虽然受财政压力的影响巨大，但通过制定失能预防措施，在一定程度上降低了老年人由轻度和中度失能转变为重度失能的风险，减少了国民对护理服务的需求，从而降低了护理费用，这也成为日本政府财政节流的重要对策。建议我国在建立长期护理保险制度时，引入日本长期护理保险制度的早预防早干预理念，重视预防在长期护理服务体系中的重要作用，加大对预防卫生事业的投资力度，实现事前预防。同时，加大预防护理服务的宣传力度，配置相关配套服务设施，在长期护理服务项目设计上增加预防服务种类 (陈玫、孟彦辰，2019)。

（六）注重人力资本，加快护理专业人才队伍建设

专业护理人员不足制约着养老护理服务体系的可持续发展。日本自介护保险制度设立以来，在养老服务专业人才培养方面进行了持续的努力，养老服务行业中设有介护福利士、护理经理人、社会福利师等多种专业人才资格，相关人员想要取得相应的资格，在完成相应的理论课学时和实践要求后，还需要通过国家统一的资格考试，才可以获得相应的资格。为了满足不同背景人群考取资格的需求，日本还设置了多种考取资格的渠道。日本的养老人才培养模式对我国探索养老服务人才培养方式具有很好的借鉴作用。目前，我国养老服务人才培养方面缺乏规范化和系统化，只有形成规范化的人才培养模式，才能保证养老人才的专业性，提升养老服务行业的整体质量；只有设立系统化的人才培养模式，人才培养才能形成规模化，才能弥补养老人才的缺口。此外，在重视人才培养的同时也要通过开发护理机器人、整合医护资源等方式来提高护理服务效率（郭佩，2023）。

建立长期护理保险制度是落实积极应对人口老龄化国家战略的重要内容，是补齐社会保障体系短板的重要内容，是实现全人群全生命周期安全网保障的重要举措。

第七章

我国失能老年人长期护理保险制度的
建设发展

　　我国已整体步入中度老龄化社会，失能老年人口规模庞大且增长迅速。如何在资源相对有限的情况下照顾好的失能老年人口是我国积极应对人口老龄化必须直面的重要挑战。长期护理保险是失能老年人长期照护模式的核心，是国际社会应对人口老龄化和解决失能老年人照护问题的重要制度安排。我国尚未建立全国统一的长期护理保险制度，这一缺失严重影响了失能人群生活质量，也限制社会保障体系整体发展。我国迫切需要建立失能老年人长期护理保险制度，而此制度的建设发展是一项相当复杂的系统工程。

　　本章首先围绕制度建设、体系建设、经济社会直接效应与溢出效应，总结我国失能老年人长期护理险制度试点建设发展经验，同时分析我国长护险制度试点在政策、筹资、服务、人员等方面暴露出的相应问题。在此基础上，研究我国失能老年人长期护理保险制度建设发展的公平、适度普惠、可持续发展、有序推进等原则，进而从顶层设计、人才队伍、服务体系、均等发展等维度，探讨当前我国失能老年人长期护理保险制度的建设发展重点。

第一节　失能老年人长期护理保险制度试点
建设发展经验与问题

2016 年，我国正式启动长护险制度全国试点探索，将河北承德等 15 个城市作为长护险制度首批试点城市，同时将吉林和山东两省作为国家试点的重点联系省份。在此基础上，2020 年进一步扩大了全国长护险制度试点范围，新增天津等 14 个长护险制度试点城市。截至目前，长护险制度试点实施了两轮共计 29 个试点城市与 2 个重点联系省份（吉林、山东）。根据 29 个长护险试点城市人口数量统计，两次试点涉及人口 3.33 亿人，占全国总人口的 23.64%（截至 2023 年底），无论是长护险试点城市数量、涉及人口规模，还是试点时间，均超过以往的其他社会保险制度。

一　失能老年人长期护理保险制度试点建设发展经验

试点城市在制度实施的过程中，积极探索建立了较为完善的长期护理服务体系。一方面，各地通过政府购买服务、引入社会力量参与等方式，加强了对长期护理服务机构的培育和管理，提高了服务质量和效率。另一方面，试点城市还注重整合社区、医疗机构、养老服务机构等多方资源，为失能老年人提供全方位、多层次的长期护理服务。同时，长护险制度还促进了相关产业的发展，如护理服务、康复辅具、智慧养老等，为失能老年人提供了更多的选择和便利。

经过多年的地方试点实践，我国长护险制度实践积累了较为丰富的经验，取得了积极成就，收到了良好社会效益。

第一，健全了长护险制度建设，完善了长护险制度框架，为长护险建设发展提供了制度保障。

自 2016 年以来，我国长护险制度经历从倡导到实践、从提议到试点的探索建设历程，逐步形成了由政策、办法、意见、规定、细则、标准等宏观、中观和微观不同元素整合而成的立体制度体系，建立了长护险制度框架。

宏观层面，党和国家高度重视长护险制度建设，通过决定、规划等方式，为长护险制度建设指明战略方向。早在 2006 年中共中央、国务院发布《关于全面加强人口和计划生育工作统筹解决人口问题的决定》，首次明确提出探索建立老年长期护理保险社会化服务制度。2016 年，中共中央政治局就我国人口老龄化的形势和对策举行第三十二次集体学习，提出建立相关保险和福利及救助相衔接的长期护理保障制度。2019 年，中共中央、国务院制定《国家积极应对人口老龄化中长期规划》，要求"建立多层次长期护理保障制度，实施兜底性长期护理服务保障行动计划"。2013 年国务院先后印发《关于加快发展养老服务业的若干意见》、《关于促进健康服务业发展的若干意见》，鼓励引导商业保险公司开发长期护理商业险，鼓励老年人投保长期护理保险。长期护理保险制度连续写进"十三五""十四五"规划和 2019~2024 年度政府工作报告。

中观层面，国家有关部门积极落实、决策部署。2016 年《关于开展长期护理保险制度试点的指导意见》和 2020 年《关于扩大长期护理保险制度试点的指导意见》，在全国遴选 29 个城市和 2 个重点联系省份实施开展长护险制度试点，并就长护险制度试点的指导思想和原则、目标任务、基本政策、管理服务、配套措施、组织实施进行指导和规范。与此同时，在试点实践的基础上，国家医保局单独或会同相关部门密集发布《长期护理失能等级评估标准（试行）》《长期护理保险定点服务机构、协议服务人员、医疗保障委托承办服务机构、工作人员编码规则和方法的通知》、《长期护理保险经办规程（试行）》、《长期护理保险定点失能等级评估机构服务协议范本（试行）》、《长期护理保险定点护理服务机构服务协议范本（试行）》、《长期护理保险专家库管理暂行办法》和《关于推进长期照护师职业技能等级认定的实施意见》等多个文件，用以指导和规范各试点城市的长护险制度具体建设工作，为长护险制度在全国的实施和覆盖奠定了基础。

微观层面，试点城市积极开展长护险制度建设试点。各试点城市依据党中央、国务院和上级行政部门的规划部署、文件及会议精神，结合当地实际，积极探索长护险制度试点工作。29 个试点城市和两个重点联系省份普遍颁布了长护险制度建设相关的实施意见、管理办法、试行办法、实施方案、实施细则等相关政策，以及长护险经办服务、服务项目、服务规范、服务队伍、等级评估等具体业务相关规章，规范当地长护险制度建设。

总之，我国长护险制度历经十多年的建设，自上而下逐步建立健全了长护险制度体系，为长护险发展提供了制度保障，确保了长护险制度建设的有章可依、有章可循，促进了长护险服务的标准化和规范化，而且国家相关部门还颁布了长护险经办、服务等具体业务相关规范，为在全国实施统一的长护险制度奠定了坚实的基础。

第二，健全了长护服务体系，深化了长护险供给侧结构性改革，更好地满足了参保人的长护服务需求。

试点城市不断建立健全长护险筹资机制、待遇给付、服务供给、经办、监管等服务体系，充分发挥政府、市场、社会等多元主体优势，形成并完善"政府主导、社会经办、市场供给"的长护服务体系，积极满足失能参保人员及其家庭的长护服务需求。

试点城市不断扩大长护险覆盖面。试点通常先从城镇职工医保参保人员开始，再逐步扩大到城乡居民医保参保人，进而实现长护险的城乡人员全覆盖，体现了作为社会保险的长护险的广覆盖特点。关于长护险保障对象，《关于开展长期护理保险制度试点的指导意见》和《关于扩大长期护理保险制度试点的指导意见》均以重度失能人员为重点保障对象，试点城市起步阶段基本强调对重度失能人群的保障，在此基础上，许多试点城市结合实际，扩大了长护险的保障对象范围，把中度失能、重度与中度失智人员纳入保障范围，部分试点还进一步细化了保障对象类别，并扩大了保障范围。试点城市逐步建立互助共济、责任共担的多渠道筹资机制，明确了以单位和个人缴费为主的筹资方式。当前试点城市筹资渠道主要有个人缴费、单位缴费、财政补贴以及医保统筹基金划拨等，不同试点城市的筹资渠道存在较大差异，总体还是以前述筹资渠道的不同组合为主，并在试点实践过程中不断调整筹资渠道。试点城市结合自身实际实行定额筹资、定比筹资和混合筹资方式。部分试点城市在实践中调整了长护险筹资方式，由定额筹资转为定比筹资。试点城市长护险筹资普遍遵循"以收定支、收支平衡、略有结余"原则，建立了与经济社会发展和保障水平相适应的动态筹资机制。

长护险主要保障长期失能人群，大部分试点地区都将长护险待遇享受条件界定为重度失能，还有部分城市设置了缴费年限、等待期等待遇享受的限制条件。早期试点城市长护险失能评估通常采用《日常生活活动能力评定量表》或自行开发评定量表。随着《长期护理失能等级评估标准（试行）》全国标准的颁布，试点城市基本统一采用此标准。目前长护险试点城市的失能评估方式主要有第三方机构主导和（准）官方主导两种类型。试点城市长护险给付范围均已涵盖基本生活照料和医疗护理服务，大部分试点城市也将失能评估的费用纳入长期护理保险基金支付范围。试点城市的失能评估鉴定具体费用一般维持在 200~300元/人次的水平。长护险支付范围有宽口径与窄口径两种。宽口径支付范围包括长期护理相关的床位费、护理劳务费、设施使用费、护理耗材费和符合规定的药品费等，而窄口径支付范围则只包括床位费和护理服务等相关费用。绝大多数试点城市依据身体情况，对长护险参保人员予以细分失能评估等级，实行有差别的长护险待遇及报销标准，部分城市还根据自身长护险发展情况和社会需求，进一步扩大了长护险基金支付范围。试点城市长护险支付水平整体维持在70%左右。

长护险的基本服务形式包括机构护理和居家护理，所有试点城市都同时采用了这两种服务形式，并对其实行相应的准入门槛和遴选程序。随着长护险制度的深入推进，试点城市还努力扩展长护险服务形式，开展日间护理、短期护理、不同形式混合护理、异地护理等。目前试点城市提供基本生活护理、医疗护理、康复护理、心理精神护理、预防性护理以及临终关怀等六大类项目长护服务，打造了从身体生活到精神心理、从医养照护到康复训练、从风险预防到临终关怀的整合式、连续性的服务项目体系，为失能失智老年人生活保障构建了立体服务安全网。为促进长护服务的可持续发展，试点城市对长护险服务人员实行准入制度，制定相关要求及条件，积极加强长护险服务人才培养和从业人员培训长效机制建设。现阶段试点城市的长护险经办模式大体可分为"政府监管+政府经办"与"政府监管+第三方经办"两种模式，后一种模式已被越来越多的试点城市采用。各试点城市还综合运用组织监管、协议监管、绩效监管和数字监管等多种监管方式，以确保长护服务目标的实现、规定和标准的执行，以及维护长护险制度的安全性、稳定性，为参保人员提供优质高效的长护服务。

第三，切实减轻了失能当事人及其家庭的负担，保证了长护险基金安全，拓宽了就业渠道，创造了就业岗位。

风险共担（Risk Pooling）是保险的本质和属性。通过大数法则进行风险管理实现互助共济是保险运行的基本逻辑及机制。保险机构通过大数法则预测风险程度并制定合理保险费率，将风险从个体转移到集体，以多数人缴纳保费补偿少数人在不确定的未来可能发生的潜在损失，降低单一风险对保险系统的冲击，最终实现风险分散。长护险是集众人之力建立由参保人共享的资金，用以降低和化解参保人因年老、疾病、伤残或意外导致的身体功能损伤而不能生活自理的风险。依据大数法则，规模庞大的参保人群有助于增强长护险的互助共济能力，提升分散失能失智的风险水平。承保标的规模小甚至不足将不可避免导致大数法则失灵，而缺乏大数法则则无法预测风险概率与损失，进而难以制定合理的保险费率，最终造成制度运转成本的增加与资源浪费，无法实现个体的风险转移和分担。

长护险参保人员和待遇享受的覆盖率持续提高，切实减轻了参保人员及其家庭的负担，有效缓解了"一人失能，全家失衡"的社会难题。如图 7-1 所示，2020 年长护险制度扩大试点以来，我国长护险参保人员、享受待遇人员规模均在连续不断扩大。全国长护险参保人数由 2020 年的 1.08 亿人增加到 2023 年的 1.83 亿人，增加了 0.75 亿人，增幅高达 69.4%，而享受长护险待遇人数则从 2020 年的 83.50 万人增长到 2023 年的 134.29 万人，增加了 50.79 万人，增幅为 60.8%。长护险参保人数和享受待遇人数的年均增幅较为接近，均以年均两位数的比例快速增长，其中参保人员的增长规模和增速总体更快。长护险参保人数规模的快速增长很大原因在于越来越多的试点城市随长护险的深入推进，不断突破城镇职工参保局限，把城乡居民医保群体纳入长护险参保范围，参保人数因此得到持续增加。目前，超过半数的试点城市人口参保了长护险。根据图 7-1 测算，2023 年长护险试点城市的参保人数占试点城市总人口比例已达 55%，占全国总人口比例则接近 13%。

而长护险待遇享受人数的不断增加一方面受益于试点城市长护险待遇给付条件的放宽，不少试点城市给付条件已扩大到中度失能、失智人群，另一方面也与长护险的长期宣传有关，更多符合条件的参保人员通过宣传知晓并申请长护险待遇。试点城市长护险享受待遇率相对保持稳定。根据图 7-1 测算，2020~2023 年全国长护险参保人员的待遇享受率始终维持在 7‰ 左右，也就是说每千名长护险参保人员中有 7 人享受了长护险待遇。可以预测，随着长护险在全国铺开实施，长护险参保人群和享受待遇人群的规模将迎来井喷之势。长护险制度被称为 "第六险"，是社会保险的重要组成部分，其广覆盖也符合社会保险的内涵属性要求。长护险参保人员和待遇享受的广覆盖意味着越来越多的失能失智参保人员可以享受长护险服务待遇，提高了参保人员的医疗与生活保障水平，增强了失能失智参保人及其家庭的获得感和安全感。

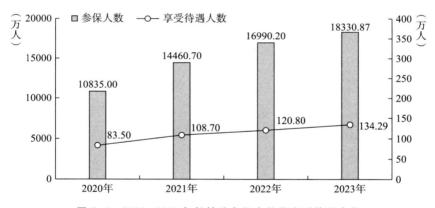

图 7-1　2020~2023 年长护险参保人数及享受待遇人数

说明：本图统计的长护险试点城市为 49 个，由本研究的 29 个试点城市+山东省的 15 个城市+吉林省的 5 个城市构成。

资料来源：国家医保局《2023 年全国医疗保障事业发展统计公报》。

长护险参保规模的扩大保证了长护险基金安全，保障了长护险基金的可持续发展。图 7-2 是 2020~2023 年试点城市的基金收支情况。就长护险基金收入而言，我国长护险收入总体保持增长趋势。其中，2021 年的长护险基金收入最高，比 2020 年增加了 64.50 亿元，增幅接近 1/3。2021 年长护险基金收入的快速增长可能与 2021 年长护险制度试点新增 14 个试点城市有关。2022 年、2023 年长护险基金收入较 2021 年

均有所下降，二者分别下降 19.80 亿元和 16.97 亿元，降幅分别为 7.6%
和 6.5%，2022 年与 2023 年的长护险基金收入保持稳定。在长护险基
金年人均收入方面，把图 7-2 与图 7-1 结合起来看，2020~2023 年试
点城市长护险基金人均参保费用分别为 181 元、180 元、142 元、133
元，长护险基金年人均参保费用有下降趋势，减轻了个人、单位、政府
的相关负担。就长护险基金支出而言，与长护险资金收入类似，2021
年长护险基金支出最高，为 168.40 亿元，较 2020 年、2022 年分别高出
37 亿元、64 亿元。2022 年与 2023 年长护险基金支出额度波动不大。在
长护险人均支出方面，2020~2023 年试点城市长护险基金人均支出分别
为 20168 元、12088 元、8642 元、8829 元，长护险基金年人均支出呈下
降趋势，且降幅不小，由 2020 年的 20168 元下降到 2023 年的 8829 元，
下降了 11339 元，降幅为 56.2%。

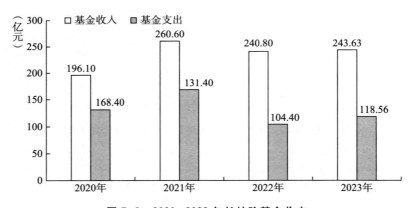

图 7-2　2020~2023 年长护险基金收支

说明：本图统计的长护险试点城市为 49 个，由本研究的 29 个试点城市+山东
省的 15 个城市+吉林省的 5 个城市构成。

资料来源：国家医保局《2023 年全国医疗保障事业发展统计公报》。

依据 2016 年人力资源和社会保障部办公厅《关于开展长期护理保
险制度试点的指导意见》要求，对符合规定的长期护理费用，基金支
付水平总体上控制在 70% 左右。由此测算，2020~2023 年失能参保人员

人均自费长护险费用依次为 6744 元、6639 元、3704 元和 3784 元，年人均自费长护险费用总体维持在 3700～6800 元，大大减轻了失能人员家庭的经济负担和护理压力。

就长护险收支状况而言，2020～2023 年长护险基金均是收入大于支出，长护险基金总体处于安全的状态。2020～2023 年长护险基金收入与支出二者间的差距分别为 27.70 亿元、129.20 亿元、136.40 亿元、125.07 亿元，由此可见，长护险基金总体收入还是保持上升增长趋势。

与此同时，长护险制度建设还产生了相应的溢出效应，拓宽了就业渠道，创造了就业岗位，不断赋能经济发展。这突出体现在长护服务机构和人员的迅速增长。

自长护险试点以来，定点长护服务机构呈连续增长态势。定点服务机构由 2020 年的 4845 家逐年递增到 2023 年的 8080 家（见图 7-3），增加了 3235 家，增幅约为 66.7%，年均增长 18.56%。其中，2021 年的定点服务机构增长最快，较 2020 年增长了 40.7%。这可能也与 2021 年长护险制度试点新增 14 个试点城市有关。护理服务人员自 2021 年起总体规模保持稳定，维持在 30 万人左右，其中又以 2021 年增长最快，较 2020 年新增 11.1 万人，增幅高达 58.1%。2023 年，护理服务人员较 2022 年出现小幅回落。在不考虑服务机构规模大小的情况下，2020～2023 年定点服务机构平均拥有的护理服务人员数依次为 39.4 人、44.3 人、43.1 人、37.5 人。长护险试点城市的定点服务机构的护理服务人员平均拥有量在 37～44 人，也就是说长护服务机构以小型机构为主。

把图 7-3 和图 7-1 结合起来看，粗略估算护理服务人员与长护险待遇享受人员的照护比例，可以发现，2020～2023 年长护险照护比分别为 1∶4.37、1∶3.60、1∶3.65、1∶4.43。2021 年与 2022 年的照护比相对较低，均低于 1∶4，试点城市的护理服务人员与长护险待遇享受人员之间的照护比总体介于 1：3～1：5。依据 2021 年民政部发布的《养老机构岗位设置及人员配备规范》这一行业标准，养老护理员与完全不能自理老年人的照护比为 1：3～1：5。考虑到各试点城市的长护险待遇给付条件基本为身体功能缺损导致常年卧床、生活无法自理的重度失能人员，目前长护险试点城市的照护比均介于这个区间范围。也就是说，目前长护险试点城市的护理人员与待遇享受人员的照护比整体符合标准要求，为保证长护服务质量奠定了坚实的基础。

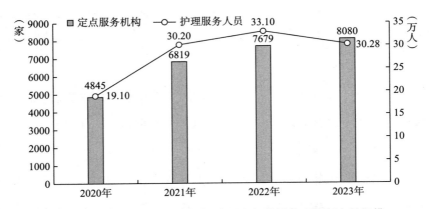

图 7-3 2020～2023 年长护险定点服务机构及护理服务人员规模

说明：本图统计的长护险试点城市为 49 个，由本研究的 29 个试点城市+山东省的 15 个城市+吉林省的 5 个城市构成。

资料来源：国家医保局《2023 年全国医疗保障事业发展统计公报》。

二　失能老年人长期护理保险制度试点建设发展中存在的问题

还应看到，我国长护险制度在试点实践过程中也暴露出相应的问题，突出表现在政策、筹资、服务、人员等方面。

1. 长护险政策工具的双重非均衡性

在长护险试点阶段，试点城市需结合自身经济发展水平、人口老龄化程度、养老服务体系建设状况等实际，因地制宜地构建符合当地的长护险政策体系，鼓励试点城市积极探索本地长护险制度、政策才是试点的题中应有之义。试点城市高度重视打造多元立体政策网络，综合运用供给型、需求型和环境型政策工具，协同推进当地长护险制度试点改革。但试点城市构建的政策工具体系存在双重非均衡性特点。

首先，长护险基本政策工具体系的总体分布结构存在非均衡性。我国长护险宏观政策总体存在过度依赖环境型政策工具、供给型政策工具与需求型政策工具的使用明显偏弱现象。环境型政策工具占绝对优势，其约占政策工具总量的 75.9%，而供给型、需求型政策工具仅占全部政策工具总量的 13.2%、10.9%。换言之，现有长护险政策偏重宏观层面的长护险建设发展目标与规划、服务规范、部门协同与大众宣传等环境营造，对长护险制度建设中的长护服务供给-需求两端的引导与激活不足。

其次，长护险次级政策工具体系内部分布结构存在非均衡性。在运用比例最高的环境型政策工具中，规范标准类政策工具的使用比例占绝对优势，占全部政策工具总量的 40.9%；其次是策略性措施、目标规划类政策工具，分别占全部政策工具总量的 19.9%、13.1%，而舆论宣传和金融服务类政策工具的应用比重较低，二者仅占全部政策工具总量的 1.8%、0.2%。供给型与需求型政策工具内部的次级工具分布不均衡程度虽不及环境型政策工具，但同样存在分布的非均衡性。在供给型政策工具中，资金支持类政策工具的运用比例最高，占全部政策工具总量的 6.1%，主要体现为对长护险就业人员的职业培训补贴；人才培养（3.1%）、信息支持（3.0%）两类次级政策工具的运用比例较接近；基础设施建设类政策工具的运用比例最低，仅有 1.0%。在需求型政策工具中，政府补贴类政策工具运用的比例最高，占全部政策工具总量的 4.3%；社会激励、政府购买类政策工具的占比相同，均为 3.3%。

由上可知，当前试点城市的长护险政策体系结构存在双重失衡，突出表现便是横向过度倚重其中的某项基本政策工具（环境型政策工具），纵向过于依赖内部的某项次级政策工具（资金支持、政府补贴、规范标准），其他的基本政策工具和绝大多数次级政策工具的运用大都屈指可数，甚至付之阙如。结构失衡的政策体系自然难以发挥每项基本政策工具和次级政策工具的效力，无法形成彼此的协同配合与互补互促，从而制约了长护险制度的建设发展。

2. 长护险非独立险种的无感式筹资

"钱从哪儿来"是长护险制度建设的根本问题，也是我国长护险试点实践的堵点。长护险基金的安全性和可持续性是长护险制度建设的根基。2016 年《关于开展长期护理保险制度试点的指导意见》和 2020 年《关于扩大长期护理保险制度试点的指导意见》对长护险的资金筹集均有相关规定。《关于开展长期护理保险制度试点的指导意见》要求，通过优化职工医保统账结构、划转职工医保统筹基金结余、调剂职工医保费率等途径筹集资金，逐步探索建立互助共济、责任共担的长期护理保险多渠道筹资机制。《关于扩大长期护理保险制度试点的指导意见》沿袭了互助共济、责任共担的多渠道筹资原则，并在首批试点的基础上进一步明确筹资以单位和个人缴费为主，单位和个人缴费原则上按同比例分担，其中单位缴费基数为职工工资总额，起步阶段可从其缴纳的职工基本医疗保险费中划出，不增加单位负担；个人缴费基数为本人工资收入，可由其职工基本医疗保险个人账户代扣代缴。

我国试点城市筹资渠道来源于个人缴费、单位缴费、财政补贴以及医保统筹基金划拨等方式，不同试点城市采用这些渠道的不同组合筹集长护险资金。出于对减少阻力和减轻单位、个人参保负担等因素的考量，目前试点城市尚未形成独立的筹资体系，普遍实行无感式筹资方式，亦即长护险不设为独立险种，不面向单位、个人单独征收费，单位、个人对长护险及其费用征缴处于无感状态。首先，从险种层面而言，试点城市基本把长护险依附在医保险种下，长护险尚未成为真正意义上的独立险种。从缴费层面而言，试点城市基本采用从医保基金划转方式开展长护险筹资，单位缴费部分由医保统筹基金划出，个人缴费部分则由医保个人账户划转，单位、个人尚未单独缴费。

长护险作为非独立险种依附于基本医疗保险的筹资机制具有一定风险，影响长护险资金的安全，进而影响长护险制度的可持续发展。随着我国人口老龄化程度的日益加深，失能老年人口规模的进一步扩大，加之长护险覆盖范围、服务内容、服务标准的逐渐扩大，长护险的资金支出也必将随之增长。不唯如此，当前基本医疗保险基金自身也面临压力，依附基本医疗保险基金的长护险的建设发展自然也有压力。此外，试点城市的长护险筹资机制还缺乏风险防范与管控设计。

3. 长护险服务体系尚待优化

首先，"护理谁"是长护险制度建设发展的首要问题，也是我国长护险试点实践的难点。一方面，当前我国长护险制度试点覆盖面较为有限。近半数的试点城市长护险仅覆盖城镇职工基本医疗保险参保人群，而把广大城乡居民基本医疗保险参保人员排斥在外。此举既违反了社会保险的公平性和普遍性原则，影响了社会稳定器的功能发挥，不利于社会稳定，也抑制了"大数法则"的保险功能。另一方面，我国长护险制度试点保障对象也较为狭窄。近七成的长护险试点城市只保障基于生理层面的重度失能人员，规模不小的认知、感知觉与沟通层面的失智人员以及中度、轻度失能人员的长护需求无法得到满足，可能导致失智、中度与轻度失能群体因护理不到位而身心健康状况恶化，进而对长护险产生潜在的风险与压力。

其次，"什么服务"是长护险制度建设发展的核心问题，也是我国长护险试点实践的弱点。试点城市主要为长护险参保人员提供基本生活照料和基础医疗护理服务，尚未广泛提供康复护理、心理精神护理、预防性护理以及临终关怀服务，难以满足参保人员的多元化、深层次护理需求。部分试点城市甚至仅简单列出服务项目而缺乏对服务内容及标准的具体要求。试点城市长护险服务遵循的是以疾病为中心的生物医学理念，重视对失能参保人员身体功能缺损维度的护理。

4. 长护险服务队伍体量有限

"谁来护理"是长护险制度建设的关键问题，也是长护险制度建设的痛点。长期护理服务人才队伍包括直接从事护理工作的养老护理员、社会工作者、康复师、健康照护师、心理学工作者、护理服务规划人员、失能失智训练指导人员、医生、护士等，以及间接从事护理服务相关工作的诸如失能等级评估人员等。当前我国长期护理服务人才队伍整体存在体量不大、结构失衡现象，这突出表现在养老护理人员方面。

受思想观念落后、服务强度与压力大、薪酬待遇与社会地位低、社会保障缺乏等综合因素的影响束缚，我国现有养老护理人员的职业选择多具被动性，从业人员一般以城镇下岗失业、农村受教育水平低的中年女性为主。此类人员流动性较强，一旦有新的合适的工作，通常会选择离开养老护理行业。

当前包括长护险试点地区在内的全国各地都普遍面临失能护理人员短缺问题，护理人员缺口较大。第五次中国城乡老年人生活状况抽样调查数据显示，我国失能老年人约为 3500 万人，占全部老年人口的 11.6%，老年人带病生存时间长达 8 年之多。据预测，到 2035 年、2050 年，我国失能老年人将分别达到 4600 万人、5800 万人[①]。依据 2021 年民政部发布的《养老机构岗位设置及人员配备规范》规定，养老护理员与完全不能自理老年人的照护比为 1：3~1：5，据此测算，现

---

① 《国务院关于推进养老服务体系建设、加强和改进失能老年人照护工作情况的报告——2024 年 9 月 10 日在第十四届全国人民代表大会常务委员会第十一次会议上》，http://www.npc.gov.cn/c2/c30834/202409/t20240911_439362.html，最后访问日期：2024 年 12 月 10 日。

阶段我国需要700万~1200万的养老护理员。而目前我国养老护理人员尚不足百万人，养老护理人员的供需之间存在突出的矛盾。而且，我国养老护理人员分布不均衡，农村地区、偏远地区尤为匮乏专业的和足够的养老护理人员。为填补养老护理人员的巨大缺口，很多长护险试点城市积极发展居家自主护理服务，由失能参保人自主选择配偶、子女、亲属、邻居等非正式网络成员开展护理服务。尽管此类非正式关系成员被要求上岗前参加相关培训且考核合格，但不能否认的是，该群体与经过职业技能等级认证的护理人员，在护理专业知识、技能及服务水平等方面仍存在一定差距，特别是在医疗服务、心理咨询、紧急救援等专业性较强的长护服务方面差距更大，因而难以提供精准与精细服务以满足失能老年人个性化与多样化需求。

现有的养老服务人才队伍规模及其服务质量，尤其是养老护理一线人员的不足，将严重冲击我国长护险的服务质量，影响长护险制度的有效实施。

第二节　我国失能老年人长期护理保险制度建设发展原则

一　公平原则（建设发展的价值原则）

社会保障被视为社会安全网，公平性是社会保障制度的内在属性和根本原则。社会保障制度是对国民收入的合理再分配，以社会互助共济方式降低社会风险，缩小群体收入差距，保障社会弱势群体，使发展成果惠及全民。增进社会公平既是社会保障制度的基本出发点，也是社会保障制度实践的归宿。

不同类型的社会福利制度普遍遵循公平原则。社会保障制度建立源于社会不公平、制度设计体现公平原则、制度确保机会公平、制度维护过程公平、制度缩小了结果不公平（郑岩，2011）。社会保障追求的社会公平并非保障水平均等，而是制度公平、机会公平和结果公平。

受路径依赖和以往历史遗留问题的影响，我国现行社会保障制度还存在不少缺陷，面临诸多挑战。当前的突出问题是：制度结构碎片化，城乡、群体和区域间不平衡；待遇确定和待遇调整机制不完善，造成代际再分配失衡；制度供给缺乏弹性，经济新常态下社会风险分担不足（关博，2016）。

二 适度普惠原则（建设发展的目标原则）

关于社会福利模式的划分，20 世纪 50 年代威伦斯基和莱宾斯（Wilensky & Lebeaux，1965）提出的补缺型、制度型成为学界公认的主流划分模式。

补缺型社会福利模式基于自由主义和个人主义的理念，秉持个人责任论，强调家庭和市场作为个人福利主要提供者的角色，国家和政府只在家庭与市场失灵时才会予以干预，并承担对社会弱势群体的社会福利的相应的责任。它具有很强的选择性和暂时性。而制度型社会福利模式基于团结博爱的理念，秉持社会责任论，强调国家和政府作为福利提供者的主体角色，主张国家和政府建设完善的法规制度体系，满足全体公民的社会福利需求。它具有很强的非选择性和长久性。

由此可见，两种福利模式在福利意识形态、覆盖范围、责任分配等方面具有显著差异。大体言之，社会福利模式通常遵循由补缺型向制度型发展的演进脉络。

然而，这两种福利模式在现实中都面临着一定争议，暴露出一定的问题。鉴于此，我国政府和学术界结合国情提出了适度普惠型福利模式

（景天魁，2007）。

适度普惠型社会福利是介于残缺型福利与普惠型福利之间的中间福利模式，它是由政府和社会基于本国/当地的经济和社会发展状况，向全体国民/居民提供的、涵盖其基本生活主要方面的社会福利（王思斌，2009）。它在福利对象、福利项目、福利水平等方面均处于中间适度状态。

长期以来我国社会福利覆盖范围多限于社会弱势群体，服务项目单一，是维系基本生活水平的保障，是典型的补缺型社会福利。随着我国经济发展水平的整体提高，人们生活水平及其需求的总体增长，以及以改善民生为重点的社会建设的逐步推进，社会福利制度改革已成为党和政府的重要工作，建立适度普惠型社会福利制度成为历史必然。

党的十八大报告明确指出："统筹推进城乡社会保障体系建设。……要坚持全覆盖、保基本、多层次、可持续方针，以增强公平性、适应流动性、保证可持续性为重点，全面建成覆盖城乡居民的社会保障体系。"①

三　可持续发展原则（建设发展的理念原则）

保险是人们应对和抵御当下和未来可预测和不可预测风险的安排与储备。在当下，风险已发展成为现代社会的基本特征，人们面临着比以往任何时候都更多、更大和更具破坏力的风险。保险自然被希望能够给予个体持续性的保护。个体需要它以备不时之需，国家需要它实现对保障其社会成员的承诺及责任。一旦无法实现持续稳定的保护，保险也就失去了保障目标及存在的价值，并可能触发一系列的后果和一连串的风险及问题，并最终损害经济社会持续发展。由此可见，可持续发展是保险的题中应有之义。

---

① 《胡锦涛在中国共产党第十八次全国代表大会上的报告》，http://www.npc.gov.cn/npc/c2597/c30274/c30280/201905/t20190522_48468.html，最后访问日期：2024年10月10日。

与此同时，可持续发展也符合社会保障刚性增长和阶梯式持续发展的特点及要求。国民福利需求是累积性增长的，这种不断增加的刚性福利需求要求社会福利项目、福利范围、福利水平需与之相适应。

值得注意的是，旨在应对和克服风险的行动安排及政策制度本身也面临运转失灵的风险，从而使风险的"制度化"转变成"制度化"风险。后者正日渐成为现代风险社会中的主要风险类型（贝克，2004）。

目前社会保险可持续发展面临诸多严峻挑战和不确定性——经济新常态。我国经济已从高速增长阶段转为高质量发展阶段，未来可预期时间内，经济增速可能进一步减缓；快速人口老龄化和城镇化导致医疗保险基金的支出不断增加，基金收支平衡压力增大，收支缺口逐步扩大；医疗机构过度医疗、医疗费用增长过快，出现医疗保险基金收不抵支的现象。

针对社会保障制度存在的责任失衡、利益失衡及制度运行风险、基金贬值风险与社会冲突风险（郑功成，2014），需要实行更加积极的社会保险制度。增加失能预防、康复的资金及相应服务，以减少、延缓失能状态和减少长护险支出；逐步提高法定退休年龄，延长就业和缴费年限，强化长护险的激励和约束机制。同时，提高医疗保险和养老保险基金的抗通货膨胀能力，实现保值增值，不断增强基金实力。

四　有序推进原则（建设发展的实施原则）

我国长期护理保险制度的建立应当积极稳妥，有序推进，不能急于求成，一蹴而就。这也是中外包括社会保险及其服务在内的社会福利建设的普遍经验。

纵观世界社会福利发展历史，长期护理保险制度的发展相当晚近。长期护理商业保险始于 20 世纪七八十年代，而长期护理社会保险则发端于 20 世纪 90 年代。各国探索和建设长期护理保险周期之长，在世界福利与保障事业中实属少见。美国经过了半个多世纪，德国则经历近百年的时间才最终建成长期护理保险制度。

长期护理保险被认为是保险体系中的最后一块拼图。不同国家的长期护理保险制度无一例外地历经多次调整、修改与完善。即便如此，目前绝大多数国家，包括美国、日本、德国等发达国家在内仍然在实践中探索，各国的长期护理保险制度始终未能定型。

从长期护理保险大致的发展历程足可以看出长期护理保险涉及的对象之多，波及的范围之广，问题之复杂，绝不可能一蹴而就。

反观我国，现代社会保障与福利事业起步较晚，相对缺乏现代社会福利的建设经验，对不期而至的未富先老式人口老龄化尚未做好充分的准备。加之，我国在人口老龄化背景、程度与速度，失能老年人规模、地区发展差异、经济水平、政治经济体制、社会保障制度、意识形态等方面与其他国家不同，而且我国不同地区发展也存在一定差异，因此，只能坚持积极稳健的长期护理保险制度构建原则。从我国国情、社情实际出发，找到与之相适合的失能老年人长期护理保险制度，不能急于求成，遑论一步到位。

第三节　我国失能老年人长期护理保险
制度建设发展重点

失能老年人长期护理保险制度是一项非常复杂的社会系统工程，牵涉国家、政府、社会、家庭及个人等多元主体。当前条件下，亟须完善长护险顶层设计、加强长护人才队伍建设、加强以社区为基础的整合性长护服务体系建设、统筹长期护理服务均等化发展。

一 完善长护险顶层设计

重视顶层设计是国际社会应对规模日益庞大的失能老年人口的普遍共识。立法、制度则是其中最为关键的顶层，法制化和制度化是我国长期护理保险行稳致远和可持续发展的根本方向。由于长期护理保险的覆盖范围、筹资机制、待遇给付、服务供给、经办监管等相关制度的健全完善，在前文已有探讨，兹不赘述。

立法先行是发达国家长期护理保险建设成功的重要经验。早在1967 年荷兰便通过了世界上首部长期护理法案。此后，以色列（《社区长期护理保险法》，1986）、德国（《长期护理保险法案》，1994）、奥地利（《长期护理津贴法案》，1994）、日本（《介护保险法》，1997 年先后建立长期护理保险。法律既赋予了公民获得长期护理保险的不可剥夺的合法权利，也明确和规范了长期护理保险的组织、实施、保障、监督与管理，有力地保障了长期护理保险制度的建立、运行及发展。

尽管学界、社会呼声很高，但我国目前尚无单独的长期护理保险立法。与老年人长期护理保险密切相关的法律主要包括《中华人民共和国老年人权益保障法》《中华人民共和国保险法》《中华人民共和国社会保险法》等。

在现行条件下，可依托已有法律框架，把长期护理保险及其体系纳入进来，予以相应的修改重构。待时机成熟则可考虑制定和出台独立的长期护理保险法。以法律形式对长期护理保险参保条件、承保范围、筹资方式、服务内容、运作模式、监督管理等予以明确且详细规定，以此指导、约束和规范长期护理保险实践及操作。

需要指出的是，2021 年 6 月，国家医疗保障局研究起草的《医疗保障法（征求意见稿）》，把长期护理保险作为多层次医疗保障的重要内容写入其中。《医疗保障法（征求意见稿）》规定："国家建立和发展长期护理保险，解决失能人员的基本护理保障需求。长期护理保险覆盖全民，缴费合理分担，保障均衡适度，筹资和待遇水平动态调整。制定完善与长期护理保险制度运行相适应的失能评估和需求认定等标准、基本保障项目范围以及管理办法等。健全符合长期护理保险特点的经办服务体系。支持社会力量参与制度体系建设，鼓励建立多元综合保障格局。"① 这表明我国长护险即将进入有法可依的法治时代。

此外，完善长护险顶层设计还需加强资源整合。失能老年人长期护理保险涉及保险、预防、保健、医疗、康复、生活照料、精神慰藉等议题，其核心问题是"医"与"养"相互结合，关联着医疗卫生和社会服务两大体系，与此有直接联系的核心部门是医保、医疗卫生、人力资源和社会保障、民政、财政机构，外围部门则包括教育、税务、工商、消防等相关部门。当前这两大体系、不同部门相互独立，资源也比较分散，因而大大削弱了长期护理保险的品质，降低了老年人抵御失能社会风险的能力与水平。

加强资源整合首先要求相关职能部门更新观念，增强资源整合意识，秉着坦诚、开放、包容的合作理念，通力协作，去除部门本位主义，打破各自为政的局面。宏观上，加强资源整合需要整合作为"最先一公里"的相关政策与制度。鉴于政策与制度对长期护理保险具有根本指导和规范作用，因此迫切需要倡导政策融合，注重彼此政策与制度，特别是基本医疗保险、基本养老保险、其他社会保险、商业保险，在系统框架中的契合与衔接，确保社会和不同层级政府对政策与制度的相同理解，以及政策与制度的执行不走样、不变形。微观上，加强资源整合需要积极协调作为"最后一公里"的长期护理保险服务。一是加

---

① 《国家医疗保障局关于〈医疗保障法（征求意见稿）〉公开征求意见的公告》，https:// www.nhsa.gov.cn/art/2021/6/15/art_113_7134.html，最后访问日期：2024年10月10日。

强长期护理保险服务内容的横向联系。整合长期护理保险医疗、康复、养老、照顾等服务内容，做好长期护理保险服务跨系统的转介对接，增强长期护理保险服务的整体性。二是整合长期护理保险服务环节的纵向过程。整合长期护理保险服务流程，在评估、实施、应急、考核等方面实现广覆盖，增强长期护理保险服务的连贯性。三是整合长期护理保险服务正式护理资源与非正式护理资源。构建长期护理保险立体支持网络，积极给予非正式护理资源各种支持，增强长期护理保险服务的有效性。

二　加强长护人才队伍建设

长期护理服务对长护人力资源的依赖性较高，需要不同领域专业人员的相互配合。而目前我国的长护人力资源的数量和质量都不能很好地满足失能老年人的长期护理需求，因此急需加强我国老年人长期护理人才队伍建设。

（一）充分挖掘长期护理服务人员

长护人力资源既包括掌握了老年护理相关知识和技能，从事长期护理行业的专业人员，如护工、医生、护士等，也包括非专业护理人员，如家庭成员、志愿者等。为适应长期护理行业的发展，必须多渠道发掘老年人长期护理的人力资源。首先，完善养老服务人才培养、使用、评价和激励机制。把长护服务从业人员纳入人才政策体系，对一线长护服务者按照服务年限给予补贴，可在落户、体检就医、子女升学等方面开设绿色通道，符合条件的长护服务人员可一律享受落户、体检就医和子女升学方面的人才优惠，促进长护服务人员待遇报酬合理增长。其次，鼓励正规教育系统开设老年护理相关专业，培养老年护理专业如护理、康复、社会工作专业人才。对开设涉老护理专业的院校实行奖补，同时为增强专业的吸引力，对选择老年护理相关专业的学生可适当放宽入学资格条件、减免学费，并发放国家补助。引导建立养老服务专业劳动市场及举办校园招聘会，助力养老机构与各大院校建立合作关系，实现人才对接，实行订单式培养。最后，充分发挥家庭成员、邻里以及志愿者的作用，鼓励有能力、有意愿的民众积极参与老年人长期护理服务，完善志愿服务记录制度，推广时间银行制度，并给予其一定的经济补贴。

（二）分类培训长护人员

针对长期护理服务人员专业水平低、服务质量差的问题，应对从事长期护理服务的专业和非专业人员进行分类培训。一是对现已从事长护服务的人员进行培训。依托民政企事业单位和职业院校，通过政府购买服务的方式遴选权威的人才培训机构，建立养老服务培训基地，大力开展养老机构院长岗位培训和养老护理员持证上岗培训；对已经从事养老事业的工作人员开展再教育和定期轮训，注重专业技能培训，加强经验交流与观摩学习，提高工作人员的素质，鼓励机构内部定期对护理人员进行专业知识培训。二是对非正式护理人员进行培训。为家庭成员、朋友、邻居等非正式护理人员免费提供老年慢性病、老年康复等长期护理相关基础知识的培训，以及为非正式护理人员提供相关信息咨询、心理辅导等。

三　加强以社区为基础的整合性长护服务体系建设

目前，长期护理服务供给主要由家庭、社区和机构提供。长期以来，老年人护理实行的是护理场所空间分离形式，通常经历由家庭向机构强行转变。失能老年人的长期护理需要积极整合不同护理方式，构建整合性的老年人长期护理服务体系，形成连续性的护理服务，切实做好不同护理方式之间的过渡衔接，防止任何突然的中断或转变对老年人造成二次伤害。构建整合性长护服务体系的关键环节是社区护理的成熟完善。

一是增强社区长护服务供给能力。建立健全居家社区养老服务扶持、保障政策，建立居家养老服务指导中心，统筹规划、培训指导居家社区养老服务，切实保障居家社区养老服务所需经费。实行房租补贴、土地优惠、税收减免等政策，鼓励服务质量高、服务效果好的大型、连锁养老机构及养老服务组织进驻社区，面向社区开展社区嵌入式养老服务。依托社区开办长者护理之家、失能护理站、老年食堂、老年大学等养老服务设施，面向社区居民拓展专业养老服务，以政府购买服务的方式把助餐、助洁、助急、助浴、助行、助医等养老服务委托给具有资质的社会养老机构。支持引导具备资质条件的养老机构、企业、组织在老年人住所设立家庭养老床位，开展专业、稳定、连续的为老服务。完善涉老无障碍设施建设标准，推进老年宜居环境建设。新建、扩建和改建住宅小区应符合无障碍实施工程建设标准，有序推进老旧小区的无障碍化，重点加强坡道、楼梯、电梯等公共设施适老化改造。以津贴补助等形式加强助行、助浴、助洁、紧急救援、康复辅助等居家适老化改造。加强居家适老化改造标准化建设，建立健全居家适老化改造准入制度、验收标准和监管维护制度。

二是巩固增强家庭长护功能。建立健全家庭养老支持政策，大力开展失能老年人家庭照顾者支持行动。引导鼓励家庭成员与老年人共同生活、就近居住，对于老年人共同生活的子女，给予相应的长护津贴补助，并在税收、户口迁移、医保结算、公共交通等方面给予相应的福利优待。以政府购买服务的方式向社会组织购买教育性和情感性支持服务，为家庭照顾者提供照顾基本技能、知识及技巧服务；开展小组、个案服务，为照顾者提供感情、心理支持服务；开设求助热线，为家庭照顾者提供建议、纾解心理压力、转介相关资源服务。健全完善"回应家庭"（family-responsive）的就业政策，倡导企业、用人单位等营造照顾者友好型的工作环境，赋予家庭照顾者弹性的工作条件，提供家庭照顾假，积极协助照顾者重返职场，并给予用人机构相应的税收等优惠。

三是规范机构长护服务市场。支持鼓励社会力量兴办长护机构，构建全面开放、公平参与、竞争有序的长护服务市场，为老年人提供多样化、市场化的养老服务。依据"社会参与、市场运作、政府监管"的原则，深化养老机构管理体制改革，积极采用公建民营、公办民营、民办公助、委托管理等形式盘活机构养老资源，分类促进养老机构管理与建设，促进民办养老机构与公办养老机构公平竞争、共同发展，坚持公办养老机构对中低收入老年人的优先性。完善机构护理促进政策，积极落实土地、资金、税收等优惠扶持政策，提供基本养老服务的营利性养老机构，与非营利性养老机构享受同等的建设补助、运营补贴待遇。加强对养老机构的监督管理。指导养老机构建立健全收费标准、硬件设施、人员配备和运营管理等规章制度，加强对养老机构服务质量的评估，尤其是加强对养老机构老年人的活动安全、居住安全、饮食安全等方面的重点监管，监督、支持养老机构建立危机预警机制。

四　统筹长期护理服务均等化发展

我国长护保险体系建设发展面临的突出困难是长护保险非均等化发展。长护保险非均等化发展首先表现为长护资源城乡发展不平衡。受城乡二元体制的长期影响，我国长护资源城乡发展不平衡问题明显，农村长护资源发展严重滞后于城市，农村养老机构、日间照料中心、社区服务中心等硬件设施的分布、规模，以及作为软件的服务人员、服务质量均短缺且低下。长护保险非均等化发展的另一重要表现便是长护资源东、中、西部发展不均衡。总体上，东部地区长护险资源发展水平高于中部、西部、东北地区。简言之，长护险的非均衡化发展严重破坏了社会公平，影响了人民群众的获得感和满足感。

一是加强农村、中西部地区的长护服务体系建设。改变养老服务资源分散配置、重复建设现象，不断提高养老服务效率。实行不同地区分类重点发展长护服务，补齐各自长护服务短板。农村地区应积极发展居家医疗、日间照料、康复护理、心理咨询以及助餐等服务，中部地区宜加强日间照料、助餐、助浴、上门做家务等服务，西部地区则加强居家医疗、心理咨询、康复护理、辅具租赁、健康教育等服务（丁志宏、曲嘉瑶，2019）。

二是提高中央和省级财政对农村、中西部地区养老服务预算投入比例，加大对农村、中西部地区养老服务事业的财政投入。加大中央政府财政转移支付力度，减少转移支付的行政层次，使转移支付资金直接分配到县乡基层；优化转移支付结构，扩大一般性转移支付资金规模及提高支付占比，缩小专项转移支付规模；优化分配因素及其权重，科学确定转移支付金额，切实缩小城乡转移支付差距；加强财政转移支付的制度化和法制化建设，为缩小城乡长护险差距提供制度保障（王刚、张孟文，2012）。

三是完善政府购买长护服务机制。在项目规划方面，调查评估失能老年人长护服务需求，选择和确定优先顺序的长护服务项目，合理安排购买规划和公共财政预算。在资金筹措方面，持续加大政府购买长护服务资金投入力度，完善购买服务专项资金制度，建立健全部门预算编制的激励和惩戒措施，完善公共财政为主、社会资本积极参与的资金筹措机制，提高资金使用效率。在购买方式方面，进一步开放市场，采用公开招标、邀请招标、竞争性评审、竞争性谈判、协商谈判等多元化购买方式。支持不同承接主体公平竞争，确保长护服务资源的优化配置。在运作实施方面，严格规范政府购买长护服务的整体运作流程，提高长护服务供给效率。规范政府购买长护服务合同内容，加强权责明确的合同管理；强化对政府购买长护服务的全过程、全方位监管，建立健全客观公正的绩效评价机制。

参考文献

曹信邦，2018，《中国长期护理保险制度构建的理论逻辑和现实路径》，《社会保障评论》第 4 期。

曹信邦、陈强，2014，《中国长期护理保险需求影响因素分析》，《中国人口科学》第 4 期。

常文星、袁超、胡婵、褚美琴、雷涛、杨欢、王琦侠，2024，《西安市社区老年居民失能状况评估分析》，《中国临床医学》第 1 期。

陈诚诚，2020a，《长期护理保险试点地区筹资机制的实施现状与政策述评》，《学习与实践》第 6 期。

陈诚诚，2020b，《长期护理保险试点总结及发展建议》，《中国社会保障》第 6 期。

陈鹤，2014，《长期照护服务筹资：国际经验和中国实践的启示》，《医学与哲学》第 9 期。

陈静，2016，《福利多元主义视域下的城市养老服务供给模式研究》，山东人民出版社。

陈雷，2016，《德国养老长期照护政策：目标、资金及给付服务内涵》，《中国民政》第 17 期。

陈玲、郝志梅、魏霞霞、汪凤兰、景丽伟、邢凤梅，2023，《基于贝叶斯网络的老年人失能风险预测模型构建》，《中国老年学杂志》第

22 期。

陈璐、刘绘如，2016，《日本长期护理保险制度的改革及启示——基于资金的"开源"与"节流"视角》，《理论学刊》第 6 期。

陈玫、孟彦辰，2019，《长期护理保险制度的构建研究——以日本相关经验为借鉴》，《卫生软科学》第 9 期。

陈娜、邓敏、王长青，2020，《我国失能老人居家养老服务供给主体研究》，《医学与社会》第 7 期。

陈娜、王长青，2019a，《日本介护保险制度对健全我国失能老人照护体系的启示》，《中国卫生事业管理》第 2 期。

陈娜、王长青，2019b，《失能老人与医养结合养老模式的匹配关系》，《中国老年学杂志》第 7 期。

陈谦谦、郝勇，2020，《上海长期护理保险制度试点的问题与对策》，《科学发展》第 1 期。

陈晓晨、杜天天、王思彤、戴伟、刘跃华，2020，《荆门市长期护理保险制度构建及试点运行状况分析》，《中国卫生政策研究》第 12 期。

陈奕男，2021，《中国长期护理保险筹资现状、局限与优化路径——基于 27 项试点政策文本的实证分析》，《北京航空航天大学学报》（社会科学版）第 6 期。

陈云晴，2019，《泰安市泰山区：职工长期护理保险试点成效初显》，《山东人力资源和社会保障》第 2 期。

程明梅、杨华磊，2024，《中国城镇失能老年人口规模及养老服务需求预测》，《北京社会科学》第 3 期。

程煜、沈亦骏，2017，《中国试点地区长期护理保险制度的比较与思考——基于五个试点地区的政策文本分析》，《公共治理评论》第 1 期。

褚松燕、贾路南，2015，《国外公共政策视域中的说服研究及其借鉴价值》，《国外理论动态》第 12 期。

崔仕臣、林闽钢，2020，《日本和韩国长期护理保险发展的比较研究及中国的选择》，《当代经济管理》第 1 期。

戴卫东，2011，《老年长期护理需求及其影响因素分析——基于苏皖两省调查的比较研究》，《人口研究》第 4 期。

戴卫东，2015，《OECD 国家长期护理保险制度研究》，中国社会科学出版社。

戴卫东，2016，《欧亚七国长期护理保险制度分析》，《武汉科技大学学报》（社会科学版）第 1 期。

戴卫东，2018，《中国长期护理服务体系建构研究》，社会科学文献出版社。

戴卫东、陶秀彬，2012，《青年人长期护理保险需求意愿及其影响因素分析——基于苏皖两省调查的比较研究》，《中国卫生事业管理》第 5 期。

单奕，2014，《日本长期护理保险制度对老龄化中国的启迪》，《中国老年学杂志》第 20 期。

丁纯，2009，《世界主要医疗保障制度模式绩效比较》，复旦大学出版社。

丁学娜、李凤琴，2013，《福利多元主义的发展研究——基于理论范式视角》，《中南大学学报》（社会科学版）第 6 期。

丁志宏、曲嘉瑶，2019，《中国社区居家养老服务均等化研究——基于有照料需求老年人的分析》，《人口学刊》第 2 期。

杜鹏，2011，《中国老年人残疾与生活不能自理状况比较研究》，《残疾人研究》第 2 期。

杜鹏、罗叶圣，2023，《中国少数民族人口老龄化现状及挑战》，《人口与经济》第 3 期。

杜天天、王宗凡，2022，《我国长期护理保险筹资机制评介——基于 29 个长期护理保险试点城市经验》，《卫生经济研究》 第 10 期。

杜宇欣，2017，《试点先行背景下我国长期护理保险制度面临的困境及对策——以江苏省南通市为例》，《劳动保障世界》 第 14 期。

樊卫东，2017，《积极稳妥推进长期护理保险试点的思考》，《中国医疗保险》 第 10 期。

方鹏骞，2015，《中国医疗卫生事业发展报告 2014》，人民出版社。

封进、谢宇菲、王子太，2023，《信息不对称视角下长期护理保险保障模式评价及制度优化》，《管理世界》 第 8 期。

冯广刚、米红，2018，《青岛长期护理保险制度探索与优化》，《中国社会保障》 第 12 期。

冯鹏程、阎建军，2022a，《长期护理保险试点筹资及支付的探与思》，《中国医院院长》 第 15 期。

冯鹏程、阎建军，2022b，《我国长期护理保险 5 年试点之路》，《中国医院院长》 第 12 期。

冯麒婷，2012，《国外长期照护保险计划比较分析》，硕士学位论文，中国社会科学院研究生院。

冯兴元，2013，《社会市场经济：德国的经验与意蕴》，《公共管理与政策评论》 第 1 期。

甘雨粒，2001，《日本的长期护理保险》，《保险研究》 第 10 期。

高和，2012，《老年长期护理研究进展》，《中华保健医学杂志》 第 4 期。

高忻，2018，《从荆门试点谈长期护理保险服务体系建设》，《中国医疗保险》 第 9 期。

高玉芳、张学长、粘文君、杨琳琳、李正红，2018，《青岛长期护理保险实施现状与思考》，《中国护理管理》 第 5 期。

耿爱生，2018，《中国医养结合政策研究》，《中州学刊》 第 6 期。

关博，2016，《社会保障制度再分配"短板"及改革建议》，《中国发展观察》第 18 期。

关博、朱小玉，2019，《中国长期护理保险制度：试点评估与全面建制》，《宏观经济研究》第 10 期。

桂世勋，2017，《非本地户籍职工纳入长期护理保险试点参保范围的制度设计》，《社会建设》第 1 期。

郭佩，2023，《长期护理保险制度可持续发展的日本镜鉴》，《社会政策研究》第 2 期。

郭馨冉，2019，《日本长期护理保险的发展经验和启示》，《南京工程学院学报》（社会科学版）第 2 期。

郭飏、王丽娟、付雪连、何晓璐、陈羽保，2015，《长株潭地区社区老人失能现状及生活满意度》，《中国老年学杂志》第 19 期。

郭洋，2015，《德国未来 15 年人口减少老龄化加剧》，《中国信息报》7 月 15 日，第 8 版。

海龙，2013，《日本长期护理保险的政策设计、基本特征及发展走向》，《经济与管理》第 8 期。

海龙、尹海燕、张晓囡，2018，《中国长期护理保险政策评析与优化》，《宏观经济研究》第 12 期。

韩央迪，2012，《从福利多元主义到福利治理：福利改革的路径演化》，《国外社会科学》第 2 期。

郝君富、李心愉，2014，《德国长期护理保险：制度设计、经济影响与启示》，《人口学刊》第 2 期。

何林广、陈滔，2006，《德国强制性长期护理保险概述及启示》，《软科学》第 5 期。

何世英、戴瑞明、王颖、蒋曼、白鸽、罗力，2019，《我国长期护理保险试点地区筹资机制比较研究》，《中国卫生资源》第 1 期。

何婷婷，2016，《揭秘中国首个长期护理保险试点城市南通样本》，《建筑知识》第 12 期。

何婷婷，2016，《揭秘中国首个长期护理保险试点城市南通样本》，《建筑知识》第 36 期。

和红，2016，《德国社会长期护理保险制度改革及其启示：基于福利治理视角》，《德国研究》第 3 期。

胡宏伟、李佳怿、汤爱学，2016，《日本长期护理保险制度：背景、框架、评价与启示》，《人口与社会》第 1 期。

胡文韬，2022，《人口老龄化背景下长期护理保险制度试点的成效与发展方向——以广州市为例》，《大社会》第 5 期。

胡玉娟、熊俊超，2015，《建立长期照护保险破解老人失能危机——以广东省珠海市为例》，《上海城市管理》第 6 期。

黄萃、苏竣、施丽萍、程啸天，2011，《政策工具视角的中国风能政策文本量化研究》，《科学学研究》第 6 期。

黄蓉、易利娜、余昌妹，2013，《温州市失能老人生活满意度及相关影响因素调查》，《医学与社会》第 2 期。

黄志诚、金辉、李成志，2021，《上海市长期护理保险试点路径与成效初探》，《中国医疗保险》第 3 期。

姬鹏程、王皓田，2020，《日本长期护理保险制度的经验与启示》，《宏观经济管理》第 11 期。

姜春力、张瑾，2021，《我国长期护理保险制度试点成效、问题和建议》，《全球化》第 1 期。

焦培欣，2017，《日本介护保险制度的认定调查解析》，《社会政策研究》第 6 期。

金二威，2015，《联邦德国"社会市场经济模式"的发展路径及制度建构探微》，《理论界》第 6 期。

荆涛，2005，《长期护理保险研究》，博士学位论文，对外经济贸易大学。

荆涛、陈秦宇，2018，《我国试点城市长期护理保险经验及启示》，《中国保险》第 12 期。

荆涛、邢慧霞、万里虹、齐铱，2020，《扩大长期护理保险试点对我国城镇职工医保基金可持续性的影响》，《保险研究》第 11 期。

景天魁，2007，《大力推进与国情相适应的社会保障制度建设——构建底线公平的福利模式》，《理论前沿》第 18 期。

景天魁，2007，《大力推进与国情相适应的社会保障制度建设——构建底线公平的福利模式》，《理论前沿》第 18 期。

克雷斯·德·纽伯格，2003，《福利五边形和风险的社会化管理》，《社会保险研究》第 12 期。

孔银焕、王华丽，2018，《日本长期护理保险制度的经验及对我国的启示》，《中国卫生资源》第 4 期。

雷晓康、冯雅茹，2016，《社会长期护理保险筹资渠道：经验借鉴、面临困境及未来选择》，《西北大学学报》（哲学社会科学版）第 5 期。

李冬梅、王先益、戴小青，2013，《OECD 国家长期照护服务现状分析》，《辽东学院学报》（社会科学版）第 3 期。

李冬新、盛翠萍、格云清，2024，《中国式现代化背景下中日韩养老产业合作路径研究》，《东疆学刊》第 3 期。

李凤芹，2021，《加快推进扩大长期护理保险制度试点》，《北京观察》第 11 期。

李娟、王欣宇、傅利平、唐雨婷，2024，《空巢老人失能状况及影响因素的城乡差异——基于 2018 CLHLS 数据的实证分析》，《卫生软科学》第 8 期。

李兰永、刘媛，2013，《人口老龄化：特征、成因及对策研究》，《山东社会科学》第 12 期。

李三秀，2018，《日本长期护理保险制度及其启示》，《财政科学》第11期。

李伟群、马禄伟，2024，《日本介护保险财源建构模式的最新研究及启示》，《现代日本经济》第2期。

李雨轩、李洪峰，2019，《我国长期护理保险制度试点城市护理分级标准比较分析》，《全科护理》第18期。

李运华、姜腊，2020，《日本长期护理保险制度改革及启示》，《经济体制改革》第3期。

李运华、姜腊，2022，《地方长期护理保险试点政策分析——基于政策工具视角》，《云南民族大学学报》（哲学社会科学版）第1期。

李珍、张楚，2021，《论居民医保个人筹资机制从定额制到定比制的改革》，《中国卫生政策研究》第7期。

廖少宏、王广州，2021，《中国老年人口失能状况与变动趋势》，《中国人口科学》第1期。

林宝，2016，《中国长期护理保险筹资水平的初步估计》，《财经问题研究》第10期。

林坚、黄雄昂、刘晓、林章睿、王丹丹、李江茹，2016，《中文版老年人风险评定量表评估社区失能老年人功能的信效度》，《浙江医学》第10期。

林丽敏，2018，《日本介护保险制度相关问题分析》，《现代日本经济》第2期。

林闻钢，2002，《福利多元主义的兴起及其政策实践》，《社会》第7期。

林艳、党俊武、裴晓梅、宋岳涛，2009，《为什么要在中国构建长期照护服务体系?》，《人口与发展》第4期。

刘德浩，2023，《商业保险公司参与长期护理保险经办的实践与思考》，《中国人力资源社会保障》第1期。

刘芳，2018，《德国社会长期护理保险制度的运行理念及启示》，《德国研究》第 1 期。

刘芳，2022，《德国社会长期护理保险制度的起源、动因及其启示》，《社会建设》第 5 期。

刘金涛、陈树文，2011，《我国老年长期护理保险筹资机制探析》，《大连理工大学学报》（社会科学版）第 3 期。

刘静，2023，《社区照护服务对失能老人家庭照料的影响研究》，硕士学位论文，山西财经大学。

刘涛，2016，《福利多元主义视角下的德国长期照护保险制度研究》，《公共行政评论》第 4 期。

刘涛，2021，《德国长期护理保险制度的缘起、运行、调整与改革》，《安徽师范大学学报》（人文社会科学版）第 1 期。

刘文、王若颖，2020，《我国试点城市长期护理保险筹资效率研究——基于 14 个试点城市的实证分析》，《西北人口》第 5 期。

刘亚飞、张敬云，2017，《非正式照料会改善失能老人的心理健康吗？——基于 CHARLS 2013 的实证研究》，《南方人口》第 6 期。

柳如眉、柳清瑞，2016，《人口老龄化、老年贫困与养老保障——基于德国的数据与经验》，《人口与经济》第 2 期。

卢文秀、吴方卫，2024，《养老服务与农村家庭养老——来自中国居家和社区养老服务改革试点的证据》，《财经研究》第 3 期。

陆治原，《国务院关于推进养老服务体系建设、加强和改进失能老年人照护工作情况的报告》，http://www.npc.gov.cn/c2/c30834/202409/

吕学静，2014，《日本长期护理保险制度的建立与启示》，《中国社会保障》第 4 期。

吕学静，2015，《建立适应我国国情的长期照护保险制度》，《中国医疗保险》第 11 期。

吕园园，2020，《日本介护保险筹资机制对我国长期护理保险制度的启示》，《中国保险》第 12 期。

罗丽娅，2023，《德国长期护理保险制度的风险定位、发展演变与政策启示》，《社会保障研究》第 6 期。

罗伟允、余意、原彰，2022，《吉林省长期护理保险试点的经验与启示》，《卫生经济研究》第 7 期。

马春华，2017，《当代日本家庭变迁和家庭政策重构：公共资源的代际再分配》，《社会发展研究》第 3 期。

马晶、杨天红，2020，《长期护理需求评估体系建设研究——基于地方试点与德国实践》，《重庆大学学报》（社会科学版）第 12 期。

马骁，2017，《长期护理保险需求评估和等级评定的国内外比较研究——分别以青岛市和日本为例》，《中国市场》第 20 期。

马悠然、张新花、张毓辉，2022，《我国长期护理保险试点的政策工具选择与优化》，《中国农村卫生事业管理》第 2 期。

孟昶，2007，《长期护理保险的需求实证分析——以苏州、扬州、淮安为例》，硕士学位论文，北京大学。

莫骄、李新平，2014，《日本长期护理保险制度的实施及启示》，《对外经贸实务》第 3 期。

潘萍、覃秋蓓，2022，《中国长期护理保险制度模式选择与发展路径》，《西南金融》第 2 期。

裴晓梅，2010，《长期照护社会保险的世界趋势与中国推展》，《上海城市管理》第 1 期。

齐天骄，2023，《社会市场经济模式下德国长期照护变迁及启示》，《南京医科大学学报》（社会科学版）第 2 期。

秦建国，2018，《德国长期护理保险经验对我国的启示》，《中国社会保障》第 4 期。

屈天歌，2023，《社区失能老人日常生活活动能力与生活满意度的关系》，硕士学位论文，山东大学。

日社宣，2016，《多元筹资 创新服务——日照市深入推进长期医疗护理保险试点工作》，《中国人力资源社会保障》第 4 期。

邵文娟、奚伟东，2022，《试点阶段长期护理保险筹资机制比较研究——以 15 个试点城市为例》，《社会福利》第 5 期。

佘晓晨、朱娜殊，2019，《何去何从：我国长期护理保险发展现状及未来方向探究——基于我国 15 个城市长期护理保险试点情况》，《2019 中国保险与风险管理国际年会论文集》。

沈君彬，2015，《从"长照十年"到"长照保险"——台湾地区长期照顾制度的重构》，《甘肃行政学院学报》第 5 期。

盛政、何蓓、朱蕾艳，2020，《苏州市长期护理保险制度试点探析》，《中国医疗保险》第 2 期。

施巍巍，2012a，《发达国家老年人长期照护制度研究》，知识产权出版社。

施巍巍，2012b，《发达国家长期照护制度比较与路径选择》，《新远见》第 4 期。

施巍巍，2013，《发达国家破解老年长期照护难点带给我们的启示》，《西北人口》第 4 期。

施巍巍，2015，《长期照护：国外经验及启示》，《中国社会保障》第 9 期。

史珈铭、蒋潮鑫，2024，《居家适老化改造及其对老年人生活满意度的影响——基于 ICF 框架的机制分析》，《城市问题》第 6 期。

世新，2016，《15 地启动长期护理保险制度试点》，《劳动保障世界》第 22 期。

宋宝安，2016，《农村失能老人生活样态与养老服务选择意愿研究——

基于东北农村的调查》，《兰州学刊》 第 2 期。

苏健，2019，《德国长期护理保险制度：演化历程、总体成效及其启示》，《南京社会科学》 第 12 期。

苏健，2020，《德国长期护理保险改革的成效及启示——以三部〈护理加强法〉为主线》，《社会政策研究》 第 4 期。

孙计领，2021，《失能对老年人主观福利的影响研究》，《西北人口》 第 5 期。

孙建娥、王慧，2013，《城市失能老人长期照护服务问题研究——以长沙市为例》，《湖南师范大学社会科学学报》 第 6 期。

孙洁，2021，《我国长期护理保险试点的经验、问题与政策建议》，《价格理论与实践》 第 8 期。

孙洁、孙跃跃，2020，《长期护理保险扩大试点的瓶颈与政策建议——基于北京石景山的试点经验》，《卫生经济研究》 第 5 期。

孙洁、谢建朝，2018，《我国长期护理保险筹资与保障政策的分歧与政策建议——基于 15 个试点城市试点方案的比较》，《经济界》 第 4 期。

孙敬华，2020，《我国长期护理保险制度试点：现状、问题及对策——以青岛市为例》，《山东行政学院学报》 第 1 期。

孙梦婷、孙思萌、王高玲，2019，《基于政策工具的我国长期护理保险政策三维分析》，《中国农村卫生事业管理》 第 11 期。

孙正成、兰虹，2016，《"社商之争"：我国长期护理保险的供需困境与出路》，《人口与社会》 第 1 期。

谭睿，2017，《我国长期护理保险制度的实践及思考》，《卫生经济研究》 第 5 期。

唐珊珊，2022，《广州市试点长期护理保险筹资模式分析》，《中国商论》 第 10 期。

王东进，2015，《从完善社会保障体系的战略高度考量构建长期照护保险制度》，《中国医疗保险》第 6 期。

王刚、张孟文，2012，《我国城乡社会养老保险均等化改革中的财政转移支付问题》，《福州大学学报》（哲学社会科学版）第 3 期。

王家峰，2009，《福利国家改革：福利多元主义及其反思》，《经济社会体制比较》第 5 期。

王璐、何梅，2021，《首批长期护理保险试点城市实施方案及实施效果比较研究》，《中国初级卫生保健》第 9 期。

王琦，2022，《上海市长期护理保险制度试点实践中的问题及对策研究》，《经济研究导刊》第 4 期。

王群、汤未、曹慧媛，2018，《我国长期护理保险试点方案服务项目的比较研究》，《卫生经济研究》第 11 期。

王思斌，2009，《我国适度普惠型社会福利制度的建构》，《北京大学学报》（哲学社会科学版）第 3 期。

王维，2011，《上海市长期护理保险制度设计研究》，硕士学位论文，上海工程技术大学。

王伟，2004，《日本家庭养老模式的转变》，《日本学刊》第 3 期。

王文韬、尚浩，2020，《承德市长期护理保险试点路径分析》，《中国医疗保险》第 2 期。

王雪辉，2020，《中国老年失能的理论再思考及测量模型构想》，《宁夏社会科学》第 5 期。

王玉环、刘素香，2012，《福利多元主义视角下老年人长期照护政策研究》，《中国护理管理》第 5 期。

魏彦彦、孙陆军，2012，《失能老年人获得家庭支持现状》，《中国老年学杂志》第 16 期。

乌尔里希·贝克，2004，《风险社会》，何博闻译，译林出版社。

吴炳义、郑文贵、毕玉、董惠玲、王媛媛，2017，《长期护理保险制度下定点专护机构运行模式探讨》，《人口与发展》第 1 期。

吴海波，2020，《机构护理服务供需矛盾研究——基于上饶市长期护理保险试点扩面的调查》，《卫生经济研究》第 9 期。

吴海波、雷涵、李亚男、刘园园，2017，《筹资、保障与运行：长期护理保险制度试点方案比较》，《保险理论与实践》第 9 期。

吴海波、朱文芝、沈玉玲、张珺茹，2020，《机构护理服务供需矛盾研究——基于上饶市长期护理保险试点扩面的调查》，《卫生经济研究》第 9 期。

肖冰、郝英华，2022，《广州市长期护理保险试点实践与思考》，《中国医疗保险》第 1 期。

熊鹰、袁文艺，2019，《J 市长期护理保险试点遇到的难题与契机——以地方机构改革为背景》，《湖北经济学院学报》（人文社会科学版）第 5 期。

熊鹰、袁文艺、刘喆，2017，《中国居家失能老人生活满意度及其影响因素——基于 CLHLS 数据的实证分析》，《管理研究》第 2 期。

徐新鹏、王瑞腾、肖云，2014，《冰山模型视角下我国失能老人长期照护服务人才素质需求分析》，《西部经济管理论坛》第 1 期。

徐银波，2021，《论我国长期护理保险制度试点中的争议问题与理论回应》，《西南政法大学学报》第 2 期。

许敏敏、段娜，2019，《德国长期护理保险及其筹资机制经验对我国的启示》，《价格理论与实践》第 7 期。

杨成洲，2015，《台湾"长期照顾十年计划"研究》，《社会保障研究》第 2 期。

杨桂彬、谢宏忠，2020，《我国长期护理保险制度试点服务项目的比较分析——基于上海、南通、青岛三个城市的比较》，《西安建筑科技大学学报》（社会科学版）第 3 期。

杨慧，2019，《日本介护保险制度及对我国的启示》，《赤峰学院学报》
（汉文哲学社会科学版）第 7 期。

杨杰，2019，《安庆市长期护理保险试点现状及对策研究》，《劳动保障
世界》第 32 期。

杨菊华、杜声红，2018，《长期照护保险资金筹措：现状、困境与对策
思考》，《中国卫生政策研究》第 8 期。

杨文生、刘慧敏、刘思棠，2019，《山东省长期护理保险试点状况的调
查与完善对策》，《中国市场》第 26 期。

杨明旭、鲁蓓、米红，2018，《中国老年人失能率变化趋势及其影响因
素研究——基于 2000、2006 和 2010 SSAPUR 数据的实证分析》，
《人口与发展》第 4 期。

杨玉秀，2018，《我国试点城市长期护理保险制度的比较与分析》，《环
渤海经济瞭望》第 11 期。

姚虹，2020，《老龄危机背景下我国长期护理保险制度试点方案的比较
与思考》，《社会保障研究》第 1 期。

尹成远、田伶、李浩然，2006，《日本长期护理保险对我国的借鉴与启
示》，《日本问题研究》第 2 期。

尹晖、黄晨怡，2022，《德国和日本长护保险制度比较与启示》，《中国
医疗保险》第 8 期。

余巧萍，2020，《安庆市长期护理保险试点现状及路径优化研究》，《中
国医疗保险》第 12 期。

俞修言、马颖、吴茂荣、崔玲玲、陆龙滨、白甜甜、左姣、赵惠、牛文
仁，2017，《基于政策工具的我国医养结合政策内容分析》，《中国
卫生政策研究》第 1 期。

原新、刘绘如，2019，《日本和德国长期护理保险制度比较及其借鉴》，

《日本问题研究》第 3 期。

原彰、李建国、陈冲，2019，《日本介护保险对我国长期护理保险的启示》，《卫生软科学》第 10 期。

原彰、李雅诗、李建国，2021，《广州市与部分试点城市的长期护理保险制度比较研究》，《医学与社会》第 3 期。

苑耀明、李建梅、张晓军、王世斌，2016，《补齐短板拓展服务——潍坊市扎实做好职工长期护理保险试点工作》，《中国人力资源社会保障》第 4 期。

岳福岚，2024，《我国长期护理保险试点运行的实践、问题及建议——以德国长期护理保险法改革为镜鉴》，《保险研究》第 8 期。

翟绍果、马丽、万琳静，2016，《长期护理保险核心问题之辨析：日本介护保险的启示》，《西北大学学报》（哲学社会科学版）第 5 期。

詹祥、周绿林、石塚哲朗、赵睿、森理沙子，2017，《日本老龄介护保险的创新改革及挑战》，《中国卫生事业管理》第 2 期。

张洪源、包胜勇，2017，《系统创新、流程管理和护理资源匹配机制——基于日本长期护理保险资格认证制度的分析》，《现代日本经济》第 5 期。

张建、雷丽华，2017，《日本长期护理保险制度的构成、特征及其存在的问题》，《日本研究》第 1 期。

张升亮、张一玮，2022，《我国长期护理保险筹资机制分析——以第二批长期护理保险国家试点为例》，《保险职业学院学报》第 1 期。

张晓龙，2024，《农村失能老年人照料服务需求及影响因素研究》，硕士学位论文，北方民族大学。

张晏玮、栾娜娜，2017，《日本长期护理保险制度发展方向及对我国的启示》，《社会保障研究》第 2 期。

张盈华，2015，《老年长期照护：制度选择与国际比较》，经济管理出版社。

张月云、李建新，2018，《老年人失能水平与心理健康：年龄差异及社区资源的调节作用》，《学海》第 4 期。

张云秋、张先庚、曹冰、王红艳、刘赟琦、刘珊，2022，《独居老人生活满意度及其影响因素研究》，《中国农村卫生事业管理》第 11 期。

张云英、王薇，2012，《发达国家和地区空巢老年人长期照护的经验与启示》，《社会保障研究》第 6 期。

赵斌、陈曼莉，2017，《社会长期护理保险制度：国际经验和中国模式》，《四川理工学院学报》（社会科学版）第 5 期。

赵春江、孙金霞，2018，《日本长期护理保险制度改革及启示》，《人口学刊》第 1 期。

赵冠群，2021，《我国试点地区长期护理保险制度筹资机制比较研究》，《农村经济与科技》第 14 期。

赵海平，2021，《宁波市长期护理保险试点现状及对策》，《宁波经济（三江论坛）》第 7 期。

赵怀娟，2012，《老年人长期护理服务供给——国内学者相关研究综述》，《福建江夏学院学报》第 2 期。

赵怀娟，2013，《城市失能老人机构照护需要及需要满足研究——以南京市调查为例》，《中国卫生事业管理》第 4 期。

赵建国、慕彧玮、李佳，2022，《日本工作和照护两立支援体系及对中国的启示》，《现代日本经济》第 2 期。

郑秉文，2019，《从"长期照护服务体系"视角分析长期护理保险试点三周年成效》，《中国人力资源社会保障》第 9 期。

郑功成，2014，《公平、可持续：社会保障制度发展目标》，《光明日报》1 月 31 日，第 3 版。

郑基超、严雷，2023，《德国长期护理保险筹资模式研究及启示》，《中国人力资源社会保障》第 6 期。

郑先平、童潇、吴超男、杨浩，2022，《长期护理保险两批试点城市政策辨析与思考》，《医学与社会》第 9 期。

郑岩，2011，《社会保障与公平、效率相关性的理论分析》，博士学位论文，辽宁大学。

中国老龄科学研究中心，2011，《全国城乡失能老年人状况研究》，《残疾人研究》第 2 期。

中国医疗保险研究会，2016，《长期照护保障制度相关问题的探讨》，《中国医疗保险》第 1 期。

钟玉英、程静，2018，《商业保险机构参与长期护理保险经办模式比较——基于北京市海淀区、青岛市的比较》，《中国卫生政策研究》第 4 期。

仲利娟，2018，《德国长期护理保险制度的去商品化及其启示》，《河南社会科学》第 7 期。

周春山、李一璇，2015，《发达国家（地区）长期照护服务体系模式及对中国的启示》，《社会保障研究》第 2 期。

周芳，1998，《美国的长期护理保险及其对我国的借鉴》，《外国经济与管理》第 2 期。

周加艳、沈勤，2017a，《日本长期护理保险 2005—2017 年改革述评与启示》，《社会保障研究》第 4 期。

周加艳、沈勤，2017b，《日本长期护理保险的挑战、改革及其发展趋势》，《老龄科学研究》第 10 期。

周磊、王静曦，2019，《长期护理保险资金筹集和待遇支付政策探讨——基于全国 15 个试点城市实施方案的比较》，《财经问题研究》第 11 期。

周四娟、原彰，2021，《我国长期护理保险失能等级评定量表的比较研究——以 15 个试点城市为例》,《卫生经济研究》第 8 期。

周文静、张慧,2022,《我国长期护理保险 15 个试点城市筹资水平与满足需求情况分析》,《医学与社会》第 1 期。

周兴、刘鑫,2022,《子女婚育年龄推迟对父母生活满意度的影响》,《中国人口科学》第 5 期。

周英,2021,《推进长期护理保险制度试点的江苏探索》,《群众》第 20 期。

周泽纯、罗桢妮、刘俊荣,2019,《公共政策视域下日本介护保险制度对我国的启示》,《护理研究》第 22 期。

朱国龙、洪巍,2020,《关于长期护理保险待遇发放监管的思考——基于成都的试点经验》,《上海保险》第 11 期。

朱铭来、申宇鹏,2021,《我国长期护理保险试点地区经验评介》,《中国保险》第 8 期。

朱宁宁,2022,《实现"老有所护"长护险仍需迈过多个坎儿》,《法治日报》5 月 31 日,第 7 版。

住居广士,2009,《日本介护保险》,张天民、刘序坤译,中国劳动社会保障出版社。

宗文超,2019,《济南市老年长期护理服务需求与供给研究》,硕士学位论文,山东财经大学。

总报告起草组、李志宏、全国老龄工作委员会办公室,2015,《国家应对人口老龄化战略研究总报告》,《老龄科学研究》第 3 期。

Neil Gilbert、Paul Teeer,2003,《社会福利政策导论》,黄晨熹等译,华东理工大学出版社。

社会福祉士養成講座編集委員会編集,2019,《高齢者に対する支援と介護保険制度》(第 6 版),东京:中央法規出版株式会社。

Alber, J. 1996. "The Debate about Long-term Care Reform in Germany,"

OECD, Paris Dieck.

Andersen, J. G. , A. - M. Guillemard, P. H. Jensen, B. Pfau - Effinger. 2005. *The Changing Face of Welfare*: *Consequences and Outcomes From a Citizenship Perspective.* Bristol University Press, Policy Press.

Anonymous. 2013. "Methane Hydrates in Quaternary Climate Change: The Clathrate Gun Hypothesis," *Eos*: *Transactions American Geophysical Union* 83 (45): 513-516.

Arrow, K. J. 1963. "Uncertainty and the Welfare Economics of Medical Care," *Journal of Health Politics Policy & Law* 53 (5): 941-973.

Bihan, B. L. 2006. "A Comparative Case Study of Care Systems for Frail Elderly People: Germany, Spain, France, Italy, United Kingdom and Sweden," *Social Policy & Administration* 40 (1): 26-46.

Burchardt, T. 1997. *Boundaries between Public and Private Welfare*: *A Typology and Map of Services.* Social Science Electronic Publishing.

Campbella. 2005. "Ethos and Economics: Examining the Rationale Underlying Stem Cell and Cloning Research Policies in the United States, Germany, and Japan," *American Journal of Law & Medicine* 31 (1): 47-86.

Cubeddu, L. X. 1995. "Plasma Chromogranin: A Marker of Serotoninrelease and of Emesisassociated with Cisplatin Chemotherapy," *Journal of Clinical Oncology* 13 (3): 681-687.

Davey, A. 1999. "Formal and Informal Community Care to Older Adults: Comparative Analysis of the United States and Great Britain," *Journal of Family and Economic Issues* 20 (3): 271-299.

Edwards, D. J. 2004. "CBO: Private LTC Insurance Being 'Crowded out' by Medicaid," *Nursing Homes* 6: 15.

Eisen, R. 1996. *Long – Term Care: Economic Issues and Policy Solutions*. Springer US, volume 5.

Evers, A. 1988. "Shifts in the Welfare Mix: Introducing a New Approach for the Study of Transformations in Welfare and Social Policy," in Adalbert Evers, Helmut Wintersberger. *Shifts in the Welfare Mix*, pp. 7 – 30. Frankfurt: Campus Verlag.

Garin, O., et al. 2010. "Validation of the 'World Health Organization Disability Assessment Schedule, WHODAS-2' in patients with chronic diseases," *Health and Quality of Life Outcomes* 8 (1): 51.

Geraedts, Max, G. V. Heller, and C. A. Harrington. 2000. "Germany's Long – Term – Care Insurance: Putting a Social Insurance Model into Practice," *Milbank Quarterly* 78 (3): 375-401.

Graefe, P. 2010. "Personal Services in the Post-Industrial Economy: Adding Nonprofits to the Welfare Mix," *Social Policy & Administration* 38 (5): 456-469.

Johnson, 1987. *The Welfare State in Transition: The Theory and Practice of Welfare Pluralism*. Amherst. The University of Massachusetts Press.

Johnson, N. 1999. *Mixed Economies of Welfare – A Comparative Perspective*. Prentice Hall Europe, pp. 1-26.

Kwon, J. W. 2005. "Hybrid WDM/TDM – PON *with Wavelength – Selection – Free Transmitters*," *Journal of Lightwave Technology* 23 (1): 187-195.

Lakdawalla, D. 2002. "*The Rise in Old-Age Longevity and the Market for Long-Term Care*," American Economic Review 92 (1): 295-306.

Levande, D. I. 2000. "Eldercare in the United States and South Korea," *Journal of Family Issues* 21 (5): 632-651.

Lucas, R. E. 2007. "Long-term Disability is Associated with Lasting Changes in Subjective Well-being: Evidence from Two Nationally Represent-ative Longitudinal Studies," *Journal of Personality and Social Psychology* 4: 717.

Margaret. 1997. "The Linkages Between Informal and Formal Care of the Elderly," *Canadian Journal on Aging* 16 (1): 30-50.

Mccall, N. 1998. "Factors Important in the Purchase of Partnership Long-Term Care Insurance," *Health Services Research* 33 (2pt1): 187-203.

Meier, V. 1999. "Why the Young Do Not Buy Long-Term Care Insurance," *Journal of Risk and Uncertainty* 18 (1): 83-98.

Murtaugh. 2001. "Injury Patterns among Female Field Hockey Players," *Medicine & Science in Sports & Exercise* 33 (2): 201-207.

National Strategy Report: Social Protection and Social Inclusion 2008-2010. Berlin, 30 July 2008. http://www. ec. europa. eu/social/BlobServlet? docId=2546&langId=en.

Olsson, S. E., Hansen, H., & Eriksson, I. 1993. Social Security in Swe-den and other European Countries——Three Essays, Finance Depart-ment. Stockholm.

Pauly, M. 1990. "The Rational Nonpurchase of Long-Term Care Insur-ance," *Journal of Political Economy* 98 (1): 153-168.

Riley K. 2006. Untitled. "Book Review of Inequality and the State," *Social Forces* 85 (2): 1050-1051.

Rose, R. 1986. "Common Goals but Different Roles: The States Contribu-tion to the Welfare Mix," in R. Rose & R. Shiratori, "*The Welfare State East and West*," pp. 33-39, Oxford: Oxford University Press.

Roth, G. 2000. "Fünf Jahre Pflegeversicherung in Deutschland: Funktions-weise und Wirkungen," *Sozialer Fortschritt* 49 (8/9): 184-192.

Rothwell, R., and Zegveld, W. 1985. *Reindustrialization and technology.* New York: Longman Group Limited.

Sanjay, K. 2002. "Pandey. Assessing State Efforts to Meet Baby Boomers' Long-Term Care Needs: A Case Study in Compensatory Federalism," *Journal of Aging & Social Policy* 14 (3-4): 161-179.

Sloan, F. A. & Norton, E. C. 1997. "Adverse Selection, Bequests, Crowding Out, and Private Demand for Insurance: Evidence from the Long-Term Care Insurance Market," *Journal of Risk and Uncertainty* 15 (3): 201-219.

Swane, C. E. 1999. "The Relationship Between Informal and Formal Care," in J. C. Campbell et al. (eds). *Long-Term Care for Frail Older People,* Springer-Verlag Tokyo.

Theisen, C. A. 2006. "Why Don't People Buy Long-Term-Care Insurance," *The Journals of Gerontology: Series B* 61 (4): S185.

Thiede, R. 1991. "Neue ansätze zur absicherung despflegerisikos—überblick über Die sozialpolitische dis-kussion des jahres," *Sozialer Fortschritt,* 40 (3): 62-67.

Titmuss, R. 1956. *The Social Division of Welfare.* Liverpool University Press.

Truett, D. B., and Truett L. J. 1990. "The Demand for Life Insurance in Mexico and the United States: A Comparative Study," *Journal of Risk & Insurance* 57 (2): 321-328.

Wager, R. & Creelman, W. 2004. "A New Image for Long-Term Care," *Healthcare Financial Management Journal* 58 (4): 70.

Wilensky, H. L. & Charles N. Lebeaux. 1965. *Industrial Society and Social Welfare (The Second Edition).* New York: Free Press.

Wilson, G. P. M. 1999. "Medicare Home Health Agency Utilization, 1984-

1994," *Inquiry a Journal of Medical Care Organization* 36 (3): 291-303.

Yoo, B. K. 2010. "Impacts of Informal Caregiver Availability on Long-Term-Care Expenditures in OECD Countries," *Health Services Research* 39 (6p2): 1971-1992.

Zhou-Richter, T. 2010. "Don't They Care? Or, Are They Just Unaware? Risk Perception and the Demand for Long-Term Care Insurance," *Journal of Risk & Insurance* 77 (4): 715-747.

Zweifel, P. 1996. "Long-Term Care Insurance and Trust Saving in a Two-generation Model," *Dev Health Econ Public Policy* 5: 225-250.

后　记

　　学术研究如同在密林中独自开径跋涉，幸有师友亲朋执灯引路。书稿的完成与付梓，凝结了众多人的努力和付出。在此，我心怀感激，向所有以不同方式参与这场学术跋涉的支持者致以谢意。

　　首先要感谢我的研究团队。李颖慧、李紫薇、李熙磊、秦莉莉、孙静怡、宋甜甜、李寿明、张珍珍等同学协助收集、整理文献资料，刘珂冰、黄燕、范忆如、房鋆瑶、丛雪、王璐、李宜伦、刘玉杰、丁凯凯、冯藻影等同学辅助校对书稿。他们的积极参与和认真负责大大减轻了我的工作量，为本书的最终出版奠定了基础。年轻学子们以稚嫩却勤勉的双手，传承着学术火种，展示了年青一代的潜力和未来。特别感谢同事杨晓敏博士（后调入浙江万里学院）。留学日本专攻老年福祉研究的她撰写了日本长护险制度这部分内容，为本书增色良多。

　　感谢好友高功敬博士。二十年时光如川，我们不仅是学术与事业的同行者，更是彼此家庭的见证者与参与者。犹记初识时大家皆为意气风发的青年，如今鬓角已染霜色，每每畅谈却仍能碰撞出思想星火。从项目填报的并肩奋战，到人生低谷的互扶相守；从两家围炉夜话的烟火温情，到孩子们由蹒跚学步到独当一面的成长惊喜……这份情谊早已超越了寻常友谊，成为镌刻着两个家庭生命轨迹的共生年轮。功敬不仅以深厚情谊相伴，其领衔的"青创人才引育计划"科研团队还慷慨资助部分出版经费。

感谢责编胡庆英女士。庆英是我二十多年前执教的第一届学生，上学期间我对她便有印象。经过多年的历练，如今的她已成长为富有匠心的出版人，其专业素养与敬业精神常令人感到青出于蓝而胜于蓝。本书能够及时完成，某种程度得归功于庆英。正是她无数次督促交稿，本书才能如约面世。不唯如此，她基于专业眼光提出了诸多宝贵意见，提升了本书质量。师生之谊因学术合作而历久弥新，庆英的成长为本书增添了特殊意义。

将最深切的谢意献给挚爱梁丽霞博士。作为深耕同一领域的同行，她以其学术洞察力为书稿提出诸多建设性意见；作为第一读者，她参与全书的修改润色。学术伴侣最难的不是思想碰撞，而是在柴米油盐中守护彼此的理想。学术生涯终将老去，但那些共同磨砺的时光，才是抵御岁月温柔的铠甲。

最后，因个人资质平平能力有限，加之长护险制度试点历时长、范围广、变化大，书中疏漏谬误之处恐难避免；倘若偶有闪光启示，皆因学界同仁的智慧启迪与团队伙伴的鼎力支持。

李伟峰

于泉城

2024 年 12 月

图书在版编目（CIP）数据

失能老年人长期护理保险制度的地方实践 / 李伟峰
著 . --北京：社会科学文献出版社，2024.12.
（济大社会学丛书）. --ISBN 978-7-5228-4817-4

Ⅰ.F842.684

中国国家版本馆 CIP 数据核字第 20240KF441 号

·济大社会学丛书·

失能老年人长期护理保险制度的地方实践

著　　者 / 李伟峰

出　版　人 / 冀祥德
责任编辑 / 胡庆英
责任印制 / 岳　阳

出　　版 / 社会科学文献出版社·群学分社（010）59367002
　　　　　 地址：北京市北三环中路甲 29 号院华龙大厦　邮编：100029
　　　　　 网址：www.ssap.com.cn
发　　行 / 社会科学文献出版社（010）59367028
印　　装 / 三河市东方印刷有限公司

规　　格 / 开　本：787mm×1092mm　1/16
　　　　　 印　张：25　字　数：335 千字
版　　次 / 2024 年 12 月第 1 版　2024 年 12 月第 1 次印刷
书　　号 / ISBN 978-7-5228-4817-4
定　　价 / 158.00 元

读者服务电话：4008918866